Peter Wald

# Der Jemen

Antikes und islamisches Südwestarabien –
Geschichte, Kultur und Kunst
zwischen Rotem Meer und Indischem Ozean

DuMont Buchverlag Köln

*Umschlagvorderseite:* Koranschulung vor einem jemenitischen Dorf
*Umschlaginnenklappe:* Typische südarabische Wohnung in Habban
*Umschlagrückseite:* Zwei Angehörige des religiösen Adels (Sade) auf dem Markt in Sanaa

© 1980 DuMont Buchverlag, Köln
6. Auflage 1992
Alle Rechte vorbehalten
Satz, Druck und buchbinderische Verarbeitung: Boss-Druck, Kleve

Printed in Germany   ISBN 3-7701-1092-7

# Inhalt

Vorbemerkung . . . . . . . . . . . . . . . . . . . . . . . 8

Entdeckung des Jemen . . . . . . . . . . . . . . . . . . . 9

Königreiche der Händler . . . . . . . . . . . . . . . . . 27

*Die Schrift* . . . . . . . . . . . . . . . . . . . . . . . 32

Blickpunkt Marib . . . . . . . . . . . . . . . . . . . . . 35
Religion . . . . . . . . . . . . . . . . . . . . . . . . . 42
Kunst . . . . . . . . . . . . . . . . . . . . . . . . . . 43
Besuch in Marib . . . . . . . . . . . . . . . . . . . . . 49

Blickpunkt Qarnawu . . . . . . . . . . . . . . . . . . . . 55
Religion und Kunst . . . . . . . . . . . . . . . . . . . . 58
Reisen in al-Dschauf . . . . . . . . . . . . . . . . . . . 59

Blickpunkt Safar . . . . . . . . . . . . . . . . . . . . . 61
Religion . . . . . . . . . . . . . . . . . . . . . . . . . 64
Besuch in Safar . . . . . . . . . . . . . . . . . . . . . 67
Besuch in Bainun und Rada . . . . . . . . . . . . . . . . 68

Blickpunkt Sanaa . . . . . . . . . . . . . . . . . . . . . 71
Kunst und Wohnkultur . . . . . . . . . . . . . . . . . . . 74
Die Moscheen . . . . . . . . . . . . . . . . . . . . . . . 85
Der Markt . . . . . . . . . . . . . . . . . . . . . . . . 89
Rundgänge in der Stadt . . . . . . . . . . . . . . . . . . 96
   Vom Midan at-Tahrir durch die Altstadt zum Bab al-Jemen . . . . . . . . . . 97
   Vom Midan at-Tahrir zum Bab Schaub und über al-Kasr zum Bab al-Jemen . . . . 100
   Besuch des Marktes . . . . . . . . . . . . . . . . . . 101
   Vom Midan at-Tahrir durch die Türkenstadt zum Midan as-Solbi . . . . . . . 102
   Besuch des ehemals jüdischen Viertels . . . . . . . . . 104
*Sanaa – dem Jahr 2000 entgegen* . . . . . . . . . . . . . 106
Das Nationalmuseum . . . . . . . . . . . . . . . . . . . . 108

Die Umgebung von Sanaa . . . . . . . . . . . . . . . . 111
Vorschläge für Ausflüge . . . . . . . . . . . . . . . . 113

Blickpunkt Sabid . . . . . . . . . . . . . . . . . . . 127
Kunst und Religion . . . . . . . . . . . . . . . . . . 135
Rundgang in Sabid . . . . . . . . . . . . . . . . . . 137
Von Sabid über Hais nach Mocha und Chocha . . . . . . 139
Von Sabid über Hudaida nach Loheya . . . . . . . . . 141
Von Hudaida nach Sanaa . . . . . . . . . . . . . . . 146

Blickpunkt Sada . . . . . . . . . . . . . . . . . . . 152
Religion und Kultur . . . . . . . . . . . . . . . . . . 156
Baukunst . . . . . . . . . . . . . . . . . . . . . . . 160
Rundgang in Sada . . . . . . . . . . . . . . . . . . 163
Die Umgebung von Sada . . . . . . . . . . . . . . . 167
Von Sanaa nach Sada . . . . . . . . . . . . . . . . . 168

Blickpunkt Ta'izz . . . . . . . . . . . . . . . . . . . 172
Rundgang in der Stadt . . . . . . . . . . . . . . . . 176
Der Markt . . . . . . . . . . . . . . . . . . . . . . 205
Ausflüge in die Umgebung . . . . . . . . . . . . . . 206
Von Ta'izz nach Sanaa . . . . . . . . . . . . . . . . 209
Nebenstrecken . . . . . . . . . . . . . . . . . . . . 211

Blickpunkt Timna . . . . . . . . . . . . . . . . . . . 216
Kunst und Religion . . . . . . . . . . . . . . . . . . 222
Besuch in Timna . . . . . . . . . . . . . . . . . . . 226
Menschen im Wadi Baihan . . . . . . . . . . . . . . 228

Blickpunkt Schabwat . . . . . . . . . . . . . . . . . 232
Besuch in Schabwa . . . . . . . . . . . . . . . . . . 240
Bauen, Kunst und Religion im Hadramaut . . . . . . . 242
Bildende Kunst . . . . . . . . . . . . . . . . . . . . 247
Zum Wadi Hadramaut . . . . . . . . . . . . . . . . 250
Ausflüge von Saiun aus . . . . . . . . . . . . . . . . 253

Blickpunkt Aden . . . . . . . . . . . . . . . . . . . 267
Besichtigung von Aden . . . . . . . . . . . . . . . . 274
*Aden – dem Jahr 2000 entgegen* . . . . . . . . . . . 275
Fahrt nach Norden . . . . . . . . . . . . . . . . . . 278
Fahrt nach Osten . . . . . . . . . . . . . . . . . . . 282

Sokotra – ein fernes Stück Jemen . . . . . . . . . . . . 289
Sokotra für Touristen . . . . . . . . . . . . . . . . . 292

Jemenitischer Silberschmuck . . . . . . . . . . . . . 293

Erläuterung der Fachbegriffe (Glossar) . . . . . . . . . 302

# Praktische Reiseinformationen . . . . . . . . . . . 305

Literaturhinweise . . . . . . . . . . . . . . . . . . . 324
Abbildungsnachweis . . . . . . . . . . . . . . . . . 326
Register . . . . . . . . . . . . . . . . . . . . . . . 327

# Vorbemerkung

Wie schon für die Erstausgabe dieses Buches vor zwölf Jahren, so waren auch für die verbesserten und erweiterten Neuauflagen nachgelassene Notizen und Photos von Angela Wald unentbehrlich. Prof. Walter W. Müllers Hinweisen verdanken wir es, daß einige Fehler jetzt korrigiert werden konnten. Der Kontakt zu Prof. Horst Kopp hat viel zur Erneuerung des Buches beigetragen.

Auch im Jemen selbst haben wir viel Hilfe erfahren. Neben jemenitischen Freunden waren vor allem Kinga und Heiner Rudersdorf sowie Martin Weiss tatkräftig und inspirierend in ihrer Unterstützung. Zu danken ist zugleich den Autoren der ›Djambija‹, der Zeitschrift deutscher Entwicklungshelfer im Jemen. Ihren aus allen Landesteilen stammenden Berichten konnten wir wertvolle Informationen und meinungsbildende Anmerkungen entnehmen. Dasselbe gilt für viele Berichte im ›Jemen-Report‹, den Mitteilungen der Deutsch-Jeminitischen Gesellschaft e.V.

Zu Dank verpflichtet sind wir auch Prof. Jürgen Schmidt, dem Direktor der Zweigstelle Sanaa des Deutschen Archäologischen Instituts. Seine Schriften und persönlichen Erläuterungen haben unser Verständnis der Geschichte Südarabiens vertieft.

1987 trafen wir in Sanaa Jeffrey Meissner als Direktor des American Institute for Yemeni Studies wieder; die Zusammenarbeit zwischen J. Meissner und A. Wald hatte gut zehn Jahre zuvor die Grundlage für dieses Buch geschaffen.

Bei der Übertragung arabischer Namen haben wir uns nach dem Gehör gerichtet, d. h. die Namen sollen in deutscher Schreibweise möglichst weitgehend dem arabischen Klang entsprechen. Das ist jedoch stets nur annähernd möglich.

Köln, im Juli 1992                                                  Edith und Peter Wald

# Entdeckung des Jemen

Fast 25 Jahre sind vergangen, seit ein Teil des Jemen sich für fremde Reisende geöffnet hat. 1969 war der Bürgerkrieg in dem größeren der ehemals zwei jemenitischen Staaten, in der Arabischen Republik Jemen, auch Nordjemen genannt, durch eine Kompromißlösung zwischen den kämpfenden Parteien zu Ende gebracht worden. Etwa ab 1970 kamen jedes Jahr zuerst einige tausend, später zwischen zehn- und zwanzigtausend Menschen aus aller Welt nach Sanaa, um den Nordjemen für sich zu entdecken. Solange Priesterkönige über dieses Land geherrscht hatten, also bis 1962, waren nur wenige Fremde – Diplomaten und dringend benötigte Spezialisten – eingelassen worden. Die Republik öffnete sich nun sogar Einzelreisenden, die eben nur Land und Leute kennenlernen wollten. Schon im 18. und 19. Jh. hatte der Jemen europäische Entdecker angezogen. Seit 1762, als der Deutsche Carsten Niebuhr das Land des Imam, des theokratischen Herrschers, im Südwesten der Arabischen Halbinsel erreichte, waren es rund dreißig Namen, die in die Liste der großen Entdeckungsreisenden eingingen. Stets gelang ihnen der Vorstoß in das Innere des Jemen nur unter großen Mühen. Einige der Entdecker bezahlten ihr Interesse für das eigenartige Land mit dem Leben. Noch in den späten sechziger Jahren kamen Entwicklungshelfer und Wissenschaftler unter hohem Risiko in den Jemen. Auch unter ihnen gab es Todesopfer.

Während die frühen Entdecker des Jemen oft jahrelang unterwegs waren, um an das Ziel ihrer Wünsche zu gelangen, erreicht man heute Sanaa und Aden per Flugzeug in einer Tagesreise. Die wichtigsten Städte des Jemen sind jetzt auf guten Überlandstraßen und Pisten innerhalb einiger Wochen abzufahren. Wer aber den Jemen nicht nur oberflächlich kennenlernen will, der muß von den Hauptstraßen abweichen. Die größeren Städte, Sanaa, Sada, Hudaida und Ta'izz sowie die Oase Marib und die Küstenstadt Mukalla, sind mit dem Autobus zu erreichen; doch die Fahrt allein bringt wenig. Gewiß, die Talfahrt von dem rund 2400 m hoch gelegenen Sanaa auf der von China geschenkten Straße ist atemberaubend, aber um die Leistungen von Baumeistern zu würdigen, die auf Berggipfeln ganze Ortschaften mit hohen Häusern aus fein behauenen Steinen ohne Mörtel aufgeschichtet haben, muß man aussteigen und verweilen. Die Weiterreise von Hudaida nach Ta'izz, in schneller Fahrt auf einer von der früheren Sowjetunion gestifteten Straße, macht den afrikanischen Einfluß in der jemenitischen Küstenebene, der Tihama, deutlich. Zu den bleibenden Eindrücken gehören jedoch vor allem die Besuche der Tihama-Märkte. Sie finden in den Kleinstädten etwas abseits der Straße statt. Die Auffahrt schließlich von Ta'izz zurück nach Sanaa, diesmal über eine mit Entwicklungshilfe der Bundesrepublik ausgebaute Straße, beeindruckt durch herrliche Fernsicht beim Überqueren dreier Pässe. Die interessantesten Ortschaften und Täler liegen aber jenseits der Straße. Dort beginnt auch das eigentliche Abenteuer.

Auf den meisten Nebenstraßen kann sich der fremde Einzelreisende am lokalen Gemeinschaftsverkehr beteiligen. Zwischen nahezu allen Ortschaften, auch wenn sie nur durch einen steinigen Pfad oder eine sandige Piste miteinander verbunden sind, verkehren Sammeltaxis. Die Wagen fahren ab, sobald sich genügend Fahrgäste eingefunden haben. Da viele Strecken nur mit geländegängigen Fahrzeugen zu bewältigen sind, muß auf Bequemlichkeit verzichtet werden. Das Abenteuerliche liegt dann nicht darin, daß man den Wagen – der vom Hersteller für etwa acht Personen berechnet ist – mit zwölf bis vierzehn Personen teilt. Auch der Krummdolch, den die meisten männlichen Reisegefährten tragen, braucht nicht zu beunruhigen – es handelt sich um ein in der Ausführung sehr unterschiedliches Statussymbol, weniger um eine Waffe. Das Abenteuer ist vielmehr die Fahrt selbst. Oft klettert der überladene Wagen auf schmaler Erdstraße bis in schwindelnde Höhen, um dann in spitzen Kehren und Windungen 800 oder 1000 m abzusteigen. Es bedarf guter Nerven, den herrlichen Ausblick auf Berghänge mit Hunderten von Terrassenfeldern zu genießen, während der Fahrer den Wagen nur mühsam zum halten bringt und dann zurücksetzen muß, um die nächste Haarnadelkurve nehmen zu können. Die subtropische Naturschönheit auf der Talsohle, die Pracht von Bananen, Palmen, Papayafrüchten, Bambus und Kaffeebäumen kann nur derjenige genießen, der einen ähnlichen Gleichmut wie die jemenitischen Fahrgäste besitzt oder sich schnell von Schrecksituationen erholt.

Dem modernen Entdeckungsreisenden sei empfohlen, sich Teile des Jemen zu erwandern. Auf den Pfaden, die auch für geländegängige Fahrzeuge nicht mehr zu bewältigen sind, erlebt man das Bild des vieltausendjährigen Jemen. Nicht anders als die Karawane mit Feuerholz, die dem Touristen entgegenkommt, sahen viele jener Karawanen aus, die lange vor unserer Zeitrechnung von der südarabischen Küste in Richtung Norden zur Mittelmeerküste zogen. Die aus Feldsteinen aufgeschichteten Unterstände für Vieh und Hirten, deren Rund- oder Spitzbögen von der Mitte zur Außenwand einen riesigen Dachstein tragen, dürften sich aus frühislamischer Zeit erhalten haben (s. Abb. S. 26). Sogar die Menschen, die dem Reisenden begegnen, könnten aus einem anderen Jahrtausend stammen; es sei denn, daß sie als Leibwächter eines Scheichs gerade Maschinenpistolen bei sich tragen.

Die frühen Entdecker des Jemen begegneten fast immer zuerst den Menschen der Küstenregionen, sei es nach der Landung mit dem Schiff in Aden, sei es in einem Hafen am Roten Meer. Der deutsche Entdecker **Carsten Niebuhr,** Mitglied einer dänischen Expedition, landete am 29. Dezember 1762 in dem kleinen jemenitischen Hafen al-Loheya. Die Reisenden waren schon in Ägypten, auf der Sinai-Halbinsel und in der arabischen Hafenstadt Dschiddah gewesen. Sie wußten, daß sie in al-Loheya den Herrschaftsbereich des jemenitischen Imam betreten würden. Statthalter in der Provinz am Roten Meer war ein Emir, vergleichbar etwa dem von einem europäischen Herrscher ernannten Markgrafen. Emir Ferhan, ein Jemenite afrikanischer Abstammung, erwies sich als hilfsbereiter Mensch, der den Fremden bei ihren ersten Schritten im Land Unterstützung gewährte. »Wir schieden mit echtem Bedauern von

*Jemen-Pionier Carsten Niebuhr*

diesem guten Gouverneur«, notiert Niebuhr in seinem Tagebuch, als die Gruppe auf Kamelen und Pferden von al-Loheya in Richtung Süden abzog. Etwa vier Tagereisen benötigte sie bis zur Stadt Beit al-Fakih in der Tihama; der moderne Reisende kann die Strecke im geländegängigen Fahrzeug in einigen Stunden bewältigen. Als Niebuhr und seine Reisegefährten in Beit al-Fakih eintrafen, waren schon fast zwei Monate seit ihrer Landung an der jemenitischen Küste vergangen. Man machte die Stadt zum Hauptquartier und ging an die Arbeit. Die sechs Mitglieder der Gruppe schwärmten in verschiedene Richtungen aus und begannen Material für eine umfassende Landeskunde zu sammeln. Niebuhr konzentrierte sich darauf, die Unterlagen für eine Jemen-Karte zu erarbeiten. Das Ergebnis seiner Bemühungen war ein Werk, das für rund ein Jahrhundert europäischen Forschern den Weg im Jemen wies.

Die dänische Expedition hielt sich zu lange in der damals noch stark von Malaria verseuchten Küstenebene auf. Zum Teil zögerten die ersten Erkrankungen der Reisenden, zum Teil auch die von örtlichen Machthabern gestellten Bedingungen den Abmarsch nach Ta'izz und Sanaa hinaus. Als die Gruppe schließlich am 16. Juli 1763 in der jementischen Hauptstadt eintraf, waren zwei ihrer Mitglieder schon auf dem Weg gestorben. Auch den vier übrigen Reisenden saß die Malaria im Blut. In der ersten Hälfte des August 1763 sollten vom Hafen Mocha aus britische Segelschiffe in See stechen; diese Möglichkeit, das für sie so bedrohliche Land wieder zu verlassen, wollten sich Niebuhr und seine Gefährten nicht entgehen lassen. So konnten sie nur 16 Tage in Sanaa bleiben, obwohl die Anreise von Kopenhagen zweieinhalb Jahre gedauert hatte.

Niebuhr versuchte während des kurzen Aufenthalts in Sanaa, eine Karte der Stadt anzulegen. Doch es gab Schwierigkeiten. In seinem Tagebuch hält er fest: »Wo immer ich hinging, hatte ich eine Menschenmenge hinter mir. Vermessungen wurden dadurch absolut unmöglich gemacht.« Immerhin konnte Niebuhr doch eine Beschreibung der jementischen Hauptstadt geben. Eine weitere Tagebuch-Eintragung lautet: »Es gibt sieben Stadttore und eine Reihe von Moscheen, von denen einige von türkischen Paschas gebaut worden sind. Sanaa erweckt den Eindruck, als sei es stärker bevölkert als es in Wirklichkeit ist; vier Gärten nehmen einen Teil des Platzes innerhalb der Stadtmauern in Anspruch. Es gibt bloß zwölf öffentliche Bäder in Sanaa, jedoch viele Paläste, wovon die drei schönsten von dem jetzt regierenden Imam gebaut worden sind. Die Paläste des verstorbenen Imam al-Manzor, zusammen mit einigen anderen, gehören der königlichen Familie, die sehr zahlreich ist.« Die vier Fremden wurden zweimal vom regierenden Imam, al-Mahdi Abbas, empfangen, ehe sie sich auf den beschwerlichen Rückweg nach Mocha begaben. Am 23. August 1763 stachen sie auf einem britischen Segler in Richtung Indien in See.

Obwohl die dänische Jemen-Expedition unter einem Unstern stand – Carsten Niebuhr kehrte schließlich als einziger Überlebender nach Europa zurück –, scheint das Unternehmen andere Forscher zum Aufbruch nach Südarabien angeregt zu haben. 1810 erkundete der russische Gelehrte (deutscher Abstammung) **Ulrich Jasper Seetzen** den Jemen. Durch ihn gelangten zum ersten Mal handschriftliche Kopien altarabischer Inschriften nach Europa. Seetzen selbst aber kehrte nicht wieder zurück. Nach rund sieben Monaten im Jemen schrieb er am 10. November 1810 in Mocha seinen letzten bekanntgewordenen Bericht, in dem es hieß, er werde noch einmal nach Sanaa reisen, um von dort nach Marib und Hadramaut vorzustoßen. Nach seiner Abreise aus Mocha fehlen dann zuverlässige Nachrichten über den Forscher. Er soll am Rande des Weges nach Ta'izz ermordet aufgefunden worden sein. Ein anderes Gerücht lautet, Seetzen sei in Sanaa vergiftet worden.

Fünf Archäologen, ein Apotheker, ein Missionar, zwei Botaniker und ein Schiffsoffizier, versuchten in den nächsten fünfzig Jahren den Schleier zu lüften, der über dem Land im Südwesten der Arabischen Halbinsel lag. Was Seetzen nicht gelungen war, der Vorstoß nach

*Tihama-Jemenite (histor. Darstellung)*

*Der Hafen von Mocha Mitte des 19. Jh. (zeitgenössische Ansicht)*

Marib, vollbrachte als erster Europäer der französische Apotheker **Joseph Arnaud.** Dieser Franzose ist vielleicht der erste Entwicklungshelfer in Südarabien gewesen. Er hat Ende der dreißiger, Anfang der vierziger Jahre des vorigen Jahrhunderts als Apotheker im Dienst des Imam gestanden. Nach dem Ende seines Arbeitsvertrages wurde Arnaud von einem französischen Konsul zu einer Marib-Expedition angeregt. Den Vorstoß in die Ruinenstadt bereitete er insgeheim, ohne Wissen des Imam, bis in alle Einzelheiten vor. Arnaud warb einen Beduinen als Führer an. Er gelangte damit in den Genuß der Sicherheitsgarantien, die der Stamm eines Führers jedem Schutzbefohlenen gibt. Am 12. Juli 1843 brach Arnaud in der Kleidung eines jemenitischen Beduinen nach Marib auf. Die Reise dorthin dauerte sechs Tage. In Marib und Umgebung vermochte Arnaud lediglich zwei Tage zu bleiben. Die Bewohner des Ortes und der Umgebung waren so abweisend, daß der Reisende die antiken Ruinen nur flüchtig besichtigen und den zahlreichen sabäischen Inschriften nur wenig Aufmerksamkeit widmen konnte. Dennoch gelangten durch ihn 56 Kopien solcher Inschriften nach Europa, wo sie die Gelehrten in Atem hielten. Als sie übersetzt und analysiert waren, verfügte die Wissenschaft über die Grundlage zum Verständnis der frühen südarabisch-semitischen Schrift und Sprache.

Noch ein weiterer Franzose, **Joseph Halévy,** leistete Hervorragendes für die Südarabien-Forschung. 1869/70 durchstreifte er im Auftrag der Pariser Akademie den Jemen. Er bereiste

# ENTDECKUNG DES JEMEN

*Empfang beim Imam in Sanaa (histor. Darstellung des 19. Jh.)*

das Land in der Kleidung eines armen orientalischen Juden. Zwar begegnete man ihm in dieser Rolle mit Verachtung und Herablassung, doch kam er stets besser durch, als es einem Christen gelungen wäre. Halévy brachte fast 700 Kopien von Inschriften nach Hause.

Einen starken Aufschwung erfuhr die moderne Jemen-Forschung durch den Österreicher **Eduard Glaser,** der in der Zeit zwischen 1882 und 1894 das Land viermal gründlich bereiste. Glaser hat die wichtigsten Plätze des Hochlandes, der Küstenebene und des Gebietes zwischen den Städten Ta'izz und Aden sowie Marib besucht und der interessierten Öffentlichkeit in Europa genauer beschrieben als irgendein Reisender vor ihm. Die südarabische Schrift-Forschung brachte er voran, indem er mit Hilfe von Gips und Baumwollbinden Abgüsse von Schrifttafeln herstellte, die den Originalen ebenbürtig waren. Aber nicht nur die Erprobung einer neuen Technik war Glasers Verdienst, vielmehr war hier zum ersten Mal ein Forscher auf den Plan getreten, der seine jemenitische Umwelt so genau kannte und ihr so sachgerecht zu entsprechen vermochte, daß sie ihm die Zeit für gründliche Forschung ließ. Eduard Glaser war Entdeckungsreisender, Forscher und Journalist in einer Person. Er betrieb archäologische, philologische, ethnologische und geographische Studien, deren Ergebnisse in den führenden Fachzeitschriften jener Zeit veröffentlicht wurden.

Seine Arbeiten waren richtungsweisend für alle späteren Jemen-Forscher, und noch so manche in jüngster Zeit veröffentlichte Studie baut auf Glasers Erkenntnissen auf.

*Arabische Wüstenreisende des 19. Jh. (zeitgenössische Darstellung)*

Auch dem heutigen Jemen-Reisenden hat Eduard Glaser noch einiges zu sagen. So werden etwa die täglichen Reisezeiten entscheidend durch die Eßgewohnheiten der Jemeniten bestimmt; zur Stunde des Mittagmahls verläßt kaum ein Taxi, kaum ein Autobus, ja nicht einmal ein Reitesel seinen Platz. Glaser schrieb dazu 1884 in sein Tagebuch: »Ohne Frühstück unternimmt kein Südaraber auch nur die geringste Arbeit, wie ihm überhaupt die Speisezeiten das Allerwichtigste sind. Wenn das Wagt al-Rhadda, d. h. die Zeit des Mittagsmahls, heranrückt, so läßt er alles stehen und liegen und geht dem Rhadda nach; und bei jeder Reise, die er vorhat, berechnet er im voraus, wo er Mittag machen wird. Die Türken, die es mit den Speisezeiten nicht so genau nehmen, gelten denn auch beim Südaraber in dieser Hinsicht als einfache Barbaren.«

Der türkische Herrschaftsbereich beschränkte sich zur Zeit Eduard Glasers im wesentlichen auf Sanaa. Außerhalb der Landeshauptstadt und einiger befestigter Plätze reichte die Macht des Osmanischen Reiches nicht weit. Dennoch konnte der österreichische Forscher nicht ohne Zustimmung des Gouverneurs in Sanaa zu den praktisch autonomen Stämmen des Hochlandes reisen. Da es zu jener Zeit auch ratsam erschien, als Moslem getarnt aufzutreten, kleidete sich Glaser entsprechend; häufig wurde er allerdings für einen Türken gehalten. Dies erhöhte seine Gefährdung, denn die osmanische Besatzungsmacht lag im ständigen Konflikt mit dem einheimischen jemenitischen Herrscher, dem Imam. Glaser meisterte die Gefahr, weil er Arabisch sprechen konnte und seine scharfe Beobachtungsgabe ihn befähigte, sich schnell auf die Mentalität der Stammesjemeniten und ihrer Scheichs einzustellen. Seine bald umfassenden Kenntnisse des Stammesrechts leiteten ihn dazu an, sich eine möglichst einflußreiche Bezugsperson zu verpflichten, wenn die Lage einmal bedrohlich zu werden schien.

Als der Deutsche **Hermann Burchardt** 1909 seine dritte Jemen-Reise unternahm, herrschte zwischen den Türken und dem Imam ein Burgfriede. Burchardt genoß deswegen die Unterstützung beider Mächte, insbesondere in der Form von Schutz- und Empfehlungsbriefen. Die Briefe halfen jedoch nichts, als er und sein italienischer Begleiter Benzani am 19. 12. 1909 von Räubern angegriffen und durch Flintenschüsse getötet wurden. Der Überfall ereignete sich in einem Hochtal mit üppiger subtropischer Vegetation zwischen den Ortschaften al-Udain und Ibb, das heute zu den Ausflugszielen ansässiger Ausländer gehört; man erreicht das Tal über eine Erdstraße mit Haarnadelkurven, in denen der weniger abgebrühte Reisende das Fürchten lernt (vgl. S. 210f.).

Hermann Burchardt, der erste Photo-Reporter im Jemen, war ursprünglich kaufmännischer Angestellter, hatte jedoch schon früh eine Vorliebe für das Reisen entwickelt. Dabei waren islamische Länder in den Mittelpunkt seines Interesses gerückt. So begann Burchardt mit

*Hermann Burchardt, erster Photo-Reporter im Jemen*

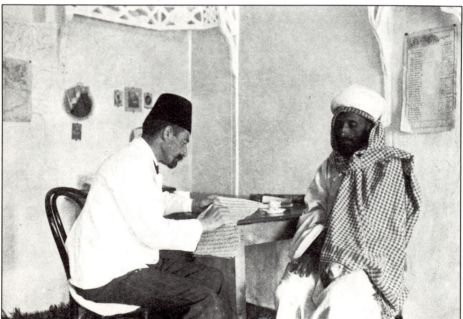

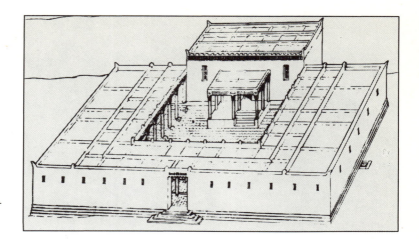

*Der sabäische Tempel von Huqqa (Rekonstruktionszeichnung)*

33 Jahren in Berlin Arabisch zu studieren. Zwei Jahre später übersiedelte er nach Damaskus, um von der syrischen Hauptstadt aus Studienreisen vor allem in arabische Länder zu unternehmen. Die Treuhänder seines Nachlasses beklagten später, daß Hermann Burchardt nie dazu gekommen ist, eine zusammenfassende Darstellung seiner Reisen in der arabischen Welt sowie seiner Eindrücke und Erkenntnisse niederzuschreiben. Was blieb, sind Notizen und Photos. Burchardt führte auf den drei Jemen-Reisen eine vollständige Photo-Ausrüstung mit, was bei dem damaligen technischen Entwicklungsstand ein sehr umfangreiches Gepäck bedingte. Er hinterließ die erste große Photo-Dokumentation des nördlichen Jemen.

Die beiden deutschen Jemen-Forscher **Carl Rathjens** und **Hermann von Wissmann** knüpften in den zwanziger Jahren dieses Jahrhunderts erfolgreich an die Arbeit an, die Eduard Glaser rund fünfzig Jahre zuvor begonnen hatte. Auch sie scheuten die damals noch gefahrvollen und anstrengenden Reisen in den und im Jemen nicht; ihre wissenschaftlichen Erkenntnisse publizierten sie in einer solchen Weise, daß auch ein breiteres Publikum von der Existenz der archaischen, ihren Bürgern jedoch noch voll genügenden Gesellschaftsordnung im Südwesten der Arabischen Halbinsel erfuhr. Die Archäologie verdankt den beiden Forschern die Ausgrabung des sabäischen Tempels von Huqqa, nördlich von Sanaa, der Besucher der Hauptstadt den ersten genaueren Plan des alten Teiles der Metropole aufgrund früher Fliegeraufnahmen.

Die Erforschung des heutigen Südteils der Republik Jemen, kurz Südjemen, war fast ebenso schwierig wie die des Nordjemen. Aden, die ehemalige Hauptstadt des Südjemen, war dabei gelegentlich Ausgangspunkt für Entdeckungsreisen in beide Richtungen. Der erste europäische Bericht über das Innere des Jemen stammt von dem italienischen Abenteurer **Lodovico di Varthema,** der 1502 in Aden landete. Di Varthema wurde als Gefangener in die Nähe von Sanaa gebracht, kam jedoch frei und durfte schließlich Teile des Nordjemen bereisen. 1609

*Der Hafen von Mukalla (histor. Photo von Freya Stark aus den dreißiger Jahren)*

landete ein englischer Kaufmann namens **John Jourdain** in Aden; wegen Zollschwierigkeiten mit dem Statthalter begab er sich schließlich zum osmanischen Pascha nach Sanaa. 1711 riskierten zwei französische Kaufleute die gefährliche Reise von Aden nach Sanaa. 1843 dann kam mit **Adolph von Wrede** ein Deutscher nach Aden. Das Ziel dieses Forschungsreisenden war nicht das jemenitische Hochland, sondern Hadramaut. Tatsächlich gelang dem Deutschen der Vorstoß in das Innere des eigentlichen Südarabien, doch hatte von Wrede keine glückliche Hand bei der Auswertung seiner Beobachtungen und Eindrücke, – seine Interpretationen waren häufig allzu frei. Der nächste und bahnbrechende Hadramaut-Reisende, **Leo Hirsch**, schrieb beschwichtigend in seinem Bericht: »Eine frühe und nicht geringe Anregung zu meinem Unternehmen verdanke ich dem v. Wrede'schen Reisewerk, dem einzigen, das auf Grund des Augenscheins berichtet und dem der Vorwurf der Unglaubwürdigkeit sicher mit Unrecht gemacht worden ist. Obwohl von Maltzan (der Herausgeber) seinen Helden des Arabischen vollkommen mächtig sein läßt, will es mir doch scheinen, als habe gerade die lückenhafte sprachliche Schulung Wrede's manchen seiner auffallenden Schnitzer in den Namen und auch anderer Irrthümer verschuldet, wie mangelnde Kritik seine von der Wirklichkeit meist weit entfernten Zahlenangaben...«

Leo Hirsch seinerseits war nicht nur des Arabischen völlig mächtig, sondern beherrschte auch das Hebräische. Auf der Grundlage dieser beiden semitischen Sprachen begann der Berliner in Südarabien Dialektstudien zu treiben. Sein eigentliches Ziel war jedoch die Erforschung des Wadi Hadramaut, zu der er im Winter 1892/93 aufbrach. Ausgangspunkt war Aden, das zu dieser Zeit schon über fünfzig Jahre lang unter britischer Kolonialherrschaft stand. Von der Kolonie aus steuerte Hirsch zunächst per Schiff einige Ortschaften der südarabischen Küste an. Aber obwohl er gute britische Empfehlungen an die lokalen Machthaber in Mukalla und Schihr mit sich führte, blieb ihm der Weg ins Landesinnere versperrt. So nutzte er die Zwangslage, um die Küstenplätze nacheinander zu besuchen. Hirsch gelangte dabei bis in die Nähe der Region, die heute den Westteil des Sultanats Oman bildet. Überall widerfuhr dem Reisenden aus Berlin das gleiche: Die örtlichen Autoritäten nahmen ihn freundlich auf, begegneten jedoch seinem Wunsch, nach Norden zu reisen, in allen Tonlagen zwischen höflicher orientalischer Hinhaltetaktik und schroffer Ablehnung. Wenn er intensiv genug befragt wurde, enthüllte der jeweilige Statthalter oder Sultan schließlich die Ursache des passiven oder offenen Widerstandes: Man entsprach dem Verlangen der Beduinen des Hinterlandes, Fremden den Zutritt zum Wadi Hadramaut zu verwehren. Leo Hirsch schrieb die Schwierigkeiten einer Mischung aus religiösem Fanatismus, orientalischem Geschäftssinn und politischen Rivalitäten zu. Der Forschungsreisende war zu sehr Kind seiner Zeit, um zu erkennen, daß die Haltung der Beduinen auch eine Reaktion auf mehrere Zusammenstöße mit dem Imperialismus war. Die Stammeskrieger des Hinterlandes hatten noch deutliche Erinnerungen an die Eroberung der Küste durch die Portugiesen im 15. Jh.; sie wußten, welche Mühe es ihre Ahnen gekostet hatte, die ›Ungläubigen‹ an Vorstößen tief ins Landesinnere zu hindern, und sie wußten auch, daß eine fremde Macht sich in Aden festgesetzt hatte und witterten in jedem Forschungsreisenden einen Spion jener Macht als Vorboten neuer Eroberungen.

Leo Hirsch benötigte mehr als ein halbes Jahr, ehe er das Mißtrauen der Beduinen beschwichtigt und die Machthaber der Küstenregion zur Unterstützung seines Unternehmens überredet hatte. Am 1. Juli 1893 konnte er von Mukalla aus endlich ins Wadi Hadramaut aufbrechen. Anfangs war seine eigene Reisegruppe Teil einer Karawane, die der Sommerhitze wegen die Wegstrecken in Nachtmärschen zurücklegte. Hirsch fügte sich darin nur widerwillig, weil die Dunkelheit ihm die Erforschung des Geländes erschwerte. Den zweiten Teil der zwölftägigen Reise bis zur Ortschaft Hadscharein legte er dann unter Protest seiner Leute in Tagesmärschen zurück. Allerdings, so schrieb Hirsch in sein Tagebuch, »haben wir fast unablässig die blinkende Sonne vor Augen; es ist beinahe unmöglich, die Gegenstände zu erkennen.« Immerhin entdeckte der Forscher in diesem Abschnitt unter dem Sand eine Ruinenstätte, die er für eine »große Stadtanlage« hielt; von ihm aufgesammelte »Bruchstücke eines mit himyarischen Charakteren bedeckten hellen Kalkgesteins« schienen stark darauf hinzudeuten, daß es sich hier um eine untergegangene Stadt des antiken Südarabien handelte.

Leo Hirsch hielt sich 38 Tage lang im Wadi Hadramaut auf. Er machte die Stadt Schibam zum Ausgangspunkt für die Erforschung des Landesinnern, und es gelang ihm, auch die Städte Saiun und Tarim zu besuchen. Saiun scheint auf Hirsch den besten Eindruck gemacht zu haben. Während er sich über die später wegen ihrer Architektur viel bestaunten Plätze Schi-

# ENTDECKUNG DES JEMEN

*Hans Helfritz, deutscher Reisepionier im Jemen seit den dreißiger Jahren*

bam und Tarim fast ausschweigt, finden sich in seinem Tagebuch über Saiun wohlwollende Bemerkungen. Er berichtet, daß die Stadt 300 Moscheen besitze. Wörtlich heißt es dann: »Die Straßen von Saiun sind breiter und reinlicher als die von Schibam und werden freigehalten von den Ausflüssen der Häuser, die in ummauerte Ecken münden. Innerhalb der die Stadt umfassenden Lehmmauer finden sich bestellte und ansehnliche Palmgärten, die meist den Moscheen gehören. Diese sind in der That zahlreich und gut in Stande; die bedeutendsten wurden mir bei der Wanderung durch die Stadt von meinem freiwilligen Gefolge bezeichnet, das sich etwas lästig, aber keineswegs unfreundlich benahm und sich anscheinend des Interesses freute, das ich für ihre Heiligthümer bewies.«

Leo Hirsch' Hauptleistung liegt darin, daß er seine Forschungsreise überhaupt durchzusetzen vermochte und daß er der Nachwelt eine verläßliche Wegbeschreibung hinterließ. Er war übrigens bewaffnet und scheute sich nicht, mit der Waffe zu drohen, wenn es ihm erforderlich erschien. Seine perfekten Kenntnisse des Arabischen ermöglichten es ihm freilich fast immer, Überredungskünste statt Drohungen anzuwenden. Als ihn aber Frömmler in Tarim zur vorfristigen Abreise nötigten und seinen Auszug aus der Stadt mit Feindseligkeit begleiteten, zog er doch einmal den Revolver. Seine hervorragende Kenntnis der jemenitischen Mentalität setzte Hirsch instand, falsche von echter Frömmigkeit zu unterscheiden. So findet sich in seinem Tagebuch aus Schibam folgende Eintragung: »Mein Freund Schemah interessirte von meinen Medikamenten vorzüglich Berendi (Brandy), den er als ein Universalheilmittel pries, und nach dessen Vorhandensein er sich angelegentlich erkundigte; ein kleiner Beweis, wie die Folie seiner lokalen Frömmigkeit auf dem Grunde einer recht freien Weltanschauung ruhte. Der arme Schemah! Ich mußte seine Schmerzen ungestillt lassen, da ich in den Tropen nie geistige Getränke genieße.«

**Hans Helfritz** war der Pionier einer neuen Art von Entdeckungen des Jemen. Obwohl er 1932/33 und 1935 Hadramaut und einen Teil des jemenitischen Königreichs zu wissenschaftlichen Zwecken besuchte, dienten seine schwierigen Reisen eher dem späteren ›Entdeckungstourismus‹. Der junge Musikwissenschaftler mußte die Expeditionen nach dem Südwesten der Arabischen Halbinsel zum großen Teil aus schmaler Börse selbst finanzieren.

Außer mit Wachswalzen für die Aufnahme musikethnologischer Proben hatte er sich mit Photo- und Filmkamera gerüstet. Helfritz, ein talentierter Reiseschriftsteller, vermochte seine mit großem Wagemut durchgeführten Reisen in spannende Berichte umzusetzen, die schon in den dreißiger und vierziger Jahren das Interesse eines breiteren Publikums für den Jemen weckten; in den siebziger Jahren waren sie den meisten Jemen-Reisenden eine wichtige Hilfe. Hans Helfritz reiste zuerst 1932 über Hudaida in den Herrschaftsbereich des damaligen Imam ein. Zu seiner eigenen Überraschung bekam er die Genehmigung zum Besuch Sanaas, und er bewältigte die Reise von der Küste des Roten Meeres bis zur Hauptstadt auf einem Maultier in acht Tagen.

Helfritz durfte sich etwa zwei Wochen lang in Sanaa aufhalten, wurde von Imam Jachjah empfangen, dann aber zur »alsbaldigen Ausreise« nach Hudaida zurückgeschickt. Beim zweiten Mal gelangte der Musikwissenschaftler aus einer ganz anderen Richtung kommend in die jemenitische Hauptstadt. Von Aden aus fuhr er zunächst per Schiff nach Mukalla. Wie seinerzeit Leo Hirsch, so wurde in der arabischen Hafenstadt zunächst auch Hans Helfritz der Vorstoß ins Landesinnere verwehrt. Doch schon von Schihr, dem nächsten Küstenort, aus konnte er den Marsch ins Wadi Hadramaut antreten. Damit begann im ersten Drittel des 20. Jh. eine Entdeckungsreise, die den großen Pionierfahrten des 19. Jh. in nichts nachstand: Helfritz folgte zunächst Leo Hirsch' Spuren, marschierte jedoch ab Schibam in Richtung Westen, das heißt, er durchquerte ein Stück der gefürchtetsten arabischen Wüste, des sogenannten ›Rub al-Chali‹, des ›leeren Viertels‹, um in das Sultanat Baihan vorzustoßen. Damit befand sich der Forscher an der Hintertür des Königreichs Jemen. Unter großen Mühen gelang es ihm, Beduinen als Führer für eine Reise von Baihan nach Harib anzuwerben. In Harib, einer Ortschaft im Kernland des antiken Königreichs Saba, betrat Helfritz wieder den Herrschaftsbereich des Imam Jachjah. Er wurde drei Wochen lang festgesetzt, bis aus Sanaa die Genehmigung des Herrschers zur Weiterreise eintraf. Jachjah legte auch diesmal, wie schon beim ersten Vorstoß Helfritz'

*Beduine aus dem Wadi Hadramaut (histor. Photo)*

in den Jemen, die Reiseroute nach der Hauptstadt genau fest. In seinem Bericht schrieb der Forscher: »Der Weg, den ich zu nehmen hatte, besaß immerhin den Vorteil, daß er durch einen bisher noch unbekannten Teil des Jemen führte, aber er war weit und galt auch als beschwerlich.« Als er diese mühselige Strecke schließlich hinter sich gebracht hatte, wurde er in Sanaa sofort in Polizeigewahrsam genommen. Nach fünf Tagen im Büro des Polizeichefs, unterbrochen nur durch einen Stadtgang zwecks Besuchs von zwei Landsleuten, erging gegen Hans Helfritz abermals ein Abschiebungsbefehl nach Hudaida. Der nun schon geübte Entdeckungsreisende nutzte die Rückführung unter Bewachung ans Rote Meer zur weiteren Vertiefung seiner Eindrücke im Jemen.

Die dritte große Entdeckungsreise von Hans Helfritz in Südarabien konzentrierte sich auf Hadramaut. Der junge deutsche Wissenschaftler geriet dabei in Konkurrenz zu zwei einflußreichen britischen Reisenden, die viel von dem Gewicht des damaligen Weltreichs auf ihrer Seite hatten. **St. John Philby,** politischer Agent Großbritanniens im Nahen Osten und zu jener Zeit Berater und Günstling von Ibn Saud, dem Gründer des Königreichs Saudi-Arabien, plante 1935 den Vorstoß nach Schabwat (später: Schabwa). Unter Kennern galt dieser schwer zu erreichende Platz als Zentrum des antiken Königreichs Hadramaut, seine nähere Erforschung mußte von großem wissenschaftlichen Nutzen sein. Mit Hilfe maßgebender Freunde in Aden und eines reichen Erfahrungsschatzes bemühte sich gleichzeitig auch die große britische Entdeckungsreisende **Freya Stark,** Schabwat zu erreichen. Sie hatte sich schon in Bagdad, wo Großbritannien nach dem Ersten Weltkrieg die Türkei in der Rolle der ›Schutzmacht‹ ablöste, politische und literarische Verdienste erworben. Ziel ihrer Entdeckungsreise war es, im Hadramaut den Einfluß der britischen Regierung zu mehren, als erste Europäerin einen geheimnisumwitterten Ort in Südwestarabien zu erreichen und neuen Stoff für ihre interessanten und kulturell fundierten Reiseberichte zu finden. Aufgrund politischer Beziehungen und umfassender Sprachkenntnisse war Freya Stark über das konkurrierende ›Unter-

*Freya Stark, britische Schriftstellerin und Hadramaut-Reisende der dreißiger Jahre*

nehmen Helfritz‹ genauestens unterrichtet. Jedoch hielt eine ernste Erkrankung sie in Schibam zurück, während Philby noch mit generellen Reisevorbereitungen beschäftigt war. Der junge Deutsche konnte sich nicht auf einflußreiche politische Fürsprecher stützen und besaß nur die bescheidenen, im Deutschland der Wirtschaftskrise ersparten Mittel seiner Reisekasse. Dennoch erreichte er, der zwei Jahre früher auf dem Wege in den Nordjemen dicht an Schabwat vorbeigezogen war, als erster Europäer den Ort, der einmal eine wichtige Position im frühen südarabischen Königreich eingenommen hatte. Obwohl Hans Helfritz nur eine Nacht und wenige Tagesstunden in Schabwat bleiben konnte, ehe ihn die mißtrauischen Bewohner des Ortes vertrieben, ist doch diese Reise von 1935 als großes Ereignis in die Geschichte der Entdeckung Südarabiens eingegangen.

*Wendell Phillips mit einem Fundstück in Marib*

Schabwat blieb auch in den nächsten Jahrzehnten schwierig. Der auf Helfritz folgende Forscher, **Wendell Phillips,** konnte sich schließlich nur rühmen, Schabwat überflogen zu haben. Anfang der fünfziger Jahre schrieb er: »Legendenhafte Überlieferungen, die von sandbedeckten Tempeln, Palästen und begrabenen Schätzen berichteten, haben diese Stelle zu einem der bekanntesten und begehrtesten Flecken in der arabischen Wüste gemacht. Wir waren die ersten Amerikaner, die die alten Ruinen mit eigenen Augen sahen – sogar aus der Luft.«

»Wenn auch nur aus der Luft«, wäre die angemessene Formulierung gewesen, denkt man an die vorausgegangenen Leistungen von Helfritz und Freya Stark. Doch der Amerikaner Phillips wußte durch geschickte Propaganda stets auch aus Mißerfolgen noch etwas zu machen. Er war nach Art und Verhalten eine Mischung aus Forscher, Abenteurer, Agent und Journalist. Nun benötigt wohl jeder Forschungsreisende einige Eigenschaften, die ihn befähigen, auch unkonventionelle Wege zu gehen. Bei Wendell Phillips waren jedoch diese Eigenschaften allzu ausgeprägt. In dem Bestreben, durch Schwung und Forschheit Schwierigkeiten aus dem Weg zu räumen, ritt er sich manchmal in noch größere Probleme hinein.

Dennoch hat gerade die Archäologie Wendell Phillips viel zu verdanken. Er brachte 1949 und 1950 im damaligen südarabischen Sultanat Baihan, das noch unter britischem Schutz stand, eine umfassende Grabungskampagne zustande. Dabei arbeitete der Amerikaner, der alles andere als der Typ des zähen Einzelreisenden war, mit großem materiellen Aufwand und einem Team erstklassiger Wissenschaftler, darunter ein Schriftexperte. Die Ergebnisse waren dementsprechend gewichtig. Das amerikanische Team legte im Wadi Baihan die Ruinen der antiken Stadt Timna frei und machte zahlreiche Funde an Statuen, Bruchstücken von Statuen, Bronzefiguren und Gebrauchsgegenständen. Manche dieser Fundstücke wiesen Inschriften auf. Zudem entdeckten die Amerikaner nahe Timna noch Inschriften an Felswänden. Die Bestimmung der Kunstwerke und die Auswertung der Schriftdokumente ermöglichten fast genaue Datierungen zur Geschichte der Stadt Timna und die Erarbeitung einer bis dahin noch fehlenden Chronologie des Königreichs Qataban. Phillips kam zu dem Schluß, daß »der wichtigste Zeitabschnitt in der Geschichte Qatabans zwischen den Jahren 350 und 50 v. Chr. liegt«. Seiner Meinung nach ist Qataban in jener Periode der bedeutendste Einzelstaat Südarabiens gewesen.

Während der Timna-Kampagne hatte Wendell Phillips auch auf Marib einen Blick geworfen, die mutmaßliche Hauptstadt des antiken Königreichs Saba. Von Baihan bis nach Marib sind es auf Wüstenpisten nur rund 60 km Fahrstrecke, getrennt damals noch durch eine nicht genau markierte Staatsgrenze. Zu Phillips' Zeit im Wadi Baihan verlief durch den Wüstensand aber auch die unsichtbare Grenze eines Weltreichs zu einem zwar rückständigen, jedoch stets eifersüchtig auf seine Unabhängigkeit bedachten arabischen Staat. Baihan gehörte zum britischen Aden-Protektorat und Marib zum Königreich Jemen. Der jemenitische König, der Imam, hatte gegenüber der britischen Weltmacht historisch begründete Gebietsansprüche geltend gemacht, und die Folge war ein schon jahrelang schwelender, gelegentlich auch in hellen Flammen lodernder Grenzkonflikt. Die Briten pflegten in diesem Konflikt Jagd- und Kampfflugzeuge gegen die Stammeskrieger des Imam einzusetzen. Kein Wunder also, daß der amerikanische Archäologe bei einem heimlichen Vorstoß von Baihan aus in Richtung Marib auf jemenitischem Gebiet von bewaffneten Arabern gestellt und vertrieben wurde. Phillips unternahm auch mit einer Versorgungsmaschine seiner Timna-Expedition einen unautorisierten Flug über Marib, um Luftaufnahmen zu machen, und setzte sich der Gefahr aus, von Soldaten des Priesterkönigs beschossen zu werden. Trotz abschreckender Erfahrungen stellte der Amerikaner schließlich beim Imam den Antrag, im Königreich Jemen archäologisch tätig werden zu dürfen. Zu seiner eigenen Überraschung erhielt er im Frühjahr 1951 die Aufforderung, nach Ta'izz zu Verhandlungen zu kommen; und noch im April desselben Jahres konnte Wendell Phillips namens der ›American Foundation for the Study of Man‹ mit der jemenitischen Regierung einen Vertrag über Grabungsarbeiten in Marib abschließen. Der damalige Herrscher, Imam Achmad, hatte die Genehmigung schon nach der ersten Audienz für den Amerikaner und seine Begleiter gegeben. Rückschauend ist zu vermuten, daß ihn politische Beweggründe veranlaßten, Wendell Phillips zu begünstigen. Wahrscheinlich glaubte er ebensowenig wie seine Berater an den primär wissenschaftlichen Charakter des Projekts, sondern sah es als Tarnung für einen Versuch Washingtons, eigene nationale Interessen gegen die bis dahin dominierenden britischen Interessen in Südarabien zur Geltung zu bringen. Man darf annehmen, daß Imam Achmad eine Zeitlang glaubte, dem britischen Feind zu schaden, wenn er den Amerikanern Einfluß im Jemen gewährte. So war nach der Unterzeichnung des Vertrages die umfassende Kontrolle des archäologischen Unternehmens das Hauptanliegen der Jemeniten.

Das amerikanische Team hielt sich 1951/52 rund neun Monate lang in Marib auf; Wendell Phillips verbrachte einen Teil dieser Zeit außerhalb des Jemen, um neue finanzielle Mittel aufzubieten und die Expedition auszuweiten. Für die in Marib tätigen Wissenschaftler, darunter der Chef-Archäologe Frank Albright, waren die neun Monate ein Alptraum. Sie wurden auf Schritt und Tritt von den Beauftragten des Imam verfolgt. Die Unsicherheit und Unwissenheit der jemenitischen Beamten behinderten jede einzelne Phase der archäologischen Feldforschung. Um die wissenschaftlich außerordentlich wertvollen, materiell jedoch uninteressanten Abgüsse von sabäischen Inschriften entwickelte sich ein zäher Kampf. Die in Marib stationierten Regierungssoldaten, von ihren Vorgesetzten zur Wachsamkeit angestachelt, wurden in den Augen der bedrängten Wissenschaftler zu einer schier unerträglichen Bedrohung. Als der Chef der Expedition schließlich nach zweiwöchigem vergeblichem Warten in Ta'izz auf eine Audienz beim Imam wieder selbst das Kommando in Marib übernahm, war es zu spät. Auch der persönliche Einsatz half nichts mehr. So blieb dem Organisationsgenie Wendell Phillips kein anderer Ausweg, als die Flucht des Archäologenteams aus Marib zu organisieren. Am 12. Februar 1952 gelang es den Teilnehmern der amerikanischen Expedition, unter Zurücklassung nahezu aller Fundstücke, des größten Teils der wissenschaftlichen Ausbeute und der meisten persönlichen Habseligkeiten auf zwei Lastwagen aus dem Grenzgebiet des Königreichs Jemen in das Sultanat Baihan im britischen Aden-Protektorat zu entkommen.

In den Monaten nach der Flucht entwickelte sich zwischen der jemenitischen Regierung und Wendell Phillips dann ein Propagandakrieg, der das ganze Ausmaß des gegenseitigen Mißverstehens enthüllte. Doch konnte all dies das bedeutsame Gesamtergebnis der amerikanischen Marib-Expedition nicht mehr zunichte machen: Zum ersten Mal in der Geschichte der modernen Archäologie waren in Marib sabäische Tempelanlagen ausgegraben worden; für gut drei Jahrzehnte sollte dies die einzige nennenswerte Grabung im Gebiet von Marib bleiben, und ein beträchtlicher Teil der archäologischen Sammlung im Nationalmuseum von Sanaa stammt aus den Funden eben jener amerikanischen Marib-Expedition des Jahres 1951/52.

Inzwischen ist die archäologische Bestandsaufnahme von Jemens Norden ein Stück vorangekommen. Als 1984 der Bau eines neuen Staudammes im Wadi Adhanna nahe Marib begann, und zwar 3000 m oberhalb der Reste des antiken Dammes, wurde das Gebiet südwestlich der Baustelle für die Feldarbeit der Archäologen freigegeben. Die Zweigstelle Sanaa des Deutschen Archäologischen Instituts war sofort zur Stelle. Zudem wurden italienische und amerikanische Forscher in der Region zwischen Marib und Sirwah tätig. Großprojekte mit sensationellen Grabungsergebnissen waren dort von vornherein nicht zu erwarten. Jedoch hat die Arbeit der deutschen Wissenschaftler wesentlich dazu beigetragen, den Ursprung und die spätere Weiterentwicklung der sabäischen Hochkultur zu erhellen. Im Herbst 1988 konnte die italienische archäologische Mission Ausgrabungen in Baraqisch (Königreich Ma'in) beginnen mit dem Ziel, wenigstens Teile der antiken Stadt und ihres Bewässerungssystems zu restaurieren.

Die Ergebnisse der bisherigen Feldforschung haben zu der Erkenntnis geführt, daß es in der Region zwischen Marib und Sirwah lange vor der Formierung eines sabäischen Staates

*Aus Felssteinen aufgeschichteter Unterstand für Vieh und Hirten*

gut organisierte kleine Gemeinwesen gegeben hat. Anscheinend sind schon zwei- bis dreitausend Jahre vor unserer Zeitrechnung an den Rändern der oft wasserführenden Wadis dieser Region zahllose Einzelfamilien und Clans angesiedelt gewesen, die abschnittweise auch gewisse Gemeinschaftswerke, wie Bewässerungsregulierung, zu leisten vermochten. Die Forschung konnte Mitte der achtziger Jahre Reste von Bewässerungsanlagen nachweisen, die in das späte dritte Jahrtausend v. Chr. zu datieren sind. Anfang der neunziger Jahre begann die Spatenforschung am Tempel des Mondgottes Almaqah bei Marib und am Stadthügel von Alt-Marib.

Südwestlich der großen Oase von Marib sind die deutschen Forscher auf Bauwerke mit kultischer Funktion gestoßen, die sie den frühgeschichtlichen Epochen vor der Staatsgründung zuweisen. Italienische Archäologen entdeckten westlich von Sirwah Siedlungsreste, die sie anhand einer Holzkohlen-Analyse ziemlich genau in die Jahre 1980 v. Chr. und 1750 v. Chr. einordnen.

# Königreiche der Händler

Der griechische Historiker und Geograph Herodot (geb. um 484 v. Chr.) war sich seiner Sache sicher, als er schrieb: »Gegen Süden ist Arabien das letzte von den bewohnten Ländern, in welchem sich der Weihrauch findet, der sonst nirgendwo wächst, desgleichen Myrrhen, Kassia, Zimt und Ledanum oder Ladanum.« Für uns hingegen gehört es heute zu den offenen Fragen, woher der Großteil jenes Weihrauchs stammte, auf dessen Vertrieb der Wohlstand des Sabäischen Reiches und der anderen antiken Königreiche Südarabiens beruhte. Völlig gesichert ist immerhin, daß jahrhundertelang Weihrauch und anderes Räucherwerk wie auch Gewürze und sonstige Handelsgüter von der südarabischen Küste auf mehreren Karawanenwegen durch den Jemen an die Mittelmeer- und Rotmeer-Küste gelangten; von dort wurde ein Teil der Güter weiter nach Ägypten und Europa verschifft. Ganz gewiß war die Küstenregion des Südjemen auch Anbauland von Weihrauch, fraglich ist jedoch, ob der überwiegende Teil des begehrten Räucherwerks wirklich im Südjemen wuchs. Viel spricht für die Annahme, daß große Mengen Weihrauch im Norden der heutigen Republik Somalia und in Indien gewonnen wurden. Die Südaraber dürften hauptsächlich als Zwischenhändler gewirkt haben, wobei es ihnen aufgrund einer handelspolitisch günstigen Position möglich war, beträchtliche Profite zu erzielen. Die Frage, ob die Südaraber mehr Händler oder mehr Produzenten waren, ist dabei keineswegs bedeutungslos. Die vorherrschende wirtschaftliche Orientierung dürfte den Charakter des Landes beeinflußt haben; während Händler ständig mit fremden Kulturen in Berührung kommen und selbst Mobilität entwickeln, hätten landwirtschaftliche Produzenten – wie sie im sabäischen Kernland rund um Maryab und im Wadi Hadramaut durchaus anzutreffen waren – der südarabischen Kultur ein statisches Moment verleihen müssen. Die uns verbliebenen kulturellen Zeugnisse weisen jedoch deutlich darauf hin, daß kontinuierlich starke äußere Einflüsse aufgenommen wurden.

Sicherlich waren die Menschen, die während einer Zeitspanne von rund 1500 Jahren in den sechs Königreichen des antiken Südarabien lebten, nicht sämtlich oder auch nur überwiegend im Handel tätig. Aber jene Königreiche konnten sich nur bilden und halten, weil sie wichtige auswärtige Handelspartner der damals etablierten ›Industriestaaten‹ waren. Ägypten war gewiß der früheste Abnehmer von Weihrauch, Myrrhe und anderem Räucherwerk. Solche Aromastoffe spielten eine wichtige Rolle bei der täglichen Liturgie vor dem Abbild des Sonnengottes Amon-Re und bei den Todesriten. Auch die Babylonier verbrannten Weihrauch in ihren Tempeln beim Gebet und beim Befragen der Orakel. Nach Israel gelangte Weihrauch als Bestandteil religiöser Riten noch vor dem Babylonischen Exil (586–538 v. Chr.); es gewann

# KÖNIGREICHE DER HÄNDLER

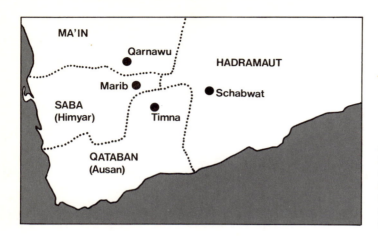

*Die sechs Königreiche Südarabiens. Sie existieren nicht gleichzeitig, sondern verteilt über einen historischen Zeitraum von etwa eineinhalb Jahrtausenden*

dort eine solche Bedeutung, daß die mosaischen Schriften den Verbrauch des heiligen Salböls aus Weihrauch und Myrrhe an Menschen bei Todesstrafe unter Verbot stellten. Die Griechen begannen im 8. Jh. v. Chr. Räucherwerk zum Schutz gegen Dämonen zu verbrennen. Den Römern waren Weihrauch und Myrrhe wichtig für öffentliche und private Opfer vor den Göttern und später auch im Kaiserkult, und schließlich setzte die christliche Kirche vom 4. Jh. an Weihrauch bei ihren Zeremonien ein.

Aber nicht nur nach Ägypten und Europa trieben die Südaraber mit Räucherwerk Handel – die günstige geographische Position brachte sie früh auch mit dem Persischen Großreich in Berührung. Nachdem sich die militärische Überlegenheit erst der Assyrer, dann der Perser erwiesen hatte, begannen die südarabischen Herrscher Weihrauch und Myrrhe als Tribut nach Persien zu schicken. Die Brücke zu den persischen Königen war also bereits geschlagen, als in der Endphase der eigenständigen Händler-Staaten in Südarabien ein notleidend gewordener Himyaritenfürst sie um Hilfe gegen die Äthiopier anrief.

In den 1500 Jahren zwischen der Gründung des sabäischen Staates und seinem endgültigen Zusammenbruch ging es im wesentlichen immer um die Kontrolle über die Handelswege. Da fast alle früheren Handelswege Karawanenrouten waren, darf man wohl dem Kamel eine hervorragende Rolle bei der Staatengründung in Südarabien zuschreiben. Die Forschung lehrt, daß erst nach der Zähmung des Kamels und seinem Einsatz als Lasttier die Überquerung der Arabischen Halbinsel von Süd nach Nord und von Nord nach Süd in wirtschaftlich vertretbaren Zeiträumen zur Selbstverständlichkeit wurde. Mit dem schwächeren und für Wüstengebiete ungeeigneten Esel war die rund 2500 bis 3000 km lange Strecke kaum zu bewältigen. Das Kamel aber konnte auch solche Routenabschnitte meistern, auf denen der Esel an Wassermangel zugrundegegangen wäre. Mithin sind wahrscheinlich die Sabäer zuerst als Kameltreiber in das Blickfeld der damaligen Kulturvölker getreten. Entlang der Route von der südarabischen

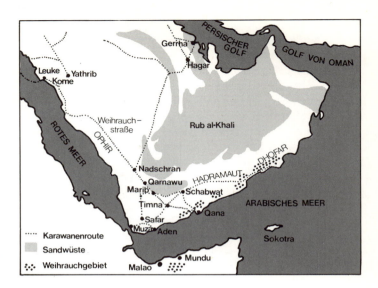

*Die wichtigsten Karawanenrouten von Süd- nach Nordarabien und die Weihrauchgebiete*

Küste hinauf in das jemenitische Bergland und weiter in Richtung Norden entstanden Stationen, Stützpunkte, Dörfer, schließlich auch Zusammenschlüsse der zum Schutz der Karawanenwege unterhaltenen Siedlungen. Damit waren die Grundlagen zum Aufbau von Staaten geschaffen. Etwa auf den ersten 500 km – von Süden her gerechnet – der Wüstenstrecke bildete sich zunächst der sabäische Staat, dann das Königreich Ma'in, das als frühere Nordprovinz von Saba ein südarabischer Außenposten gegenüber Zentralarabien war.

Die Südaraber haben aber nicht nur früher als etwa die Ägypter das Kamel im Handelsverkehr nutzbar gemacht; sie kannten auch früher als ihre Kunden das Geheimnis der Monsunwinde. Damit erschlossen sie sich lange vor den Ägyptern und den Arabern des Nordens, aber auch vor Griechen und Juden den Seeweg nach Indien. Über Südarabien gelangten Gewürze in den Mittelmeerraum – unter anderem Zimt –, die ihren Ursprung im Fernen Osten hatten. Textilien, Edelsteine, Öle, Felle und Getreide scheinen die Südaraber ebenfalls aus Indien bezogen zu haben. So darf man wohl annehmen, daß sie Duftstoffe, vielleicht minderer Qualität, von ihren indischen Handelspartnern bezogen, um sie zusammen mit dem eigenerzeugten Weihrauch und Myrrhe weiterzuverkaufen. Der Aufstieg der südarabischen Händler vergrößerte ihren Warenbedarf. Deswegen richteten sie schon früh Handelsniederlassungen an der ostafrikanischen Küste und an der afrikanischen Seite des Roten Meeres ein. Die Niederlassungen im heutigen Eritrea entwickelten sich zu starken Kolonien, deren Bewohner bei der Gründung des Staates von Aksum eine wesentliche Rolle spielten.

Zwei Entwicklungen im Bereich der Schiffahrt leiteten später den Niedergang der südarabischen Staaten ein. Zunächst hatten die nördlichen Bewohner am Roten Meer die Navigation entlang der von Riffen, Strömungen und Seeräubern verunsicherten Küsten endlich doch gemeistert. Damit wurde der arabische Karawanenhandel entscheidend zurückgeworfen, und je besser der Seeweg genutzt werden konnte, um so weniger attraktiv war der Landweg. Später dann entdeckten auch Griechen und Römer das Geheimnis der Monsunwinde und nahmen den Indienhandel in eigene Hände. Damit war das von den Südarabern etwa 700 Jahre lang gehaltene Handelsmonopol vollends gebrochen. Auf südarabischer Seite verschob sich das Gewicht der Macht zugunsten desjenigen Staates, der die Bab al-Mandeb (›Tor der Tränen‹) genannten Meerengen am Südausgang des Roten Meeres zum Golf von Aden beherrschte. Unter dem römischen Kaiser Augustus kam es zweimal zu Militäroperationen gegen den himyaritisch-sabäischen Staat. Jedes Mal waren die Römer in erster Linie durch Behinderungen der Schiffahrt an den Meerengen seitens der Himyariten auf den Plan gerufen worden. Zunächst entsandte Augustus den römischen Statthalter in Ägypten, Aelius Gallus, mit Landtruppen in die arabischen Weiten, um den Kern des sabäischen Staates erobern zu lassen. Die Expedition scheiterte jedoch vor Maryab, weil sich die römischen Truppen und ihre Hilfskräfte der Landesnatur – Hitze und Wassermangel – nicht gewachsen zeigten. Später erschien eine römische Flotte am Südausgang des Roten Meeres, zerstörte einige Häfen und zwang anscheinend Himyar zu einem Bündnis mit Rom und Hadramaut.

*Ankunft einer Karawane in Petra (histor. Darstellung aus dem 19. Jh.)*

Möglicherweise hätte schon um die Zeitenwende der Handelsverkehr der südarabischen Binnenstaaten mit dem Mittelmeerraum ein Ende gefunden, weil nahezu alle Güter per Schiff bis zum Nordende des Roten Meeres gelangen konnten. Die wichtigsten Handelspartner der Südaraber am Nordende, die Nabatäer, hatten jedoch ihre Staatsgrenze weit nach Süden vorgeschoben. Etwa seit 400 v. Chr. bis vielleicht 50 n. Chr. wurden besonders die Sabäer von den Nabatäern als Wirtschaftspartner durch die Geschichte begleitet. Als die Juden in die Babylonische Gefangenschaft geführt wurden (587 v. Chr.), löste dies eine kleine Völkerwanderung aus. Das Wüstenvolk der Nabatäer strömte von Zentralarabien in ein Gebiet ein, das zuvor von den Edomitern bewohnt worden war, die ihrerseits freigewordenes jüdisches Land in Besitz genommen hatten. Die Nabatäer setzten sich im Gebiet der Berge von Schera um Petra im heutigen Jordanien fest. Der Zeitpunkt der Einwanderung lag um 550 v. Chr. Anfangs sollen die Nabatäer hauptsächlich von Überfällen auf Karawanen aus dem arabischen Süden gelebt haben. Doch sobald sie sich eine staatliche Ordnung gegeben hatten, begannen sie ihre Profitnahme aus dem Handelsverkehr in geordnete Bahnen zu lenken: Zölle, Abgaben und Gebühren ersetzten den nackten Raub. Schließlich gingen die Nabatäer dazu über, Karawanenhandel in eigener Regie zu betreiben. Vom 3. Jh. v. Chr. an scheinen sie den nördlichen Teil der sogenannten ›Weihrauchstraße‹ von Südarabien zum Mittelmeer kontrolliert zu haben. Um die Zeitenwende erreichte das nabatäische Reich dann seine größte Ausdehnung. Die Südgrenze dieses Karawanen-Imperiums verlief zwischen den Ortschaften Hegra und Hayil. Von dort waren es noch knapp dreißig Tagesmärsche bis zur Grenze des Sabäischen Reiches; für die gesamte Strecke von der Küste des Mittelmeers bis zur südarabischen Küste mußte man rund neunzig Tage veranschlagen.

Die Sabäer unterhielten eine Handelsniederlassung in der Oase Dedan auf nabatäischem Boden, nahe der Grenzstation Hegra. Es fand also ein reger Austausch zwischen Nabatäern und Sabäern statt, und zwar gewiß nicht nur in Form von Handelsgütern, sondern auch als Austausch von Ideen, kulturellen Errungenschaften und künstlerischen Anregungen. Die Nabatäer waren in direkte Berührung mit der hellenistischen Kultur gekommen, als sie im 1. Jh. v. Chr. Damaskus erobert hatten, und manche der hellenistischen Einflüsse in der südarabischen Kunst dürften entsprechend über die Nabatäer vermittelt sein. Das wirkte bis in das römische Zeitalter hinein. Die zwischen 1977 und 1983 in Mainz restaurierten Bronzestatuen zweier himyaritischer Könige, die heute wieder in Sanaa stehen, wurden nachweisbar von einem Bildhauer und einem südarabischen Bronzegießer im 3. Jh. n. Chr. geschaffen. Ihrem Typus nach wiederholen die Statuen Bildnisse, wie sie für die Darstellung römischer Kaiser üblich gewesen sind; nur den auf der Brust eingegossenen Bändern in südarabischer Schrift ist zu entnehmen, daß es sich um Darstellungen himyaritischer Stammeskönige handelt.

Einflüsse der Südaraber wiederum lassen sich in der nabatäischen Architektur in Nordarabien erkennen, beispielsweise im typischen Zinnendekor der Grabmäler von Petra. Auch bevorzugten die Nabatäer Monumentalarchitektur und monumentale Grabmäler, wie sie bei den Südarabern schon lange, bevor der Handelspartner sie kopierte, gebräuchlich waren.

# Die Schrift

Wer im heutigen Jemen die Kultur der alten Südaraber sucht, stößt immer wieder auf epigraphische Hinterlassenschaften. In Stein gemeißelt, findet man die Schriftzeichen an den Wänden der Tempelruinen und auf Bruchstücken im Gelände antiker Stätten verstreut. Zu den Entdeckerfreuden in diesem Land gehört es, mit Schriftzeichen bedeckte Steine in den Mauern von Häusern jüngeren Datums aufzuspüren. Je häufiger die Buchstaben der alten südarabischen Schrift dem Jemen-Reisenden begegnen, desto stärker wird das Gefühl, sie seien ein Element künstlerischer Äußerung.

Es handelt sich überwiegend um Schriftzeichen von großer Einfachheit und Klarheit. Erst in der Spätzeit des himyaritisch-sabäischen Reichs verloren sie diese Tugenden: Querstriche, schmückende Formen und betonte Rundungen kamen hinzu. In der Endphase der alten Kultur Südarabiens wurden also die gemeißelten Schriftbänder bis zu einem gewissen Grad zur dekorativen Kunst. Ornamentale Schrift als höchste Ausdrucksform schöner Kunst – diese islamisch-arabische Entwicklung zeichnet sich in den vorausgehenden Gesellschaften freilich noch nicht ab. Es bestand ja kein religiös bedingtes Bilderverbot. Da jedoch bei den frühen Südarabern ohne den Segen der Götter nichts zu verrichten war, besaßen die steinernen Schriftbänder eine wesentliche kulturpolitische Funktion. Sie dokumentierten für die Nachgeborenen, daß man sich bemüht hatte, das allerhöchste Wohlwollen für Staat und Gesellschaft zu verpflichten.

Inschriften weckten bei der Wiederentdeckung des Jemen das Interesse der Forscher für die versunkene Kultur, und die Entdeckungsreisenden des 18., des 19. und der ersten Hälfte des 20. Jh. sahen es als wichtige Aufgabe an, Kopien dieser Inschriften zu sammeln. Inzwischen sind rund 4000 südarabische Texte zusammengekommen. Aus ihrer Entzifferung haben sich viele Hinweise auf die Geschichte der südarabischen Königreiche ergeben. Über die Lebens- und Denkweise der alten Bevölkerung wissen wir dagegen weniger. Es bestehen – wie in allen Bereichen der Erforschung des frühen Südarabien – auch in der Schrift- und Literaturforschung noch große Lücken. Eine schwerwiegende Behinderung ergibt sich daraus, daß man außer den in Stein gehauenen keine weiteren schriftlichen Aufzeichnungen gefunden hat: Keine auf vergänglichen Materialien – Leder, Textilien oder Papier – aufgezeichnete Literatur ist bisher bekannt geworden. Zudem wurden nirgendwo Ziffern entdeckt. Da es undenkbar ist, daß Händlervölker wie die südarabischen ohne Ziffern auskommen konnten, muß man auch hier auf eine Forschungslücke schließen.

Zum ersten Mal wurden in Deutschland antike südarabische Inschriften um die Mitte des vorigen Jahrhunderts enträtselt. Rund hundert Jahr später erschien die erste umfassende Arbeit über die südarabische Grammatik. Weitere Erkenntnisse konnten nach der amerikanischen Marib-Expedition in den fünfziger Jahren unseres Jahrhunderts gewonnen werden. Der heutige Forschungsstand läßt sich wie folgt zusammenfassen: Das Alphabet der frühen Südaraber besteht aus 29 Buchstaben und besitzt keine Zeichen für Kurzvokale.

Die Herkunft des Alphabets ist ungeklärt; einer Theorie zufolge gelangte das im syrisch-palästinensischen Gebiet entstandene Schriftsystem auch zu den Südarabern, und die übernommenen Buchstaben wurden zu den im Süden typischen wohlproportionierten und geradlinigen Schriftzeichen umgemodelt. Nach einer anderen Theorie empfingen die Südaraber aus dem Land zwischen Euphrat und Tigris Impulse zur Entwicklung eines eigenen Alphabets. In diesem frühen Alphabet abgefaßte Inschriften reichen etwa 2700 Jahre zurück. Im 7. Jh. v. Chr. wurde die südarabische Schrift noch in Schlangenlinien gelesen, d. h. die nächste Zeile schloß – vom Standpunkt unserer eigenen Schreibweise aus – zuerst rechts am Ende der vorausgegangenen, dann links am Beginn der vorausgegangenen Zeile an. Etwa seit dem 6. Jh. v. Chr. sind die südarabischen Schriftzeilen – wie das moderne Arabisch und Hebräisch – jeweils von rechts nach links zu lesen. Die Analyse der an verschiedenen Orten gesammelten Inschriften ergab, daß in den Königreichen dieselbe Sprache, jedoch in weit voneinander abweichenden Dialekten gesprochen wurde. Im sabäischen Dialekt meinen die Forscher Merkmale zu erkennen, die auf das nördliche Arabien als Ursprungsgebiet verweisen. In Oasen und Ruinenstätten entlang der alten Handelsstraße von Süd- nach Nordarabien hat man in Fels geritzte oder auch aufgemalte Inschriften gefunden, die eine Vermischung von süd- und nordarabischen Dialekten zeigen. Die Forscher haben bisher vier solcher Mischdialekte nachgewiesen.

Durch sabäische, minäische und himyaritische Auswanderer gelangte in den letzten 400 Jahren vor Beginn unserer Zeitrechnung Südarabiens Schrift und Sprache

*Die sabäische Schrift im Vergleich zur frühäthiopischen*

## DIE SCHRIFT

*Marib, antiker Schriftstein als Türsturz*

auch nach Äthiopien. Zuerst setzten sie sich dort, besonders in den heutigen Provinzen Tigré und Eritrea, in ihrer originären Form durch. Später wurden die schlichten und hohen südarabischen Buchstaben dann in eine fast kursive Schrift umgewandelt. Jeder Konsonant erhielt ein Vokalzeichen, auf das die Südaraber ursprünglich in ihrer Sprache nicht angewiesen waren. Und nicht nur die Schreibweise, auch die Sprache selbst veränderte sich: Die auf der afrikanischen Seite des Roten Meeres lebenden Südaraber verzichteten ganz auf den Gebrauch einiger Konsonanten, die sie in ihrer Mundart nicht mehr nötig hatten. So setzte sich nach und nach eine neue geschriebene Sprache durch, die uns unter dem Namen ›Geez‹ bekannt ist und deren Schrift für das Amharische, die heutige Hauptsprache Äthiopiens, übernommen wurde. Im amharischen Alphabet lebt so mehr von der alten südarabischen Schrift fort als in den Buchstaben des modernen Arabisch.

*Marib, Bruchstücke von Bauelementen mit sabäischer Schrift*

*Monolithische Pfeiler des Awwam-Tempels* ▷

# Blickpunkt Marib

Neuen Forschungsergebnissen verdanken wir die Erkenntnis, daß die sabäische Kultur schon rund 1000 Jahre v. Chr. zu blühen begann. Jener Zeit ist eine aus massiven Steinquadern errichtete Bewässerungsanlage zuzuschreiben, die 1983/84 von deutschen Forschern zwei Kilometer südöstlich vom großen Marib-Staudamm am Fuß des Dschabal Balaq al-Ausat aufgedeckt worden ist. Doch wir müssen dieses Werk der privaten Initiative einer Gemeinschaft von Bauern zuordnen. Die ältesten Inschriften, die einen sabäischen Staat bezeugen, stammen nämlich aus dem 8. Jh. v. Chr. So bleibt in dem Bericht der Bibel über den Besuch der Königin von Saba bei König Salomo (965–926) in Jerusalem ein zeitlicher Widerspruch. Wenn tatsächlich eine südarabische Königin bei Salomo gewesen sein sollte, so müßte die Reise um das Jahr 950 v. Chr. stattgefunden haben. Der jetzige Stand der Forschung lehrt uns aber, daß der sabäische Staat Jahrzehnte nach dem Tod des großen Salomos entstanden ist. In den Annalen des Assyrerkönigs Tiglatpilesar III. (745–727 v. Chr.) gibt es den ersten Hinweis: dort ist von dem Tribut die Rede, den die Sabäer nach Mesopotamien zu schicken hatten.

Hat es sie überhaupt gegeben, die große Königin des antiken Südarabien, die in der Phantasie der meisten Jemeniten als ›Malika Bilqis‹ (Königin Bilqis) eine Rolle spielt? Den von Phillips teilweise freigelegten Awwam-Tempel des Mondgottes Almaqah schreiben die Jemeniten der Bilqis zu. Er ist anscheinend im 8. bis 7. Jh. v. Chr. gebaut worden, und für diese Zeit – wie für die gesamte Geschichte des Sabäischen Reiches – kann die Existenz einer regierenden Königin nicht nachgewiesen werden. Namhafte Forscher, z. B. der Brite H. St. John Philby, bemühten sich deswegen darum, eine historische Brücke zu bauen. Philbys Theorie schlägt vor, daß die ›Königin von Saba‹ bloß eine Stammesfürstin gewesen ist, die mit sabäischen Arabern aus Mesopotamien gekommen war, um im Gebiet des heutigen Syrien zu nomadi-

*Die Geschichte der Königin von Saba in äthiopischer Volkskunst-Darstellung. Es gab in Äthiopien einmal einen schrecklichen Drachen, der täglich mit zahllosen Tieren gefüttert werden mußte. Deswegen vereinbarten die Äthiopier, demjenigen den Thron zu geben, der den Drachen töten würde. Von links nach rechts: Ein Mann bereitete ein Gift (1) und verfütterte es an eine Ziege (2), die man dem Drachen zu fressen gab (3). Der Drache starb, und der weise Mann wurde zum König gemacht (4). Weil er jedoch sehr alt war, stellte er seine Tochter Mekkeda dem Volk vor (5), und nach seinem Tode wurde sie die Königin von Saba (6). Eines Tages berichtete ihr Tamrin, der Kaufmann, von dem berühmten König Salomo (7), und sie beschloß, ihm durch Tamrin Geschenke zu senden (8). Nach seiner Rückkehr (9) berichtete ihr Tamrin von der Stärke und der Weisheit Salomos (10), und die Königin beschloß, ihn zu besuchen. Nach einer langen Reise (11) traf sie in Jerusalem ein (12). Die Königin von Saba wurde von Salomo empfangen, und eines Abends, nach einem stark gewürzten Essen (13), erlangte Salomo von ihr das Versprechen, daß sie nichts nehmen würde, was ihm gehöre. Doch als sie in der Nacht von einem unbezähmbaren Durst gequält wurde, bat sie um ein Glas Wasser (14). Als Salomo dies sah, nahm er die Gelegenheit wahr, ihre Liebesgunst zu fordern (15). Die Königin von Saba entschied sich, in ihr Land zurückzukehren und verabschiedete sich von Salomo (16). Dann gebar sie ihren Sohn Menelik (17). Als Menelik heranwuchs, fragte er seine Mutter, wer sein Vater sei. Sie zeigte ihm den Siegel Salomos (18), und der Sohn entschied sich, Salomo zu besuchen (19). Menelik wurde von Salomo empfangen (20) und in der Folge von ihm erzogen (21). Schließlich wünschte Menelik, nach Äthiopien zurückzukehren, und er nahm die Gesetzestafeln mit sich (22). Glücklich nach Äthiopien heimgekehrt (23), krönte ihn seine Mutter, die Königin von Saba, zum Kaiser von Äthiopien (24).* ▷

*Im Abklatschverfahren wird am Awwam-Tempel eine sabäische Inschrift sichergestellt*

sieren. Damals habe jeder größere Stammesverband seinen Anführer König oder Königin genannt, meint Philby. So sei die Anführerin der Sabäer in Syrien schließlich als ›Königin von Saba‹ zu Salomo nach Jerusalem gelangt, um Tribut zu entrichten. Ein anderer, nach Südarabien gewanderter und dort seßhaft gewordener Teil der Sabäer hätte dann die Erinnerung an ›Königin Bilqis‹ über Jahrhunderte hin bewahrt.

Der Bau des berühmten Staudamms von Maryab begann Anfang des 6. Jhs. v. Chr. Der Damm erstreckte sich über 680 m Länge und sperrte das Wadi Adhanna vollständig ab. Die Speicher- und Bewässerungsanlage war mit Überlaufkanälen versehen worden. Für den Bau benutzte man Steinquader, die eine Höchstleistung an Steinmetzarbeit bedeuteten; die Fugen zwischen den Quadern waren kaum noch sichtbar. Trotzdem wurden die einzelnen Blöcke im Innern noch durch Blei- und Kupferbolzen miteinander verbunden. Nach sachverständigen Schätzungen (Brunner) reichte die Anlage aus, um etwa 9600 ha Kulturland zu bewässern.

Erst mit dem ständigen Ausbau des Bewässerungssystems und der Stauanlage wurde Maryab zur Hauptstadt des Sabäischen Reiches. Zuvor war das etwa 35 km westlich gelegene Sirwah politisches und kulturelles Zentrum des jungen Staates. Die Bedeutung von Sirwah bleibt noch

*Amerikanische Archäologen legen 1951/52 die Halle des Awwam-Tempels frei*

zu klären. Bis auf einige oberflächliche Inspektionen konnte nichts für die Erforschung getan werden. Doch was immer spätere Ausgrabungen und Bewertungen zutage fördern werden – es ist auch so erkennbar, daß Sirwah aufgrund seiner geographischen Lage nicht die Bedeutung gewinnen konnte, die später Maryab errang. Sirwah ist von hohen Bergen fast ganz umgeben; das ihm Wasser spendende Wadi Rada (Ghada) hält keinem Vergleich mit dem breiten Wadi Adhanna (auch Wadi as-Sadd genannt) stand, dem Wasserspender der vor zwei Jahrtausenden riesigen Oase Maryab. Sirwah war gewiß vorzüglich zu verteidigen, doch eignete die unmittelbare Umgebung sich nicht als Kernland für die Bevölkerung eines ständig wachsenden Reiches, das seinen Wohlstand und seine Macht mehr den hohen Zöllen und Gebühren, die durchziehende Handelskarawanen zu entrichten hatten, als einer hochentwickelten Landwirtschaft verdankte. Das Wadi Adhanna hingegen war der ideale Versorgungsplatz für Mensch und Tier, die gerade ein von Flugsand dauernd bedrohtes Wüstengebiet hinter sich gelassen hatten.

Ihre Technologie und die Kontrolle über einen erheblichen Teil des südarabischen Handelsverkehrs mit Ägypten, den Staaten am Rande des östlichen Mittelmeers und Europa machten die Sabäer groß. Das Sabäische Reich verlor an Macht und Stärke, als Fortschritte in der

Schiffbau- und Navigationstechnik Ägypter, Griechen und Römer dazu brachten, den Handelsverkehr mit Südarabien auf dem Seeweg in eigener Regie abzuwickeln. Außerdem war Saba, dem ältesten der südarabischen Königreiche, im Laufe der Jahrhunderte die Konkurrenz mehrerer Nachbarstaaten erwachsen. Etwa um 410 v. Chr. gelang es zwei Vasallenstaaten, sich der sabäischen Vormacht zu entziehen: Ma'in, das Reich der Minäer, lag nördlich von Saba; Qataban lag südlich und war ein Land mit zwei Küsten – am Roten Meer und am Golf von Aden. Beide Staaten, Ma'in und Qataban, verbündeten sich mit Hadramaut. Das Sabäische Reich hatte damit nicht nur einen großen Teil seines Territoriums verloren – auch das Kernland wurde von den drei miteinander verbündeten Rivalen eingeengt. Aus dieser Situation mußte sich ein Konflikt auf Leben und Tod ergeben. 343 v. Chr. gelang es den Sabäern, Qataban zu schlagen und für einige Zeit wieder zu unterwerfen. Das Jahr 120 v. Chr. sah sogar die Rückeroberung des Reiches der Minäer, und aus dem inzwischen wieder selbständig gewordenen Qataban lösten sich zwei Provinzen, Himyar und Radman. Die Sabäer unterstützten die beiden abtrünnigen Provinzen, die sich so als eigene Staaten zu konstituieren vermochten. Das Himyaritische Reich sollte allerdings später zum Untergang des alten Saba beitragen.

Noch bevor um 410 v. Chr. die großen Randprovinzen des Sabäischen Reiches sich losrissen, hatten die Sabäer das Königreich Ausan erobert und ihrem Vasallenstaat Qataban zugeschlagen. Ausan war ein Küstenstaat am Golf von Aden gewesen, dessen starke Stellung im südarabischen Handel auf engen Beziehungen zu Afrika beruhte. Der Staat hatte Handelsniederlassungen und Stützpunkte an der ostafrikanischen und äthiopischen Küste unterhalten. Die ›ausanische Küste‹ auf afrikanischem Boden blieb auch nach der Zerstörung des Reiches durch die Sabäer für Jahrhunderte ein Begriff. Ausan war noch nicht vergessen, als Ende des 1. Jh. v. Chr. auf der nordäthiopischen Hochebene der nach seiner Hauptstadt benannte Staat von Aksum entstand. Eingemeißelt in einen steinernen Thron, den ein ungenannter aksumitischer König aus dem 2. Jh. n. Chr. seiner Gottheit widmete, verkündet eine Inschrift die außenpolitischen Ziele des neuen Reiches: Ausdehnung zum Weißen Nil, Einbeziehung Südarabiens. Etwa 400 Jahre lang bemühten sich die Aksumiten, in Südarabien Fuß zu fassen; noch im Jahre 570 n. Chr., dem vermuteten Geburtsjahr des Propheten Mohammed, entsandte König Kaleb von Aksum seinen südarabischen Statthalter Abraha mit einem Heer gegen den Stadtstaat Mekka.

Verschiebungen in den Karawanenrouten, die Verlagerung des Handelsverkehrs auf den Seeweg, ständige Kämpfe mit den drei, zeitweise vier rivalisierenden Nachbarstaaten, Invasionen der Perser, Römer und Äthiopier schwächten das alte Sabäische Reich. Vom 3. Jh. n. Chr. an lebte es nur noch in dem von Himyar dominierten sabäohimyarischen Reich weiter. Nicht mehr Marib, sondern das von den Himyaren im zentraljemenitischen Hochland gegründete Safar war nun Hauptstadt. Wahrscheinlich verringerte sich von diesem Zeitpunkt an die Bevölkerung des künstlich bewässerten sabäischen Kernlandes drastisch, wurden die Bewässerungsanlagen und der große Staudamm von Marib vernachlässigt und Schlamm und Geröll, von den Sturzbächen im Wadi Adhanna immer wieder angeschwemmt, nicht mehr aus dem Staubecken entfernt. Dies könnte die Abfluß- und Überlaufkanäle verstopft haben, so daß

*Marib, an der Südschleuse des sabäischen Staudamms*

Stauwasser schließlich die Dammkrone überflutete. Brüche des Damms sind für die Mitte des 5. und des 6. Jh. n. Chr. verbürgt. Zu einer schweren Dammbruch-Katastrophe kam es im Jahre 542 n. Chr., doch konnte der Statthalter Abraha durch den Einsatz von Truppen und Stämmen die Situation noch einmal unter Kontrolle bringen. Wann sich der letzte Dammbruch ereignete, durch den die Oase von Marib verödete, ist unbekannt. Aber es kann nur kurze Zeit nach der Katastrophe von 542 gewesen sein. Bisher sind jedenfalls keine späteren Datierungen bekannt geworden. Erwähnung findet der endgültige Dammbruch im Koran, der rund 80 bis 90 Jahre später vom Propheten Mohammed in Mekka und Madina verbreitet wurde. Die 34. Sure, Absatz 2 offenbart das folgende: »Auch die Nachkommen von Saba hatten an ihrem Wohnort ein Zeichen, nämlich zwei Gärten, einen rechts und einen links, und wir sagten: Esset von Dem, womit euer Herr euch versorgt hat, und seid dankbar; denn das Land ist gut und der Herr ist gnadenvoll. Aber sie wichen ab, und darum schickten wir über sie die Überschwemmung der Dämme, und wir verwandelten ihre zwei Gärten in zwei Gärten, welche bittere Früchte tragen und Tamarisken und einige wenige Lotusbäume. Dieses gaben wir ihnen zum Lohne für ihre Undankbarkeit.«

## Religion

Die Inschriften aus dem südarabischen Altertum erwähnen eine Vielzahl von Gottheiten. Innerhalb der sabäischen Götterwelt läßt sich jedoch eine Gestirnsdreiheit als Zentrum erkennen: Mond, Sonne und Venus. Der Mondgott Ilumquh (Almaqah) hatte die größte Bedeutung. Ihm war in Maryab/Marib der Haupttempel, der im Notfall auch als Fluchtburg diente, gewidmet. Die Sonnengottheit war weiblich und führte den Namen Schams – im Arabischen das Wort für Sonne. Der Gestirngott Venus war männlich und wurde Athtar genannt; ihm fiel die für Marib besonders wichtige Rolle einer Bewässerungsgottheit zu, verbunden mit dem Fruchtbarkeitskult.

Opfer und Gebet waren die wichtigsten Kulthandlungen, daneben auch Pilgerfahrten zu bestimmten religiösen Zentren. Den Inschriften nach zu schließen, waren Tier- und Trankopfer vorherrschend, wobei den Göttern auch Duftstoffe dargeboten wurden. Buße und Reue spielten eine gewisse Rolle. Man flehte um Gesundheit, Fruchtbarkeit des Bodens, um Vergebung für vergangene Verfehlungen. Öffentliche Sündenbekenntnisse folgten auf Verletzung der Reinheitsbegriffe, die besonders für die Geschlechtsbeziehungen und die Ausübung der Riten genau umrissen waren. Je nach Rang bestattete man Tote in einfachen Gräbern, die mit Steinen eingefaßt und von einem Steinhügel überdeckt waren, oder in Höhlengräbern, die manchmal bis zur Größe von Mausoleen ausgebaut wurden. Wie im alten Ägypten so herrschte auch in Saba der Glaube an ein Leben nach dem Tod, in dem der Verstorbene noch Geräte und Dienstleistungen in Anspruch nehmen könne. Man gab den Toten Schmuck, Gefäße, Stelen, geschnitzte oder aus Ton gebrannte Figuren mit in das Grab. Da nahezu alle Handlungen unter den Schutz der Götter gestellt wurden, spielten die Priester eine wichtige Rolle. Bautätigkeit, Feldarbeiten und kriegerische Unternehmungen waren ebenso von Zeremonien begleitet wie Geburt, Eheschließung und Tod. Was immer die Sabäer unternahmen, sie empfahlen sich den Göttern und versuchten diese günstig zu stimmen. Unter solchen Umständen mußte der Priesterstand zur führenden Schicht des Staates werden. Ihm eng verbunden waren die zum Tempelpersonal gehörenden ›Verwalter‹ sowie den Gottheiten ge-

*Frühe sabäische Grabstele. Oben das Symbol des Mondgottes (heute im Nationalmuseum in Sanaa)*

weihte Männer und Frauen. Bis etwa 525 v. Chr. nannten sich die sabäischen Herrscher ›Mukarrib‹, was soviel wie Priesterkönig bedeutet. Man darf wohl davon ausgehen, daß Priesterschaft und Mukarriben eng miteinander verbunden waren; wahrscheinlich dienten die Priester dem Herrscher als Beamte und Berater. Nach Ansicht der Religionsforscher beruhte der frühe sabäische Staat auf der Annahme eines Bündnisses zwischen Gottheit, Mukarrib und Stämmen.

# Kunst

Die erste direkte Begegnung mit der sabäischen Kunst sollte für den Reisenden von heute im jemenitischen Nationalmuseum von Sanaa stattfinden. Obwohl die von Wendell Phillips organisierte amerikanische Grabung 1952 in Marib noch im Anfangsstadium abgebrochen werden mußte (vgl. S. 23 ff.), hat das Unternehmen den Fundus des Sanaa-Museums erheblich bereichert. Zusätzlich haben Stammesführer und Politiker das Museum mit Stiftungen bedacht, die aus Privatbesitz oder zufälligen Funden stammen. Der Augenschein in Marib oder an anderen Ruinenstätten vermittelt hingegen einen Eindruck von der Baukunst der Sabäer; zudem läßt ein Besuch im wirtschaftlichen und kulturellen Zentrum des untergegangenen Sabäischen Reiches die Grundzüge der damaligen Bewässerungs-Technologie erkennen; schließlich findet gerade in Marib für den aufmerksamen Besucher eine Begegnung mit der sabäischen Schrift (vgl. S. 32 ff.) und mit Relief-Darstellungen statt.

Jede Wertung der künstlerischen Hinterlassenschaft der Sabäer ist durch die geringe Zahl der Fundstücke behindert. Eine umfassende Grabung in Marib und Sirwah könnte den vorhandenen Grundstock an sabäischen Kunstwerken vervielfachen. Neue Fundstücke würden den Weg zu neuen Erkenntnissen bereiten. Nach dem jetzigen Stand unseres Wissens gliedert sich die sabäische Kunst in zwei große Abschnitte. Im ersten Abschnitt entwickelte sie sich als religiöse Kunst auf einheimischem Boden entsprechend den lokalen Bedingungen und Vorstellungen; im zweiten Abschnitt wurde die Kunst der Sabäer von der assyrischen, ägyptischen, phönizischen, griechischen und römischen Kunst beeinflußt. Die vermutlich autochthone sabäische Kunst, wie sie sich vor allem in Statuen aus Alabaster und Marmor manifestiert, setzte sich zwar auch im zweiten Abschnitt fort, doch zeigen die später entstandenen Stile, daß über die Karawanen- und Seewege von Norden und Osten wesentliche Anregungen und direkte Einflüsse kamen. Manche der zum zweiten Abschnitt gehören den Kunstwerke dürften überhaupt aus fremden Kulturkreisen eingeführt sein.

*Sabäische Gedächtnisstele für eine Verstorbene*

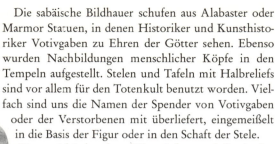

Die sabäische Bildhauer schufen aus Alabaster oder Marmor Statuen, in denen Historiker und Kunsthistoriker Votivgaben zu Ehren der Götter sehen. Ebenso wurden Nachbildungen menschlicher Köpfe in den Tempeln aufgestellt. Stelen und Tafeln mit Halbreliefs sind vor allem für den Totenkult benutzt worden. Vielfach sind uns die Namen der Spender von Votivgaben oder der Verstorbenen mit überliefert, eingemeißelt in die Basis der Figur oder in den Schaft der Stele.

Eine weithin beachtete Theorie besagt, daß es in den sabäischen Landen nur kleine Alabaster und Marmorstücke gegeben habe, die als Rohlinge zu verwenden waren. Die Bildhauer seien deswegen genötigt gewesen, so wenig wie möglich von ihrem Material abzubossieren. Daraus soll sich eine Beschränkung der darstellerischen Möglichkeiten ergeben haben. Für die Entfaltung schöpferischer Phantasie sei den Bildhauern so gut wie kein Spielraum geblieben. Tatsächlich wirken die Statuen steif und stilisiert, sind fast alle aufgefundenen sabäischen Bildwerke der ersten Phase in eine Standardgröße einzuordnen. Auch die Winkelung der Arme, die Ballung der Hände zu Fäusten, die Stellung der Füße scheint festen Normen zu folgen. Doch kann diese Schematisierung auch auf andere Umstände als beschränkte Verfügbarkeit des Materials zurückgeführt werden. Ebenso wie bei der ›Gebrauchskunst‹ im alten Ägypten könnte im Sabäischen Reich die Standardisierung eine Folge von Massenproduktion sein. Jahrhundertelang mußten den Göttern Statuen geweiht werden, wobei möglicherweise Quantität vor Qualität ging. Auch ohne künstlerische Individualisierung genügten diese Tafeln und Stelen der religiösen Pflicht, ähnlich wie in unserer Zeit Grabsteine durch Brauchtum und Religion deutlich normiert sind.

Wann die zweite sabäische Kunstphase einsetzt, läßt sich nicht mit Gewißheit sagen. Wahrscheinlich

*Frühe sabäische Bronzestatue, Darstellung eines hohen Würdenträgers, 1951 von der Wendell-Phillips-Gruppe ausgegraben (heute im Nationalmuseum in Sanaa)*

machten sich die Einflüsse aus anderen Kulturkreisen schon bald nach der Herstellung von Handelsbeziehungen zwischen Saba und der nahöstlichen Mittelmeerküste sowie zwischen Saba und Ägypten bemerkbar. Der größte Teil der bisher aufgefundenen gegossenen Bildwerke scheint dabei in den zweiten Abschnitt der sabäischen Kunstentwicklung zu gehören. Ein Verbindungsglied zwischen den Phasen dürfte die 1951 von der amerikanischen Marib-Expedition gefundene Bronze-Statue eines hohen Würdenträgers darstellen. Wendell Phillips beschreibt diese Figur folgendermaßen:

»Das hervorragendste Stück war eine meterhohe Bronzestatue eines auf eine etwas kniesteife Weise schreitenden Mannes. Er hielt das Haupt aufrecht, die Augen sahen starr geradeaus, seine Ellbogen waren eingewinkelt, und er hielt beide Fäuste geballt nach vorn. Die rechte Hand hatte vermutlich früher einen Stab oder ein Zepter gehalten, das jetzt fehlte, während die linke noch immer das offizielle Siegel umfaßt hielt, als sei sie im Begriff, es auf ein wichtiges Dokument zu drücken. Der Mann trug einen kurzen, rechteckigen, hemdartigen Rock, der mit einem breiten Gürtel zusammengehalten war. Über seinem Rücken hing ein Löwenfell, das mit zwei übereinandergelegten Vorderpfoten um seinen Hals befestigt war.«

Die Figur gehört heute zu den Prunkstücken des Museums in Sanaa. Die Archäologen datieren sie in das 6. Jh. v. Chr. Obwohl Wendell Phillips' Beschreibung sie in ein Glied mit den stark stilisierten Figuren der ersten Phase reiht, schreiben die Fachleute ihr heute Porträtcharakter zu. Die schreitende Haltung mit dem vorgeschobenen linken Fuß und die Haltung der Hände deuten auf ägyptische Einflüsse hin.

Die Ungewißheit über viele Aspekte der sabäischen Kunst spiegelt sich z. B. im Werk von Brian Doe wider, der in den sechziger Jahren Direktor der Altertümerverwaltung in Aden war. In einem Anfang der siebziger Jahre veröffentlichten Buch Does werden wichtige Ausstellungsstücke des Sanaa-Museums beschrieben, darunter auch eine kleine Bronzefigur:

»Bronze-Cherub. Offenbar war die Figur einst an einer steinernen Schrifttafel befestigt. Die Bruchstücke der Gliedmaßen geben heute nur noch wenig Aufschluß über die ursprüngliche Haltung der Figur. Sie stammt wohl aus dem 3. Jh. n. Chr. und verrät unverkennbar westlichen Einfluß.«

Während das Alter der Figur nur ungefähr bestimmt werden kann, wird der westliche, wohl griechisch-römische Einfluß für unverkennbar erklärt. Weniger bestimmt nimmt Brian Doe zu dem Photo eines bronzenen Männerkopfes Stellung:

»Ein Beispiel vorzüglicher Gußtechnik, wahrscheinlich ein Porträtkopf. Formalismus zeigt die Behandlung des Haares, doch Schnurrbart und Kinnbart sind in höchst naturalistischer Weise angedeutet. Möglicherweise ist die Sensibilität dieses Porträts auf den Einfluß eines westlichen Künstlers zurückzuführen.«

Eindeutig ist an beiden Stücken zu erkennen, daß sie stark von der Stilisierung abweichen, die wir als die typisch sabäische betrachten. Es handelt sich also um Kunstwerke des zweiten Abschnitts, in dem Einflüsse aus anderen Kulturkreisen die Oberhand gewannen – nicht unbedingt aber »westliche«. Der in Does Buch abgebildete Männerkopf hat, wenn man von der Haartracht absieht, starke Ähnlichkeit mit den Köpfen parthischer Standbilder. Aufgrund der engen Beziehungen Südarabiens zum Iran in den ersten Jahrhunderten nach Beginn unserer

Zeitrechnung könnte die künstlerische Einflußnahme auf Saba sehr wohl auch von dort erfolgt sein. Westlicher Einfluß wäre in solchen Fällen nur indirekt im Spiel, nämlich auf dem Umweg über die hellenistisch-iranische Mischkultur. Ebenso dürfte der als griechisch-römisch erscheinende Einfluß auf die sabäische Kunst über Ägypten, das nabatäische Petra oder Palmyra vermittelt sein.

Auch die sabäische Architektur ist wohl in zwei Abschnitte einzuteilen: in eine autochthone Phase und eine Periode der starken Beeinflussung durch andere Kulturkreise. Die künstlerische Eigenleistung der Sabäer ist zweifellos in der hoch entwickelten Technik beim Bau von Tempeln und Bewässerungsanlagen zu sehen. Die bisherigen Forschungsergebnisse dokumentieren, daß man in Südarabien schon seit dem 8. Jh. v. Chr. große Bauvorhaben nach genau durchdachten Gesamtplänen ausführte. Die Kunst des Baus von Rund- und Spitzbögen sowie von Gewölben, die Jemens heutige Baumeister so ausgezeichnet beherrschen, ist eine sehr viel spätere Erscheinung. Die Sabäer benutzten Balken und Steinträger als Fenster- und Türstürze und als Dachstützen. Für den Bau von Tempeln oder großen Häusern wurden Kalksteinquader bevorzugt; sie waren fast immer präzise genug bearbeitet, um ohne Bindemittel an- und aufeinandergefügt werden zu können. Für Hallen und Höfe wurden Säulen benutzt, die aus einem einzigen Block herausgearbeitet waren. Manche dieser Säulen wurden nur auf Platten gestellt, andere hatten regelrechte Basen, die mit den Oberteilen durch Blei oder Kupferbolzen verbunden waren.

*Die mit 33,3 m längste, heute zerbrochene Stele von Aksum*

Offene Fragen wieder beim Architekturschmuck. Häufig ist eine Art von Dekor anzutreffen, der eigenständig sein könnte. Brian Doe schreibt:

»Oft bieten die Blöcke des Mauerwerks mit ihren deutlich abgesetzten Rändern und ihren ausgehauenen Mittel-Paneelen einen getäfelähnlichen Anblick. Wie es scheint, wandte man diese Art der Mauerdekoration in all den frühen Königreichen Südarabiens an, und zwar vor allem wohl bei Bauvorhaben von besonderer Wichtigkeit. Fast überall läßt sie sich nachweisen, und es zeigen sich zahlreiche Varianten der Rand- und Mittelfeld-Behandlung.«

Umstritten ist die Herkunft dieses fast allgegenwärtigen Mauer-Dekors. Brian Doe hält es für möglich, daß er einen assyrischen Ursprung hat und auf dem Umweg über die Länder des Mittelmeerraumes bis nach Südarabien gelangte. Stimmt diese Theorie, dann erfuhren die Dekorformen im Bereich der sabäischen Kultur eine zunehmende Verfeinerung. Wir stoßen hier auf ein neues Problem. Die Zierfelder mit rechteckigen und geometrischen Mustern werden gemeinhin für Abbildungen südarabischer Hausfassaden gehalten. Brian Doe beruft sich jedoch auf die Theorie eines Kollegen, G. W. van Beek, die eine ganz andere Deutung unterlegt. Nach der van Beek'schen Theorie reichen die Beziehungen zwischen den Darstellungen der Zierfelder und tatsächlich bekannten Bauwerken nicht hin, um den Dekor als bildnerische Stilisierung von Hausfassaden zu deuten. Man brauche die betreffenden Tafeln nur umzudrehen, so habe man Darstellungen von Möbeln vor sich, und aus vermeintlichen Dachtürmen würden die Füße der in Wahrheit wiedergegebenen Möbel. Möglicherweise hätten diese dekorativen Tafeln einst die Wände von Sarkophagen und steinernen Truhen oder auch nur Banklehnen gebildet.

Es ist anzunehmen, daß weitere Feldforschung im Jemen Hinweise zur definitiven Klärung der Streitfrage erbringen wird. Die konventionelle Lehrmeinung, gegen die sich die ›Möbel-Theorie‹ richtet, stützt sich auf die Riesen-Stelen, die von den Nachkommen sabäischer Einwanderer im äthiopischen Aksum errichtet wurden. Die Fachwelt – oder doch ihre große Mehrheit – akzeptiert die Dekoration dieser Stelen als Wiedergabe der Fassaden südarabischer Hochhäuser. Der französische Äthiopien-Forscher Jean Doresse sei hier stellvertretend für eine ganze Gruppe zitiert:

»Die Dekoration (der Aksum-Stelen) besteht in der Stilisierung architektonischer Merkmale einer hohen Fassade, wobei jede Unterteilung eigenständig ausgeführt worden ist. Am Fuß der Säule gibt es die Darstellung eines größeren Tores, versehen mit einem Riegel, in einem quadratischen Holzrahmen; darüber befindet sich eine Reihe niedriger Fenster, auf die eine hohe Reihe Fenster folgt, die voneinander getrennt sind durch die Balken, auf denen jedes Stockwerk des Gebäudes ruht ... Es kann kein Zweifel herrschen, daß solche Scheinarchitektur die Erinnerung hervorrief an die zahlreichen Stockwerke sabäischer oder himyaritischer Paläste, die Quelle dieser künstlerischen Inspiration.«

Als ›Kunst am Bau‹ haben die Sabäer immer wieder den Stierkopf benutzt, das Symbol des Mondgottes. Stierkopfplastiken aus Kalkstein dienten z. B. als Wasserspeier an Tempeldächern; Stierköpfe mit Abflußrinnen gehörten zu den Platten für Blutopfer in den Tempeln. Auch auf Grabstelen taucht der Stierkopf auf, meistens in Frontalansicht. Zwischen den Hörnern finden sich dabei manchmal noch Symbole, etwa Weinreben oder ein Donnerkeil. Fast ebenso

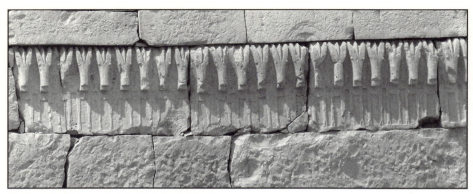

*Horizontaler Fries aus Steinbockköpfen in Sirwah*

häufig wie Stierköpfe sind Darstellungen von Steinböcken als künstlerische Elemente in den Bau einbezogen. Es gibt ganze Friese von Steinbockköpfen, die einst wohl als Mauerbekrönung Verwendung gefunden haben. Aus Marib stammen Alabasterplatten zur Verkleidung von Wänden, in die Steinböcke liegend als Seitenrelief eingemeißelt sind. Häufig finden sich auch Baublöcke mit Friesen stark stilisierter Steinbockköpfe. Zu einem späteren Zeitpunkt, als die sabäische Kunst schon stark von anderen Kulturkreisen beeinflußt war, wurden die Steinböcke sozusagen lebendig. So existiert ein Fragment aus rotem Marmor, auf dem ein springender Steinbock zu erkennen ist. Auf einem Fries, der in Timna entdeckt wurde, richten sich – nach alten vorderorientalischen Vorbildern – Steinböcke mit den Vorderbeinen zu einem stilisierten Baum auf, der als Lebensbaum zu deuten ist. Im weiteren finden sich im sabäischen Architekturdekor Schlangen, Ziegen, Vögel, Löwen, Kamele, Pferde, Fische und Panther, daneben Ranken, Weinblätter und Mäanderbänder.

*Stierköpfiger Dachträger und Wasserspeier von einem himyaritischen Tempel (heute im Nationalmuseum in Sanaa)*

# Besuch in Marib

Bis zu Beginn der achtziger Jahre haben Besucher in Marib immer zu wenig Zeit gehabt – angefangen bei Arnaud, über Glaser und Phillips bis zu zahlreichen Touristen. Dabei liegt Marib nur rund 120 km östlich von Sanaa. Das Gelände zwischen den beiden Orten ist zwar schwierig, jedoch nicht so schwierig, daß es Reiter oder Autofahrer an der Reise zur Hauptstadt des untergegangenen Sabäischen Reiches hätte hindern können. Der Zeitmangel, in den die Besucher Maribs unweigerlich gerieten, hatte andere Gründe: Früher waren es Mißtrauen, Aberglaube und Fremdenfeindlichkeit der Bewohner des Ortes, die fast alle Reisenden bald wieder vertrieben; von 1975 an, dem Zeitpunkt, zu dem Marib für Touristen erreichbar wurde, lagen die Ursachen mehr außerhalb des Ortes; die militante Eigenständigkeit der zwischen Sanaa und Marib lebenden Stämme machte Autoreisen zum unwägbaren Abenteuer.

Seit 1984 kann man Marib bequem auf einer 135 km langen, gut ausgebauten Asphaltstraße erreichen. Auch hier hat – wie früher schon im Fall Sada – die Tatsache, daß nun eine auf wenige Fahrtstunden zusammengeschrumpfte Verbindung zwischen Hauptstadt und Außenprovinz besteht, den regionalen Frieden gefestigt. Die Reise führt in einem großen Bogen über das vulkanische Hochland nordöstlich von Sanaa, wobei der 2300 m hohe Bin-Ghaylan-Paß und der 2200 m hohe al-Fardah-Paß überwunden werden. Besonders die Paßhöhe des al-Fardah gewährt eine herrliche Aussicht auf tiefeingeschnittene Wadis und auf die sich nach Norden und Osten erstreckende Wüstengebiete. Am östlichen Ende des Passes biegt Richtung Norden die Asphaltstraße nach Baraqisch und Ma'in (vgl. S. 59) ab. Bei der Einfahrt in die Oase Marib liegt rechts der Straße, gegenüber dem Flugplatz, die aufstrebende Stadt Neu-Marib. Dort haben 1985 zwei Hotels der gehobenen Klasse den Betrieb aufgenommen. Es gibt Geschäfte, Restaurants, Post, Telefon. Man merkt, daß hier die neue Hauptstadt eines kürzlich erschlossenen Wirtschaftsgebietes, in dem es sogar Öl gibt, entstanden ist.

Auch wenn nun Marib auf dem Landweg leicht zu erreichen ist, bleibt die Anreise mit dem Flugzeug sehr reizvoll. Der Besucher sollte sich schon beim Anflug auf Marib mit der Topographie des Gebietes vertraut machen. Der Pilot beginnt die Flughöhe zu verringern, wenn in der Ferne ein großes Flußtal auftaucht. Man erkennt eine enge Lücke im letzten Gebirgszug des jemenitischen Hochmassivs. Dort hindurch zwängt sich das Flußtal mit der Flußoase Marib, hinter der die fast menschenleere Wüste Rub al-Chali, das ›leere Viertel‹, beginnt. Das Tal, dem die Maschine im Anflug auf Marib zeitweilig folgt, ist das Wadi Adhanna, jetzt meist Wadi as-Sadd, ›Tal des Dammes‹, genannt. Direkt hinter der engen Lücke im Gebirgsmassiv hatten die Sabäer jenen Damm gebaut, der ihnen über ein Jahrtausend eine blühende Landwirtschaft gewährleistete.

Der Ort Marib und der Flugplatz liegen auf der Nordseite des Wadi as-Sadd. Das Flugzeug aus Sanaa wird in aller Regel von (bewaffneten) Regierungsvertretern erwartet, die Fremde gleich vom Flugplatz aus mit Geländewagen zu den Sehenswürdigkeiten der Flußoase bringen. Üblicherweise beginnt die Tour mit einer Fahrt von knapp 10 km zur Nordschleuse des Staudammes.

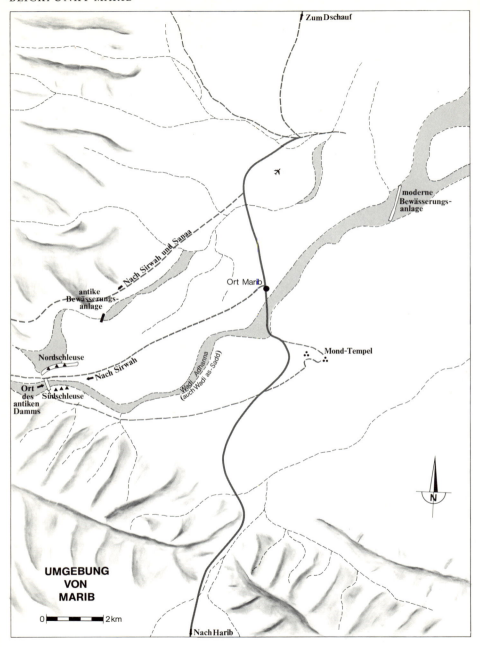

Die **Nordschleuse** war anscheinend das größere der beiden zum Damm gehörenden Schleusenwerke. Die bisherigen Untersuchungen der Anlage haben ergeben, daß auf der Nordseite ein breiter Ablaufkanal das Stauwasser über etwa 1000 m zu einer großen Verteiler-Zisterne führte. Auch gab es auf dieser Seite eine mächtige Überlaufmauer, die wegen der stetigen Ablagerungen auf dem Grund des Stausees immer wieder erhöht werden mußte. Von den Stützmauern der Nordschleuse sind noch imposante Reste zu sehen, außerdem Verankerungen der beiden Schleusentore und Verankerungsmauern eines Nebendammes. Die Stützmauern werden von einem Teil des Schleusentores überragt. Hier hat man ein überzeugendes Beispiel für die Spitzenleistungen der sabäischen Steinmetzen und Architekten.

Zwischen der Nord- und der Südschleuse lag ein gut 600 m langer **Damm**. In den ersten Jahrzehnten des Sabäischen Reiches nur eine befestigte Erdaufschüttung, wurde er in späterer Zeit durch eine Steinmauer ersetzt. Wir sind durch Inschriften verhältnismäßig gut unterrichtet über die Entwicklung und den Zustand des Stauwerkes. Etwa seit dem 6. Jh. v. Chr. künden in Stein gehauene kurze Texte von der Errichtung der Schleusen, Staubecken und der Wasserverteilung am Damm.

Ehe man das trockene Flußbett in Richtung **Südschleuse** überquert (die Wagen fahren vor), sollte man die sogenannten ›**Königssteine**‹ unterhalb der ehemaligen Überlaufmauer besichtigen; sie berichten in himyaritischer Schrift über Reparaturleistungen am Damm im 4. Jh. n. Chr.

Die **Ruinen auf der Südseite** des Wadis sind ausgedehnter; das frühere Schleusentor ist noch in fast voller Höhe erhalten, und die

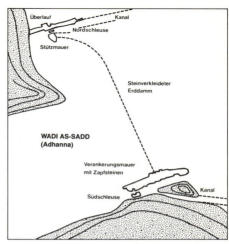

*Planskizze der Ruinen des Staudamms von Marib*

Verankerungsmauern, seitlich leicht versetzt, sind in einem wesentlich besseren Zustand als auf der Nordseite; es lohnt sich eine gründliche Inspektion der Anlage. Bäume und Büsche vermitteln dem Besucher einen – wahrscheinlich nur schwachen – Eindruck davon, wie es im Wadi as-Sadd zur Zeit der landwirtschaftlichen Blüte ausgesehen haben muß. Wenn die Umstände es gestatten, sollte man an der Südschleuse Rast machen.

Nächste Station sind oft die Reste eines dem Mondgott Almaqah geweihten Heiligtums. Hier ragen fünf monolithische Pfeiler mit Kapitellen nebeneinander aufgereiht in den blauen Himmel (Farbabb. 15). An diesem Tempel darf seit Beginn der neunziger Jahre ein deutsches Archäologenteam graben; es kam jedoch wegen der Golfkrise und anderer Erschwernisse zeitweilig nicht voran. Etwa 1995 sollen die Grabungen abgeschlossen und die Tempelreste dauerhaft gesichert sein.

*Marib, neuer Staudamm (fertiggestellt 1986)*

Der berühmte amerikanische Südarabien-Forscher Pater Albert Jamme, der schon an Wendell Phillips' Marib-Expedition beteiligt gewesen ist, beschrieb 1985 ein Dilemma: Nichts wünsche er so sehr, als Marib ausgegraben zu sehen, sagte der Archäologe. Doch wenn z. B. der Tempel vollständig ausgegraben würde, wer könnte ihn schützen? Er denke da weniger an Wind und Wetter als an Zerstörung durch die umliegenden Stämme. Wie können Kunstgegenstände geschützt werden, wenn die Stämme diese Dinge als ihr Eigentum betrachteten? Pater Jamme gab zu bedenken, daß der halb ausgegrabene Awwam-Tempel in den sechziger Jahren zerstört worden sei. Man habe Steine demontiert und für den Häuserbau benutzt.

Vierte Station der Rundfahrt durch die Flußoase Marib ist das Awwam-Heiligtum, ein **großer ovaler Tempel,** der 1952 vom amerikanischen Forschungsteam teilweise freigelegt werden konnte. Der Wüstenwind hat schon viel Sand zwischen die Säulen und Mauern des Heiligtums zurückgeblasen (Farbabb. 16). Auch hier stehen den Archäologen, wenn man sie einmal gewähren läßt, noch Entdeckerfreuden bevor. Der Besucher bekommt immerhin schon einen Eindruck von dem, was da halb unter dem Wüstensand verborgen steht und liegt. Man geht davon aus, daß die Sabäer dieses Heiligtum in Anlehnung an die südbabylonische Rundbauweise entworfen haben. Der Tempel ist von einer Befestigungsmauer umgeben, die stellenweise noch 9 m hoch ansteht. Im Durchschnitt sind die Blöcke der Mauer 29 cm hoch und bis zu 150 cm lang, dabei leicht gekrümmt, so daß sie sich der Krümmung des gesamten Bauwerks gut anpassen.

Von der amerikanischen Forschungsexpedition konnte 1952 nur die Vorhalle des Tempels freigelegt werden. Die Halle war in der Antike ganz von Säulen umgeben, besaß eine breite Tür zum Tempelinneren und eine Reihung von drei Türen, die hinaus zum Vorhof führten. Der äußere Hof vor der Halle endet in einer Reihe von acht Säulen, jede 4 m hoch. Außerdem finden sich 32 Pfeiler an der Ost- und Westseite, von denen jeder einen rechteckigen Block als Stütze für das Dachgestühl trug.

Der **Ort Marib** liegt auf einem freistehenden Hügel, den die Wissenschaftler für den Burgberg der alten Hauptstadt halten. Auch hier, wie an so vielen Plätzen im Jemen, könnte anstehende Spatenforschung wertvolle Aufschlüsse bringen. Grabungen haben lange auf sich warten lassen, obwohl der Ort seit dem Bürgerkrieg im Jemen (1962–68) fast keine Bewohner mehr hat. Er wurde mehrfach bombardiert, und höchstens zehn Häuser sind unbeschädigt geblieben. Früher waren, eingebaut als funktionelle Elemente, an vielen Häusern Maribs Spolien zu sehen: Steine mit sabäischen Inschriften, mit den Tiersymbolen der Götterwelt und mit ornamentalen Dekorationen. Doch die meisten dieser Steine sind seit Anfang der neunziger Jahre verschwunden, das heißt, von den ehemaligen Hausbesitzern zur weiteren Verwendung entnommen oder – bestenfalls – in das Depot des Nationalmuseums gebracht worden. Ein Rundgang durch das arabische Marib lohnt sich also kaum noch.

**Sirwah** liegt 39 km westlich von Marib. Seit Anfang der neunziger Jahre ist dieser bedeutende Ort des sabäischen Staates am besten über eine befestigte Piste zu erreichen, die am Flugplatz von Marib, also bei Neu-Marib, beginnt. Sie führt nördlich am Dschabal Balaq vorbei und leitet über Sirwah hinaus in das Stammesgebiet der Chaulanis mit dem Hauptort Jihanah (ab Sirwah 78 km). Im Chaulan (Khawlan) ist die Piste schon weitgehend asphaltiert und führt zur Hauptstraße Sanaa–Ta'izz. Die Route kann also als Alternative zur Hauptstraße Sanaa–Marib (vgl. S. 49) betrachtet werden. Die Chaulan-Stämme haben sich jedoch eine starke Selbständigkeit bewahrt und versuchen gelegentlich, ihre Interessen dadurch zu demonstrieren, daß sie den Reiseverkehr durch ihre Region behindern oder gar unterbrechen.

Sirwah ist ab Marib auch auf einem Fahrweg entlang dem Nordufer des Wadi Adhanna zu erreichen. Etwa 3 km wadiaufwärts vom antiken Staudamm aus ist ein neuer Damm gebaut worden, der 1986 eingeweiht werden konnte. Finanziert von den Vereinigten Arabischen Emiraten, ist der Damm Teil eines großangelegten Bewässerungsprojektes, das jedoch wegen mangelnder Anschlußfinanzierung Stückwerk blieb. Der Fahrweg führt über die Krone des neuen Staudamms auf die

*Sirwah, Außenmauer des antiken Tempels*

Südseite des Wadis und von dort weiter nach Sirwah.

In Sirwah findet der Besucher ein festungsartiges Gebäude vor, dessen Mauern zum Teil noch 9 m hoch sind (Originalhöhe: 10,50 m). Der Bau ist aber wohl erst in islamischer Zeit als Festung benutzt worden – ursprünglich war er ein Tempel des Mondgottes. Fachleute (Fakhry und Doe) vermuten in dem Architekten des Mondtempels von Marib auch den des Sirwah-Tempels. Ein großer Teil des Mauerwerks, gefügt aus millimetergerecht behauenen Steinblöcken, ist antik. Das gilt vor allem für die gewölbte Ostseite des Baus, an der man auch einen nahezu vollständige Schriftfries findet. Die oberen Teile des übrigen Mauerwerks dürften jedoch in islamischer Zeit neu aufgeschichtet worden sein. Steinbockfriese und Schriftsteine wurden dabei an Stellen wiederbenutzt, wo sie als dekorative Elemente fehl am Platz sind. Auch das Innere der Anlage zeigt eine starke Überbauung in islamischer Zeit.

*Baraqisch, Wach- und Wehrturm der antiken Stadtmauer* ▷

# Blickpunkt Qarnawu

## BLICKPUNKT QARNAWU

Das Reich der Minäer war anscheinend immer ein Binnenstaat. Es entstand und wuchs in einem Gebiet, das heute im nordöstlichen Teil des Nordjemen die Provinz al-Dschauf bildet. In seiner Blütezeit erstreckte sich das Reich noch weiter nach Norden und schloß die Oase Nadschran ein, die seit 1934 unter Kontrolle Saudi-Arabiens steht. Ma'in, wie das Königreich der Minäer hieß, war der nördlichste Außenposten Südarabiens an der Karawanenstraße nach Gaza und Damaskus. Ma'in ist unter den sechs südarabischen Reichen des Altertums dasjenige, das am wenigsten erforscht werden konnte. Von den großen Entdeckungsreisenden des 19. Jh. gelangten nur zwei, Joseph Halévy und Eduard Glaser, in das Gebiet. Während des Bürgerkrieges unter den Jemeniten in den sechziger Jahren unseres Jahrhunderts war al-Dschauf fest in royalistischer Hand. Auch heute noch beanspruchen die Stammesbewohner des Gebietes gegenüber der Republik ein gut Teil Autonomie. Es ist risikoreich, in al-Dschauf zu reisen, weil es immer wieder zu Mißverständnissen zwischen Fremden und Einwohnern kommt. Aus den siebziger Jahren liegen uns Reiseberichte von Journalisten und Entwicklungshelfern vor, die das Risiko nicht scheuten. Mehr als einen flüchtigen Blick auf die Ruinen der Städte von Ma'in konnten aber auch sie nicht werfen. Bezeichnend für die beschränkten Möglichkeiten des wegbereitenden Entdeckungsreisens in al-Dschauf ist der Bericht eines Schweizer Arztes, R. Ruegg, der Anfang der siebziger Jahre im Nordjemen tätig war. In seinen Ausführungen über eine Reise in den Osten des Landes schildert Rüegg die Einkehr zum Hammelessen bei einem Stammesführer, um dann fortzufahren:

»Unsere Archäologen fragen die Leute nach der Lage von antiken Ruinenstätten in der Nachbarschaft aus. Diese sind wohlbekannt, wenn auch die sabäischen (minäischen) Namen inzwischen arabischen Bezeichnungen gewichen sind. Und sie sind auch heute noch nicht zu übersehen, diese stolzen Städte, die vor 3000 Jahren in Blüte standen: da ragen noch die weißen Ringmauern von *Beida*, das Stadttor, die vierkantigen Säulen der Tempel. Überall finden wir Steinquadern voll sabäischer Inschriften: der Boden ist übersät mit Tonscherben, Stücken von Kapitellen und Friesen. *Baraqisch,* nur wenige Kilometer von Beida entfernt, auf einem niedrigen aber steilen Hügel gelegen, wirkt mit der wohlerhaltenen, türmebewehrten Stadtmauer aus der Ferne wie die Cité von Carcassonne, und auch in Ma'in, der einstigen Hauptstadt dieses Gebietes, sind noch eindrückliche Zeugen der Vergangenheit erhalten. Weiter im Osten, im Wadi Raghwan, entdecken wir die Überreste von zwei antiken Städten, die bisher unbekannt waren; auch hier kilometerlange Mauern, viele Inschriften, der Boden mit Tonscherben bedeckt.«

In den achtziger Jahren entstanden immerhin die ersten Reiseberichte von Touristen über al-Dschauf. Dies zeigt, daß in dem Gebiet »der hundert Scheiche und der fünfhundert Familien«, wie es in einem Expertenbericht von 1976 heißt, heute doch etwas mehr Ruhe und Stabilität herrschen. Andererseits fühlen sich die Menschen weiter an Regeln gebunden, die dem Gewohnheitsrecht der zahlreichen Stammesgruppen entsprechen. Fehden und Blutrache unter den einzelnen Gruppen können immer wieder aufflammen.

Wie einzelne Touristen, so hielten in den achtziger Jahren auch die Archäologen ihren Einzug in al-Dschauf. Bis dahin hatte nur ein einziger Archäologe, der Ägypter Achmad Fakhry, das Gebiet bereisen können; doch jetzt durften französische und italienische Forscher tätig werden. Sie machten zunächst Bestandsaufnahmen der minäischen Stadtruinen. Dadurch wissen wir, daß diese antiken Städte von mächtigen Mauern – zwischen 1200 und 1500 m lang – umgeben waren. Die stabilisierenden Mauervorsprünge erreichten bis zu 14 m Höhe. Nach den Erkenntnissen der Forscher dienten die Bollwerke weniger der Verteidigung als dem Prestige und dem Prunk; man habe durch den Bau mächtiger Mauern den mit Handel erworbenen Reichtum zur Schau stellen wollen (Breton). Dafür sprächen auch die zahlreichen Inschriften auf den Mauerkronen. Die Bautätigkeit dürfte in den Zeiten wirtschaftlicher Blüte erfolgt sein. In Ma'in wäre das die Epoche zwischen dem 4. und dem 2. Jh. v. Chr. gewesen, meinen die französischen Archäologen.

Den Franzosen ist auch die Sondierung der Kultstätten auf dem 2150 m hohen Dschabal al-Laus im Nordosten des Wadi al-Dschaufs zu danken. Mehrere Heiligtümer, entstanden ab dem 5. Jh. v. Chr., wurden entdeckt. Man erkannte sie als ummauerte, nicht überdachte Räume mit Stelen, Altären, Weihrauchgefäßen und Opfersteinen; anscheinend für rituelle Mahle, die den Bund zwischen einzelnen Stämmen und den göttlichen Mächten besiegelten. Eine Zusammenfassung aller bisher erworbenen Forschungserkenntnisse ergibt etwa folgendes Bild:

Um 410 v. Chr. geriet das mächtige Sabäische Reich in Schwierigkeiten. Nach rund zehn Jahren von Wirren und Krieg riß sich der Nordteil des Reiches unter Führung der Stadt Yathill von Saba los. Yathill, in der westlichen Archäologie auch unter dem Namen Baraqisch bekannt, wurde als Hauptstadt des nunmehr unabhängigen Nordens jedoch bald aufgegeben; mit dem Bau von Qarnawu entstand eine neue Metropole. Nach Erlangung der Eigenstaatlichkeit verbündete sich das Reich der Minäer mit Hadramaut. Dieses Bündnis wurde nicht nur zur Abwehr der Sabäer geschlossen, vielmehr konnten Ma'in und Hadramaut als Handelspartner durch die Erschließung einer neuen Karawanenroute den Warentransport nach Norden beschleunigen und verbilligen. Wie einer aus Yathill stammenden Inschrift zu entnehmen ist, gelangten minäische Kaufleute bis nach Ägypten und Syrien. Die Handelsniederlassung in der Oase Dedan, heute Provinz Hedschas des Königreichs Saudi-Arabien, wurde im 4. Jh. v. Chr. als Stützpunkt auf dem Wege nach Aqaba, Gaza und Damaskus von Minäern gegründet. Vielleicht fünfzig bis achtzig Jahre später, in der ersten Hälfte des 3. Jh. v. Chr., erlebte Ma'in dann seine Hochblüte. Die Könige von Qarnawu ließen sich durch ein Gremium von Männern aus Adelsfamilien beraten. Die Regierung scheint sich gegenüber Saba stets defensiv verhalten zu haben. Qarnawu dehnte das Reich in Richtung Norden aus und benötigte alle Kräfte, um die Nordgrenze und die Karawanenwege gegen Angriffe der Beduinenstämme zu verteidigen. Als das Reich der Minäer zerstört wurde, kam der Feind aus dem Süden. Etwa um 120 v. Chr. eroberten die Sabäer Ma'in. Noch für rund fünfzig Jahre saßen Könige in Qarnawu – Vasallen der stärkeren Nachbarn in Südarabien. Den Ägyptern, Griechen und Römern blieben die Minäer noch bis zur Mitte des 2. Jh. n. Chr. ein Begriff, obwohl zu jener Zeit längst wieder Sabäer und Himyariten die wichtigsten Handelspartner der damaligen westlichen und nördlichen Kulturvölker waren.

## Religion und Kunst

Es gibt keine Hinweise darauf, daß Religion und Kunst der Minäer wesentlich von den Hauptelementen sabäischer Kultur abweichen. Ma'in war ursprünglich der Norden des Sabäischen Reiches; dem Abfall der Minäer von Saba gingen rund vierhundert Jahre sabäische Geschichte voraus. Man betete zu denselben Göttern in Maryab und Qarnawu, – mit dem Unterschied nur, daß die Minäer den Mondgott Ilumquh bei sich Wadd nannten. Ilumquh oder Wadd hatte eine weibliche Sonnengottheit und den Gestirngott Venus neben sich. Wie in den anderen südarabischen Königreichen, so gab es auch in Ma'in eine bemerkenswerte Neigung zu namenlosen Göttern. Die Wissenschaft will in dieser Neigung eine Vorstufe zum Monotheismus erkennen. Ob in Ma'in solche anonymen Lokalgötter größere Verehrung genossen als die bekannten südarabischen Gottheiten, wissen wir nicht. Der Stand der Feldforschung in al-Dschauf und im Gebiet von Nadschran entschuldigt die Spärlichkeit der bisherigen Erkenntnisse. Die Religionsgeschichte lehrt aber, daß es die semitischen Nomaden der Arabischen Halbinsel waren, die frühzeitig abstrahierende, monotheisierende Glaubensformen entwickelten. Das Reich der Minäer als nördlichster Vorposten am Rande der Wüste hatte wohl den engsten Kontakt zu den Nomaden; vielleicht sind die religiösen Vorstellungen von daher beeinflußt worden. Wie an anderer Stelle ausgeführt, war noch lange nach dem Untergang von Ma'in die Oase Nadschran eine Hochburg des Monotheismus in Form des Christentums.

*Ma'in, Reste des Athtar-Tempels*

Christen hielten sich an diesem ehemals minäischen Platz bis kurz nach dem Aufbruch des Islam.

Auch über Eigenarten der minäischen Kunst können nur Spekulationen angestellt werden. Das Reich der Minäer war ein Binnenstaat. Dies dürfte die Kunst des Landes beeinflußt haben; jedenfalls war sie doch weniger schnell für ferne östliche Anregungen offen als die Kunst der südarabischen Küstenstaaten. Andererseits dürften die Minäer früher und stärker als andere Südaraber mit der eigenartigen griechisch-römisch-arabischen Mischkultur der Nabatäer in Berührung gekommen sein, die ab 150 v. Chr. eine wachsende Rolle auf der Arabischen Halbinsel zu spielen begann. Zudem ist beachtenswert, daß Ma'in anscheinend zeitweise das am stärksten urbanisierte Land Südarabiens war. Trotz des Mangels an gründlicher Forschung in al-Dschauf sind die Ruinen von sechs Städten bekannt, die dicht beieinander lagen. Anscheinend dominierte also in Ma'in städtische Kultur. Neue Erkenntnisse dürften die Grabungen italienischer Archäologen in Baraqisch bringen.

Was aus der Erde hervorragt, ist schon für sich eindrucksvoll. **Baraqisch**, obwohl stark verfallen, wird immer noch von einer geschlossenen Stadtmauer umgeben. Weil Baraqisch auch in islamischer Zeit besiedelt blieb, hat die Mauer den späteren Steinraub überlebt. Noch in situ befindet sich innerhalb des Mauerrings eine antike Torkonstruktion, die deutlich zeigt, wie Monolithpfeiler vertikal und horizontal verbaut worden sind. Dasselbe gilt für die **Tempelruine Banat Ad**, etwa 750 m östlich der Stadtmauer von Qarnawu/Ma'in. In einer aktuellen Beschreibung (Piepenburg) wird dieser Bau (Farbabb. 17) die »wohl am besten erhaltene vor-islamische Ruine des gesamten Dschauf« genannt. Eine Inschrift gibt den Namen des Tempels als ›Rasf‹ an. In **Qarnawu/Ma'in** ist nur das Fundament der Stadtmauer erhalten geblieben, aber zwei Tore befinden sich noch in gutem Zustand. Und wie an anderen antiken Orten findet man Steine mit Schriften, Steinböcken und Teile von Pfeilern und Kapitellen. Der erhöht liegende Ort ist ein guter Aussichtspunkt weit in den nordöstlichen Teil des Wadi al-Dschauf hinein.

## Reisen in al-Dschauf

Seit dem Ende der achtziger Jahre steht ein Besuch in Baraqisch auf dem Programm vieler Reiseveranstalter, und auch Einzelreisende können sich zu den eindrucksvollen Resten der wohl bedeutendsten Stadt im Reich der Minäer fahren lassen. Auch hier hat der Bau von Straßen den Einfluß der Staatsmacht gestärkt, den regionalen Frieden gefestigt. Ab Sanaa-Stadtmitte etwa 86 km auf der Hauptstraße nach Marib (vgl. S. 49) gefahren, trifft man nach Überquerung des al-Fardah-Passes auf die 1990 fertiggestellte Straße zum südlichen Teil des Dschaufs. Die Straße führt in Richtung Norden nach Baraqisch und al-Hazm.

Eine Sondergenehmigung für den Besuch von Baraqisch und Qarnawu/Ma'in ist nun (Stand: Sommer 1992) nicht mehr erforderlich. Dennoch sei den Reisenden zum Dschauf zur Umsicht geraten. Die Bewohner dieser Region gehören verschiedenen Stammes-Untergruppen an, deren Verhältnis zueinander sehr wechselhaft ist. Manchmal leben benachbarte Gruppen friedlich miteinander, ein anderes Mal haben Interessenkonflikte oder Verstöße gegen Stammesgesetze die Beziehungen gestört. Wer dann die Hoheitsgebiete feindlicher Nachbarn durchquert, wird mit großem Mißtrauen, wenn nicht sogar mit Feindseligkeit empfangen. Die jemenitischen Führer von Reisegruppen sind über solche Turbulenzen in aller Regel gut informiert und verweigern unter Umständen die Fahrt in den Dschauf. Man sollte ihre Sachkenntnis als Garant der eigenen Sicherheit anerkennen. Einzelreisende sollten mindestens auf einen ortskundigen Fahrer, der die aktuelle Situation kennt, zurückgreifen können.

Al-Dschauf ist das wahrscheinlich konservativste Traditionsgebiet des Jemen. Es ist in weiten Teilen zu dem angrenzenden Königreich Saudi-Arabien hin offen. Wenn es, wie noch 1992, gewisse politische Irritationen zwischen Saudi-Arabien und dem Jemen gibt, kann sich das auch durch erhöhte Spannungen im Dschauf niederschlagen. Vor einer Individualreise in das Gebiet sollte man deswegen in Sanaa Erkundigungen bei Ortsansässigen unternehmen.

An den historischen Stätten im Dschauf kommt man unvermeidbar in Kontakt mit den Einheimischen. Die Menschen dort sind es gewohnt, jedes fremde Fahrzeug wahrzunehmen und genau im Blick zu behalten. Reist man nun im eigenen Wagen oder gar als Mitfahrer im Wagen eines Einheimischen – immer ist die Ankunft des Fremden schon vorher signalisiert worden. Deswegen tut der Besucher gut daran, von sich aus auf die Einheimischen zuzugehen, ehe er die Ruinenstätten betritt. Kontaktaufnahme bedeutet, daß man sich einem bestimmten Ritual zu unterwerfen hat: Es erfordert zumindest gemeinsames Teetrinken und kann auch zu einer Einladung zum Essen führen. Unter Umständen dauert das Ritual mehrere Stunden, und schließlich erwarten die Gastgeber auch noch, daß die Fremden für Speise und Trank mit Geld bezahlen. Doch man täusche sich nicht: Es handelt sich hier keineswegs um bloße Gewinnsucht. Das gemeinsame Trinken und Essen besiegelt ein Schutzbündnis zwischen Fremden und Einheimischen, für das eine Gebühr zu verlangen uralter Stammesbrauch ist. Sich dem Ritual von vornherein zu unterziehen dürfte weit besser sein, als schließlich von Bewaffneten in den Ruinen aufgestöbert und mißtrauisch nach dem Woher und Wohin befragt zu werden. Fallen dann die Antworten unbefriedigend aus, kann es zu einem längeren Zwangsaufenthalt kommen.

Wer die ganze Provinz al-Dschauf von Süd nach Nord oder von Nord nach Süd durchqueren will, der sollte sich ortskundigen und in der Region bekannten Begleitern anvertrauen.

*Rada, Haus aus dem 19. Jh. im Stil der Region* ▷

**Blickpunkt Safar**

## BLICKPUNKT SAFAR

Etwa im Jahre 20 vor unserer Zeitrechnung leitete die Regierung des südarabischen Königreiches Himyar den Bau einer neuen Hauptstadt ein, Safar genannt. Es war die Metropole eines Staates, dessen Herrschaftsbereich vor allem das jemenitische Hochland umfaßte. Entsprechend hoch, fast 3000 m, lag auch die Hauptstadt; und dem Hochlandcharakter entsprechend waren die Menschen von Safar anders, vor allem wohl härter, als die Bewohner der sabäischen Ebenen.

Die eigenständige Geschichte des Bergstaates hatte rund hundert Jahre früher begonnen. In einer Zeit großer Umwälzungen hatten damals die Sabäer das Minäerreich erobert, während es zugleich zum Bürgerkrieg im Königreich Qataban gekommen war. Zwei Provinzen, Himyar und Radman, hatten sich von Qataban losgerissen und im Bund mit den Sabäern den Westen und Süden des Qatabanischen Reiches erobert. Der neue Staat Himyar/Radman reichte bis zum Südausgang des Roten Meeres, das heißt, er kontrollierte Bab al-Mandeb, die Meerengen zum Indischen Ozean, das ›Tor der Tränen‹. Etwa zur selben Zeit wurden wesentliche Verbesserungen der Schiffahrtstechnik erzielt. Die Verbindung auf dem Seeweg zwischen Indien und Ägypten wurde ›erschlossen‹. Dadurch erlangte Himyar/Radman eine handelspolitische Schaltstellung, denn die Boote von und nach Ägypten mußten durch das Bab al-Mandeb, und Kontrolle über die Meerengen bedeutete hohe Zoll- und Gebühreneinnahmen.

Etwa im siebten Jahrzehnt nach der Gründung von Safar, also ungefähr im Jahre 50 unserer Zeitrechnung, hatte sich das Sabäische Reich durch Konflikte mit den Himyariten und auf-

*Überbaute himyaritische Zisterne*

*Himyaritischer Staudamm in der Nähe von Sanaa*

grund innerer Wirren erschöpft. Der einst so mächtige Staat geriet zeitweise in Abhängigkeit von Himyar/Radman und wurde praktisch von Safar aus regiert. Die uralte sabäische Dynastie aus dem Kernland um Sirwah und Maryab erlosch. In Marib, wie der Name nun lautete, setzte sich ein Herrscher aus dem Hochland durch. Um 190 n. Chr. brachte einer seiner Nachfolger, Scha'rum Autar, Himyar noch einmal in ein Vasallenverhältnis zu Saba. Dann wieder, gegen Ende des 3. Jh. n. Chr., gelang den Himyariten die Eroberung Maribs mitsamt dem sabäischen Kernland. Die nächsten Himyariten-Könige vermochten ihr Reich in der jemenitischen Küstenebene am Roten Meer weiter auszudehnen. Der himyaritische Herrscher Schammar Yuharisch kontrollierte schließlich, gestützt auf den König von Aksum, ein Reich größter Ausdehnung; er hatte unter anderem Teile des Königreichs Hadramaut erobert und nannte sich nun »König von Saba, Dhu Raydan, Hadramaut und Yamnat«. Das von Schammar Yuharisch regierte Reich muß in etwa dem Gebiet des heutigen vereinigten Jemen entsprochen haben.

Unter späteren Herrschern wurde wieder Marib Hauptstadt; d. h. die alte Metropole der Sabäer war nun politischer Mittelpunkt eines neosabäisch-himyaritischen Königreichs. Einer der in Marib regierenden Himyariten, wohl Ta'ran Yuhanim, ließ sich um die Mitte des 4. Jh. zum Christentum bekehren. Sein Enkel, Abukarib Asad, kam bei einem Besuch in Jatrib – dem Madina des Propheten Mohammed – mit dem Judentum in Berührung. In einem

Akt des Widerstandes gegen die christlichen Herrscher von Aksum trat er zum mosaischen Glauben über. Es kam zu Christenverfolgungen an mehreren Stellen im sabäisch-himyaritischen Reich. Das christliche Äthiopien reagierte darauf mit einer neuen Invasion in Südarabien. Da es Abukarib Asad jedoch gelang, die Eindringlinge abzuwehren und das Reich vor allem in Richtung Norden auszudehnen, gilt er als einer der größten arabischen Könige vor dem Islam. Unter Abukaribs Nachfolgern begann der Verfall des Bewässerungssystems von Marib bis hin zum endgültigen Bruch des großen Staudamms.

Mit der Katastrophe von Marib und dem Untergang des sabäisch-himyaritischen Reiches ist aber die Geschichte der Himyariten selbst noch nicht zu Ende. Zum Zeitpunkt des Dammbruchs, wahrscheinlich bald nach 542 n. Chr., waren große Teile des Jemen von den Äthiopiern besetzt. Obwohl die Eroberer von südarabischen Einwanderern nach Ostafrika abstammten, wurden sie im Jemen doch als fremde Unterdrücker betrachtet. Der himyaritische Adel und seine Gefolgschaft scharten sich in Opposition zu den Äthiopiern um einen Nachkommen der sabäisch-himyaritischen Dynastie, Saif, und dessen Sohn Mäadi-Kareb. Etwa um 573 n. Chr. machten sich die beiden himyaritischen Fürsten auf den Weg, um ausländische Hilfe zum Kampf gegen die Äthiopier zu gewinnen. Ihr Bittgang führte sie zunächst nach Konstantinopel, doch der Kaiser von Byzanz dachte nicht daran, die zu jener Zeit dem mosaischen Glauben verpflichteten Himyariten gegen die christlichen Äthiopier zu unterstützen. Dafür zeigte sich aber die andere vorderorientalische Großmacht jener Zeit, das Sassaniden-Reich, an einem jemenitischen Abenteuer interessiert. Verwirklicht wurde die militärische Aktion allerdings erst einige Zeit später. Saif war schon gestorben, und sein Erbe, Mäadi-Kareb, mußte noch einmal am Hof der Sassaniden erscheinen, ehe endlich Hilfstruppen bewilligt wurden. Der himyaritische Prinz soll schließlich mit nur einigen tausend Persern nach Südarabien zurückgekehrt sein. Immerhin bewegte die Ankunft ihres Prinzen mit einer militärischen Streitmacht die Himyariten zum Aufstand. Zur Entscheidungsschlacht mit den Äthiopiern soll es in der Nähe von Sanaa gekommen sein. Die Äthiopier wurden geschlagen, und der himyaritische Prinz Mäadi-Kareb errang die Würde eines Vize-Königs, tributpflichtig dem Herrscher der Perser. Später wurde Mäadi-Kareb von Anhängern der äthiopischen Partei ermordet. Zwischen Äthiopiern und Persern kam es danach im Jemen zu einem langwierigen Machtkampf, der erst 595 n. Chr. zu Ende ging, als ein neues persisches Heer im Jemen gelandet war. Nun wurde ein Perser Statthalter. Die himyaritische Tradition lebt seitdem – vielleicht bis in unsere Tage – nur noch in jenen Stammesfürsten fort, die im Notfall ihre Eigenständigkeit und ihre Eigenart mit Waffengewalt gegen die Zentralmacht verteidigen.

# Religion

Die Himyariten waren das Staatsvolk des spätsabäischen Reiches, und während des größeren Teils ihres Weges durch die Geschichte hingen die Menschen in Himyar dem von Saba ererbten Glauben an. Mond, Sonne und Venus wurden als Gottheiten verehrt, wie es im ganzen übrigen Südarabien und auch im Reich der Aksumiten auf dem gegenüberliegenden afrikanischen Ufer des Roten Meeres üblich war. Als sich aber die beiden großen monotheistischen Religionen, Judentum und Christentum, bis zum Südrand der Arabischen Halbinsel ausbreiteten, zeigten die Himyariten große Aufnahmebereitschaft. Wie ihre Herrscher, so wurden auch die meisten Bürger und Bauern von Himyar zunächst Christen, dann Juden, später wieder Christen. Für manche Perioden weiß man nicht, ob die Himyariten Christen oder Juden waren; nur ihre allgemeine Verbundenheit mit dem Monotheismus ist auch für jene Zeitabschnitte belegt.

Während das Judentum in Südarabien wenigstens kleine Oasen bis in unsere Tage zu bewahren vermochte, ging das Christentum völlig unter. Der jemenitische Geograph Hassan Ibn Ahmad al-Hamdani, der im Jahre 945 oder 946 in Sanaa gestorben ist, scheint noch Christen in Südarabien gekannt zu haben. In seiner ›Beschreibung der Arabischen Halbinsel‹ heißt es, daß auf der im Golf von Aden

*Jemenitischer Jude (histor. Darstellung des 19. Jh.)*

gelegenen Insel Sokotra »ungefähr 10 000 Krieger, und zwar Christen« lebten. Bei diesen arabischen Christen dürfte es sich um Menschen gehandelt haben, die von den christlichen Äthiopiern an Ort und Stelle bekehrt oder von ihnen dort angesiedelt worden waren. In die Oase Nadschran – heute im Königreich Saudi-Arabien – gelangte das Christentum aber wohl durch die eigentlichen Himyariten in der ersten Hälfte des 4. Jh. Dem vorausgegangen waren rund 140 Jahre christlicher Missionstätigkeit im Himyaritischen Reich. Kirchen waren zuerst in den Städten Aden, Sanaa, Safar und schließlich in Nadschran gebaut worden. In der Oase hielt sich das Christentum noch bis zum Jahre 635; dann ließ der Chalif Omar die Gemeinde vertreiben.

Vielleicht hätte das Christentum tiefere Wurzeln in Südarabien schlagen können, wäre nicht die schwächende Rivalität zum Judentum gewesen. Mehrmals kam es im Himyaritischen Reich zu Christenverfolgungen, nachdem ein Herrscher zum Judentum übergetreten war. Während politische Interessen sicherlich die wechselnde religiöse Orientierung der Himyariten-Fürsten auf Judentum oder Christentum mitbestimmten, war doch der Sieg des Monotheismus über die göttliche Gestirnsdreiheit Südarabiens schnell errungen. Etwa von Mitte des 5. Jh. n. Chr. an wird Gott von den himyaritisch-sabäischen Königen ›Rahmanan‹, Erbarmer, genannt; dies ist auch einer der Namen Gottes in der heiligen Schrift des Islam, dem Koran.

Als der Prophet Mohammed im Jahre 622 aus Mekka in die Oasenstadt Jatrib – das spätere Madina – auswich, lebten in deren Einzugsgebiet fünf Stämme. Drei davon hingen dem mosai-

*Reliefsteine wahrscheinlich christlichen Ursprungs, neu verbaut in Beit al-Aschwall, nahe Safar*

schen Glauben an. Der Abstammung nach waren die Stammesleute semitische Araber, wie die meisten Menschen Zentral- und Südarabiens. Man darf annehmen, daß die Juden des Jemen ebenfalls ethnisch überwiegend Araber sind, obwohl hamitische und negroide Einflüsse sich geltend machen. Das jemenitische Judentum wurzelt noch in der himyaritischen Zeit und hat in den Bergen des Jemen die Entstehung und Ausbreitung des Islam besser überstanden als jene jüdische Stammes-Konföderation, die einst im Kernland des Propheten zu Hause gewesen ist. Die jüdische Gemeinde im Jemen war bis zur Gründung des Staates Israel von einiger Bedeutung. Nach türkischen Quellen lebten zu Ende des 19. Jh. etwa 60 000 Juden im Herrschaftsbereich des Imam. Diese hatten in ihrem Kultus kaum etwas von den alten Gebräuchen erhalten, sondern aufgrund von Kontakten mit den Juden in Ägypten und im Irak den sephardischen (spaniolischen) Ritus übernommen. In den Jahren 1950/51 wanderten nahezu alle jemenitischen Juden nach Israel aus; zurück blieb eine kleine Schar, die z. Zt. etwa 6000 Köpfe zählen soll.

# Besuch in Safar

Zu einem Besuch des Platzes, an dem einst die himyaritische Reichshauptstadt Safar stand, kann man von Sanaa oder von Ta'izz aus aufbrechen; eigentlicher Ausgangspunkt für die Fahrt in das Kernland der Himyariten ist das Städtchen Kitab am Fuße des Sumara-Passes. Etwa in der Ortsmitte führt von der Hauptstraße Sanaa – Ta'izz eine Nebenstraße nach Osten (dort Sammeltaxen). Diese ist nur etwa 1000 m asphaltiert und wird dann zur Erdpiste, die allenfalls nach Regen schwierig sein dürfte. Man erreicht nach 3 km das Dorf Ribat al-Qalah. Von dort führen mehrere Pisten in verschiedene Richtungen. Man folge jener, die ein kurzes Stück nach Norden führt und in großen Windungen zu dem weiter nordöstlich gelegenen Safar aufsteigt. Für die restlichen 3 km von Ribat benötigt man im Auto (nicht unbedingt Geländewagen) ca. 30 Minuten. Die Strecke von Kitab bis Safar bietet sich auch als Fußwanderung an.

Der heutige Ort Safar und die Reste der antiken Stadt liegen in einer landschaftlich überaus reizvollen Gegend. Obwohl man sich, nahe dem Sumara-Paß, schon auf über 2500 m Höhe befindet, führt der Weg in schwungvollen Bögen um hohe Hügel herum. Es ist leicht, sich in dieser Landschaft die natürliche Umwelt der Himyariten zu vergegenwärtigen. Vor etwa 2000 Jahren dürfte die Vegetation kaum anders ausgesehen haben. Büsche und Sträucher, einzelne Bäume und wohlbestellte Felder wechseln mit verstepptem Brachland. Dazwischen wuchtige Häuser von Einzelsiedlungen und burgartig aufgetürmte Dörfer; ihr Baumaterial und ihr Stil scheinen über die Jahrtausende keinen Wandel erfahren zu haben.

Man ist ein wenig enttäuscht, wenn man Safar erreicht, denn während jedes Dorf in diesem malerischen Bergland bei flüchtigem Hinsehen den Eindruck erweckt, als hätte es die Zeit von 100 v. Chr. bis heute unverändert und unbeschadet überstanden, bietet sich das eigentliche Safar als großer und nicht sonderlich eindrucksvoller Hügel dar. Erst im Verlauf einer gründlichen Besichtigung entdeckt man seine Besonderheiten.

Der mächtige Hügel ist von Geröll überdeckt, doch liegen zwischen dem natürlichen Bruchgestein zahllose bearbeitete Steine aus der Zeit des himyaritischen Safar. Der Nord- und Westhang wird landwirtschaftlich genutzt; die kleinen Felder sind von aufgeschichteten Mauern begrenzt, deren Steine Menschenhände in der Zeit vor Beginn unseres Kalendersystems bearbeitet haben. Auf der Hügelhöhe, einem fast runden Plateau, hat man ein einstöckiges Haus gebaut, dessen Steine auch schon vor vielleicht 2000 Jahren im Mauerwerk menschlicher Behausungen oder sakraler Bauten ihren Platz gehabt haben. ›Mathaf‹ - Museum - verkündet ein Schild über der Tür. Überraschend, daß es überhaupt gelungen ist, eine solche Sammlung einzurichten, denn die interessanten himyaritischen Steine haben fast immer in den heutigen Häusern eine wichtige Funktion, sei es als Tür- oder Fenstersturz, als Eckschlußstein oder auch als dekoratives Element in der Fassade, und Hochland-Jemeniten sind es in keiner Weise gewohnt, sich vom Staat etwas nehmen zu lassen; der Staat, den ihre Ahnen und meist auch noch sie selbst kennengelernt haben, mußte im Gegenteil ständig großzügig geben, um sich das Wohlverhalten dieser Hochländer zu erkaufen.

Das kleine Museum vermag den Besuch in Safar abzurunden; es bietet eine begrenzte, aber sehr lehrreiche Kollektion. Eindrucksvoll ist der monumentale Schriftstein, der für das Jahr 447 n. Chr. die Renovierung des Palastes auf dem benachbarten Burgberg Raidan meldet. Es gibt mehrere bronzene Tierfiguren – Stiere, Leoparden, Löwen –, die römische Einflüsse erkennen lassen.

Die Häuser des derzeitigen Dorfes Safar drängen sich teils auf der Nordostseite der Hügelhöhe, teils auf dem Osthang zusammen. Eine Führung zu denjenigen Bauten, die verzierte oder beschriftete antike Steine an gut sichtbarer Stelle aufweisen, ergibt sich fast automatisch: In Erwartung eines Trinkgeldes drängen Einheimische den fremden Besucher Safars zu einem entsprechenden Rundgang. Der Besucher sollte seinerseits auf einer Besichtigung der Naturhöhlen (Farbabb. 18) an den Hängen des Hügels bestehen. Die Höhlen haben in alter Zeit als Grabstätten, Wohnungen, Werkstätten und Vorratskammern gedient. Etwa die Hälfte von ihnen wird auch heute zur Lagerung von Vorräten genutzt. Manche der zugänglichen Höhlen bieten interessante Bearbeitungen; zwischen den Grotten verlaufen in den Fels gehauene Treppen und Pfade, die ein Bestandteil des öffentlichen Wegesystems der himyaritischen Hauptstadt gewesen sind.

## Besuch in Bainun und Rada

Hamdani, der arabische Chronist des frühislamischen Jemen, schrieb über Bainun: »Durchbohrt wurde Bainun, ein Berg; einer der himyaritischen Könige durchbohrte ihn, damit ein Wasserlauf aus dem hinter ihm liegenden Lande nach dem Gebiete von Bainun geleitet werden könne.«

Bainun war jedoch viel mehr als ein durchbohrter Berg, und Hamdani würdigt diese Tatsache

*Bainun, Bewässerungskanal aus himyaritischer Zeit*

auch an anderer Stelle, wo die Königsburg von Bainun – der Ort war zeitweise Hauptstadt des Himyaritischen Reiches – in der Beschreibung des Chronisten als eines der Machtzentren des antiken Orients vor uns ersteht, berühmt für seinen Reichtum, seinen Pomp und seine Kultur. Jedenfalls war Bainun bedeutsam, bis es – wahrscheinlich 525 n. Chr. – von den Aksumiten völlig zerstört wurde. Obwohl also Bainun eine Ruinenstätte ersten Ranges sein müßte, galt das Interesse einer dreiköpfigen deutschen Forschergruppe, als sie 1970 zum ersten Mal den Nordjemen bereisen konnte, vor allem dem Bergdurchstich. Diese Priorität ist verständlich. Wie fast überall im Jemen müßte auch in Bainun eine monatelange, vielleicht jahrelange Grabungskampagne durchgeführt werden, ehe eine archäologische Bestandsaufnahme möglich wäre. Den durch den Berg getriebenen Wasserlauf brauchte man hingegen nur wiederzuentdecken, was sich aufgrund der Ortskenntnisse freundlich gesonnener Jemeniten als einfach erwies.

Die deutsche Forschergruppe erreichte 1970 das Gebiet Bainun von der Stadt Dhamar aus in einer etwa dreistündigen Fahrt im Geländewagen. Auch jetzt noch ist ein Geländefahrzeug erforderlich, um schnell nach Bainun zu kommen. Der österreichische Forscher Eduard Glaser notierte Anfang der achtziger Jahre des vorigen Jahrhunderts, Bainun liege »sechs Stunden nordwestlich des Dschabal Isbil und acht Stunden von Dhamar«. Man bedenke, daß es sich um ›Eselsstunden‹ oder Fußmarschstunden handelte. Heute fährt man von Dhamar aus – an der Straße Sanaa – Ta'izz gelegen und von beiden Städten her gleich gut zu erreichen – auf asphaltierter Straße in Richtung Osten, mit der Provinzhauptstadt Rada als Fernziel. Etwa 30 km östlich von Dhamar nimmt man eine Piste, die zunächst nach Norden auf den Dschabal Isbil zuführt, dann aber leicht nach Nordwest verläuft, so daß man links den Dschabal Dhu Rakam liegen sieht. Zwischen den beiden Bergen hindurch erreicht man nach etwa einer Stunde Fahrt Bainun.

Es fällt dem Besucher nicht schwer, die ausgedehnten Ruinenfelder zu erkennen, die sich im weiten Bogen auf den Hängen um den oberen Teil des Wadis hinziehen. Man sollte diese Ruinenfelder abschreiten; dabei kann man ermessen, welche Arbeit der archäologischen Feldforschung noch bevorsteht, ehe die einst große Stadt Bainun und die sagenhafte Königsburg qualifiziert gewürdigt werden können. Man sollte übrigens darauf bedacht sein, die Stätte möglichst nur im Einverständnis mit den Bewohnern des Ortes an-Numara, der am Fuß des östlichen Bergrückens liegt, zu betreten!

Unterhalb der Ruinenfelder von Bainun ist ein stark eingefallener Schacht zu erkennen; es handelt sich um das Endstück eines nicht mehr begehbaren Tunnels, der zur Blütezeit des Himyaritischen Reiches Wasser durch den Berg leitete. Ein zweiter Tunnel ist am nächsten Höhenrücken jenseits des Tales in Richtung Osten zu finden. Dieser Tunnel ist über rund 1500 Jahre intakt geblieben. Wer ihn durchschreitet, gelangt nach einem Gang von etwa 150 m an den Fuß der Ostseite des Berges. In Stein gesetzte Inschriften besagen, daß die beiden Tunnel aus dem Fels gebrochen wurden, um das Tal von an-Numara zu bewässern.

Die Hauptstraße ab Dhamar in Richtung Südosten führt über Rada und al-Baida in den ehemaligen Südjemen, wo sie bei Laudar (Lawdar) auf die Hauptstraße nach Aden (150 km) trifft. Bis auf rund 20 km zwischen al-Baida und Mukairas ist die Straße asphaltiert. Ab 1993 dürfte sie durchgehend für Limousinen befahrbar sein.

Verweilenswert ist an dieser Strecke (55 km ab Dhamar) **Rada**. Im Innern der über 30 000 Bewohner zählenden Stadt findet man die vor rund 490 Jahren erbaute Amariya-Moschee (Farbabb. 13). Die Amariya hat, wie stilistisch verwandte Moscheen in Ta'izz, kein Minarett, wird aber von sechs Kuppeln gekrönt. Bemerkenswert ist auch ihr Zinnen-Dekor, der mesopotamischen Ursprungs sein könnte. Die Amariya wird zur Zeit (1992/93) restauriert. Neben anderen Moscheen sind in Rada ältere Häuser zu finden, die eine eigene Bauweise aus behauenem Stein und gebrannten Lehmziegeln aufweisen. Über der Stadt thront eine immer noch stattliche Festung, deren Grundstock aus vorislamischer Zeit stammen soll.

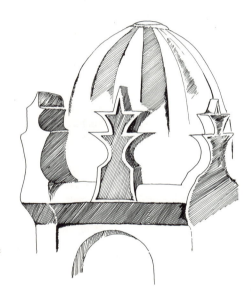

*Zinnenschmuck mit historischen Wurzeln an der Amariya-Moschee in Rada*

*Sanaa, etwa 200 Jahre alte Wohnhausgruppe* ▷

# Blickpunkt Sanaa

Wenn das Bild, das die bisher erschlossenen geschichtlichen Quellen zeichnen, endgültig ist, wurde Sanaa zum ersten Mal etwa um die Mitte des 6. Jh. n. Chr. Hauptstadt des Jemen. Der christliche König in Aksum hatte Teile des Landes erobert und setzte einen Statthalter namens Abraha in Sanaa ein. Die Wissenschaft nimmt an, daß der Ort schon viel früher, also in sabäischer Zeit, eine Rolle gespielt hat. Die beiden bedeutenden deutschen Jemen-Forscher Carl Rathjens und Hermann von Wissmann schrieben in den dreißiger Jahren, es sei wahrscheinlich, daß die Hauptmoschee im Zentrum der Stadt »in ihrer Grundlage bereits aus vorislamischer Zeit stammt«; ihr Grundriß zeige Ähnlichkeit mit dem bei Huqqa 23 km nördlich von Sanaa ausgegrabenen himyaritischen Tempel. Um diese These zu überprüfen, müßte man allerdings eine Grabung in der Moschee vornehmen – ein schwieriges Unterfangen, für das nur moslemische Archäologen in Frage kämen, sofern die jemenitische Geistlichkeit überhaupt von der Relevanz einer Erforschung vorislamischer Kultur überzeugt werden könnte.

Genauso unbefriedigend ist der Forschungsstand, was die legendäre Burg Goumdan in Sanaa angeht. Historiker der Antike und frühislamischer Zeit berichten, daß im Gebiet der heutigen jemenitischen Hauptstadt in der sabäischen und himyaritischen Herrschaftsperiode eine mächtige Burg gestanden habe; die meisten Jemen-Forscher gehen davon aus, daß es Goumdan tatsächlich gegeben hat, obwohl ein unwiderlegbarer Beweis bisher nicht erbracht werden konnte. Spatenforschung würde wahrscheinlich Gewißheit schaffen. Rathjens und Wissmann hätten sie in unmittelbarer Nähe der Hauptmoschee betrieben, wäre ihnen die Möglichkeit gegeben worden. Andere vermuten die Reste der Burg im Boden am äußersten Ostrand der Stadt. Konservativ-islamische Geringschätzung der Frühkulturen und Mißtrauen gegenüber den Absichten ausländischer Forscher haben bisher die Erkundung der frühen Stadtgeschichte von Sanaa verhindert.

Der Bau einer großen Kirche in Sanaa im 6. Jh. durch Abraha ist schriftlich belegt. Doch Reste des Bauwerks sind bisher nicht gesucht und auch nicht zufällig gefunden worden; liberal denkende Bewohner der Altstadt zeigen manchmal Besuchern eine Stelle, an der die ›Kalis‹ (vom griechischen Wort ekklesia = Kirche) gestanden haben soll. In die Hauptmoschee und andere Moscheen eingebaute Säulen und Säulenkapitelle christlichen Stils stammen dem Vernehmen nach zum großen Teil von außerhalb Sanaas. So haben möglicherweise die Periode christlicher Herrschaft und die vorausgegangene Periode jüdischer Dominanz wenig oder gar keine Zeugnisse in der jemenitischen Hauptstadt hinterlassen. Hier ist wohl nicht nur auf fehlende Spatenforschung zu verweisen, denn beide Religionsphasen waren so kurz, daß sie bleibende Bau- und Kunstwerke nur in beschränkter Zahl hervorbringen konnten. Ebenso ist bisher nichts aus der persischen Zeit von Sanaa gefunden worden, die mit dem Eindringen des Islam in den Jemen zunächst endete. Etwa 635, als Kämpfe unter den arabischen Machthabern ausbrachen, schwangen sich die Perser aber noch einmal zur Herrschaft auf. Sanaa wechselte dabei mehrmals den Besitzer, und mit ganzen Stadtteilen soll in dieser Zeit auch die Burg Goumdan endgültig zerstört worden sein.

Überhaupt ist es mehrmals zu einer fast vollständigen Zerstörung der heutigen Hauptstadt gekommen. Nachdem sich der Schwerpunkt der islamischen Herrschaft aus dem Innern der Arabischen Halbinsel nach Damaskus und Bagdad verlagerte, unternahmen die Jemeniten

*Mamelucke*

immer wieder Versuche, die Oberhoheit des fernen Chalifen abzuschütteln. Bei der Niederwerfung eines jemenitischen Aufstandes durch Truppen Harun ar-Raschids wurde Sanaa im Jahre 803 verwüstet. Zerstörungen gab es auch, als 901 der im Norden zur Macht gelangte saiditische Imam zum ersten Mal die Hauptstadt eroberte. Für das Jahr 1187 ist als Folge dynastischer Kämpfe wiederum eine schwere Verwüstung Sanaas belegt. Anfang des 16. Jahrhunderts gaben die Mamelucken, die in Ägypten regierenden Söldnerführer, im Jemen ein Zwischenspiel: für einige Jahre herrschten ihre Statthalter in Sanaa. 1546 traten die Türken, die inzwischen Ägypten erobert hatten, das Erbe der Mamelucken auch in der jemenitischen Hauptstadt an. Sie blieben zunächst 72 Jahre lang, um dann den Jemen für rund zwei Jahrhunderte sich selbst zu überlassen. 1849 kehrten Truppen des Osmanischen Reiches in den Jemen zurück; sie konnten Sanaa erobern, jedoch nur für kurze Zeit halten. 1871 gelangte die Hauptstadt wieder in türkische Hand. Der Kampf mit den Streitkräften des Imam war damit allerdings längst noch nicht entschieden. Sanaa blieb umstritten, und 1905 mußten die Türken die Stadt sogar für einige Monate ganz räumen. Die bei den Kämpfen entstandenen Zerstörungen waren beträchtlich. Erst 1912, nach dem Abschluß eines Friedensvertrages zwischen dem türkischen Statthalter und dem Imam, begann für Sanaa wieder eine Periode ungestörter Weiterentwicklung.

Die Stadt Sanaa, wie sie sich dem Besucher Ende des 20. Jh. darbietet, stammt überwiegend aus dem 18. und 19. Jh. Älter sind einige Moscheen, Lagerhäuser im Marktbereich und einige wenige Wohnhäuser. Doch könnte die Altstadt nach dem Gesamteindruck auch aus dem 14. oder 15. Jh. stammen. Erst in den sechziger und siebziger Jahren unseres Jahrhunderts

BLICKPUNKT SANAA

wurde die traditionelle Bauweise in Sanaa durch Neuerungen beeinträchtigt. Einbrüche erzielte die Betonkonstruktion auf der Südseite der Altstadt am Bab al-Jemen, an der Westgrenze zur Altstadt und im ehemaligen Türken-Viertel. Noch aber bieten große Teile von Sanaa das Bild eines islamischen Gemeinwesens der frühen Entwicklungsphase, in der die urbane Kultur in voller Harmonie mit ihrer natürlichen Umgebung stand.

## Kunst und Wohnkultur

Kunstbetrachtung heißt in Sanaa – sieht man einmal vom Besuch der Antiken-Sammlung des Museums ab – an erster Stelle Würdigung der Baukunst. Im Baustil der Stadt manifestiert sich eine urbane Hochkultur, die vor Jahrhunderten ihren Anfang nahm. Während die durch die Religion begrenzte künstlerische Ausdrucksmöglichkeit in anderen arabischen Kulturkreisen vor allem in der Kalligraphie Gestalt annahm, im persischen Kulturkreis sogar durch die vorislamische Malerei erweitert wurde, brachte sie im Jemen allgemein, in Sanaa insbesondere, eine reiche Dekoration der Fassaden sakraler und profaner Bauten hervor. Die Fassaden der Wohnhäuser zeigen verschiedene Schmuckelemente, die durch ihren weißen Anstrich hervorgehoben werden. Da gibt es z. B. geometrische Ornamentbänder aus reliefartig vorgebauten Ziegelsteinen (Farbabb. 5), wobei die gegebene Größe der Steine die dekorative Vielfältigkeit einengt. Horizontal angeordnet, zeigen diese Ornamentstreifen die Stockwerke an.

*Steinornamente und Gipsschnitt an einem Sanaa-Haus*

*Floral-geometrisches Zierwerk an jemenitischen Fenstern. Die Muster werden auf eine Gipsplatte vorgezeichnet, die Stege dann vorsichtig herausgeschnitten*

Die ältesten Wohnhäuser in Sanaa lassen sich an runden Fensteröffnungen erkennen, in die sehr dünn geschliffene Alabasterplatten eingelassen sind. Alabaster, der im jemenitischen Hochland nahe der Hauptstadt gebrochen wurde, nahm früher ganz den Platz von Fensterglas ein. In weniger alten Häusern spielen die Fenster eine größere Rolle: Meist vier- oder rechteckig, zwei- oder dreigeteilt, nehmen sie mehr Fläche ein und unterscheiden sich kaum von etwas veralteten europäischen Fensterformen. Doch gibt es fast immer über den ›gewöhnlichen‹ Fenstern noch Oberlichter, in denen sich der jemenitische Sinn für Dekoration äußert. Diese Oberlichter sind halbrund oder Teil eines mehr oder weniger langgezogenen Ovals. Am Gitterwerk floraler oder geometrischer Ornamente aus Gips werden Glasscheibenteile – oft in verschiedenen Farben – befestigt. Für die Ausführung der Ornamente gilt: Je älter, desto feiner und reicher ist das Gitterwerk, das zur Seite des Innenraums hin oft ein anderes Muster als nach außen zeigt.

Das im allgemeinen symmetrisch angelegte Ornament umrankt hin und wieder auch Schriftzüge, die höchst kunstvoll integriert sind. In Sanaa gibt es viele Werkstätten, in denen man die Herstellung solcher Fenster beobachten kann. Man erkennt die Werkstätten an den fertigen Gipsteilen, die zum Trocknen in die Sonne gestellt werden.

Die Fenster sind in der Regel weiß umrahmt; meistens ist die Farbe am Scheitelpunkt in einer Spitze ausgezogen, oder das Halbrund besitzt noch einen zweiten Blendenanstrich mit abstrakten floralen Ornamenten zu beiden Seiten. Zwischen den Fenstern, von einer horizontalen Bordüre zur anderen reichend, sieht man gelegentlich aufsteigende geometrische Ziegel-

*Sanaa, Wohnsitz einer Großfamilie in der Altstadt* ▷

*Rundfenster (links) und Stuckschnittfenster (rechts) an einem alten Haus in Sanaa*

stein-Ornamente, die oben in einem Halbrund enden. Sie haben Ähnlichkeit mit dem Lebensbaum auf Teppichen und Kelims.

Die Häuser von Sanaa, zwischen 20 und 50 m hoch, sind aus grauen Natursteinen und braunen Ziegeln gebaut. Grau und Braun sind auch die Farben der Berge nahe der Stadt. Durch

Stuckornamente werden die Häuser, wird die ganze Stadt von den Hauptfarben des Landschaftspanoramas abgehoben (Farbabb. 2). An manchen Bauten schlingen sich die Ornamente als schön gearbeitete horizontale Friese zwischen den Geschossen um die Häuserfassaden. Vom zweiten Stockwerk an nimmt nach oben hin die Zahl der verschiedenen Motive ab. Beachtenswert ist auch, daß der aus Babylonien überkommene fünfzackige und gelegentlich auch der von den Hebräern stammende sechszackige Stern als Schmuckelemente einbezogen sind. Das Aussparen von Steinen in einem Fassadendekor schafft Luftlöcher und Lichtquellen. Der puren Verzierung dienen diese Aussparungen bei den Mauerbegrenzungen (Zinnen) auf dem Dach.

Ohne daß es den Baumeistern der letzten Jahrhunderte bewußt gewesen wäre, scheinen viele ihrer Dekorations-Motive auf präislamischen Elementen zu beruhen, zu denen auch die sabäische Schrift zu rechnen ist. Wer intensiv Ausschau hält, kann außerdem hoch oben an den Dachecken einiger Häuser das Gehörn eines Steinbocks entdecken. Es sei daran erinnert, daß Steinböcke und Steinbockköpfe die wohl am häufigsten und in vielerlei Form benutzten

*Zwei Längsschnitte durch ein typisches jemenitisches Bürgerhaus in Sanaa*

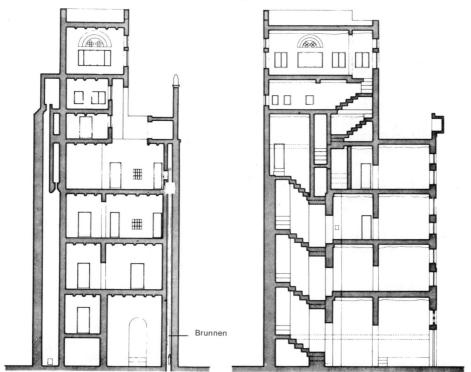

Tiersymbole der ›alten Zeit‹ vor dem Islam waren. Heute wie damals haben solche an Häusern befestigte Hörner Amulett-Charakter, eine apotropäische Funktion.

Eine vollständige Aufstellung der im traditionellen Baustil von Sanaa eingesetzten Ornamente und Motive wird sich kaum je realisieren lassen. Paolo Costa, Archäologe und Berater der jemenitischen Regierung, schrieb dazu einmal, die Architektur des Jemen sei so frei und spontan in ihren Einzelheiten und Verzierungen, daß es unmöglich sei, sie in einer systematischen Studie zu erfassen. Man müsse dann nämlich eine endlose Liste voneinander abweichender Formen anlegen und werde zum Schluß bekennen müssen, daß die einzige Regel der jemenitischen Dekorationskunst in der Zurückweisung aller Regeln bestehe.

Die reich verzierten Bürgerhäuser in Sanaa, fünf bis neun Stockwerke hoch, werden im allgemeinen nur von einer einzigen Familie bewohnt, die allerdings sehr viele Personen umfassen kann. Dicht aneinander gebaut, sehen die Häuser vorn meist auf enge Gassen, manchmal auf einen kleinen Platz hinaus (Farbabb. 1). Auf der Rückseite liegen oft Gemüse- und Obstgärten, die Besitz der Stadt oder der nächsten Moschee sind. Das Erdgeschoß der Wohnbauten besteht in aller Regel aus einer Halle mit anschließenden Lagerräumen und oft auch Ställen. Die Eingangshalle gehört zu der im Jemen üblichen Verteidigungsarchitektur. Man bedenke, daß Sanaa zuletzt noch 1948 von Stammeskriegern geplündert worden ist, und zwar mit Einwilligung des damaligen Herrschers, Imam Achmad, der den Stammesleuten so seinen Dank für die Rückeroberung der Hauptstadt aus der Hand von Aufrührern abstattete. In den sechziger Jahren war Sanaa lange von königstreuen Stämmen belagert und hätte gewiß eine weitere Plünderung erlebt, wäre es an die Königstreuen gefallen. Folglich setzen manche wohlhabende Bürger der Stadt die Tradition fort, das Erdgeschoß ihrer Häuser als möglichen Kampfplatz freizuhalten. Ist der Feind einmal in die Eingangshalle eingedrungen, so kann er dort von Galerien im ersten Stock aus noch beschossen werden, ehe er die enge Treppe erstürmt, deren einzelne Stufen im übrigen oft bis 30 cm hoch sind. Die Treppe führt dann, vorbei an einem Zwischenstock mit Vorratskammern für Lebensmittel, in das erste Obergeschoß, wo sich die wichtigsten Wohnzimmer befinden.

Das größte Wohnzimmer im ersten Obergeschoß dient für Familienzusammenkünfte und auch zum Empfang von Besuchern. Solch ein Zimmer, das man nur ohne Schuhe betritt, ist mit Teppichen oder Matten ausgelegt. Auf dem Fußboden entlang den Wänden liegen Sitzkissen, gestopft mit Baumwolle, die jedoch neuerdings in zunehmendem Maße durch Schaumgummiunterlagen verdrängt werden. Um Rücken und Kopf bequem gegen die Wand lehnen zu können, gibt es noch leichtere Kissen. Das ist dann aber schon fast die ganze Einrichtung. Kleidungsstücke hängt man in offenen Wandnischen an Nägel. Bei reichen Familien sind diese Wandnischen mit Holztüren verschlossen, und manchmal gibt es noch Truhen für die Aufbewahrung von Tüchern, Festtagskleidern und Umhängen für kalte Tage. Schlafräume sind fast genauso ausgestattet wie Wohnzimmer, nur liegen anstelle der Sitzkissen mit bunten Tüchern überzogene Matratzen entlang den Wänden auf dem Fußboden. Im zweiten Stock über dem

◁ *Festungsartiges Bauernhaus auf der Hochebene von Sanaa*

## BLICKPUNKT SANAA

*Sanaa, Blick über die Dächer der Altstadt in Richtung Midan at-Tahrir*

großen Wohnzimmer befindet sich der sogenannte Diwan, in dem die Familie Eheschließungen, Geburten und hohe religiöse Feiertage festlich begeht.

Im dritten Obergeschoß liegen kleinere Zimmer für Frauen und Kinder sowie die Küche. Herkömmlich wird dieser Bereich als ›Harem‹ (vom arabischen ›haram‹ = verboten) bezeichnet, und nicht zur engeren Familie gehörende männliche Besucher haben hier keinen Zutritt. Daß mehrere Ehefrauen in einem Harem zusammenleben, stellt den Ausnahmefall dar, denn die Mehrehe wird nur von einem geringen Prozentsatz der männlichen Stadtbewohner praktiziert, und zwar in der Regel von wohlhabenden Männern, die es sich leisten können, ihre junge Frau in einem anderen Haus oder in einem anderen Teil des Hauses unterzubringen. Bewohnt wird der Harem im allgemeinen von der Mutter, der Ehefrau, den unverheirateten Schwestern und eventuell von Schwägerinnen des Hausherrn sowie von Kindern. Für all diese Personen gibt es nur eine einzige Küche, deren Decke meist rußgeschwärzt ist, obwohl sich über dem gemauerten Herd ein Rauchabzug befindet. Oft ist jetzt ein mit Flaschengas betriebener Herd oder gar ein Elektroherd neben die herkömmliche Anlage gestellt worden, wie man auch fast immer Pfannen und Töpfe westlicher Machart neben den alten Steintöpfen und Keramikbehältern sieht. Ein schwerer Kupfermörser, in dem Kaffee und Gewürze zerstoßen werden, ein kleiner handbetriebener Mühlstein, um grobes Mehl herzustellen, Öllampen aus Stein oder Alabaster, tönerne oder kupferne Holzkohlebecken für kalte Tage sind auch heute noch in solchen Küchen zu finden, obwohl sie immer mehr von Geräten aus der Massenfabrikation Europas und Japans verdrängt werden.

Die Küche ist deshalb im dritten Geschoß angesiedelt, weil die tiefer liegenden Wohnzimmer, aber auch der höher plazierte Hauptraum des Hausherrn so gleicherweise bequem versorgt werden können. Diese Residenz des Hausherrn, Mafradsch genannt, gehört zum obersten Geschoß oder ist nachträglich auf dem flachen Dach entstanden. In den Mafradsch zieht der Hausherr sich allein oder mit Freunden zurück, um Wasserpfeife zu rauchen und Qat zu kauen. Der Genuß von Qat ist zweifellos der wichtigere Teil des gewöhnlichen Tagesablaufs, denn die jungen Blätter des Qat-Baumes (Catha edulis) liefern ein mildes Narkotikum. Der sorgende Hausherr kauft die tägliche Qat-Ration möglichst selbst auf dem Markt, wobei es darauf ankommt, die gewünschte Provenienz und die Frische der Ware sicherzustellen. Gäste bringen in der Regel ihre Qat-Ration, zum Frischhalten in Bananenblätter gewickelt, selbst mit; der einladende Hausherr stellt also nur den Raum und den Zubehör zur Verfügung. Sogenannte ›Qat-Sitzungen‹ spielen eine große gesellschaftliche Rolle. Geschäfte, politische Entscheidungen, Familienangelegenheiten, die Situation von Staat und Gesellschaft werden bei solchen Zusammenkünften erörtert. Dabei ist es nicht ganz einfach, sich auszusprechen, denn um die stimulierende Wirkung der Droge zu erzielen, muß intensiv gekaut werden und eine möglichst große Blattmasse im Mund verbleiben. Der geübte Jemenite bringt es zu tennisballgroßen Knollen, die er in einer oder in beiden Wangentaschen lagert. Über die Kaumasse muß Wasser geschlürft werden, das den Saft in den Magen spült. Die zerkauten Blätter werden nicht geschluckt, sondern ausgespien, sobald sie vollständig ausgelaugt sind. Deswegen gehören zum unerläßlichen Inventar eines Mafradsch ein Gefäß mit Frischwasser und ein Kübel für die ausgelaugte Blattmasse. In vornehmen Häusern kommen dazu mehrere alte Wasserpfeifen, verzierte Kästen für Tabak und ein Behälter für glühende Holzkohle, die man zum Rauchen des Blattabaks in Wasserpfeifen benötigt. Spezielle Arm- und Rückenpolster dienen dem Sitzkomfort.

Wenn der Jemenite das Innere seines Heimes ausschmücken will, beginnt er beim Mafradsch. Von der Decke, die von roh behauenen Palmenstämmen oder eingeführten Baumstämmen getragen wird, hängt allerdings oft nur eine nackte Glühbirne. Die früher benutzten Kerzenhalter aus Glas, Keramik oder Kupfer und die alten Öllampen findet man noch auf den Fensterbänken, Tür- und Fensterstürzen sowie auf den Wandkonsolen, die der Stukkateur in großer Zahl eingebaut hat. Überdies ist die Ausschmückung des Mafradsch im wesentlichen das Werk des Stukkateurs. Von ihm stammen auch die aus Gipsplatten herausgeschnittenen Muster, in die Buntglas eingesetzt wird und die als Oberfenster dienen. Der wohlhabende Hausherr läßt in eine Fensterhöhle zwei Muster einsetzen, eines nach außen und eines nach innen schauend. Im Mafradsch entsteht beim Blick gegen das Tageslicht durch die Überschneidung der beiden Gitter ein drittes Muster. Zudem gibt es in einem gut ausgestatteten Mafradsch Schriftbänder aus Stuck

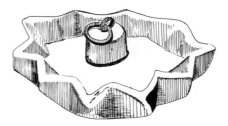

*Öllampe aus Stein*

*Sanaa, Bürgerhaus mit eigenem Ziehbrunnen (Vordergrund) in der Altstadt*

mit frommen Versen, wobei die darstellende Kunst sich im Schwung und in den Verschlingungen der Buchstaben äußert. In Stuck ausgeführte Spitzbögen mit schriftartigen Ornamenten sind ein weiterer Dekor.

Ähnliche, aber weniger reiche Verzierungen sind in anderen Wohnräumen des Hauses anzutreffen. Spiegel, gerahmte Urkunden, manchmal ein billiger Buntdruck aus der Schöpfungsgeschichte, z. B. Adam und Eva zeigend, oder eine Darstellung aus dem Leben des Chalifen Ali können als Wandschmuck dienen.

Sonst ist außer modernen technischen Errungenschaften wie Fernseher, Radio und Tonbandgerät kaum etwas zu entdecken, das europäischen Vorstellungen von Wohnkomfort und Ausstattung entspricht. Waschräume und Toiletten dienen im traditionellen Bürgerhaus – wie in früheren Zeiten in Europa – nur dem Nötigsten. Die Wände dieser Räume sind mit einem aus Kalk und Alabastergips bestehenden Putz überzogen, der wasserabweisend ist. (Auch die Flachdächer der Häuser sind mit einem Zement verputzt, der aufgrund eines Zusatzes von gemahlenem Alabaster wasserdicht ist.) Man wäscht sich, indem man sich auf zwei in den Boden eingelassene Steine hockt und Wasser aus einem Behälter schöpft. Als Abtritt dient ein Loch im Fußboden, durch das die Exkremente in einen Schacht und weiter in eine Grube fallen. Diese Grube kann von außerhalb des Hauses entleert werden. Früher fanden die getrockneten Exkremente – Sanaa hat eine niedrige Luftfeuchtigkeit, und die Ausscheidungen trocknen sehr schnell – als Heizmaterial im öffentlichen Badehaus Verwendung. Inzwischen hat die Altstadt eine moderne Kanalisation bekommen.

# Die Moscheen

Ein großes Viereck, die Seiten Säulenhallen (Liwan), nach außen geschlossen, nach innen offen, in der Mitte des Hofes der Brunnen, der Liwan in Richtung Mekka durch eine größere Zahl von Säulen gekennzeichnet und mit einer verzierten Gebetsnische (Mihrab) sowie einer Kanzel (Minbar) ausgestattet – dies ist die Art von Moschee, die noch vom Propheten selbst beeinflußt worden ist. Als Mohammed sein eigenes Haus im Exil, in Madina, baute, entstand ein eigenständiger Bautypus mit einer freien und einer überdachten Fläche. Er wurde zum Vorbild der Hof-Hallen-Moschee, deren Decke auf Säulen ruht – auf einem ganzen Säulenwald, wenn es sich um eine große Moschee handelt. Auch legte der Prophet Wert darauf, daß der Innenhof eines Gebetshauses mindestens ebenso breit wie lang war, denn er wußte: Beduinen pflegen sich Seite an Seite in langen Reihen zum Gebet niederzulassen.

In Sanaa mit seinen über hundert Moscheen entspricht die Große Moschee (Dschame al-Kabir) am meisten dem von Mohammed initiierten Stil. Es heißt, man habe noch zu Lebzeiten des Propheten mit dem Bau des Gebetshauses begonnen. Ob sie die älteste Moschee im Jemen überhaupt ist, muß offen bleiben. Ein Teil der Jemeniten spricht diesen Rang der Moschee von Dschanat nahe Ta'izz zu (vgl. S. 208 f.). Beide Moscheen gehören jedenfalls zu den frühesten Bauwerken der islamischen Welt. Wenn mit dem Bau der Großen Moschee von Sanaa tatsächlich noch zu Lebzeiten Mohammeds begonnen wurde, so muß dies um 630 abend-

BLICKPUNKT SANAA

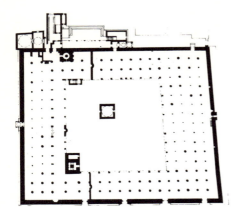

*Grundriß der Großen Moschee von Sanaa*

ländischer Zeitrechnung gewesen sein. Belegt ist, daß etwa im Jahre 705 Erweiterungsarbeiten stattgefunden haben. 170 Jahre später wurde die Moschee durch eine Überschwemmung schwer beschädigt, ebenso 911, als die ketzerisch-kommunistische Sekte der Karmaten Sanaa eroberte und plünderte. Eines der beiden Minaretts, das östliche, gab es schon zu diesem Zeitpunkt; das westliche Minarett wurde später gebaut. Im 12. Jh. hat man dann beide gründlich restauriert.

Der nicht-moslemische Besucher kann allenfalls einen kurzen Rundgang im Inneren der Großen Moschee machen. Dieser genügt jedoch, um festzustellen, daß zahlreiche präislamische Bauelemente Verwendung gefunden haben: Säulen, Dachschlußsteine und Dachträger aus Tempeln der antiken Königreiche und aus Tempeln der jüdischen und christlichen Zwischenperioden (Farbabb. 3). Auch die legendäre Burg Goumdan der späthimyaritischen Zeit soll als Steinbruch für die Große Moschee gedient haben (vgl. S. 72). Zwei in die nordwestliche Außenmauer eingebaute Reliefsteine, auf der Tauben oder ähnliche Vögel und je zwei Rosetten zu sehen sind, könnten aus der vom äthiopischen Statthalter Abraha erbauten christlichen Kathedrale stammen. Der Innenhof mißt etwa 80 mal 60 m und ist ringsum umgeben von Säulenhallen. Die Säulen, durch hohe Rundbogen verbunden, stehen dreireihig in jeweils 4 m Abstand voneinander, bestehen aus verschiedenem Gestein und sind unterschiedlichen Alters. Im Innenhof der Großen Moschee – nicht genau im Zentrum, sondern näher einem der beiden Minaretts – erhebt sich ein würfelförmiger, überkuppelter Steinbau, dessen Gesteinsfarbe schichtweise wechselt. Bis auf die Kuppel scheint er der Ka'ba in Mekka nachempfunden. Dieser Bau wurde auf Veranlassung des osmanischen Statthalters zu Beginn des 17. Jh. errichtet. Seine Funktion ist unklar.

Bei einem Teil der über 150 Moscheen in Sanaa handelt es sich um unbedeutende Gebetshäuser, verbunden mit dem jeweiligen Stadtviertel; viele sind erst nach dem Ende des Bürgerkrieges, d. h. zwischen 1970 und 1992 erbaut worden. Etwa vierzig der Sanaa-Moscheen haben religions- und kulturgeschichtliche Bedeutung, wobei die Mehrheit allein für den Wissen-

*Reliefsteine beiderseits einer vermauerten Tür an der Rückseite der Großen Moschee von Sanaa*

schaftler interessant ist. Die meisten Moscheen, die dem Fremden einen Eindruck von Kunst, Architektur und Religion des lebenden Jemen vermitteln (vielleicht ein Dutzend), liegen im Ostteil der Altstadt. Drei von ihnen sind türkischen Ursprungs. Das älteste dieser Gebetshäuser, die Moschee des Mahdi Abbas, erbaut an der Wende vom 16. zum 17. Jh., also während der ersten Periode osmanischer Oberhoheit im Jemen, bietet eine bezeichnende Mischung zweier Stile: Während der Kuppelbau des Gebetshauses typisch osmanisch ist und genausogut auf dem Balkan, in Ankara oder Damaskus zur Zeit der türkischen Chalifen hätte entstehen können, ist das Minarett echt jemenitisch; sein Schaft ist vom ersten konischen Ansatz in etwa 15 m Höhe bis zum sanft gerundeten Gipfel mit Stuckornamenten in verschiedenen Mustern vertikal und horizontal verziert.

Ebenfalls türkischen Ursprungs ist die Bakiliye-Moschee. Sie wurde schon während der ersten Phase der Zugehörigkeit zum Osmanischen Reich (1539–1630) erbaut und während der zweiten Türkenherrschaft (1849–1918) restauriert. Auch an dieser Moschee, die an die östliche Stadtmauer stößt, ist eine interessante Mischung von osmanischen und jemenitischen Stilelementen festzustellen. Für den mächtigen Kuppelbau des Hauptgebetshauses und die zehn Kuppeln über Nebenbauten zeichneten sicherlich osmanische Architekten verantwortlich. Das aus gebrannten Ziegeln errichtete Minarett geht dagegen zweifellos auf jemenitische Entwürfe zurück. Gleiches läßt sich für die Talha-Moschee inmitten der Altstadt sagen.

Ein Musterbeispiel für rein jemenitischen Baustil ist die kleine Moschee al-Madressa (die Schule). Für das Hauptgebäude, das Gebetshaus, hat man, entsprechend dem frühislamischen Stil, nur geringen Aufwand getrieben. Aller zum Lobe Gottes und seiner Propheten entfalteter Kunstsinn ist auf das Minarett konzentriert worden, das fast quadratisch aus dem Hauptgebäude herauswächst. Dieser quadratische untere Teil ist reich geschmückt mit frommer Kalligraphie und mit Mustern, die in der vorislamischen Kunst wurzeln könnten; der zuerst vieleckige, dann runde obere Schaft des Minaretts weist viele, jedes Jahr neu zu kalkende Dekorationen auf, wie man sie immer wieder auch an Profanbauten sieht. Dasselbe gilt für die al-Abhar-Moschee und die Saladin-Moschee (eigentlich Salah ad-Din-Moschee) in der Altstadt. Auf dem halbrunden Abschluß des Minaretts der al-Madressa und der Saladin ist jeweils eine aus Bronze gegossene Taube angebracht. Der Vogel symbolisiert ein Vorkommnis während

## BLICKPUNKT SANAA

*Sanaa, Blick auf ein Minarett mit aufgefrischten Ornamenten*

*Sanaa, Blick auf die Kuppeln der al-Mutawakil-Moschee vom Dar asch-Schukr aus*

des Auszuges (Hidschra) des Propheten aus Mekka: Mohammed hatte sich vor Verfolgern aus den Reihen der – noch – Ungläubigen in einer Höhle versteckt; die Verfolger kamen nicht auf den Gedanken, diese Höhle zu durchsuchen, weil über dem Eingang ein Taubenpaar nistete, das ›normalerweise‹ durch einen Eindringling hätte aufgescheucht worden sein müssen.

Erwähnenswert ist auch die von Imam Jachjah (1904–1948) im türkischen Stil erbaute Moschee Mutawakil. Dieses Gebetshaus, dessen Minarett die sieben Kuppeln des Hauptgebäudes nicht überragt, kann von den Fenstern des Nationalmuseums (im neuen Haus) aus gut von oben betrachtet werden.

# Der Markt

Der Prophet – noch vor der Geburt Waise geworden – war der Sohn eines Kaufmanns, Mekka zu jener Zeit (um 570 n. Chr.) ein Stadtstaat von Händlern, die einen großen Teil der vermarkteten Güter aus dem Jemen bezogen. Bevor er im Alter von vierzig Jahren die ersten Botschaften Gottes empfing, beteiligte sich Mohammed mehrmals selbst an Handelsgeschäften. Man kann sich angesichts dieser wirtschaftlichen Struktur vorstellen, welch hohen Stellenwert der Markt (as-Suq) in der frühen islamischen Gesellschaft Arabiens eingenommen hat. Nicht so im Jemen. Dort herrschte ein Kastensystem, das dem religiösen Adel und den in Stammesbindung stehenden Kriegern und Bauern den Vorrang vor Händlern und Handwerkern einräumte. Doch wenn auch der soziale Stellenwert des Marktes in der jemenitischen Gesellschaft geringer war als in anderen arabischen Gebieten, so verdankt das Land dieser Institution doch sehr viel. Daß es in der von Stammesverbänden und Stammesgesetzen geprägten Gesellschaft überhaupt zu einer starken Urbanisierung gekommen ist, geht vor allem auf die Märkte zurück, die schon von einem frühen Zeitpunkt an Keimzellen für städtische Siedlungen bildeten.

Sanaa ist groß geworden, weil sein Markt eine geographisch günstige Position besaß und besitzt und von den Stämmen des jemenitischen Hochlandes gut erreicht werden konnte. Die miteinander rivalisierenden Bauern und Krieger unterschiedlicher Stammeszugehörigkeit steigerten sich wechselseitig in materielle Ansprüche hinein – insbesondere hinsichtlich ihrer Bewaffnung –, die nur von hauptberuflich tätigen Handwerkern und den dazugehörigen Händlern gedeckt werden konnten. Zugleich mußte die Ware der Bauern und Krieger – landwirtschaftliche Produkte und geraubte Güter – ständig vermarktet werden, um das nötige Geld oder die Tauschware für die Handwerker aufzubringen. Dies hatte an einem Platz zu geschehen, über den eine starke Autorität waltete, die Burgfrieden unter den verfeindeten, oft sogar in Blutfehde miteinander lebenden Bauern und Kriegern der verschiedenen Stämme halten konnte. Sanaa mit seinen starken Stadtmauern und seiner den Marktbezirk überschauenden Zitadelle war von Anfang an der erwünschte neutrale Treffpunkt. Die Stadt wurde wohlhabend: ein Zentrum mit stattlichen, erstaunlich hohen Bürgerbauten, deren Besitzer auch einen bemerkenswerten Sinn für die Verschönerung ihrer Wohnstätten entwickelten.

Wichtigstes Bindeglied zwischen der ländlichen Stammesgesellschaft und dem urbanen Zentrum der Händler und Handwerker war schon früh der Samsarah. Man könnte dieses Wort mit ›Karawanserei‹ übersetzen, doch war der Samsarah wesentlich mehr als das. Wie die Karawansereien in den Wüsten und Steppen Vorder- und Mittelasiens diente er zunächst einmal als Unterkunft für reisende Kaufleute, ihre Knechte, Tragtiere und Waren. Ein Samsarah in Sanaa gehörte in aller Regel zum Besitz der nächsten Moschee. Die Religionsgelehrten hatten dort Gelegenheit, den Glaubensstandard der von draußen gekommenen Jemeniten zu überprüfen. Dadurch erlangte der Platz eine gewisse Weihe, die den Stammesleuten und ihren städtischen Partnern ein hohes Maß an Friedenspflicht auferlegte. So wurde es möglich, daß miteinander Verfeindete zur selben Zeit auf den Markt der Hauptstadt zogen. Alle Beteiligten konnten die zum Verkauf mitgebrachten Waren oder die auf dem Markt gekauften Güter und Tiere im

# BLICKPUNKT SANAA

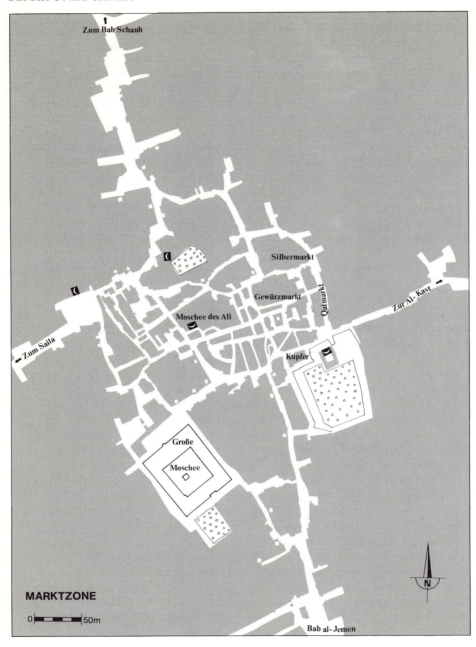

MARKTZONE

Samsarah unterbringen. Die Institution bot ihnen Unterkunft und Verpflegung, schließlich diente sie dem Staat auch als Behörde, durch die Steuern, Zölle und lokale Gebühren eingezogen werden konnten.

Auch in unseren Tagen hat der Samsarah in Sanaa seine Funktion noch nicht ganz verloren. Nach wie vor gibt es einige dieser mächtigen Gebäude, in denen Händler und Käufer von außerhalb mitsamt ihren Waren und Transportmitteln Unterkunft finden. Der Samsarah ist das Lagerhaus des Suq. An den Eigentumsverhältnissen hat sich nichts geändert – die nächste Moschee ist in aller Regel Besitzerin des Unternehmens. Und wer die Umsatzsteuer für die Zentralregierung sowie städtische Gebühren eintreiben muß, konzentriert seine Aktivitäten auf den Samsarah. Nur als neutraler Treffpunkt tödlich miteinander verfeindeter Gruppen hat die Institution seit Mitte der siebziger Jahre an Bedeutung verloren, als es der Regierung gelang, das Tragen von Schußwaffen in den Städten Sanaa, Ta'izz und Hudaida per Gesetz zu verbieten. Dadurch ist die Gefahr von schweren Zusammenstößen zwischen Anhängern rivalisierender oder verfeindeter Stämme geringer geworden. Der früher nur zeitweilig – für die Dauer des Besuches – geschlossene Burgfriede wird allmählich zu einer Dauereinrichtung, gestört nur von politisch bedingten Attentaten und gelegentlichen Schießereien, bei denen Machtrivalitäten auf dem Hintergrund traditioneller Stammesgesetze ausgetragen werden.

Ein Samsarah ist ein mehrstöckiges Gebäude. Im Erdgeschoß befinden sich Warenlager und Ställe. Die übrigen Stockwerke sind aufgeteilt in Beherbergungs- und Lagerräume, so daß der von draußen kommende Händler in unmittelbarer Nähe seiner Waren übernachten kann. In den meisten Fällen ist jedes einzelne Stockwerk nur über eine eigene Treppe zugänglich – der Kontrolle des Waren-Eingangs und -Ausgangs wegen. An jedem Treppenzugang befindet sich ein Wächterzimmer. Der Wächter hat Diebstähle zu verhüten und die fälligen Abgaben zu erheben. Die Waren werden auf den Rücken von Trägern oder auf Karren zu den Geschäften des Marktes gebracht.

Der Markt von Sanaa ist, im Gegensatz etwa zu dem von Damaskus, Jerusalem und einem Teil des Kairoer Marktes, nicht überdacht. Seine Ladengeschäfte – zum allergrößten Teil fensterlose, aus Lehm gebaute Hütten, zur Straßenseite hin offen, nach Geschäftsschluß mit Holzläden verschlossen – säumen enge Gassen. Nur noch in wenigen dieser Ladenlokale arbeiten Handwerker. Die meisten früher am Ort hergestellten Waren sind durch Industrieprodukte ersetzt worden. Während also das traditionelle Handwerk in einem starken Rückgang begriffen ist, besteht die alte Marktordnung weiter. Handwerker und Händler sind in Gilden zusammengefaßt, von denen jede eine oder mehrere Gassen für sich hat. Die Gilden wählen, wie in alter Zeit, je einen Vorsteher; aus dem Gremium der Vorsteher wird in gewissen Abständen der Scheich as-Suq, der ›Herr des Marktes‹, ermittelt.

Die würdigsten Vertreter des traditionellen Handwerks in Sanaa sind die Silberschmiede. Der jemenitische Silberschmuck ist jahrhundertelang überwiegend von Juden hergestellt worden; nur wenige moslemische Familien hatten sich frühzeitig auf das hochentwickelte Kunsthandwerk spezialisiert. Als zwischen 1948 und 1950 fast alle jemenitischen Juden nach Israel auswanderten, drohte die alte Kunst unterzugehen. Der herrschende Imam verordnete jedoch, daß die führenden jüdischen Silberschmiede vor der Ausreise moslemische Handwerker anzu-

*Erzeugnisse jemenitischer Silberschmuckkunst: Hohlkugel für Schmuckketten und Fingerring*

lernen hätten. So schrumpfte zwar mit dem Auszug der Juden die Gruppe der Silberschmiede beträchtlich, aber immerhin kam es nicht zum Erlöschen dieser interessantesten Form jemenitischen Kunsthandwerks. Auf dem Markt von Sanaa trifft man ein halbes Dutzend Silberschmiede, die mit geringen Mitteln in dürftig ausgestatteten Ladenlokalen die Tradition fortsetzen (vgl. S. 293 ff.). Zum gleichen Gildenbereich gehören auch die Händler, die Silberschmuck alter und neuer Machart anbieten. Diese Händler spezialisieren sich immer mehr auf Ausländer. Entsprechend hoch sind ihre Preise angesetzt. Allerdings scheint der Preisanstieg seit Mitte der achtziger Jahre gebremst zu sein, weil viele Jemeniten jetzt Gold vorziehen und Silberschmuck abstoßen.

Ein traditionelles Handwerk repräsentieren auch die Hersteller des jemenitischen Krummdolches, genannt Dschambiya (Plural Dschanaabiya). Da der Dolch noch immer ein Statussymbol des Mannes im Nordjemen ist und der größere Teil aller männlichen Jemeniten im Alter zwischen zwölf und achtzig Jahren eine Dschambiya zu besitzen wünscht, ist die Nachfrage ständig sehr groß und liegen die Preise hoch. Die Herstellung der Klinge und des Griffs fallen in zwei verschiedene Arbeitsprozesse, ausgeführt von zwei Handwerkergruppen. Die Messerschmiede verarbeiten überwiegend minderwertigen Stahl. Früher wurde Eisenerz im Norden des Jemen, in und um Sada, gewonnen und verhüttet; doch diese Eigenproduktion ist nahezu erloschen, und man benutzt heute oft eingeführten Stahl, manchmal sogar minderwertiges Material wie alte Blattfedern, um die Klingen herzustellen. Das Wesentliche sind aber ohnehin der Griff und die Scheide der Dschambiya. In diesen beiden Teilen manifestiert sich der soziale Status des Trägers. Bei einer einfachen, einer ›Volks-Dschambiya‹ werden Griff und Scheide vom selben Handwerker gefertigt, der auch Griff und Klinge zusammenfügt. Die feinen Stücke jedoch, die von Stammesfürsten, vom religiösen Adel und auch von reichen Händlern getragen werden, haben meist drei Hersteller: Der kunstvoll gehämmerte Silbergriff oder der aus Horn geschnitzte Griff und die ebenfalls aus Silber gehämmerte Scheide gehen auf je einen Produzenten zurück; der Schmied der leider auch bei kostbaren

Stücken minderwertiger Klinge ist dann der dritte Beteiligte. Als Vierter kommt bei der erstklassigen Dschambiya noch der Hersteller des Gürtels hinzu, mit dem der Krummdolch umgeschnallt wird. Der gute Gürtel hat einen Brokatbezug und ist mit Ornamenten geschmückt, die vielleicht Schriftzeichen andeuten oder ein symmetrisches Muster darstellen, wie es ähnlich an den Häusern von Sanaa zu sehen ist.

Jemenitische Handwerksarbeit lebt auch fort in der Keramik, die auf dem Markt von Sanaa angeboten wird. Sie entsteht nicht in der Hauptstadt, sondern wird in verschiedenen Landesteilen produziert und über den Samsarah angeliefert. Es gibt eine Palette rustikaler Gebrauchsgegenstände, die sich bei Jemeniten auch heute noch ständiger Nachfrage erfreuen und für ausländische Besucher interessant sein können. Kleine Gefäße für das Abbrennen von Weihrauch und anderen Duftstoffen auf Holzkohle sieht man in etlichen Ausführungen: entweder hoch gebrannt und glasiert – manche mit Hühner- oder Hahn-Plastiken geschmückt – oder schwach gebrannt und dann bunt bemalt. Auch ein Teil der Wasserpfeife, das Verbindungsstück zwischen dem Schlauch und dem eigentlichen Pfeifenkopf, ist gängige Ware auf dem Keramik-Markt. Schnabeltassen für Tee und das Nationalgetränk Qischr (ein stark gewürzter Aufguß aus der Haut von Kaffeebohnen), Aschenbecher und kleine Schalen findet man als überwiegend hellgrün oder hellbraun glasierte Keramik. Wo die Töpfer ihre Ware feilbieten, sind auch die Verkäufer von steinernen Behältnissen und Pfannen nicht weit. Diese schweren Kochgeräte werden in jemenitischen Haushalten heute nur noch selten gebraucht; eher sieht man sie in Garküchen auf dem Land. Immerhin gibt es noch einige Produzenten dieser jeweils aus einem einzigen Stein herausgearbeiteten Gefäße, die vorwiegend aus der Region von Sada im Norden des Landes kommen.

Wie alle Märkte des Vorderen Orients, so bietet auch der Markt von Sanaa eine Reihe origineller Korbwaren. Schilf, Palmenfasern, Rohr und starke Gräser werden vor allem in der Küstenebene geflochten, jedoch fast überall im Land feilgeboten. Körbe und Matten spielen auf dem Gewürzmarkt von Sanaa eine große Rolle als Behälter und Packmaterial. Allenfalls in den besten Suqs des Vorderen Orients, in Damaskus oder Kairo, findet man ein ähnlich umfassendes Gewürzangebot, wobei Sanaas Markt in jedem Fall um einige Spezialitäten reicher ist. Die Haut der Kaffeebohnen (Qischr) wird in vielen Provenienzen angeboten, ebenso Rohkaffee. Täglich frisch angelieferter Qat wird ebenfalls auf dem Gewürzmarkt an den Mann, selten an die Frau gebracht. Aus der Palette der Gewürze erscheinen die folgenden auch für den Fremden erwähnenswert:

*Kochtopf aus Stein*

# BLICKPUNKT SANAA

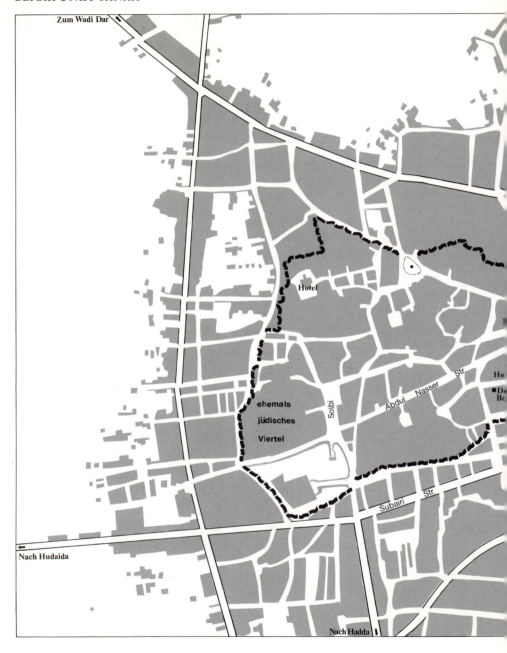

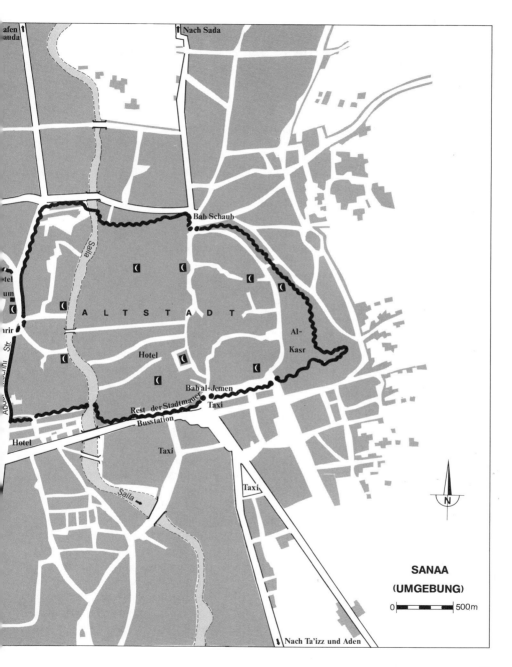

Fenchel (Schumar), Thymian (Zatar), Zimt (Qirfah), Tamarinde (Tamar Hindi), Ginger (Zinjabil), Gelbwurz (Hurud), Pfeffer (Filfil), Kreuzkümmel (Kamun), Kardamon (Häyl), Nelken (Zirr) und Bocksklee (Hilbah). Dazu kommen das Färbemittel Henna sowie Weihrauch (Buhur) und zahlreiche Duftstoffe, Blumenöle und Parfüms aus Indien. Ebenfalls im Bereich des Gewürzmarktes sind Getreide, Hülsenfrüchte, Trockenfrüchte, Nüsse und Mandeln zu finden.

Für die meisten Einheimischen ist der zentrale Markt mit seinen Verzweigungen die wichtigste Einkaufsquelle. Er bietet alle nötigen Nahrungsmittel, dazu Kleidung, Geräte, Waffen, Hausrat, Rohstoffe und Schmuck. Die wenigen modernen Ladengeschäfte der Neustadt wenden sich mehr an ansässige Ausländer und an wohlhabende Jemeniten, die im Ausland andere Lebensformen und Konsumbedürfnisse angenommen haben.

Das Warenangebot des traditionellen Marktes ist heute allerdings von asiatischen und europäischen Massenprodukten geprägt. Manchmal lohnt es sich immerhin, einen zweiten Blick auf Produkte chinesischer Herkunft zu werfen: Bestimmte Kleingeräte sind von einer gediegenen Solidität, und einfaches Porzellan aus der Volksrepublik, das recht preiswert ist, vereinigt Haltbarkeit mit Formschönheit.

## Rundgänge in der Stadt

Die meisten frühen Reisenden, so Carl Rathjens und Hermann von Wissmann zu Anfang der dreißiger Jahre, vergleichen den Grundriß von Sanaa mit »einer west-östlich gestreckten Acht, deren Enden 5 Kilometer voneinander entfernt sind«. Auf den ersten Luftbildern, aufgenommen vor rund fünfzig Jahren, ist Sanaa deutlich als diese etwas deformierte Acht zu erkennen, wobei das noch voll ummauerte östliche Oval die gesamte Altstadt einschließt, während das ebenfalls ummauerte westliche Oval aus dem früheren Türkenviertel, dem Judenviertel und anderen Vorstädten besteht; zusammengehalten werden die beiden Teile der Acht durch das Areal des Palastes.

Inzwischen, besonders ab Mitte der sechziger Jahre, hat sich das Bild jedoch stark verändert. Die Stadtmauer um das westliche Oval ist völlig verschwunden, und auch die Mauer der Altstadt ist nur noch teilweise vorhanden. Von den vier Stadttoren der Altstadt, die Besucher in den dreißiger Jahren verzeichnet haben, hat nur eines, das Bab al-Jemen, überlebt. Dann hat sich eine zum Teil aus Beton erbaute Neustadt in der Wespentaille zwischen den beiden Hälften der Acht eingenistet. Rund um beide Ovale wachsen neue Vorstädte, in denen allerdings die traditionelle Bauweise noch überwiegt.

Ungefähr im Mittelpunkt der heutigen Gesamtstadt liegt der ehemalige Palastbezirk al-Mutawakil, in dem sich auch das Nationalmuseum befindet. Der frühere Exerzierplatz am Westrand des Palastbezirkes heißt heute Midan at-Tahrir, ›Platz der Befreiung‹. Hier fahren Stadtautobusse und Sammeltaxis ab, und die meisten Hotels sind nicht weit entfernt. Wir machen deswegen den Midan at-Tahrir zum Ausgangspunkt für unsere Rundgänge in Sanaa. Die erste Ortsbesichtigung sollte in die Altstadt führen.

*Bab al-Jemen, unter türkischer Anleitung im 19. Jh. umgebaut*

## ☐ Vom Midan at-Tahrir durch die Altstadt zum Bab al-Jemen (etwa vier Stunden)

Vom Platz aus überquert man die Scharia Abdul Mochni und betritt durch eine der größeren, in südöstlicher Richtung verlaufenden Gassen zunächst den **Gemüsemarkt.** Nach einem Bummel von etwa 15 Minuten, der die erste Begegnung mit der Sanaa-Architektur bringt, gelangt man zur **Moschee des Mahdi Abbas,** durch türkische Architekten um die Wende des 16. zum 17. Jh. erbaut. Bei der Moschee stößt man auch auf den sogenannten ›**Saila**‹**,** einen breiten Graben, der von Süden nach Norden die ganze Westseite der Altstadt durchzieht (Farbabb. 7). Dieser Graben ist nur nach starken Regenfällen mit Wasser gefüllt, so daß man auf seine Überbrückung fast ganz verzichtet hat und ihn sogar als Durchgangsstraße für Autos und Karren benutzt. Die einzige vorhandene **Brücke** wurde nach heftigen Überschwemmungen 1887, wohl aus militärischen Gründen, vom türkischen Gouverneur erbaut. Die 1968 renovierte Brücke befindet sich in Sichtweite zur Moschee des Mahdi Abbas. Ehe man sie überquert, um in Richtung Osten weiter in die Altstadt einzudringen, sollte man im Grabenbett auf und ab gehen, da man hier ein freieres Blickfeld auf die **Fassaden der Wohnhäuser** als in den engen Altstadtgassen hat.

Beim Weitergehen in östlicher Richtung stößt man nach etwa zehn Minuten auf die **at-Tulha-Moschee.** An diesem Gebetshaus angelangt, sollte man sich durch enge Durchlässe einige Meter in nördliche Rich-

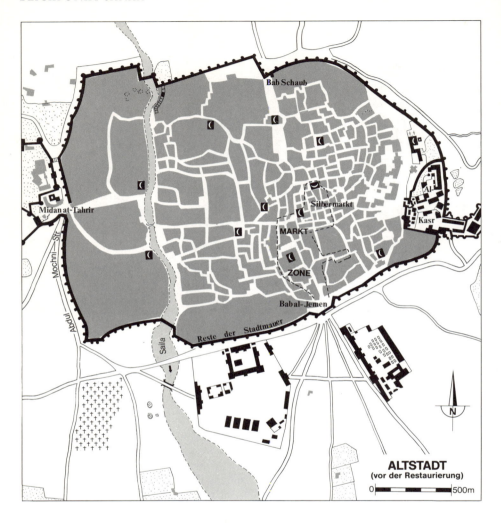

**ALTSTADT** (vor der Restaurierung)

tung begeben, um einen der größeren **Stadtgärten** zu sehen. Der Mitte der achtziger Jahre eingetretene Wassermangel hat allerdings zur Vernachlässigung mancher Stadtgärten geführt. Zurück zur at-Talha-Moschee und weiter in östlicher Richtung. Hier führt der Weg nach einigen Minuten mitten in den **Suq** (Markt). Für die erste Durchforschung des Gewirrs von engen und engsten Gassen sollte man ein bis zwei Stunden ansetzen. Um aus dem Ladenlabyrinth wieder hinauszugelangen, muß man strikt nach Süden gehen. Der Weg führt an der Ostseite der **Dschame al-Kabir**, der Großen Moschee, vorbei. Der Fremde kann die Hauptmoschee Sanaas nur mit Hilfe einflußreicher Fürsprecher betreten. Danach geradeaus in südlicher Richtung zum **Bab al-Jemen.** Der Platz vor dem Tor ist seit Mitte der achtziger Jahre mit einem Springbrunnen geschmückt. Auf dem Vorplatz gibt es ein Teehaus, und man kann dort Taxis finden. Nahe dem Teehaus, auf der Subairi-Straße, findet man die Busstation für Fahrten gen Ta'izz und Aden. Wen der Rundgang noch nicht ermüdet hat, möge auf der sehr belebten Straße in Richtung Westen an der **Stadtmauer** entlang gehen. Nach etwa zehn Minuten wird er den Südeintritt des Trockengrabens erreichen, wo sich wieder ein schöner **Altstadt-Blick** bietet.

Etwa die gleiche Tour läßt sich vom Midan at-Tahrir aus veranstalten, indem man von der Moschee des Mahdi Abbas dem Saila

*Sanaa, der unter Restauration befindliche Teil der Altstadt. Grau: neue Gassen-Pflasterung*

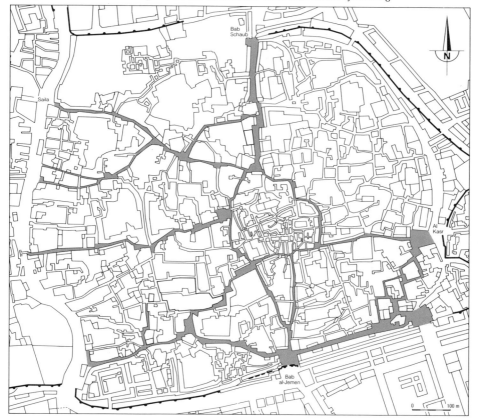

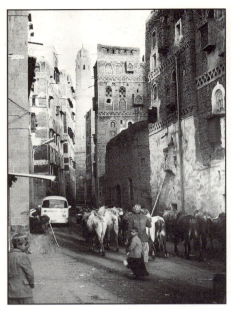

*Sanaa, Viehherde in einer Gasse der Altstadt*

*Brunnen auf der Abdul-Mochni-Straße*

weiter nach Süden folgt. Schon in Sichtweite der Mauer wende man sich nach Osten. Beim Eintritt in die Altstadt liegt linker Hand die **al-Barum-Moschee;** nach etwa fünf Minuten Fußweg hat man einen schönen Durchblick zu der rechts vom Weg stehenden **al-Abhar-Moschee.** Man passiert – weiter in östlicher Richtung – mehrere **prächtige Bürgerhäuser** und erreicht schließlich **Bab al-Jemen.** Mit einigem Glück findet man kurz vor dem Eintreffen auf dem inneren Torplatz linker Hand eine **Ölmühle;** in einem dämmrigen Keller kreist mit verbundenen Augen ein Kamel um einen mächtigen steinernen Bottich, in dem ein schwerer Mühlstein, auf eine hölzerne Achse geschoben, Ölsamen zermalmt.

□ **Vom Midan at-Tahrir zum Bab Schaub und über al-Kasr zum Bab al-Jemen** (etwa vier Stunden)
Vom Platz aus überquert man die Scharia Abdul Mochni und betritt durch eine direkt nach Osten verlaufende Straße die Altstadt. Nördlich der **Mahdi-Abbas-Moschee** trifft man auf den **Saila** und folgt diesem etwa zehn Minuten lang in Richtung Norden, um dann nach Nordosten einzubiegen. Man durchquert jetzt den Nordteil der Altstadt, der in erster Linie Wohnviertel ist, jedoch viele **interessante Häuser** und Winkel aufzuweisen hat. Nach etwa zwanzig Minuten ist **Bab Schaub** erreicht, ein Tor, von dem nur der Name geblieben ist. Hier fahren die Sammeltaxis in Richtung Norden, d. h. nach

*Das inzwischen verschwundene Bab Schaub (histor. Photo von H. Burchardt Anfang dieses Jh.)*

Amran, Huß (auch Huth geschrieben) und Sada ab. Am ehemaligen Tor angelangt, kann man entweder bogenförmig nach Süden dem **Rest der Stadtmauer** folgen, bis man zur **Kasr (Burg)** kommt; oder man geht strikt nach Süden in Richtung Bab al-Jemen, um auf halbem Wege nach Osten abzubiegen und so zur Kasr zu gelangen. Auf beiden Wegen erhält man einen guten Eindruck vom ältesten Teil Sanaas. Dieser Teil steigt nach Osten hin, am Fuß des Sanaa überragenden Berges Nuqum (3000 m), etwa 15 m an. Die Kasr liegt wiederum etliche Meter höher; manche Archäologen vermuten, daß sie auf den Schutthügeln der sabäisch-himyaritischen Burg Goumdan erbaut worden ist. Die Kasr ist heute von Militär belegt und deswegen nicht zu besichtigen. Dennoch sollte man den Weg zu ihr nicht scheuen, weil er an der sehenswerten **Bakiliye-Moschee** und an einem gut erhaltenen Stück der Stadtmauer vorbeiführt. Von der Kasr ist **Bab al-Jemen** in einem etwa fünfzehnminütigen Fußmarsch entlang der Stadtmauer in südwestlicher Richtung zu erreichen. Man kann aber auch durch das Wohnviertel in Richtung Westen gehen, bis man zum **Hauptweg des Marktes** gelangt, der in südlicher Richtung direkt zum Bab al-Jemen leitet.

## ☐ Besuch des Marktes

Wer längere Zeit in Sanaa bleibt und sich für die soziale Struktur der traditionellen Gesellschaft sowie für das Kunsthandwerk interessiert, sollte dem Markt einen oder mehrere Sonderbesuche abstatten. Ein solcher Besuch beginnt am besten an dem in den siebziger Jahren des vorigen Jahrhunderts von den Türken umgebauten **Bab al-Jemen.** Das Tor selbst, in einem spätosmanischen Stil gehalten, der keine Beziehung zur jemenitischen Architektur aufweist, ist nicht sonderlich sehens-

*Sanaa, Frauenerker im osmanischen Stil*

wert, aber ein guter Orientierungspunkt. Vom inneren Torplatz aus geht man zunächst geradlinig nach Norden, biegt dann aber an der ersten Gabelung in die halbrechts weiterführende Gasse ein. Auch dieser Gasse folgt man in nördlicher Richtung. An ihren Rändern sind oft fliegende Händler mit Keramik und Flechtwaren anzutreffen. Nach etwa zehn Minuten berührt man einen Ausläufer des **Gewürzmarktes,** wendet sich nach links und erreicht den Vorplatz der **Moschee des Ali.** Dort werden Dolche, Uhren, Kleidungsstücke und anderes angeboten. Man wende sich hier im rechten Winkel nach Osten und folge der engen Gasse durch den **Kleidermarkt.** Nach etwa fünf Minuten kommt man zu den **Silberschmieden,** deren Arbeit und

Ware den interessantesten Teil des Marktes von Sanaa ausmachen.

Wer sich an der Moschee des Ali nach links, d. h. nach Westen, wendet, gelangt in den Marktteil oberhalb der Großen Moschee. Er sollte diesen Stadtteil dann in Richtung Süden durchforschen, bis er auf die **Große Moschee** stößt; vorher kommt er an Gewürzhändlern, Kupferschmieden und Seilern vorbei. Der aufmerksame Besucher wird auf diesem Gang auch das **Samsarah al-Mizan,** das ›Lagerhaus der Waagen‹, entdecken, das als mächtiger Backsteinbau die Budenstadt des Marktes weit überragt.

Vgl. den Plan der Marktzone, S. 90.

□ **Vom Midan at-Tahrir durch die Türkenstadt zum Midan as-Solbi**

Die frühere Türkenstadt Sanaas bildet das westliche Oval jener ›liegenden Acht‹, die Rathjens und Wissmann in den frühen dreißiger Jahren beschrieben haben (vgl. S. 96). Die Weststadt ist eigentliche eine Ballung von mehreren Vorstädten und hat in den letzten hundert Jahren immer mehr an Gewicht gewonnen; in dieser Zeit hat es drei einschneidende Veränderungen gegeben: Zuerst begannen die Türken den Vorort Bir al-Asab (›Brunnen des süßen Wassers‹) als Wohn- und Regierungsviertel für ihre Beamten und Offiziere auszubauen; rund sechzig Jahre später verließen etwa 7000 Menschen das Judenviertel der Weststadt; seit 1970 beherbergt sie praktisch alle Regierungsgebäude, es entstehen hier immer neue Ämter und Geschäftshäuser, darunter die ersten Beton-Hochbauten.

Ein Gang von unserem Ausgangspunkt Midan at-Tahrir zum Solbi lohnt sich dennoch, denn die Türken ließen um die letzte Jahrhundertwende Häuser bauen, in denen

*Sanaa, Buchhändler mit seinem Sohn*

*Sanaa, Marktszene mit Behältern für lebendige Hühner*

sich ihre eigene Baukunst mit derjenigen der Jemeniten glücklich vereinte. Es entwickelte sich daraus ein moderner Baustil, den traditionsbewußte Jemeniten auch jetzt noch für ihre Häuser bevorzugen; dieser Stil schließt den Komfort der Neuzeit nicht aus, ohne ihn mit gesichtsloser Normung zu erkaufen.

In einem der schönen **Häuser aus der Türkenzeit** hatte früher die Touristengesellschaft ihren Hauptsitz. Das Haus ist in wenigen Minuten vom Midan at-Tahrir aus zu erreichen. Man wende sich auf der Mitte des Platzes nach Westen und wähle die mittlere der drei nach Westen verlaufenden Straßen. Das Haus mit einem Vorgarten liegt an der westlichen Querseite eines kleinen Platzes, an dem man links vorbeigehen würde. Auf dem soli-

den Unterbau erheben sich noch drei Stockwerke im jüngeren Sanaa-Stil, reich verziert mit symmetrischen Ornamenten über den Fenstern.

Ein anderes Prunkstück der Weststadt ist das sogenannte ›**Haus des Heerführers**‹, erbaut kurz nach der Jahrhundertwende. Es steht dort, wo die Republican Palace Street (frühere Botschaft der Bundesrepublik) in die Gamal Abdul Nasser Street einbiegt. Hier ist eine goldene Mischung von türkischem und jemenitischem Baustil zustandegekommen: Von den Türken stammt der solide Unterbau nebst dem steinernen und dem hölzernen Erker, der in osmanischer Haremstradition den Frauen Ausblick verschaffen sollte, ohne daß diese selbst gesehen werden konnten; der

Ziegel-Oberbau ist jemenitisch. In vier Etagen zeigen die Oberfenster fast die gesamte Skala der durch Jahrtausende reichenden einheimischen Ornamentik. Wer Zeit und Gelegenheit hat, sollte mit dem Fernglas vor diesem Haus verweilen.

Zurück zur Gasse, durch die man bis zum ehemaligen Haus der Touristengesellschaft gelangt ist; sie führt in westlicher Richtung zum Solbi. Etwa auf halbem Wege steht – etwas zurückgesetzt von der Straßenfront – ein **türkisch-jemenitisches Haus** aus königlichem Besitz, in dem jetzt die örtliche Behörde ihre Büros hat: Auch dieses Haus ist einer genauen Betrachtung wert. Schließlich sollte jeder, der nicht dort wohnt, das **Hotel Dar al-Hamd** besuchen. Dieser ehemalige Prinzenpalast im nördlichen Teil der Weststadt bietet von außen ein gelungenes Beispiel für die Weiterentwicklung des türkisch-jemenitischen Stils im 20. Jahrhundert. Im Inneren gewinnt man einen guten Überblick über die Aufteilung eines solchen reichen Jemeniten-Hauses.

Wer sich für die jüngere Geschichte des Jemen und Sanaas interessiert, sollte einen Besuch im Militärmuseum auf der Südseite der Abdul-Nasser-Straße bei der Einmündung zum Midan at-Tahrir nicht versäumen.

## ☐ Besuch des ehemals jüdischen Viertels

Westlich vom Solbi liegt das sogenannte **Ga al-Jahud,** das Viertel, in dem bis Anfang der fünfziger Jahre 6000 bis 7000 Juden gelebt haben. Insgesamt zählte der Nordjemen bis zur Gründung des Staates Israel rund 50 000 bis 60 000 Juden zu seinen Bürgern. Nachdem der jüdische Staat sich gefestigt hatte, baten die jemenitischen Juden den damaligen Herrscher, ihnen die Auswanderung zu gestatten. Große Schwierigkeiten waren zu überwinden, ehe diese wirtschaftlich bedeutsame Bevölkerungsgruppe das Land in Richtung Aden verlassen durfte, um von der damals noch britisch kontrollierten Hafenstadt aus nach Israel zu fliegen. Zurück blieben etwas über hundert jüdische Familien, die in einem Dorf nahe der Stadt Sada und in anderen kleinen Ortschaften auf der Hochebene leben; 1985 war inoffiziell von 6300 Juden im Nordjemen die Rede. In Sanaa gibt es überhaupt keine Juden mehr. Ihr Wohnviertel, das ihnen um 1680 zugewiesen worden war (vorher hatten sie unter den Moslems in der Altstadt gewohnt), lag einige Jahre lang verlassen. Inzwischen ist es wieder voll bewohnt von Jemeniten und Ausländern.

Ein kurzer Rundgang durch das sehr **enge Gassengewirr** des ehemals jüdischen Viertels lohnt sich nur, wenn man ohnehin in der Nähe ist, denn die niedrigen, eng aneinander gebauten und durch Außenmauern abgedeckten Häuser dieses Stadtteils bieten keine besonderen Eindrücke. Ein eigener Ausflug zum ›Ga‹, wie man in Sanaa sagt, wäre aber interessant für denjenigen, dem ein Ansässiger das von ihm bewohnte Haus zeigen würde. Die nach außen unscheinbaren Häuser der Juden – sie durften auf königlichem Befehl nicht höher als neun Meter sein – enthüllen im Innern ein hohes Maß an Baukunst und Wohnkultur. Das herrschaftliche Haus im Judenviertel hat in aller Regel einen offenen Innenhof. Da es nicht in die Höhe gebaut werden durfte, ging man in die Tiefe, d. h., das jüdische Haus hat im Gegensatz zum arabischen einen Keller, der oft sehr tief ist. Dieser Keller, meist durch Notausgänge mit Nachbargrundstücken verbunden, diente als Fluchtort in der Stunde der Gefahr. Zugleich

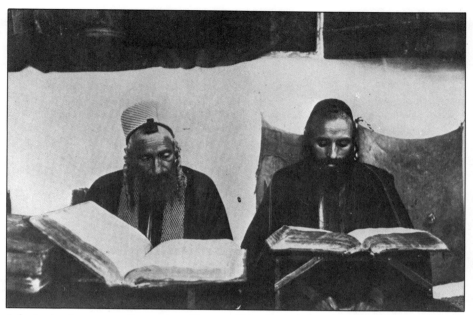

*Juden in einer Synagoge von Sanaa (histor. Photo von H. Burchardt Anfang dieses Jh.)*

diente er als Lagerraum für Wein und Branntwein, den herzustellen den Juden gestattet war – selbstverständlich nur zum eigenen Gebrauch. Oft befand sich im Keller auch noch die Werkstatt des Hausherrn, wenn er zum Beispiel Silberschmied war. Die Wohn- und Schlafräume in den drei Obergeschossen sind – im Verhältnis zum üblichen Sanaa-Haus – auffällig niedrig, weil eben den Juden von vornherein weniger Raum zugebilligt worden war. Die Höhe eines Raumes richtete sich nach seiner Bestimmung, konnte also jeweils unterschiedlich berechnet werden. Infolgedessen findet man in Häusern des ›Ga‹ in jedem Stockwerk Räume auf verschiedenen Ebenen. Oft besitzen die Innenräume Stuckdekorationen und Oberfenster, deren Ornamente vielfältiger und sorgfältiger gearbeitet sind als die in arabischen Häusern. Nach außen zeigt das jüdische Haus dagegen überhaupt keine Dekorationen; schließlich soll ja der Neid über die Pracht jüdischer Häuser der eigentliche Grund für die Ausweisung der Juden aus der Altstadt im Jahre 1679 gewesen sein.

Sehr lebhaft geht es in den engen Gassen des ehemals jüdischen Viertels auch heute noch zu. Doch das Leben hat sich seit dem Abzug der Juden verändert. Vielleicht kann es der fremde Besucher vor seinem geistigen Auge wiedererstehen lassen, wenn er die folgenden Sätze von Rathjens und Wissmann liest, geschrieben Anfang der dreißiger Jahre:

»Die Judenstadt ist nur das Wohnviertel der Juden, die sich im übrigen in der ganzen Stadt frei bewegen können und auch überall

BLICKPUNKT SANAA

## Sanaa – dem Jahr 2000 entgegen

Anfang der achtziger Jahre hatte es so ausgesehen, als wäre das Juwel Alt-Sanaa nicht zu retten. Damals erlebte die Hauptstadt einen Bauboom, vervierfachte sich die Einwohnerzahl innerhalb kurzer Zeit. Wer zu Geld gekommen war, baute ein neues Haus am fernen Stadtrand. Die Söhne reicher Bürger wollten eine eigene Familie nicht mehr unbedingt im Stammhaus der Großfamilie gründen. Immer mehr Wohlhabende kehrten der Altstadt den Rücken. Zurück blieben in den äußerlich prächtigen, im Innern jedoch unkomfortablen Traditionshäusern oft nur die Alten und die Kapitalschwachen. Die Verelendung schien vorprogrammiert. Doch dann stiegen die Preise für Bauland und Bauarbeiten enorm; die Rückkehr nach Alt-Sanaa wurde attraktiv. Man begann wieder in die Tradition zu investieren.

Die Altstadt wird in den neunziger Jahren nicht nur saniert im eigentlichen Sinne des Wortes; das heißt man begnügt sich nicht damit, ihr im vorigen Jahrzehnt überhaupt erst geschaffenes Abwassersystem zu verbessern, weitere Gassen zu pflastern (s. Plan S. 99), die alte Bausubstanz zu festigen, einzelne Wohn- und Lagerhäuser (Samsarah) zu restaurieren. Darüber hinaus sind Bestrebungen zu beobachten, Alt-Sanaa zu verschönern. Ob das zu einem insgesamt glücklichen Ergebnis führt, bleibt noch (Stand: 1992/93) abzuwarten. Am Südrand der Altstadt, ab dem Saila bis zum Bab al-Jemen, ist die historische Schutzmauer aus Lehm und Stein restauriert worden. Am Saila hat man vor der Mauer

*Sanaa, Restaurationsarbeiten an der alten Stadtmauer (gesehen 1992)*

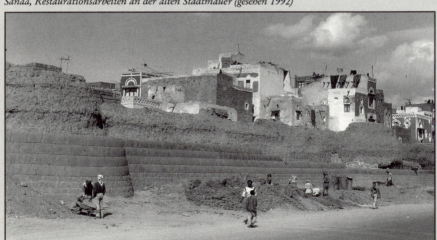

eine gepflasterte Anlage geschaffen. Es besteht die Gefahr, daß der gegebene Freiraum als wilde Müllhalde herhalten muß.

Einbrüche hat es im Erscheinungsbild der Gesamtstadt gegeben. Der Riesen-Neubau des Fernmelde- und Post-Ministeriums nordwestlich des Midan at-Tahrir ist fertiggestellt. Er überschattet die früher nur locker bebaute ›Türkenstadt‹ an der Grenze zur historischen Stadt. Damit ist endgültig das Prinzip durchbrochen, Großbauten nur an der Peripherie anzusiedeln. Ein schwacher Trost: der Fernmeldeturm weist Elemente des traditionellen Baustils auf.

Zur Zeit hat Sanaa fast eine Million Einwohner, 20mal mehr als zu Beginn der Revolution (1962).

Schwachstellen bilden die Trinkwasserver- und die Abwasserentsorgung, die Müllabfuhr und die Verkehrsregelung. Aber energisches Vorgehen hat Aussicht auf Erfolg. Sanaa ist nicht das einzige attraktive urbane Zentrum des Landes. Noch leben 80 Prozent der Gesamtbevölkerung in bäuerlichen Siedlungen, 12 Prozent in den übrigen Groß- und Kleinstädten und nur acht Prozent in Sanaa.

Besitz, Werkstätten und Kaufläden haben. Man erkennt die Juden sofort an der Tracht. Die Männer tragen ein kleines, schwarzes Käppchen und beiderseits der Schläfen bis zu den Schultern herabfallende geringelte Locken, im übrigen ein dunkles blaues oder schwarzes kaftanartiges, bis zu den Füßen herabfallendes Hemd. Über der Schulter oder auf dem Kopf tragen sie zusammengefaltet ein schwarzes Tuch, in dem sie wie in einem Sack etwaige Lasten transportieren. Die Frauen und Mädchen sind ganz unverschleiert. Ihr Gesicht wird von einer mit Silberstickerei und Perlen verzierten Kapuze umrahmt, ihr Gewand ist dunkelblau, und darüber tragen sie ein mit weißen Punkten und Streifen gemustertes Tuch. Ebenmäßige, ja schöne Gesichtszüge sind häufig bei relativ heller Gesichtsfarbe. Sie sind sehr lebensfroh und feiern gern Feste, bei denen ihr sehr guter Wein sowie ein rakiähnlicher Schnaps eine große Rolle spielt. Sie sind die geschicktesten Handwerker und leben in gutem Wohlstand und größter Reinlichkeit. Ein dichtes Menschengewimmel herrscht den ganzen Tag in den engen Gassen, besonders vor den Synagogen, Kanissa genannt, die man sofort an den schneeweißgekalkten Mauern erkennt. Wirtschaftlich und kulturell haben sie unter dem jetzigen Imam nicht zu leiden, nur gesellschaftlich sind sie natürlich aus religiösen Gründen minder geachtet.«

BLICKPUNKT SANAA

## Das Nationalmuseum

Im September 1987 wurde das Nationalmuseum aus dem Dar asch-Schukr (›Haus des Dankes‹) in das größere Dar as-Saad (›Haus des Glückes‹) des Palastbezirkes al-Mutawakil verlegt. Das neue Haus ist ein gründlich renovierter Palast, in den dreißiger Jahren im traditionellen Stil erbaut. Es befindet sich nur einige hundert Meter nördlich des alten und wird durch ein steinernes Tor von der Abdul-Mochni-Straße her betreten. Eine Anzahl von Exponaten ist hinzugekommen; wichtiger jedoch: Die insgesamt noch bescheidene *Antiken-Sammlung* wird nun auf einer viermal so großen Fläche besser geordnet präsentiert. Die Geschichte des Jemen von der Frühzeit vor rund 3000 Jahren über die Islamisierung im 7. Jh. bis zur Gegenwart hat man, wo es noch an anderen brauchbaren Exponaten mangelte, durch Photos und Schautafeln dokumentiert.

In der Eingangshalle empfangen den Besucher die überlebensgroßen Bronzestatuen zweier himyaritischer Stammeskönige, die in fünfjähriger Arbeit aus vielen Einzelstükken in Mainz rekonstruiert wurden. Diese Königsfiguren des ausgehenden 3. Jh. v. Chr. gelten als Musterbeispiel für die *griechischrömisch-südarabische Mischkultur,* herausgebildet in der Zeit um Christi Geburt. Ihnen ist eine Dokumentation zugeordnet, die auch Photos griechischer und römischer Königsstatuen enthält. Die südarabischen Figuren lassen sich praktisch nur durch ein eingegossenes Schriftband aus sabäisch-himyariti-

*Himyaritische Königsfigur im Nationalmuseum von Sanaa*

schen Buchstaben von denen der Griechen und Römer unterscheiden. Hier teilt es mit, daß König Damar alay Yuhabirr und sein Sohn Tharan diese Figuren drei Männern aus der Sippe Daranih für die Eingangshalle ihres Palastes schenkten.

An den himyaritischen Königsfiguren erkennt der Besucher nicht nur die Reichweite kultureller Wanderungen und die Stärke gegenseitiger Kulturdurchdringung – er lernt auch etwas über moderne Restaurationstechnik. Das in Mainz angewandte Verfahren hat nämlich die Trümmer der aufgefundenen Figuren nicht wieder zusammengesetzt; vielmehr wurden von den soweit wie möglich wieder hergestellten Einzelteilen Abgüsse gemacht, aus denen schließlich neue Gußformen für die Statuen entstanden. Folglich kann man neben den vollständig restaurierten Königsfiguren noch die jeweiligen Einzelteile der eigentlichen Fundstücke bewundern.

*Ältere südarabische Kunst,* überwiegend aus den fünf Jahrhunderten v. Chr., findet man im ersten Stock. Eines der ältesten Stücke dürfte das verwitterte Bildnis einer Göttin sein. Es ist insofern eine Rarität, als es aus Holz gefertigt wurde und nur sehr wenige hölzerne Stücke die Jahrtausende überdauert haben. Dieses Idol, ca. aus dem 5. Jh. v. Chr., fand man in Dschauf al-Baidah.

Besondere Beachtung verdient auch die wegen ihres guten Erhaltungsgrades und der figuralen Details berühmte Bronzestatue eines schreitenden Mannes, laut Inschrift die des Ma'adkarib, geweiht dem Mondgott Ilumquh. Ma'adkarib hält das Haupt aufrecht, die Arme angewinkelt. Ihn kleidet ein hemdartiger, kurzer Rock, der von einem breiten Gürtel zusammengehalten wird; im Gürtel steckt ein in der Scheide befindlicher Dolch. Über den Rücken geworfen trägt der Mann ein Löwenfell, das mit den aufeinanderliegenden Vordertatzen um seinen Hals befestigt ist. Datiert 500 bis 200 v. Chr., Herkunft: Marib.

*Hellenistischen Einfluß* lassen solche Stücke erkennen, die in der Zeit um 100 v. Chr. entstanden sind, wie ein Bronzepfeiler mit Figuren: Die besser erhaltene Seite zeigt frontal dargestellte Sphingen im griechisch-ägypti-

*Statue eines hellenistischen Herrschers*

Der erste Stock beherbergt auch eine Unterabteilung mit Fundstücken aus dem Gebiet des Königreiches Ma'in (al-Dschauf). Dazu gibt es den Grundstock eines Münzkabinetts der himyaritischen Zeit.

Im zweiten Stock befindet sich jetzt die *islamische Abteilung,* die bei mehr Zuwendung schnell größere Bedeutung erlangen könnte. Vorläufig beherbergt sie nur historische Waffen, Kupfer- und Bronzegefäße mit Ziselierungen, auch eine Sammlung islamischer Münzen. Eine interessante Foto-Dokumentation ist der Restaurierung der Amariya-Moschee in Rada (Farbabb. 13) gewidmet; doch dürfte sie nur bis zum Abschluß der Arbeiten an dem aus dem 16. Jh. stammenden Gotteshaus bestehen bleiben.

*Dar as-Saad (›Haus des Glückes‹), früher Prinzenpalast, nun Nationalmuseum*

schen Stil, in fünf Reihen übereinander. Sie tragen Halsketten oder Pektoralien. An der Ecke ein senkrechter Bildstreifen mit liegenden Steinböcken. Ebenso der Mischkultur zuzurechnen ist das Bruchstück einer Verkleidungsplatte mit hellenistischem Mäanderband; darunter ein Fabelwesen, halb Pferd, halb Lindwurm. Genuiner sind die Friese mit Steinbockköpfen. Es handelt sich um Baublöcke, wahrscheinlich Mauerbekrönungen.

Tausende von Inschriften in Stein gegraben, auf Felswänden angebracht, in Bronze gegossen, zeugen für die *Kultur des vorislamischen Jemen.* Ein Teil der steinernen und bronzenen Inschriften befindet sich im Nationalmuseum.

*Bruchstück einer Wandverkleidung im Dar as-Saad*

*In Thula wird vorzugsweise mit schwerem behauenem Gestein gebaut* ▷

# Die Umgebung von Sanaa

## DIE UMGEBUNG VON SANAA

Die Hauptstadt des Jemen liegt auf einer Hochebene, die etwa 80 km lang und stellenweise 20 km breit ist. Saisongebundener Regenfall und künstliche Bewässerung mit Hilfe von Brunnen verleihen dem Gebiet große Fruchtbarkeit. In geschützten Tälern werden hochwertige Obstkulturen unterhalten; Weintrauben, Aprikosen, Quitten, Pfirsiche, Zitronen, Apfelsinen, Mandeln, Feigen und Walnüsse machen nur einen Teil des Angebots aus, in dem natürlich auch Qat nicht fehlt.

Die Hochebene von Sanaa ist stark besiedelt – sie stellt eine zusammenhängende Kulturlandschaft dar. Die Städte und Dörfer sind entweder von Mauern umgeben oder offene Landsiedlungen, deren dörflicher Kern allmählich in die von einzelnen Häusern unterbrochene Feldflur übergeht. Die meisten älteren Häuser steigen – entweder viereckig oder rund – wie Türme auf. Vier- oder fünfstöckig, sind ihre Außenwände weniger gegliedert als in Sanaa. Typisch ist, daß die Häuser auf dem Land fast immer nur eine Tür und wenige, schießschartenartige Fenster aufweisen. Als Baumaterial hat man Steine benutzt, oder es sind – je nach den örtlichen Gegebenheiten – ungebrannte Lehmziegel verbaut worden. In einzelnen Ortschaften dienten und dienen auch gebrannte Ziegel zum Häuserbau.

Obwohl Sanaa und die Ortschaften der Hochebene derselben Kulturlandschaft angehören, gibt es zwischen den Bewohnern der Hauptstadt und denen der Landstädte und Dörfer erhebliche Unterschiede. Sanaa entwickelte schon seit der zweiten Türkenherrschaft (1871–1919) eine so starke Wirtschaftsdynamik und Kulturhoheit, daß sich die Stammesbindungen seiner Dauerbewohner zu lockern, in vielen Fällen auch aufzulösen begannen. Auf dem Land sind solche Bindungen in beträchtlichem Umfang erhalten geblieben, und sie werden mit wachsender Entfernung zu Sanaa stärker spürbar. In der Praxis bedeutet dies, daß man sich auf dem Land viel mehr als in Sanaa den Regeln und Sitten der islamischen Gesellschaft anpassen muß. Auch wenn der Fremde keine umfassende Kenntnis solcher Normen besitzen kann, so gibt es doch wesentliche Verhaltensweisen, deren Beachtung seine Sicherheit erhöhen und seine Anwesenheit den Einheimischen willkommener machen.

Ratsam ist es, bei Begegnungen mit Einheimischen in Dörfern oder auf dem offenen Land höfliche Zurückhaltung zu üben; vor dem Griff zur Kamera sollte der Austausch von Begrüßungsformeln erfolgen. Man sollte sich nicht gegen die in manchen Garküchen auf dem Land übliche Geschlechtertrennung sträuben; oft werden auch ausländische Frauen in den für Reisende weiblichen Geschlechts vorgesehenen Raum der Gaststätte geführt. Wer bei dieser Gelegenheit zeigen kann, daß er sein Mahl allein mit den Fingern der rechten Hand – die linke Hand gilt als ›unrein‹ – einzunehmen vermag, erzielt sicherlich einen Achtungserfolg. Die herrschende Kleiderordnung verlangt nicht, daß sich die Fremden wie Männer und Frauen bedecken, die der islamischen Glaubensgemeinschaft angehören, doch gebietet es die Achtung vor den Einheimischen und das Interesse an der eigenen Sicherheit, dezenter und ›zugeknöpfter‹ aufzutreten, als es zur Zeit in den westlichen Gesellschaften üblich ist.

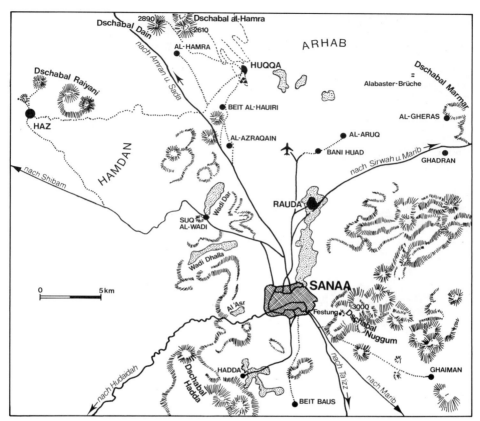

*Planskizze der näheren Umgebung von Sanaa, u. a. mit den Ortschaften Rauda und Hadda, dem Wadi Dar und der Ruinenstätte Huqqa*

## Vorschläge für Ausflüge

In der näheren Umgebung von Sanaa gibt es lohnende Ziele, die der Einzelreisende selbständig besuchen kann und sollte; er wird sich mit diesen Ausflügen auf das Reisen im Jemen ›einstimmen‹. Ist genügend Zeit vorhanden, sollte er die Ziele mit dem Sammeltaxi ansteuern; es ist dies die landesübliche und preiswerteste Art des Reisens.

Für die Orte Rauda und Hadda sind Halbtagsausflüge hinreichend. Rauda (Abfahrt vom Midan at-Tahrir) liegt 10 km nördlich von Sanaa, etwa auf halbem Wege zum Flugplatz; in einigen Jahren dürfte der Ort zum Außenbezirk der Hauptstadt geworden sein. Hadda (Abfahrt vom Bab al-Jemen) liegt rund 10 km südwestlich von Sanaa und hat sich

## DIE UMGEBUNG VON SANAA

*Rauda, Händler mit Sonnenschutz*

*Rauda, Melonen aus dem Wadi Dar*

mit seinen Gartenrestaurants und Obstplantagen sowie einem nahegelegenen Großhotel zu einem gesuchten Ausflugsziel für westlich orientierte Einheimische entwickelt.

In **Rauda** lasse man sich vor der Moschee des Achmad Ibn al-Qasim absetzen. Dieses im arabischen Stil erbaute Gebetshaus stammt aus dem 17. Jh. Sein fast quadratischer Innenhof ist von Pfeilerhallen umgeben, deren Außenwände reich mit Stuckornamenten verziert sind. Bei einigem Glück kann man Einlaß für eine Besichtigung finden (nicht jedoch an Feiertagen!). Doch schon die gründliche Betrachtung des aus gebrannten Ziegeln errichteten, teils mit Schriftzügen, überwiegend jedoch mit geometrischen Ornamenten geschmückten Minaretts lohnt den Besuch.

Nur etwa 50 m rechts neben der Moschee befindet sich das Hotel Rauda-Palast. Es handelt sich um eines der Sommerhäuser der ehemaligen königlichen Familie. Wie das Hotel Dar al-Hamd in Sanaa bietet auch dieses zur Touristen-Herberge umgebaute Herrenhaus die Möglichkeit, die von den Jemeniten bevorzugte Raumaufteilung und Innendekoration näher kennenzulernen. Man versuche, auf das Flachdach des Hotels zu gelangen: Der Ausblick über den Ort und über die Hochebene von Sanaa lohnt die Mühe.

*Bäckerei in Rauda*

Ein Rundgang durch Rauda bietet Gelegenheit, einige schöne Wohnburgen eher ländlichen Stils zu entdecken. Außerdem gibt es in dem Ort ein öffentliches Dampfbad (Hammam), das noch aus der Türkenzeit stammt. Es ist in die Erde eingelassen, so daß nur die für Türkische Bäder typischen Kuppeln hervorragen.

**Hadda** lädt zu Spaziergängen auf Wegen zwischen den Lehmmauern seiner Obstgärten ein. Das Gelände steigt in Richtung des Dschabal Hadda hin an, und aus den Vorhügeln des Berges entspringt ein Bach. Sein Wasser wird durch ein Netzwerk kleiner Kanäle in die Gärten geleitet. Große Walnußbäume beschatten die Pfade.

Für das 16 km nordwestlich von Sanaa gelegene **Wadi Dar** (Abfahrt Midan at-Tahrir) lohnt es sich, einen ganzen Tag anzusetzen; das Tal und die angrenzenden Wadis eignen sich zu längeren Fußmärschen. Man lasse sich schon oberhalb des tief zwischen Sandsteinfelsen eingegrabenen Wadi Dar absetzen, um vom West- oder Südrand des Abbruchs aus einen Überblick zu gewinnen. Die vielfältigen Rot- und Brauntöne des Sandsteins stehen im bemerkenswerten Kontrast zu dem Grün der Gärten, zumal im Frühling, wenn noch die weißen, roten und gelben Tönungen der Baumblüte hinzukommen.

Der Abstieg erfolgt auf der sich zur Talsohle hinabschlängelnden Straße. Meist führt

## DIE UMGEBUNG VON SANAA

*Blick auf die Talsohle vom Südrand des Wadi Dar aus*

notgedrungen nur der erste Gang zu der den Ort Suq al-Wadi überragenden Sommerresidenz des Imam Jachjah (1904–1948), die in den dreißiger Jahren erbaut worden ist. Das an sich schon eindrucksvolle Haus steht auf einem steilen Felskegel (Farbabb. 8); es dient jetzt häufig als Gästehaus oder Tagungsort der Regierung, ist aber gegen ein Trinkgeld zu besichtigen, wenn es nicht gerade belegt ist. Von der Sommerresidenz aus kann man eine längere Wanderung an der östlichen Felswand entlang in Richtung Norden unternehmen, um den Lauf des meist nur wenig Wasser führenden Flußbettes zu verfolgen. Zurück geht man dann auf Wegen zwischen Gärten hindurch.

Oberhalb der Sommerresidenz stehen am westlichen Abbruch Ruinen: ein Fort der Türkenzeit, das anscheinend Reste einer bedeutenden himyaritischen Burg einbezog. Ebenfalls in beträchtlicher Höhe entlang des schmalen Taleinschnitts sind Höhlen zu sehen. Sie haben – möglicherweise schon in prähistorischer Zeit – als Wohnungen, oft auch als Gräber gedient. Nahebei gibt es Felsgravuren, die Steinböcke, Leoparden und Hunde darstellen, überragt von einer mehr als 2 m hohen Götterfigur. Die Gravuren sind noch nicht wissenschaftlich untersucht worden, doch vermuten Kenner, daß sie auf Menschen zurückgehen, die etwa 6000 Jahre vor unserer Zeitrechnung im Wadi Dar gelebt

*Haddscha, Provinzhauptstadt nordwestlich von Sanaa im Bergjemen*

haben. Von den Felsgravuren ist es nicht weit zu den Resten einer Opferstätte mit in den Fels gehauenen Treppen sowie mit kultischen Becken.

Einen Ausflug von etwa Tageslänge ist auch die Marktstadt **Amran** (Abfahrt am Bab Schaub) wert. Der Ort liegt rund 50 km nördlich von Sanaa, westlich der Hauptstraße nach Sada. Hier erlebt der Besucher eine islamisch-jemenitische Stadt, die noch vollständig von einem Schutzwall umgeben ist. Ein Rundgang lohnt sich außerhalb wie innerhalb der Mauer. Im großen inneren Stadttor sind Stelen und Architrave verbaut, die himyaritische Inschriften und Symbole aufweisen. Auch ältere Wohnhäuser in Amran bergen solche antiken Steine; mit etwas Geduld und Glück und vielleicht mit ortskundiger Hilfe kann der Besucher sie finden.

Amran hat einen Freitagsmarkt, d. h. das zentrale handelspolitische Ereignis findet am islamischen Wochenfeiertag statt. Die Stadt ist dann besonders gut besucht. Obwohl das Warenangebot sich kaum von dem anderer Hochlandmärkte unterscheidet, sollte man einen Amran-Besuch auf den Markttag legen – man erlebt dann eine jemenitische Kleinstadt in ihrer ursprünglichen Funktion: als Treffpunkt der am Wirtschafts-

*Rauda, Blick über die Gärten und Häuser* ▷

prozeß teilnehmenden traditionellen Kräfte einer im Wesen noch stammesgebundenen Gesellschaft. Produzierende Bauern und distribuierende Kaufleute treffen sich mit den als Konsumenten auftretenden Stammespolitikern und -kriegern; dazu kommen die ortsgebundenen und sozial niedrig stehenden Handwerker.

Kurz vor Amran biegt nach Westen die neue Straße nach **Haddscha** ab. Es sind von der Abzweigung aus noch 65 km zu fahren. Die Reise lohnt sich sehr, weil sie – bequem – durch eine jemenitische ›Modell-Landschaft‹ führt: Reiche Terrassenkulturen, Wehrtürme, Bergnester liegen rechts und links der Straße, die auch immer wieder herrliche Fernsichten bietet. In Haddscha gibt es ein gutes Hotel.

**Huqqa** ist in den achtziger Jahren zu einem schwierigen Ausflugsziel geworden: Vielleicht weil der Ort oft von Reisegruppen besucht wurde, haben sich dort Anzeichen von Fremdenfeindlichkeit eingestellt. Dabei kann es sich natürlich um eine vorübergehende Erscheinung handeln. Es sollte nicht schwer fallen, die jeweilige Lage in Sanaa zu erkunden.

Das Dorf Beit al-Huqqa, dessen Häuser aus vulkanischem Gestein aufgeschichtet sind, ist nur etwa 23 km von Sanaa entfernt, liegt aber abseits der Straße Sanaa–Sada und kann deswegen nur mit Geländefahrzeugen erreicht werden. Man fahre ab Stadtmitte zunächst 18 km in Richtung Amran, um dann auf eine Piste nach Nordosten abzubiegen. Ab der Abzweigung hält man auf einen Berg zu, der die Form eines Beduinenzeltes hat. Vor dem östlichen Ausläufer des Berges liegt ein Dorf mit auffälligen blauen und grünen Häusern.

Das Dorf läßt man links liegen und nimmt eine der nach Osten führenden Pisten. Sie leitet zu einer flachen Erhebung, von der aus man Huqqa in einer weiten Hochebene liegen sieht. Der Ort ist erkennbar an einer weißen Kuppel am Südende.

In Huqqa haben die beiden deutschen Jemen-Forscher Rathjens und Wissmann 1928 eine der im Jemen so seltenen archäologischen Grabungen durchführen können. Entdeckt und freigelegt wurden die Reste eines Tempels. Die besten Einzelstücke der Fundstätte sind in die archäologische Sammlung des Museums von Sanaa eingegangen. Am Ort verblieben und teilweise rekonstruiert wurden die Grundmauern des Tempels, doch war die Rekonstruktion nur von kurzer Lebensdauer: Kaum hatten die beiden deutschen Forscher das Feld geräumt, ließ die königliche Familie im selben Gebiet noch einmal nachgraben – wohl um nach Schätzen zu suchen. Im Zuge des Unternehmens wurden die Bausteine des Tempels verstreut und verschwanden nach und nach. Rathjens und Wissmann haben uns noch eine Rekonstruktionszeichnung (vgl. S. 17) hinterlassen, die zeigt, daß es sich um ein System von Gebäuden handelte, gruppiert um einen rechteckigen Hof, der an drei Seiten von Säulenstellungen gerahmt war. Unter den Fundamenten des Tempels liegt eine große Zisterne, in die man auch heute noch durch Risse in der Decke hineinschauen kann.

Ein Besuch Huqqas lohnt sich heute nur noch wegen der vielen in Wohnhäusern verbauten Spolien, unter denen sich schöne Exemplare finden. Etliche Knaben des Ortes, mit denen man sich von vornherein gut stellen sollte, sind es gewohnt, Fremden die antiken Bauelemente zu zeigen: Schriften, Opfersteine, Säulenbasen oder Pfeilerkapitelle.

Ein lohnender Tagesausflug von Sanaa (Abfahrt am Bab al-Jemen) führt zu den Orten **Schibam/Kaukaban** und **Thula,** die ersten beiden 36 km nordwestlich der Hauptstadt gelegenen. Schibam (ein in Südarabien häufiger Ortsname) liegt am Fuße einer steilen Felswand; Kaukaban ist auf dem Gipfel des Berges oberhalb der Felswand plaziert. Der Höhenunterschied zwischen Schibam und Kaukaban beträgt rund 350 m. Neuerdings kann man Kaukaban mit dem Geländefahrzeug erreichen; für Fußgänger und Esels- oder Kamelkarawanen gibt es den zwar nicht übermäßig steilen, jedoch engen und sehr gewundenen Aufstieg zwischen den beiden Orten (Dauer: rund eine Stunde). Sträucher, Blumen und schattige Engpässe machen den Fußmarsch zu einem Naturerlebnis, und immer wieder bieten sich schöne Ausblicke auf Schibam und die Ebene von Sanaa. Kaukaban ist ein halb verödeter Ort. Wie Marib war er während des Bürgerkrieges schweren Luftangriffen ausgesetzt. Doch ist die Ortschaft ein schönes Beispiel dafür, daß den Jemeniten kein Gipfel zu hoch und kein Platz zu unzugänglich ist, um ein Dorf oder eine Stadt darauf zu setzen. Kaukaban war die Fluchtburg der Leute von Schibam und besitzt auch jetzt noch Festungscharakter.

In Schibam steht eine der frühen Moscheen des Jemen. Sie wurde vor rund tausend Jahren auf den Fundamenten eines himyaritischen Tempels erbaut. Das islamische Bethaus enthält zahlreiche Säulen und andere Bauelemente der antiken Kultstätte.

Von Schibam/Kaukaban nach **Thula** (Farbabb. 26) sind es 10 km. Eine Mitfahrgelegenheit ist schnell gefunden. Landschaft und Klima eignen sich jedoch auch vorzüglich für Wanderungen, so daß man wenigstens eine

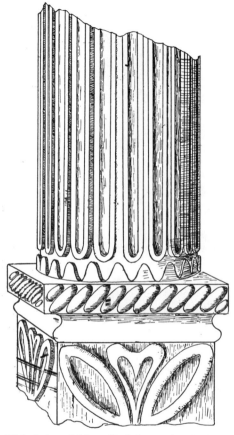

*Säulenbasis aus Schibam/Kaukaban, verbaut in einem Laden des Suq*

Strecke (die Piste endet in Thula) zu Fuß zurücklegen sollte.

Während Sada im Norden das Musterbeispiel einer traditionellen islamischen Stadt der Lehmbauweise ist, repräsentiert Thula den frühen islamischen Städtebau in behauenem Stein. Das Städtchen weist ein vollständiges Befestigungssystem mit Laufmauern, Türmen, Zisternen und unterirdischen Gängen

## DIE UMGEBUNG VON SANAA

*Na'it, Reste des Ta'lab-Tempels*

auf. Ähnlich wie Schibam/Kaukaban besitzt auch Thula einen Burgberg. Der Aufstieg ist kürzer (etwa 30 Minuten), jedoch streckenweise steiler als der nach Kaukaban. Die Mühe lohnt sich. Auf dem Gipfel erkennt der Besucher ein Festungssystem, das sich aus himyaritischer Zeit bis in unsere Tage erhalten hat. Außerdem kann er Thula mit seinen ebenfalls aus himyaritischer Zeit stammenden Zisternen aus der Vogelperspektive betrachten und hat in alle vier Himmelsrichtungen einen Blick ins Land, soweit das Auge reicht.

**Na'it** liegt etwa 40 km nördlich von Sanaa, östlich der Straße nach Sada. Der Ort ist von Raida aus oder über die Verlängerung der Sanaa-Flughafenstraße zu erreichen, jedoch auf beiden Wegen nur mit Geländewagen. Außerdem sollte das Dorf nur in kleinen Gruppen mit ortskundiger Führung besucht werden.

Na'it ist ein Leckerbissen für Archäologie-Freunde. Am Rand der vulkanischen Landschaft Arhab erhebt es sich teilweise auf den Trümmern der gleichnamigen antiken Stadt. Aus dem Trümmerfeld ragen zwei monolithische Pfeiler, wie wir sie auch aus der Region Marib kennen. Die Pfeiler gehören zum Tempelbezirk, der als dem Mondgott Ta'lab geweiht identifiziert (von Prof. Walter W. Müller) worden ist. Je länger man sich auf dem Trümmerfeld aufhält – nicht ohne Begleitung von wachsamen Einheimischen – desto mehr entdeckt man interessante Details: Fundamente kultischer Bauten, bearbeitete Marmor- und Alabasterbruchstücke, Zisternen, Keramikscherben in großen Mengen. Dabei wandert man über Hügel, die ganz offenkundig der archäologisch gehaltvolle Schutt von zwei bis zweieinhalb Jahrtausenden sind. Eine systematische, umfassende Grabung hätte sicherlich großen Erfolg. Doch wissenschaftlicher Feldforschung haben die wehrhaften Bewohner bisher den Zugang versperrt. Dennoch gibt es einige kleine Grabungsplätze, betrieben vom jeweiligen Grundstücksbesitzer. Was mit Fundstücken geschieht, ist nicht bekannt. In den Mauern der Häuser sind zahlreiche Spolien zu sehen.

Etwas unterhalb von Na'it in westlicher Richtung ist die berühmte antike Zisterne zu finden, die auf einer Ansichtskarte ›verewigt‹

*Das Gesicht des Bergjemen nordwestlich von Sanaa* ▷
*nahe Kaukaban*

## DIE UMGEBUNG VON SANAA

*Manacha, Blick auf das Zentrum*

wurde. Sie ist etwa 65 m lang, besitzt ein Vorklärbecken und dient zeitweise auch heute noch der Wasserversorgung des Dorfes.

**Manacha** (Abfahrt Bab al-Jemen mit Autobus oder Taxi) kann ebenfalls von Sanaa aus besichtigt werden. Man fährt 70 km auf der alten ›Türkenstraße‹, in den sechziger Jahren von chinesischen Entwicklungshelfern ausgebaut. Beim Straßendorf Magraba zweigt eine Stichstraße Richtung Süden nach Manacha ab. An der Kreuzung warten Sammel- und Motorrad-Taxis für weiteren Zubringerdienst. Die Fahrzeit nach Manacha beträgt nur noch etwa 10 Minuten. Alternative wäre ein etwa einstündiger Fußmarsch.

Manacha ist eine Bergstadt in 2200 m Höhe und gilt als das urbane Zentrum der ›Fruchtbaren Berge‹, des Haraz-Gebirges nämlich mit dem fast 3000 m hohen Dschabal Schibam als höchstem Punkt. Intensiver noch als an anderen Stellen im Nord-Jemen betreibt man in diesem Gebiet Landwirtschaft. In Manacha werden die Produkte vermarktet und umliegende Ortschaften mit Dienstleistungen und höherwertigen Waren versorgt.

Manacha ist auch Ausgangspunkt für schöne Wanderungen im Haraz-Gebirge. Etwa 7 km von der Provinz-Hauptstadt entfernt liegen mehrere Dörfer, deren Bewohner – rund 7000 Menschen – einer schiiti-

*Hajarah, wehrhafte Häuserfront*

schen Sekte anhängen, die zur Obergruppe der Ismaeliten gehört. Ihre Absonderung vom Hauptstrom des Islam machte die Ismaeliten zu einer Gemeinschaft, die sich durch kollektive Arbeitsamkeit einen Platz in der jemenitischen Gesellschaft zu sichern sucht. Nirgendwo anders im Jemen sind die Terrassenfelder sorgfältiger gebaut und die Fassaden der Häuser liebevoller dekoriert als in den Ismaeliten-Dörfern.

Ein lohnender Fußweg führt von Manacha nach **Hajarah.** Hajarah liegt, rund 2300 m über dem Meeresspiegel, westlich von Manacha, und man kann den Weg auf einer staubigen Piste in etwa 60 Minuten zurücklegen. Dicht vor Hajarah biegt die Piste nach Süden ab, wo sich das fruchtbare Wadi Houzan auftut.

Sehr zu empfehlen ist eine Tour nach **DhiBin,** einem Ort rund 40 km nordöstlich von Raida. Ab Raida (Straße Sanaa–Sada, 82 km) benötigt man allerdings ein geländegängiges Fahrzeug. Und wer die aus dem 7. Jh. n. H. stammende Moschee nahe DhiBin sehen will, muß vielleicht eine Übernachtung (Zelt oder einfache Herberge – auf Empfehlung – im Ort) einkalkulieren.

Ab Raida befindet man sich auf der Piste, die zum Oberlauf des Wadi al-Dschauf führt. Westlich der Piste gibt es verschiedene kleine Ortschaften, in denen noch jemenitische

## DIE UMGEBUNG VON SANAA

Juden leben. Die Fahrt durch diese Region ist sehr eindrucksvoll. Man erkennt, wie beschwerlich Landwirtschaft im Jemen sein kann: Alle Felder sind unter dunkelbraunem bis schwarzem Lavageröll hervorgekratzt worden. Die Steine hat man entweder zu Stütz- und Windschutzmauern oder zu Pfeilern aufgeschichtet. Die Pfeiler dienen als Stützen für Rebstöcke. Anscheinend ist oft Mutterboden von weither gebracht und auf die von Steinen gerahmten Felder geschüttet worden. Wer die aufgewendete Mühe mit eigenen Augen gesehen hat, kann es leichter verstehen, wenn er auf dem Markt von Amran 7 bis 9 Mark für ein Kilo Weintrauben bezahlen soll.

DhiBin ist ein interessanter Ort mit festungsartigen Häusern aus mehrfarbigem Lavagestein. Vor der kleinen Moschee des Ortes liegt eine riesige Zisterne, die aus himyaritischer Zeit stammt. Sie wird heute noch zur Versorgung der Haushalte benutzt. Die Hauptsehenswürdigkeit der Region, die Moschee aus dem 7. Jh. n. H., d. h. aus dem 13. nachchristlichen Jh., steht auf einem hohen Berg. Man fahre noch ein Stück auf der Piste Richtung Wadi al-Dschauf, um dann nach Norden einzubiegen. So gelangt man an die Rückseite des Berges, von der aus das Minarett schon zu sehen ist. Ein alleinstehendes Gehöft kann als Ausgangspunkt für den Aufstieg über einen Geröllhügel dienen. Bis zur Spitze des Berges sind etwa 500 m Höhenunterschied zu überwinden, was in knapp 60 Minuten zu schaffen ist.

Es erwarten einen oben die stattlichen Reste einer Fluchtburg, die zur Zeit der Rassuliden entstanden sein soll. Der erste Rassulide, Umar Ibn Rassul, war etwa 1210 n. Chr. als Wasir und Truppenführer des in Kairo und Damaskus herrschenden Sultans Saladin in den Jemen gekommen. 1229 nahm er den Titel ›al-Mansur‹ an und machte sich selbständig. Die Herrschaft des saiditischen Imams war zu jener Zeit auf den hohen Norden mit Sada als Zentrum beschränkt. Die von Umar Ibn Rassul gegründete Dynastie beherrschte von Ta'izz aus den größten Teil des Bergjemen, einschließlich Sanaa und DhiBin. Dort hinterließ Sultan al-Mansur dann eine Grabmoschee, die sich durch eine schön geschnitzte und bemalte Kassettendecke und mit Ornamenten reich geschmückte Wände auszeichnet. Die Decke ist zum Teil eingestürzt. Ein Restaurierungs-Versprechen der UNESCO hat zunächst dazu geführt, daß über dem Moschee-Torso ein Wellblech-Schutzhaus errichtet wurde. Der Wächter läßt Touristen gegen eine Gebühr ein. Neben Decken- und Wandschmuck verdient der mit reichem Ornamentschmuck in Stein gehauene Sarkophag des Umar Ibn Rassul al-Mansur Aufmerksamkeit. Auch das Ziegelstein-Minarett der Moschee, versehen mit Schmuckrauten und -bändern aus farbig glasierten Ziegeln, fesselt den Blick.

*Mocha, Minarett im jemenitischen Stil* ▷

# Blickpunkt Sabid

# BLICKPUNKT SABID

Sabid ist heute nicht einmal mehr eine Provinzhauptstadt, sondern nur das Verwaltungszentrum eines Distriktes. Die kleine Stadt liegt etwa auf halbem Wege an der gut ausgebauten Straße von Ta'izz zur Provinzhauptstadt Hudaida. Wenn wir Sabid dennoch zum regionalen Ausgangspunkt machen, so deswegen, weil dieser Ort einst die Hauptstadt des ersten unabhängigen islamischen Jemen gewesen ist. Außerdem spielt Sabid auch jetzt noch eine wichtige Rolle in der Küstenebene, jenem Teil des Nordjemen, der durch seinen unverwechselbaren Charakter ein ›Land im Lande‹ bildet.

Diese Küstenebene – Tihama genannt – erstreckt sich vom Bab al-Mandeb über rund 450 km nach Norden bis zur Grenze von Saudi-Arabien; zwischen Meer und Gebirgskette ist sie 30 bis 45 km breit. Ihre Bedeutung als Landwirtschaftsgebiet ist groß. Während der Regenzeit werden von Afrika her Wolken angetrieben, die ihre Feuchtigkeit meist über dem westlichen Vorgebirge des jemenitischen Zentralmassivs abgeben. Die jährlichen Niederschläge in dem heißen Küstentiefland nehmen zum Gebirge hin entsprechend von etwa 50 auf 500 mm zu. Regen fällt meist in Form heftiger Gewittergüsse, so daß von Ort zu Ort und von Jahr zu Jahr erhebliche Schwankungen in der Niederschlagsmenge zu verzeichnen sind. Regenfeldbau ist entsprechend nur in günstigen Jahren möglich. Nach starken Regenfällen sät man Hirse ein, selbst in wenig aussichtsreiche Sandböden. Nach ein bis zwei Monaten schon kann die Ernte eingebracht werden. In regenarmen Jahren bleibt der Anbau auf die Ränder der vom Gebirge herabführenden Wadis beschränkt. Hier wird dann eine Beckenbewässerung betrieben, wie sie früher auch in Ägypten üblich war. Nach heftigen Regengüssen führen die Wadis für kurze Zeit Wasser (in Ägypten war es die kurzfristige Überschwemmung des Uferlandes aufgrund heftiger Regenfälle am oberen Nil), und das zeitweise reichlich sprudelnde Naß wird mit Hilfe von Erddämmen in ein System von Kanälen und Feldern geleitet. Eine einmalige, gründliche Durchfeuchtung des Bodens reicht meist aus, eine ganze Ernte Hirse einzubringen. Unmittelbar am Gebirgsrand werden auch Dattelpalmen, subtropische Früchte und Gemüsesorten angebaut, da die Wadis in dieser Zone längere Zeit Wasser führen.

Im westlichen Flachland findet man heute immer mehr Großprojekte mit Pumpenbewässerung. Baumwolle, Luzerne, Tabak, Tomaten und andere Gemüse sind die wichtigsten Produkte industrieller Landwirtschaft in der Tihama. Von dem zur Verfügung stehenden Platz her könnten noch viele derartige Projekte in Gang gebracht werden, doch besteht die Gefahr, daß der Grundwasserspiegel zu stark sinkt und dann vom Meer her Salzwasser eindringt.

Von den etwa 14 Millionen Einwohnern des Jemen leben zwei Millionen in der Tihama. Die Eigenarten ihres Landstriches haben die Tihama-Bewohner geprägt und unterscheiden sie deutlich von den Menschen des Hochlandes. Der flache Küstenstreifen war stets viel schlechter gegen Eindringlinge zu verteidigen als das Bergmassiv. Dieser Tatsache ist es zuzuschreiben, daß in der Tihama fast überall afrikanische Einflüsse erkennbar sind – im Äußeren, in der Kleidung und im Verhalten der Menschen ebenso wie an ihren Geräten und Häusern. Zum Teil ist die starke Vermischung mit afrikanischen Ethnien auch auf den Sklavenhandel zurückzuführen, der bis in das 20. Jh. hinein einen Stützpunkt im Jemen hatte. Außerdem haben gewiß schon in früheren Jahrtausenden ganze Stämme das Rote Meer zwischen dem afrikanischen und arabischen Festland überschritten. So vermutet man in den dunkelhäutigen Menschen der Saranik-Stämme – die größte Stammesföderation der Tihama – die frühesten Einwohner des Gebietes; doch war bisher nicht zu klären, ob sie zuerst diesseits oder jenseits des Roten Meeres gelebt haben.

Die Bewohner des Küstenstreifens standen häufiger und länger unter Fremdherrschaft als ihre Mitbürger in den Bergen. Das Osmanische Reich, zweimal in der Geschichte Oberherr des Jemen, setzte sich zuerst in der Küstenebene fest, viel später erst im Hochland; Mamelucken, arabische Sekten, die Ägypter und beinahe noch die Portugiesen und Italiener kamen, um die Tihama einzunehmen. Als vom 16. Jh. an der Jemen als Kaffeelieferant für Europa und Asien wieder zum Handelspartner wurde, entstand in dem Tihama-Hafen Mocha (andere Schreibweise: Mucha, Mokha, Mokka) ein Begegnungsplatz zwischen fremden Händlern und Einheimischen. Nicht zuletzt durch diese Begegnungen in der Tihama wurde das Abendland überhaupt zur Erforschung des Jemen angeregt.

Ein seit der Frühzeit des Islam in der Tihama wirksamer Einfluß aus Mekka und Madina, unterstützt durch die nicht minder einflußreichen Autoritäten aus Kairo, führte auch zu einer religiösen Absonderung vom Hochland-Jemen. Während die Menschen in den Bergen sich einer Sonderrichtung des Islam zuwandten (vgl. *Blickpunkt Sada*), blieben die Tihama-Bewohner Anhänger der sunnitischen Hauptrichtung. Von den vier Rechtsschulen dieser Hauptrichtung dominiert bei den Sunniten des Jemen die schafiitische: Laut Schätzungen sind 30–35% der Bewohner des Jemen Schafiiten (nach dem islamischen Rechtsgelehrten asch-Schafi'i, 767–820 n. Chr.). Neben der Provinz Ta'izz ist die Tihama eine Hochburg dieser sunnitischen Schule. Da deren Rechtsauffassung die absolute Anerkennung der etablierten Staatsgewalt einschließt, war der Küstenstreifen für denjenigen, der ihn beherrschte, stets besonders leicht zu regieren. Religiöse Angelegenheiten der Schafiiten, insbesondere theologisch relevante Auslegungen, werden im Streitfall auch heute noch von der islamischen Universität al-Ashar in Kairo entschieden.

*Aga oder Kommandeur einer größeren Truppeneinheit des osmanischen Heeres*

BLICKPUNKT SABID

*Landschaft im Vorgebirge Richtung Tihama*

Früher einmal gab es in der Tihama selbst eine berühmte islamische Universität. Sie befand sich in der Stadt Sabid und zog Studenten aus vielen arabischen Ländern an. Sabid soll nach abendländischer Zeitrechnung im Jahre 819 gegründet worden sein, und zwar von Mohammed Ibn Zijad, der auch der Gründer einer Dynastie war. Ab 821 regierte Ibn Zijad von Sabid aus große Teile des Jemen. Man darf ihn den ersten nationaljemenitischen islamischen Herrscher nennen, da er bei gleichzeitiger Anerkennung des Chalifen – des Nachfolgers Mohammeds als Führer der Gläubigen – beträchtliche Eigenständigkeit von Bagdad, dem Sitz der Zentralgewalt, erlangte. Rund 200 Jahre lenkten Zijadenfürsten die Geschicke des Küstenstreifens. In dieser Zeit wurde Sabid zu einem Zentrum schafiitischer Gelehrsamkeit, und auch nachdem die Zijaden-Dynastie 1012 ihr Ende gefunden hatte, blieb die Stadt maßgebend für die sunnitischen Schafiiten in anderen Ländern. Fast 500 Jahre lang lösten Fürsten verschiedener Häuser einander ab; viele davon regierten von anderen Plätzen aus – aber stets mehrte sich das Ansehen der islamischen Universität Sabid. Der letzte Herrscher sunnitischer Glaubensrichtung, Ahmad at-Tahir, hatte zunächst seinen Einfluß im größten Teil des heutigen Jemen durchsetzen können. Dann jedoch geriet er in Konflikt mit den von Ägypten aus operierenden Mamelucken, die ihn schließlich stürzten und einige Städte besetzten. Sabid war unter den Plätzen, an denen sich die Mamelucken zu halten vermochten, bis gegen Ende 1538 der osmanische Heerführer Soliman Pascha in Mocha landete. Sabid wurde wenige Tage später nach kurzem Widerstand genommen. Bald darauf war die ganze Tihama in den Händen der Türken und ihrer Hilfstruppen.

Die Einverleibung in das Osmanische Reich machte Versuche der Portugiesen zunichte, sich in der Tihama festzusetzen. (1551 geriet Aden für kurze Zeit unter portugiesische Herrschaft.) Das Hochland dagegen bereitete den Türken viel größere Schwierigkeiten. Es dauerte noch acht Jahre, bis sie auch Sanaa einnehmen konnten. Der osmanische Gouverneur teilte seinen Machtbereich nun in zwei Verwaltungsregionen auf: die Bergregion mit Sanaa als Zentrum und die Küstenregion mit Sabid als Zentrum. Zwanzig Jahre später regierte der Beauftragte des Osmanischen Reiches nur noch in Sabid – die Bergregion war ihm vom Imam und seinen Anhängern wieder entrissen worden. Von 1569 bis 1607 eroberten die Türken – mit der Tihama als Basis – Teile der Bergregion zurück. Doch kam es dort in der Folgezeit zu einer Kette von Aufständen, bis 1635 die osmanischen Streitkräfte so erschöpft waren, daß der Jemen als erster arabischer Staat die Unabhängigkeit vom Osmanischen Reich erlangte.

Im 19. Jh. wurde die Tihama dann erneut zum Kampfplatz fremder Mächte. Zuerst kamen die Wahabiten, Anhänger einer puritanisch-islamischen Lehre, die Ende des 18. Jh. aus Zentralarabien aufgebrochen waren, um ein Großreich zu erobern. Sie waren zuerst nach Mekka,

*Küstenaraber und Wahabit (histor. Darstellung des 19. Jh.)*

Madina und Dschidda, dann nach Süden bis zum Hafen Mocha vorgestoßen. Der Imam des Jemen rief gegen diese Eindringlinge die Ägypter zu Hilfe. Machthaber in Kairo war zu jener Zeit schon der ehemalige türkische Offizier Mohammed Ali, der seinerseits von einem Großreich träumte. Er entsandte 1819 Truppen in den Jemen, die mehrere Häfen und auch Sabid besetzten. Mohammed Alis Soldaten blieben über zwanzig Jahre lang in der Tihama, ehe sie aufgrund britischen Drucks abgezogen wurden. Nur wenige Jahre später kamen die Türken wieder: 1849 traf auf dem Landweg ein kleines Expeditionsheer ein, das Hudaida und später Sanaa erobern konnte. Als die Türken unter jemenitischem Druck Sanaa abermals räumen mußte, ließen sie immerhin ein kleines Truppenkontingent in der Tihama zurück. Es hielt dort aus, bis 1872 eine ganze Armee eintraf, die den Nordjemen noch einmal für das Osmanische Reich eroberte. Verhältnismäßig gesichert war die türkische Herrschaft in den folgenden 47 Jahren immer nur in der Küstenebene – das Bergland leistete anhaltenden Widerstand, der von Zeit zu Zeit zum offenen Aufstand entbrannte: Mehrmals mußten sich die Türken aus Sanaa und anderen Städten zurückziehen.

**Mocha** ist neben Sabid diejenige Stadt in der Tihama, die für den Jemen eine besonders wichtige Rolle gespielt hat. Der Ort verdankt seine Existenz angeblich einem Scheich namens Ali Schaduli Ibn Omar, der sich um 1430 dort niedergelassen haben soll. Bald siedelten an der Stelle weitere Leute, die dem frommen Mann nahe sein wollten. Scheich Schaduli war ein Freund des Kaffees, den die Araber einige Jahrzehnte früher auf der gegenüberliegenden Seite des Roten Meeres, in Äthiopien, entdeckt hatten. Er soll einige indische Seeleute, die der Zufall zu ihm führte, mit dem belebenden Gebräu bewirtet haben. Die Inder verbreiteten dann den Ruhm Mochas und des Kaffees – so behauptet die Legende. Jedenfalls wurde der Ort immer mehr zum Ausfuhrhafen für Kaffee, der in den jemenitischen Bergen in Höhenlagen von 1000 bis 2000 m angebaut wurde. In der unmittelbaren Umgebung Mochas war Kaffeeanbau nicht möglich; die Ware mußte auf Lasttieren von den Bergen heruntergeschafft werden. So zogen vom 16. Jh. an wieder Kamelkarawanen durch Teile des Jemen zur Küste – nicht anders als rund

*Loheya, ägyptisch beeinflußte Stuckarbeit über dem Eingang zur Koranschule*

*Mocha, geometrisches Ornament an einer Hausfassade*

2000 Jahre früher die Weihrauch-Karawanen. Der holländische Händler van den Broeck gelangte 1616 nach Mocha und berichtete, er habe auf dem Markt Waren aus Ungarn, Venedig und Nürnberg gesehen, die gegen Kaffee und Waren aus dem Fernen Osten eingetauscht worden seien.

In der ersten Hälfte des 17. Jh. gründeten die Engländer und Holländer in Mocha Handelsniederlassungen, die Franzosen kamen rund hundert Jahre später. 1803 ankerte zum ersten Mal ein Schiff mit der Flagge der Vereinigten Staaten von Amerika vor Mocha. Dominiert wurde der Handelsverkehr zu diesem Zeitpunkt jedoch schon von den Briten, die gleichzeitig auf der Suche nach Stützpunkten waren. Schon 1799 hatten britische Marinesoldaten die Insel Perim in der Meerenge Bab al-Mandeb besetzt, waren jedoch wieder abgezogen worden, weil es kein Trinkwasser auf Perim gab. Wahrscheinlich wurde auch Mocha als britischer Stützpunkt ins Auge gefaßt. Jedenfalls beschoß 1820 ein Kriegsschiff Seiner Majestät die Stadt und ließ sie durch Marinesoldaten besetzen. Offiziell wurde der Angriff als Vergeltungsaktion für Behinderungen bezeichnet, denen die britische Handelsniederlassung in Mocha ausgesetzt gewesen sei. Das imperiale Interesse wandte sich dann jedoch Aden zu, und 1839 wurde dieser Platz dem Weltreich einverleibt. Damit war das Schicksal Mochas als Hafenstadt besiegelt, denn unter britischer Herrschaft lief Aden dem alten Handelszentrum bald unwiderruflich den Rang ab. Die Kriegswirren im 19. Jh. waren nur ein zusätzlicher Faktor, der den Verfall Mochas beschleunigte.

1515, etwa zwanzig Jahre vor dem Erscheinen der Türken, ließ ein ägyptischer Sultan **Hudaida** besetzen. Damit erfahren wir zum ersten Mal etwas über diese jemenitische Hafenstadt. Hudaida stand auch in den folgenden 300 Jahren im Schatten von Mocha, das in dieser Zeitspanne über die besseren Anlege- und Ankerplätze verfügte. Anfang des 19. Jh. litt Hudaida, ebenso wie andere Städte der Tihama, unter den Invasionen der Wahabiten, aber auch unter den Ägyptern, die zur Vertreibung der Eindringlinge aus dem Norden ins Land gerufen worden waren. Ab 1849 befand sich die kleine Hafenstadt dann in türkischen Händen. Stadt und Hafen Hudaida wurden von den Türken systematisch ausgebaut und sollten wohl ein Gegengewicht zum britisch beherrschten Aden bilden.

**Loheya**, ebenfalls eine Hafenstadt der Tihama, soll ihre Existenz einem Scheich verdanken, der sich im 15. Jh. dort niederließ. Nach seinem Ableben siedelten sich um das Grabmal immer mehr Menschen an. Die Wohnhäuser des frühen Loheya dürften nur aus Schilf, Stroh und Gesträuch bestanden haben. Feste Häuser begann man erst zu bauen, als der Platz – wiederum durch den Kaffeehandel – an Bedeutung gewonnen hatte. Die Kaufleute bauten für sich und ihre Ware Hütten aus Steinen, die von weit her herangeschafft werden mußten; es fanden aber auch große Korallenstücke aus dem Roten Meer als Baumaterial Verwendung. Loheya war jener Hafen, den 1762 die berühmte dänische Jemen-Expedition mit Carsten Niebuhr anlief. Nach dem zweiten osmanischen Einfall in den Jemen wurde Loheya für ein halbes Jahrhundert ein wichtiges Glied in der Kette von Stützpunkten, mit der die Türken das von ihnen beherrschte Ufer der Arabischen Halbinsel zu sichern suchten.

**Beit al-Fakih,** eine weitere Stadt der Tihama, war zuerst eine Siedlung von Kaffeehändlern. Sie entstand zu Beginn des 18. Jh. – wiederum unter Zutun eines frommen Mannes, des Scheichs Ahmad Ibn Musa. Scheich Ahmad war ein großer ›Fakih‹, ein Gelehrter – daher der Name der Stadt, der mit ›Haus des Gelehrten‹ zu übersetzen ist. Der Kaffeehandel machte dann schnell ein kommerzielles Zentrum aus der Ortschaft. Niebuhr vermerkte dazu in seinen Reisebeschreibungen:

»Die Kaufleute aus Hedschas, Persien, Ägypten, Syrien, Constantinopel, Habesch, Tunis, Fez und Marokko kamen auf den Markt von Beit al-Fakih zum Aufkauf der Kaffeebohnen, um sie von da über die Häfen Mocha und Hudaida weiter zu verschicken. Selbst aus Indien und zuweilen aus Europa trafen sich hier die Aufkäufer ...«

Die Türken bauten in der Mitte der Stadt später eine starke Festung, Husn Osman, eine Art Rückendeckung zum Schutz ihrer Ansprüche im Jemen.

*Beit al-Fakih, dekorierter Türsturz*

*Beit al-Fakih, Ziegelstein-Dekor an einem Bürgerhaus*

## Kunst und Religion

Die frühe südarabische Kultur hat uns in der Tihama nichts hinterlassen: keine Tempelruinen, keine Staudammreste, keine Statuen und Reliefs. Dabei waren natürlich der Küstenstreifen am Roten Meer und auch die Zone südöstlich von Bab al-Mandeb voll in das jeweils herrschende Reich einbezogen. Die Sabäer brachen von der Küste am Roten Meer auf, um am gegenüberliegenden afrikanischen Ufer Neuland zu erschließen. Ausan wurde nicht zuletzt deswegen von seinen Nachbarn vernichtet, weil diese dem frühen südjemenitischen Staat die Kontrolle über Bab al-Mandeb neideten. Das himyaritisch-sabäische Reich schließlich beherrschte als starke Seemacht zeitweise die gesamte Küste des Jemen.

Captain R. L. Playfair, ein Offizier der britisch-indischen Marine und Kolonialbeamter, rühmte sich, 1857 die Reste der qatabanischen Hafenstadt Okelis entdeckt zu haben. Doch dürfte sich, nach dem Zeugnis von Captain Playfair, ein Besuch kaum lohnen. »Es ist wenig mehr als die Fundamente von Häusern übrig geblieben, die gerade noch über die Oberfläche des Bodens herausragen; aber es ist genug, um zu erkennen, daß die Bauten sehr alt und ganz anders sind als das, was die heute hier lebenden Menschen bauen«, schrieb der Entdecker. Vielleicht wäre mehr zutage gekommen, hätten die Archäologen hier einmal systematische Spatenforschung betrieben. Andererseits ist der Platz rund 120 Jahre lang fest in britischer

*Sabid, typischer Tihama-Dekor an einem Wohnhaus*

Hand gewesen, und anscheinend hat in dieser Zeit kein Archäologe auf eine Okelis-Grabung gedrängt: Sie erschien wohl nicht vielversprechend genug.

Frühe Berichte erwähnen neben Okelis noch Muza als Ankerplatz am Roten Meer. Bestimmt sind an beiden Orten solide Bauten ausgeführt und Kunstwerk hergestellt oder importiert worden. Wenn dennoch so gut wie nichts davon erhalten geblieben ist, so dürfte das mehrere Ursachen haben. Aus klimatischen und geologischen Gründen wird in der Tihama leichter und luftiger als im Hochland gebaut worden sein – mit Holz, Stroh, Häuten und Lehm als dem bevorzugten Material für Profanbauten. Für Tempel- und Festungsanlagen dürfte man allerdings durchaus auch schwere Steine aus den Bergen herangeschafft haben, und gewiß sind Devotionalien aus Alabaster, Marmor und Stein in den Sakralbauten aufgestellt worden. Als dann die erste Kulturblüte vorüber war, verfielen die Profanbauten schnell bis zu unkenntlichen Resten, während die Sakralbauten wegen der Meeresnähe stärker als an anderen Plätzen dem Steinraub ausgesetzt waren. Vielleicht würde man interessante Funde machen, könnte man die zum Teil sehr mächtigen Befestigungsanlagen aus der Türkenzeit bis auf den Grund abtragen.

Jedenfalls müssen wir uns an den Islam halten, wenn wir in der Tihama nach baukünstlerischen Zeugnissen ausschauen. In dieser Hinsicht führt der Küstenstreifen ein Eigenleben, das die Eindrücke aus dem Hochland um wichtige Monumente bereichert. Die Sakralbauten in Sabid, Beit al-Fakih, Loheya und Hudaida unterscheiden sich augenfällig von denen des Hochlandes: Ägyptische und türkische Einflüsse haben sich mit jemenitischer Tradition verbunden und einen eigenen Stil, den Tihama-Stil, hervorgebracht. Namentlich in Sabid fällt auf, daß die meisten Häuser ohne Verputz und die aus Ziegelsteinen erbauten Fassaden oft in der Naturfarbe belassen sind. Der aufmerksame Beobachter findet an den Sabid-Fassaden Ornament-Formen, die anderswo im Jemen nicht mehr zu sehen sind.

Dann gibt es in der Tihama eine sehr lebendige Volkskunst. Stroh, Leder, Holz, Textilien, Korallen, Muscheln und Meerschaum sind ihre Materialien. Die Produkte des Kunsthandwerks werden auf den Märkten feilgeboten und sind in erster Linie für den einheimischen Käufer bestimmt. Doch bereiten die geflochtenen Körbe, die Keramik- und Tongefäße, die Weihrauchbrenner, Ledergürtel und Sandalen, die Matten und Baumwollstoffe auch als Souvenir Freude.

## Rundgang in Sabid

Die Stadt Sabid verdient es, wenigstens einen Tag lang gründlich besichtigt zu werden – wer Zeit hat und einen Blick für Einzelheiten besitzt, sollte ruhig länger bleiben. In den engen Gassen des Marktes, an den Fassaden der Wohnhäuser, an den Moscheen und Befestigungsanlagen gibt es genug zu entdecken für mehrtägige Rundgänge, unterbrochen vielleicht durch einen Ausflug zum benachbarten Ort Beit al-Fakih.

Sabid ist heute eine kleine Stadt: Man kann sie in einigen Stunden umschreiten und sich dabei Reste der Stadtmauer und Wehrtürme ansehen; man kann sich auch in das Gassengewirr zwischen den Häusern begeben, ohne Gefahr zu laufen, die Orientierung zu verlieren – wohl immer endet der Rundgang nach einiger Zeit wieder auf dem Hauptplatz der Stadt. Dieser Platz erstreckt sich vor der **Zitadelle** von Sabid, die einen Teil der Ostseite der Stadtmauer belegt. Ein wuchtiges Tor öffnet sich nach draußen, ein weiteres nach innen zur Stadt. Die aus gebrannten Ziegeln aufgemauerte Festung wird von mehreren gedrungenen, oben stumpfen Wehrtürmen verstärkt. Zwischen zwei solchen Türmen ragt das Minarett der **Iskanderiya-Moschee** (Alexandria-Moschee) empor; ein Teil der Basis des Minaretts bildet gleichzeitig einen Eckpfeiler der Bastion. Zitadelle und Moschee sind von ägyptischen und osmanischen Einflüssen geprägt. Das bedeutet, daß sie vom 16. bis in das 19. Jh. hinein immer wieder auf- und ausgebaut worden sind. Unter den Fundamenten der Anlage dürften die Reste anderer Bauten aus frühislamischer Zeit liegen.

Die streckenweise wieder verfallene **Stadtmauer** stammt zum größten Teil aus dem 19. Jh.; Niebuhr fand 1763 fast den ganzen Wall im Zustand des Verfalls vor. »Arme Leute holen die Steine aus den Trümmern und verkaufen sie für den Bau neuer Häuser«, schrieb er. Etwa ab 1850 wurde, auf tür-

## BLICKPUNKT SABID

*Sabid, Blick auf Zitadelle und Iskanderiya-Moschee*

*Sabid, Stadttor und Wehrbauten aus osmanischer Zeit*

kische Veranlassung, die Mauer wieder aufgebaut. Niebuhr sah auch einen heute verschwundenen Aquädukt, der Wasser aus den Bergen in die Stadt leitete und nach Meinung des Entdeckers in der Zeit der Türkenherrschaft entstanden war.

Auch der **Regierungspalast** am Hauptplatz, obwohl in seiner jetzigen Form ein Produkt des 19. Jh., verdient einige Aufmerksamkeit. Das Hauptgebäude ist aus gebrannten Ziegeln errichtet, die weiß gekälkt sind; an der sonst glatten Fassade treten die aus Ziegeln konstruierten Ornamente der Oberfenster besonders deutlich hervor. Um den Spitzbogeneingang des weiß verputzten Nebengebäudes schlingen sich drei üppige Ornamentbänder.

Beim Rundgang durch die engen Gassen sollte man versuchen, möglichst viele der verbliebenen rund **achtzig Religionsschulen** zu entdecken. Diese Bauwerke aus der Blütezeit schafiitischer Gelehrsamkeit, errichtet und unterhalten mit Spenden aus verschiedenen Ländern der arabischen Welt, zeichnen sich meist durch eine großzügige Konstruktion und klare Linien aus. Manche weisen neben den gängigen Dekorationen auch aus Ziegelsteinen gebildete Schriftbänder verschiedenen Stils auf. In solchen Religionsschulen befinden sich noch beachtliche Bibliotheken. Bezugspunkt aller Religionsschulen war die **Große Moschee,** auch al-Ascha'ir-Moschee genannt, die noch heute das geistge Zentrum der Stadt zu sein scheint. Zum Haupteingang des Gebetshauses führen mehrere Stufen hinab, das Straßenniveau hat sich seit dem Bau des Portals und der Umfassungsmauer um rund einen Meter gehoben. Dies spricht für das hohe Alter der Moschee (15. Jh.). Gemauerte Säulen, die einander im Spitzbogen stützen, umsäumen den Innenhof der al-Ascha'ir. Zu tragen haben sie nur ein leichtes hölzernes Dach. Das Minarett, aus Ziegeln gemauert und verputzt, ist kurz und gedrungen; es hat ein sogenanntes Bienenkorbdach, das wahrscheinlich aus dem syrisch-mesopotamischen Gebiet übernommen wurde. Die Schönheit dieser Moschee liegt nicht in ihren Dekorationen, sondern in ihren klaren Linien.

Empfehlenswert ist auch ein Spaziergang im Einzugsgebiet der Stadt. Dum-Palmen, Kameldorn und andere Bäume geben der Vorstadt den Charakter eines Gartenviertels. Liebevoll ausgeschmückte Häuser und strohgedeckte Hütten säumen die Wege. Noch in Sichtweite zur Stadt, östlich der Straße Hudaida–Ta'izz, steht eine weitere Moschee, die **Mustafa Pascha**. Mit ihrem wuchtigen, wehrturmartigen Minarett, einem Dutzend Kuppeln und einer hohen Umfassungsmauer gleicht sie mehr einer trutzigen Festung als einem Gotteshaus. Der Mann, dessen Namen die Moschee trägt, war der erste osmanische Gouverneur in der Tihama nach der Eroberung von 1539/40.

## Von Sabid über Hais nach Mocha und Chocha

Mit Autobus oder Sammeltaxi geht es auf der gut ausgebauten Tihama-Hauptstraße in Richtung Süden; nach 35 km Fahrt zwischen Baumwoll- und Getreidefeldern hindurch erreicht man den Ort **Hais**, bekannt für seine Töpferwaren. Von Hais aus führt nach Westen eine Schotterpiste bis zu dem Fischerdorf **Chocha** am Roten Meer (28 km – knapp

*Chocha, Tihama-Dekor an einem Kaufmannshaus*

zwei Stunden Fahrt). Dort gibt es einen sehr schönen Badestrand, und die Einheimischen sind an badende Fremde gewöhnt. Es wird für wenig Geld gebratener Fisch angeboten. Übernachten am Strand ist ortsüblich und gilt insbesondere für Gruppen als ungefährlich. Hingegen besteht beim Schwimmen außerhalb des Riffs Haifischgefahr.

Ab Hais weiter in Richtung Süden ist nach rund 70 km Fahrt die Straßenkreuzung Mocha – Ta'izz erreicht. Um nach Mocha zu gelangen, muß man die nach Westen führende Straße nehmen. Die rund 40 km lange Asphaltstraße führt innerhalb von 30 Minuten zum Ziel. Der Ort **Mocha** mag durch seinen hochgradigen Verfall eine Enttäuschung sein, auf jeden Fall jedoch verdienen der alte Leuchtturm und die Große Moschee Aufmerksamkeit. Das Gotteshaus ist etwa 500 Jahre alt. Es hat ein reich dekoriertes Minarett, das sich in fünf Absätzen nach oben deutlich verjüngt. An der Moschee wird der architektonische Unterschied zu Sabid deutlich: Das Mocha-Bauwerk ist verputzt, weiß gekälkt und vor allem mit Stuck-Ornamenten versehen, während man in Sabid unverkleidete Ziegel und geometrische Ziegelstein-Ornamente bevorzugt.

Man sollte in Mocha auch nach den Ruinen früherer Kaufherren-Häuser suchen; ihre Reste sind wegen des ornamentalen Reichtums interessante Studienobjekte.

Mocha ist inzwischen auch zum Standort von Industrie geworden. Neben dem alten wurde ein neuer Hafen gebaut, der nach Hudaida den zweiten Platz an der jemenitischen Küste einnimmt.

In einem geländegängigen Fahrzeug kann man von Mocha in rund drei Stunden auf einer am Strand verlaufenden, wenig befahrenen Piste nach Chocha gelangen (etwa 60 km).

## Von Sabid über Hudaida nach Loheya

Auf der Tihama-Hauptstraße in Richtung Norden; nach 35 km Fahrt durch Landwirtschaftsgebiet erreicht man **Beit al-Fakih**. Hier lohnt sich ein Aufenthalt insbesondere am Freitag, dem Markttag. Der Markt ist einer der größten im ganzen Jemen, seine Schwerpunkte sind Töpfer-, Flecht- und Lederwaren sowie einheimische Textilien. Außer dem Markt sind die türkische Zitadelle im Stadtzentrum und die am Stadtrand gelegene Grabmoschee des Ahmad Ibn Musa sehenswert.

*Hudaida, Reste des alten Gouverneurspalastes in der verfallenden Altstadt*

*Noch bietet das Rote Meer reiche Ernten*

**Hudaida** (nach 65 km) ist eine moderne Stadt mit über 100 000 Einwohnern und das Eingangstor zum Nordjemen am Roten Meer. Hohe Temperaturen bei hoher Luftfeuchtigkeit (relativ auch zur Zeit des europäischen Winters), ein sehr dichter Kraftfahrzeugverkehr und der vorherrschende Betonbaustil machen die Stadt ziemlich unleidlich – man sollte sie möglichst nur als ›technischen Aufenthalt‹ benutzen: Die Hotels besitzen Bäder, in denen man Staub und Schweiß loswerden kann; Krankenhäuser und Apotheken sind verhältnismäßig gut ausgestattet; Telephon und Post zeigen einen ansprechenden Leistungsstand. Hingegen sind die letzten alten Kaufmannshäuser am Meeresufer in sehr schlechtem Zustand, und man muß sich fragen, ob sie den vorherrschenden Erneuerungsdrang noch lange überleben werden.

Für die Fahrt von Hudaida nach **Loheya**, wo Carsten Niebuhr 1762 jemenitischen Boden betreten hatte, benötigt man seit 1985 kein geländegängiges Fahrzeug mehr. Es gibt jetzt eine gute, nach Norden führende Asphaltstraße. Man legt auf ihr 109 km zurück, um dann nach Westen in Richtung Küste abzubiegen. Die Stichstraße nach Loheya wurde 1986 ausgebaut. Sie verläuft parallel zum Wadi Mawr. Diese Flußregion, bewohnt von etwa 60 000 Menschen, ist eines der großen Landwirtschaftsgebiete des Jemen. Das Wadi Mawr entwässert die Berge in westlicher

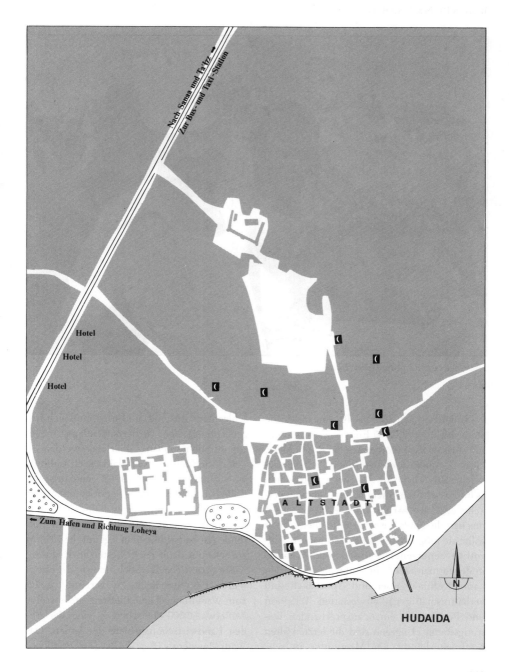

*Verschleierte Frauen sind in der Tihama seltener als im Hochland*

Richtung; der Fluß versickert allerdings, ehe er das Rote Meer erreicht. Durch solche Einschnitte im Gebirgsrelief, wie Wadi Mawr einen darstellt, findet der tägliche Ausgleich der Luftströmungen zwischen Meer und Hochland statt, so daß tagsüber häufig starke Winde talaufwärts wehen. Dadurch können feuchte Luftmassen schnell in größere Höhen gelangen und Gewitterregen verursachen. In der ganzen Gebirgs-Tihama, dem Hügelland zwischen Küstenebene und Hochgebirge, fließt in den Tälern fast immer Wasser, und an vielen Stellen konnten sich üppige Oasen bilden.

Die Straße zwischen Hudaida und **Dschizan** ist der Hauptverkehrsweg nach und von Saudi-Arabien. Wer aus Europa über Saudi-Arabien mit dem Wagen anreist, hat ab Dschizan bis Hudaida noch 265 km zurückzulegen. Die Straße führt durch **al-Saydiya**, einen Ort, der auf die Herstellung von Krummdolchen für den religiösen Adel spezialisiert ist.

Auf dieser Reise lernt man ein Stück der nördlichen Tihama kennen, in der sich arabische und afrikanische Elemente besser gegeneinander aufwiegen als in der südlichen Tihama. Keines der beiden Elemente dominiert, während im Süden manchmal der afrikanische Einschlag überwiegt. Auch im Norden wird intensiv Landwirtschaft betrieben. Wo Motorpumpen rattern, erzielt man be-

*Loheya, Blick von der osmanischen Festung auf Hauptmoschee und Hafen*

achtliche Ergebnisse. An vielen Stellen wird jedoch einfach nur mit Menschenkraft aus 10 bis 15 m tiefen Brunnen das Wasser in Eimern heraufgezogen, um Vieh zu tränken und vielleicht einen winzigen Gemüsegarten zu bewässern. Trotz ihres harten Lebens wirken die Menschen der nördlichen Tihama freundlich und aufgeschlossen. Verschleierte Frauen sind selten. Vielmehr kleiden sich die Frauen dieses Gebietes in leichte bunte Tücher.

Die strohgedeckten Häuser des Gebietes werden im Vergleich zum Süden mit höheren Kuppeln gebaut. Gehalten wird das Dach von einem zentralen Pfahl, dessen geschnitzte Spitze über die Strohkuppel hinausragt. Die Kuppel ist mit starken Seilen bespannt, und das ganze Dach ruht auf einem runden Unterbau aus Stampflehm, manchmal auch aus ungebrannten Lehmziegeln.

Einige Kilometer vor Loheya ist der Boden fast völlig ohne Pflanzenwuchs. Man durchfährt nun eine kaum merkliche Depression, die manchmal von Meerwasser überspült wird. Es sind davon Salzkrusten zurückgeblieben, die steinhart wirken, tatsächlich aber nur tückischen Schlick mit einer zerbrechlichen Kruste überziehen (Vorsicht vor diesen Stellen!). **Loheya** liegt etwas erhöht und befindet sich folglich, wenn die See landeinwärts vorgedrungen ist, in einer Insellage. Auf dem höchsten Punkt im Stadtbereich erhebt sich

*Afrikanisch beeinflußter Wohnstil in der Nord-Tihama*

die osmanische Festung, die in ihrer jetzigen Form ein Verteidigungswerk des 19. Jh. ist. Der Festungshügel kann erklommen werden, und über eine teilweise eingestürzte Außenmauer auf der Westseite gelangt man auch in das Innere der Anlage. Von den Festungsmauern aus bietet sich ein schöner Blick auf die Hauptmoschee mit 14 kleinen Kuppeln, die noch von dem großen gewölbten Dom des Grabmals von Scheich Saleh, dem Ortsgründer, überragt werden. Über die Moschee hinweg blickt man auf zahlreiche strohgedeckte Wohnstätten – hier

jedoch keine Rundbauten, sondern zeltartige rechteckige Hütten mit Satteldächern. Die Steinbauten, früher Wohn- und Warenhäuser von Kaufleuten, gruppieren sich um den versandeten, schon lange unbedeutenden Hafen und sind von ihren ursprünglichen Besitzern längst verlassen worden. Manchmal haben sich fliegende Händler in den Ruinen einquartiert.

Immerhin gibt es im Hafen von Loheya noch Fischerboote, und es werden dort manchmal auch einige der hochbordigen arabischen Segelboote gebaut, die Daus (Farbabb. 23). Auf dem Markt am Ufer der seichten Bucht sind schmackhafte Imbisse zu bekommen, so etwa fester Weißkäse, der gut zu den in Öl gebackenen ungezuckerten Kuchen paßt. Wer in einem Teehaus am Ufer Rast macht, kann nah und fern Wasservögel beobachten: Kormorane, Pelikane, Fischreiher, um nur einige Arten zu nennen.

*Loheya hat kein Hotel.* Wer übernachten möchte oder muß, wird dennoch Unterkunft finden, eventuell in der Schule oder in der Krankenstation.

Die Rückfahrt nach Hudaida kann in südlicher Richtung entlang der Küste erfolgen. Es gibt fast immer zwei Pisten, die in 1 bis 5 km Abstand voneinander nach Süden führen und später auf die Überlandstraße Hudaida – Saudi-Arabien stoßen. Unterwegs finden sich wiederholt Badegelegenheiten am Roten Meer.

## Von Hudaida nach Sanaa

Die Strecke von Hudaida nach Sanaa (226 km) kann in vier bis fünf Stunden zurückgelegt werden. Da sie über eine der schönsten Berg-

*Badschil, Tihama-Dekor an einer Häuserwand*

straßen des Jemen führt, sollte man sich Zeit lassen. Ausgebaut wurde die Straße mit finanzieller und tätiger Hilfe der Volksrepublik China etwa ab 1960, und nicht nur wegen der Gebirgigkeit des Geländes, sondern auch wegen des Bürgerkrieges dauerten die Arbeiten rund zehn Jahre. Vor den Chinesen hatten die Türken in ungefähr gleicher Linienführung eine Schotterstraße zur Hauptstadt gebaut und unterhalten, und wahrscheinlich waren sie wiederum nur dem Pfad gefolgt, auf dem in sabäischer und himyaritischer Zeit der Verkehr zwischen der Gegend von Sanaa und dem Meer lief.

In der Türkenzeit dauerte der Aufstieg zur Hochebene von Sanaa mindestens drei Tage.

Naturereignisse oder jemenitische Überfälle konnten ihn um ein Vielfaches verlängern. Für Tausende, vielleicht Zehntausende von Soldaten des osmanischen Heeres wurde dieser Weg zu einem Marsch in die Ewigkeit: Sie starben an den Strapazen oder unter den Kugeln von Partisanen. Heutzutage ist die Straße Hudaida – Sanaa sicherer als die Strecke von Ta'izz zur Hauptstadt, denn die sogenannte ›Chinesenstraße‹ hat – bei bestem Ausbau – so viele enge Windungen, daß sie nur in gedrosseltem Tempo befahren werden

*Terrassenfelder werden im Bergjemen bis in 3000 m* ▷
*Meereshöhe angelegt*

kann; die langen geraden Strecken der Straße von Ta'izz verführen dagegen zu überhöhter Geschwindigkeit, und es kommt hier häufiger zu Unfällen.

Von Hudaida aus erreicht man bei **Badschil** (55 km) das Vorgebirge. Eine *Nebenstrecke* (120 km) geht von hier nach Norden ab. Da diese Schotterpiste über al-Mihlaf und al-Qanawis führt, kann sie auch für eine Fahrt nach Loheya benutzt werden. Kurz hinter al-Qanawis biegt an einer Gabelung östlich eine Schotterpiste Richtung Haddscha ab. Die Fahrt wird für den Reisenden wieder zum Anschauungsunterricht über verschiedene Formen der Landwirtschaft. Die unteren Hänge der Bergstöcke sind oft nicht mehr terrassiert. Hier leben die Menschen von Kleintierhaltung und vom Holzhandel: In gewissen Abständen sind neben der Straße Holzsammelplätze angelegt, die aus den Seitentälern versorgt werden. Das intensive Sammeln und Abholzen beschleunigt die Bodenerosion, ist aber wohl angesichts des Mangels an anderen Brennstoffen unvermeidbar.

Einen anderen landwirtschaftlichen Bereich markieren die tief eingeschnittenen Wadis, die in diesem Gebiet teilweise ganzjährig Wasser führen. Es wird zur Bewässerung jeden Quadratmeters Boden in den engen Tälern genutzt. Hier bringt man jedes Jahr mehrere Ernten ein; Hirse, Mais, Bohnen, Luzerne, Bananen, Papayas, Kaffee und Qat gedeihen vorzüglich. Über 1000 m hinaus gelangt man dann immer mehr in das Gebiet des Terrassenanbaus. Seit Mitte der achtziger Jahre gibt es eine voll ausgebaute Querverbindung, die etwa 7 km nördlich von Badschil nach Südosten in Richtung Madinat asch-Scharq (vormals Madinat al-Abid) und weiter nach **Ma'bar** (Sanaa–Ta'izz-Straße) führt. Diese Route (172 km) bietet herrliche Szenerien des mittleren Bergjemen und sehr schöne Eindrücke von der subtropischen Landschaft des Wadi Siham. Kenner bemängeln jedoch die manchmal abrupte Kurvenführung der Straße und die akute Steinschlaggefahr.

Bei der Auffahrt vom Hügelland findet ein langsamer Übergang im Siedlungsbild vom Tihama-Typ der strohgedeckten Hütte zum Steinhaus mit Flachdach statt. Je höher man kommt, desto höher werden auch die Häuser, und vielfach liegen die Dörfer in extremen Positionen auf Gipfeln und Graten.

Von Madinat asch-Scharq führt eine knapp 50 km lange Piste (Geländefahrzeug erforderlich) nach **Hammam Ali,** einem volkstümlichen Bad am Oberlauf des Wadi Rima. Dort trifft man auf heiße Quellen mit schwefelhaltigem Wasser, die von jemenitischen Besuchern – abwechselnd Männer und Frauen – als Heilbäder benutzt werden.

Die *Hauptstrecke* von Badschil nach Sanaa (140 km) tritt zwischen dem Dschabal Dahnah und dem Dschabal Izzan in die eigentliche Bergregion ein. Sie folgt dann zunächst dem Lauf des Wadi Surdud, das ständig Wasser führt und damit an seinen Rändern eine intensive Landwirtschaft ermöglicht. Häufig muß jedoch die Straße das Flußtal verlassen und sich an Berghänge schmiegen, Felsnasen überwinden und durch Klippen hindurchleiten.

Hans Helfritz ist in den dreißiger Jahren mehrmals auf dieser Route gereist. Über den Abschnitt nahe Manacha schrieb er:

»Bei Suq al-Chamis fällt die Gebirgswand plötzlich viele Hunderte von Metern steil ab. Und während hier oben oft eine fast nordisch kühle Luft herrscht und die Menschen vermummt umhergehen, ist das tiefe Tal unmittelbar vor den Füßen mit brodelnd heißer

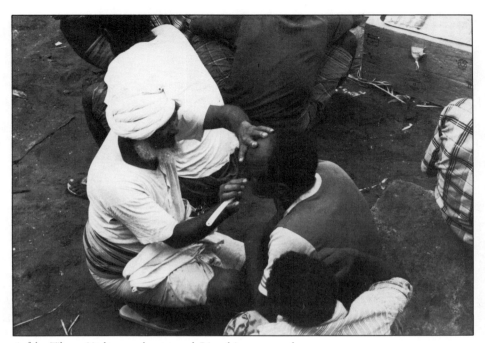

*Auf den Tihama-Märkten werden stets auch Dienstleistungen angeboten*

Luft erfüllt und dschungelartig bedeckt mit einer üppigen, tropischen Vegetation. Jenseits aber steigt die Wand ebenso jäh wieder auf fast dreitausend Meter hinaus, und hoch oben auf dem schmalen Grat sieht man Manacha liegen.«

Den höchsten Punkt erreicht die Straße mit 2750 m Paßhöhe nach Manacha nahe dem von Helfritz erwähnten Ort Suq al-Chamis. Vom Paß aus kann man bei günstiger Wetterlage im Norden den höchsten Gipfel des Landes sehen, den 3620 m hohen Dschabal an-Nabi Schu'aib, einen alten Vulkankegel. Danach geht es hinunter auf die 500 bis 600 m tiefer liegende Ebene der Hauptstadt Sanaa.

*Festung außerhalb von Sada* ▷

# Blickpunkt Sada

## BLICKPUNKT SADA

Der jemenitische Geograph al-Hamdani (um 900 n. Chr.) hat viel über die Stadt Sada und ihre Umgebung geschrieben. Von ihm erfahren wir, daß Sada »ein Gebiet der Gerberei schon in der Zeit der großen Unwissenheit« war, in der Zeit also vor dem Islam. Weiter heißt es, Sada liege »in der Mitte des Qaraz-Gebietes«; Qaraz ist eine Akazienart, aus deren Saft man Gummiarabikum gewinnt. Und schließlich wird uns berichtet, in der weiteren Umgebung von Sada finde man die besten Wadis des Chaulan, mit »dem feinsten Wein, den meisten Pferden, guten Saatfrüchten, Trauben und Vieh«.

Hamdanis Mitteilungen gehören zu den frühesten schriftlichen Hinweisen auf Sada. Doch steht die Stadt an einem Platz, der schon zur Zeit des Königreichs Ma'in von großer strategischer und handelspolitischer Bedeutung gewesen sein muß. Nahe Sada beginnt das Wadi Nadschran, das eine natürliche Straße nach Norden bildet. Die Stadt, rund 2000 m hoch gelegen, befindet sich fast im Zentrum eines weiten, 35 km langen Beckens: der ideale Sammelplatz für Karawanen, die aus dem zentralen Hochland und aus dem Südosten, also aus dem Kernland von Ma'in und Marib, kamen, um zu dem wichtigen Handels-Außenposten Nadschran weiterzuziehen. Außerdem gab es schon in der Antike etwa 30 km westlich der jetzigen Stadt Sada Goldbergwerke. Man darf also wohl davon ausgehen, daß die Region Sada bereits länger als seit rund tausend Jahren besiedelt ist. Sicherlich haben die vorherrschende Lehmbauweise und andere widrige Umstände dazu beigetragen, daß bisher keine Zeugnisse aus der Frühzeit aufgefunden wurden.

In der Geschichte des islamischen Jemen wird Sada im Jahre 897 n. Chr. faßbar. In diesem Jahr machte sich ein Eindringling, al-Hadi Jachjah Ibn Hussain, als Imam bekannt und erklärte Sada zu seiner Hauptstadt. Imam al-Hadi war aus Basra am Persischen Golf in den Norden des Jemen gekommen und hatte eine neue Interpretation der Loyalitätsverhältnisse im ›Haus des Islam‹ nach dem Ableben des Propheten Mohammed mitgebracht. Diese Interpretation stützte sich auf Lehren des Said Ibn Ali aus Madina, der ein Urenkel Alis, des Schwiegersohns

*Türken im Jemen (histor. Darstellungen)*

des Propheten, war. Entsprechend nannte man al-Hadi und seine Anhänger Saiditen. Als die zugewanderten Saiditen im Gebiet von Sada einen Bund von Stämmen organisierten, dessen weltliche und geistliche Führung bei Imam (wörtlich: Vorbeter) al-Hadi lag, war der saiditische Staat im Jemen geboren, der bis zur Revolution von 1962 bestehen bleiben sollte.

Imam al-Hadi regierte von Sada aus bis zum Jahre 911. Es steht fest, daß er nur einen kleinen Teil des Nordens beherrschte. Im frühen Stadium der Entwicklung des saiditischen Staates war der Imam kaum mehr als ein Stammesfürst, und seine Gefolgschaft vergrößerte oder verringerte sich entsprechend den Loyalitätsverschiebungen unter den Stämmen.

Auch die drei folgenden saiditischen Imame residierten in Sada. Sie konnten ihren Machtbereich ausdehnen, hauptsächlich allerdings im Hochland. Spätere Herrscher bevorzugten andere kleine Orte, z. B. Haddscha, als Hauptstadt. Erst Imam Jachjah Ibn Mohammad as-Seradschi machte 1261 Sanaa zur Metropole des saiditisch-islamischen Staates. Die Küstenebene, die Tihama, war immer nur sporadisch in den Machtbereich dieses Staates einbezogen. Die Menschen am Ufer des Roten Meeres folgten einer anderen Glaubensrichtung des Islam (vgl. *Blickpunkt Sabid*); außerdem waren sie – manchmal allerdings nur nominell – dem durch einen Statthalter vertretenen Chalifen untertan: dem weltlichen Nachfolger Mohammeds, der in Damaskus oder Bagdad residierte.

1547 hatten sich die Soldaten des Osmanischen Reiches aus der Tihama, in der sie seit 1539 saßen, bis hinauf nach Sanaa durchgekämpft. Imam Scharaf ad-Din zog sich in die Bergfeste Kaukaban, rund 25 km nordwestlich von Sanaa, zurück. Von diesem Zeitpunkt an waren die Hauptstadt und das ganze Hochland ständig umkämpft. 1597 wurde wieder Sada Hauptstadt des Bergjemen: Dort hatte sich al-Mansur al-Qasim Ibn Mohammed als Imam der saiditischen Stämme durchgesetzt. Imam al-Qasim reiste im Land umher, predigte den Kampf gegen die wirtschaftliche Ausbeutung durch die Türken und war schließlich erfolgreich in seinem Bemühen, den Aufruhr der Jemeniten zu einem organisierten Aufstand zusammenzufassen. Ein in Kairo stationierter Chronist des Osmanischen Reiches schrieb um diese Zeit:

»Nirgendwo haben wir so viele Soldaten verloren wie im Jemen. Unsere Soldaten verschwanden dort wie Salz im Wasser. Wenn wir unsere Soldatenregister überprüften, stellten wir fest, daß wir von der Zeit des Ibrahim Pascha (1524) bis heute 80 000 Soldaten in den Jemen geschickt haben, von denen lediglich 7000 die Expeditionen überlebt haben.«

Doch es vergingen weitere 39 Jahre, bis das Osmanische Reich aus seinen hohen Verlusten Konsequenzen zog: Im Jahre 1635 war der saiditische Staat nach dem völligen Rückzug der türkischen Truppen wieder unabhängig und frei. Hauptstadt blieb von jetzt an Sanaa – bis zur Rückkehr der Türken auf das Hochland im Jahre 1872. Sada aber war als Wiege des Imamats für die Saiditen auch weiterhin eine besondere, eine heilige Stadt. Als 1962 der letzte Imam, al-Badr al-Mansur, gestürzt wurde, fand er in den Höhlen des Berggeländes nordwestlich von Sada eine Zuflucht. Er führte von dort aus, allerdings vergeblich, fast sieben Jahre lang den Kampf um die Rückkehr auf den Thron.

*Sada, Blick auf das Wohnviertel des religiösen Adels* ▷

BLICKPUNKT SADA

# Religion und Kultur

In den ersten hundert bis zweihundert Jahren nach dem Tod des Propheten entstanden zahlreiche islamische Sekten. Gründer einer solchen Sekte war auch Said Ibn Ali aus Madina (geb. 697), der religiöse Studien in Basra am Persischen Golf betrieb. Der Chalif Ali (656–661) war zu dieser Zeit schon tot und Alis Sohn Hussain in der Schlacht bei Kerbela im Irak gefallen. Es hatte sich ein Kampf um die Nachfolge Mohammeds als Führer der Gläubigen entwickelt und zum Religionsschisma gesteigert. Die Partei Alis und Hussains – die Partei der Schiiten – war im Irak und im benachbarten Persien noch stark. Das religiöse Zentrum Basra wurde davon beeinflußt. Said Ibn Ali, ein Urenkel der Prophetentochter Fatima und ihres Mannes, Ali Ibn Abu Taleb, gründete eine Sekte auf schiitischer Grundlage. 740 fiel Said im Kampf gegen den sunnitischen Chalifen Walid II., der in Damaskus residierte. Seinen Gefolgsleuten galt Said als Kämpfer gegen die Ungerechtigkeit, d. h. gegen die Damaszener Chalifen, die der Familie Alis das Chalifat entrissen hatten. Auf der Suche nach weiteren Gefolgsleuten zogen die Anhänger Saids, die Saiditen, über die ganze Arabische Halbinsel, bis sie schließlich im Norden des Jemen fruchtbaren Boden für ihre Lehre fanden.

Im Gebiet von Sada trafen die Saiditen auf Stämme, die außer ihren eigenen Stammesführern keine weltliche Autorität anerkannten. Bei diesen eigenständigen, nur locker in eine primitive Sozialstruktur eingebundenen Jemeniten fand die saiditische Lehre Gehör, deren Grundsätze der Islamforscher J. A. Williams folgendermaßen zusammenfaßt: »Sie glauben, daß Gott keine ewigen beziehungsweise unerschaffenen Attribute habe, wie sie ebenso den Koran für erschaffen halten und zum größten Teil auch die Prädestinationslehre ablehnen.« Für die Sunniten hingegen ist der Koran ›von Gott gesandt‹, ist alles, was geschieht, von Gott so vorausbestimmt. Aus ihrem Widerstand gegen den Fatalismus zogen die Saiditen auch eine politische Lehre: Sie lehnten es ab, einen als ungerecht empfundenen Herrscher passiv hinzunehmen, wozu sich die Sunniten aufgrund der Überlieferung des Propheten (Hadith) verpflichtet fühlten.

Der ägyptische Jemenforscher Mohammed al-Azzazi interpretiert den politischen Gehalt der saiditischen Lehre so:

»Demnach hat jeder Saidit, der die Imamatsvoraussetzungen erfüllt, das Recht, gegen den ›ungerecht‹ herrschenden Imam zu revoltieren und das Imamat für sich zu beanspruchen. Dieser Grundsatz ist die Ursache für die Rivalität innerhalb der saiditischen Führung im Jemen … Da die saiditische Lehre die totale Gehorsamkeit gegenüber dem herrschenden Imam ablehnt,

erlaubt sie im Unterschied zu allen anderen islamischen Glaubensgemeinschaften das gleichzeitige Bestehen mehrerer Imame in verschiedenen Gebieten.«

Die von al-Azzazi erwähnten Imamatsvoraussetzungen – insgesamt 14 an der Zahl – sind überwiegend anspruchslos. Ein Kandidat muß männlichen Geschlechts, frei geboren, steuerpflichtig und gesund an Geist, Sinnen und Gliedern sein; gerecht, fromm und großzügig, soll er außerdem administrative Fähigkeiten besitzen. Die Punkte elf und zwölf bestimmen, daß ein Kandidat von Ali und von Fatima (Schwiegersohn und Tochter des Propheten) abstammen muß. Er hat Tapferkeit zu zeigen und soll über umfassende Kenntnisse des Korans sowie der Auslegung der heiligen Schrift und der religiösen Bestimmungen verfügen.

Die Forderung, der Kandidat müsse vom Stamme des Propheten sein, steht also erst an elfter und zwölfter Stelle. In Wirklichkeit erweist sie sich aber als Hauptforderung: Ist sie nicht erfüllt, dann helfen alle anderen Tugenden nicht weiter. Aus diesem Geburtsprivileg entwickelte sich im saiditischen Staat bald eine Adelsschicht (Farbabb. 4, Umschlagrückseite), die Sade (Einzahl Sajjid). Theoretisch sollte der jeweilige Imam von den Mitgliedern dieser Adelsschicht gewählt werden. In praxi wurde das Imamat allerdings innerhalb weniger Familien erblich; immerhin mußte der Herrscher auf die Interessen der Sade Rücksicht nehmen. Er kam dem religiösen Adel entgegen, indem er ihn mit Regierungsposten versorgte. Denn die Sade waren von Haus aus keine reichen Grundbesitzer; das Land gehörte vorwiegend den Stämmen, und die Adeligen konnten Wohlstand erst als Funktionäre des Imam erwerben. In den rund tausend Jahren, die dem saiditischen Imamat im Jemen vergönnt waren, wuchs die Schicht des religiösen Adels auf rund 50 000 Köpfe. Die Unzufriedenheit der Bevölkerung, die sich im 19. und 20. Jh. stark verdichtete, war vor allem durch Amtsmißbrauch der Sade verursacht. Andererseits wurde bis zuletzt mancher Sajjid als Friedensstifter in Stammeskonflikten wie ein Heiliger verehrt. Der Jemen-Forscher Carl Rathjens schrieb dazu:

»Die Sade sind die Ausleger islamischen Rechtes und der Ritualgesetze, der 'ibadat. In allen Stammesstreitigkeiten werden sie als Schiedsrichter oder Friedensstifter angerufen. Meistens wohnen sie getrennt von den Dörfern, ... und solche Orte sind dann ebenso wie eine Anzahl von größeren Städten auf dem Hochlande ... sowie verschiedene Heiligengräber privilegierte, im Kriege unverletzbare Zufluchtsstätten oder Asyle, die man hidjrah nennt. Unverletzlich und unter unbedingtem Burgfrieden stehend sind auch die Märkte, die als gesonderte Orte mit Steinhütten zwischen den Stammesgebieten liegen und nur an einem Tage in der Woche, dem Markttag, bevölkert sind.«

Das religiöse Recht stand in vieler Hinsicht in Konkurrenz zum traditionellen Stammesrecht, und dieser Konflikt ist bis heute noch nicht völlig gelöst. Zwar konnte das Stammesrecht an manchen Stellen eingeebnet werden, in anderen Fällen jedoch mußte das religiöse Recht sich anpassen. So blieb die Bevölkerung des jemenitischen Hochlandes z. B. dem strengen Ehrenkodex verbunden, der den Kriegshandlungen miteinander verfeindeter Stämme Grenzen setzt. Ebenso wurde das Verfahren, mit dem ein Blutrachezyklus durchbrochen werden kann, aus vorislamischer Zeit übernommen. Wiederum sei zu diesen Überlieferungen Carl Rathjens zitiert:

»Das uralte Blutrachegesetz würde eine unendliche Reihe gegenseitiger Mordaktionen nach sich gezogen haben, wenn es nicht möglich gewesen wäre, die Blutschuld des Mörders durch einen Blutpreis, ad-diyah, abzulösen, der an die Familie des Getöteten gezahlt wurde.«

Im Interesse des Reiseverkehrs regelte das Stammesrecht auch den Schutz solcher Personen, die sozial zu schwach waren, um in das System der Blutrache einbezogen zu sein, oder die nicht zur islamischen Glaubensgemeinschaft gehörten. Früher mußte sich der Fremde, wollte er durch das Gebiet eines Stammes reiten, mit einem Stammesmitglied in Verbindung setzen. Der Kontaktmann wurde gegen ein Entgelt zum Schutzführer mit voller Verantwortlichkeit – d. h. bis hin zur Blutrachepflicht – für das Leben und das Gut des Schutzbefohlenen. Verging sich der Schutzführer selbst gegen seinen Schützling, so konnte diese Untat durch keine Ablösesumme gesühnt werden – der Verbrecher mußte aus dem eigenen Stamm ausgestoßen werden und wurde vogelfrei. Zumindest bei älteren Jemeniten macht sich die Schutzführerrolle, auch ohne Entlohnung, in abgemilderter Form bemerkbar, wenn sie in eine Reisegemeinschaft mit Fremden geraten.

Religionsrecht und Stammesrecht sowie die dazugehörigen Gewohnheiten führten zu einer strengen Kasten- und Klassengliederung innerhalb der Bevölkerung des saiditischen Staates.

*Sada, auf der im Verfall befindlichen Stadtmauer*

BLICKPUNKT SADA

Nach dessen Untergang hat sich diese Gliederung lediglich gelockert, und zwar unterschiedlich stark nach Regionen. Deutlich abgeglichen zeigt sie sich in den größeren Städten und in der Tihama, im Gebiet von Sada hingegen bestehen die Schranken der Kasten und Klassen fast ohne Abbruch weiter. An der Spitze des Stammes steht immer noch der Scheich. Die Sade sind ein bevorrechtigter Stand außerhalb des Stammesverbandes, aus dem auch alle vorübergehend im Stammesgebiet anwesenden Wanderhandwerker und Saisonarbeiter ausgeschlossen bleiben. Gesellschaftlich minderberechtigt sind – in der Stadt wie auf dem Land – die wenigen verbliebenen Anhänger des jüdischen Glaubens. Stärker diskriminiert werden die Angehörigen verachteter Berufe. Dazu gehören Schmiede, Töpfer, Schlachter, Gemüseverkäufer (besonders die von Knoblauch und Zwiebeln), Brunnenarbeiter, Badewärter, Schröpfer, Barbiere, Kaffeewirte, Musiker und Henker. Die Stadtbewohner sehen auf Stammesmitglieder des Berglandes herab und umgekehrt. Auch unter den Stadtbewohnern, die noch nicht seit mehreren Generationen im Ort ansässig sind, halten sich Stammesbindungen.

## Baukunst

In Sada scheinen die Häuser wie von Natur aus dem Boden zu wachsen. Doch der Schein trügt. Die Häuser haben durchaus Fundamente, die in Baugruben von geringer Tiefe bis in

*Sada, am unvollendeten Neubau läßt sich das System der ›Sabur-Technik‹ erkennen*

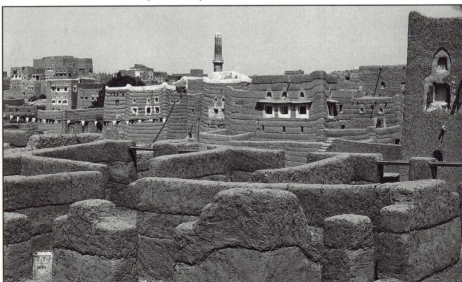

Höhe des Bodenniveaus aufgeschichtet sind. Beim Bau der Außenmauern wird meist der Erdaushub aus den Gruben mitbenutzt. Erde, Lehm und Hecksel sind das Baumaterial der Mauern, deren Farbe genau der des Bodens entspricht. Anders als z. B. im Südjemen werden in Sada keine Lehmziegel zum Lufttrocknen oder Brennen geformt; vielmehr wird der Erde-Lehm-Brei zu etwa 60 cm dicken Wülsten verarbeitet. Mit Brettern und Schlegeln klopft man die Masse fest. Es wird Wulst auf Wulst gelegt, wobei ein ›Gebäudering‹ meistens der Arbeit eines Tages entspricht. Jeder Ring muß mehrere Tage lang trocknen. Wird ein neuer Wulst aufgetragen, so zieht man ihn an den Ecken systematisch in die Höhe; am Dachrand ragt dann jede Ecke wie eine Zinne empor. Diese Technik dient ebenso der Stabilisierung des Gebäudes wie das Verfahren, jeden Wulst 1 bis 2 cm über den unter ihm liegenden auskragen zu lassen. Der ganzen Mauer gibt man hingegen mit zunehmender Höhe eine Neigung nach innen.

Die Art, Häuser mit vier und fünf Stockwerken aus Lehmwülsten zu bauen, nennt man in der Gegend von Sada ›Sabur-Technik‹. Manche Häuser sind außen noch mit einer Lehmschicht verputzt, so daß sich anstelle der Wülste eine geschlossene braune Wand darbietet, die allerdings wie eine Elefantenhaut mit Sprüngen und Rissen überzogen ist. Abgesehen von den beiden Hauptmoscheen und den Flanken der Stadttore sind alle Gebäude in Sada nach der Sabur-Technik errichtet. Wie auch anderswo im Jemen dienen die Räume zu ebener Erde der Verteidigung und der Vorratshaltung; sie sind deswegen ohne Fenster. Die erste Fensterreihe

*Ein neuer Wulst von Stampflehm wird aufgetragen*

findet sich dann in der Mitte eines Hauses oder noch weiter oben, und zwar mit kleineren Öffnungen, als sie in anderen Landesteilen üblich sind. Über einem hochkantigrechteckigen und glaslosen Fenster sitzt oft ein fast ebenso großes halbrundes Oberlicht, das mit einer Alabasterscheibe geschlossen ist. Die Kombination wird mit einer Mischung aus Kalk und Gips weiß ummalt.

Außer dieser Fensterumrahmung weisen die Häuser nur wenige Dekorationselemente auf. Manche haben an den Dachrändern Zinnen, wie sie auch im Südjemen häufig vorkommen. Die Dachränder sind mit Alabastergips und Kalk befestigt und geweißt. Ältere Häuser – Sabur-Bauten können hundert und zweihundert Jahre alt werden – besitzen Abtritte in Form nach außen vorgebauter Kästen, aus denen die Exkremente direkt auf die Straße fallen – doch ist diese Vorrichtung wohl kaum als dekoratives Element zu werten.

Hingegen wird viel Wert auf die Gestaltung der Türen gelegt. In manche Türrahmen sind schöne Schriftbänder mit Koranversen geschnitzt; dazu kommen florale und geometrische Muster auf den Türflügeln. Auch Türklopfer zeigen sich originell verziert. Einige Tore sind mit schweren Rundbolzen beschlagen, die der Verteidigung dienen, aber auch dekorativ sein sollen.

*Sada, Festung im Stadtzentrum, erbaut auf einem Schlackenberg*

# Rundgang in Sada

Ein 1977 verlegtes Buch über die Baukunst des Jemen äußert sich begeistert zu Sada. Als einzige große Stadt im Jemen sei sie von moderner Entwicklung unberührt geblieben. Und weiter: »Die Lehmmauer umschließt Sada wie ein riesiges Band, das die einzeln stehenden Häuser zusammenhält und die umliegende Ebene leer liegen läßt.« Jede Besichtigung Sadas sollte mit einem Gang auf der Lehmmauer rund um die Stadt beginnen (zwei bis drei Stunden). Der Besucher wird bald zu dem Urteil gelangen, daß die Begeisterung von 1977 heute nicht mehr voll gerechtfertigt ist, denn die alte Saiditen-Hauptstadt blieb in den letzten Jahren eben nicht »von moderner Entwicklung unberührt«. Die achtziger Jahre bescherten der Stadt einen Bauboom und damit viel Fernverkehr.

Die schweren Lastwagen und ihre Fahrer haben in der Stadt Spuren hinterlassen. Vor dem Südtor hat sich eine ganze Trabantenstadt mit Garagen, Werkstätten, Hotels und Lokalen angesiedelt. An zwei Stellen sind durch die Mauer willkürlich Ausfahrten gebrochen worden, und in der Stadt

*Plan der Stadt Sada. Der Mauerzug ist heute nicht mehr lückenlos*

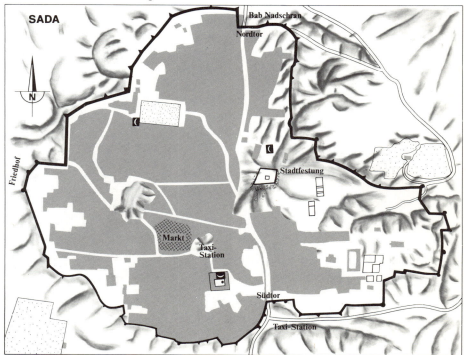

# BLICKPUNKT SADA

selbst sind einige Häuser zweifelhaften Baustils aufgetaucht. Auch werden an manchen Stellen jetzt grobdekorierte Eisentüren anstelle der liebevoll geschnitzten Holztüren benutzt.

Die Krone der **Stadtmauer** ist bequem am **Südtor** (Mündung der Straße von Sanaa) zu ersteigen. Von dort gehe man zum Nordtor (Bab Nadschran), womit man gut die Hälfte der Stadtmauer abgeschritten hat. Der Blick herab von der Mauerkrone fällt oft in Privatgärten, auf Dächer und in offene Fenster von Wohnhäusern. Hier ist erhöhte Diskretion geboten, da in Sada mehr Angehörige des konservativen religiösen Adels leben als in anderen Städten. Entsprechend vorsichtig muß man beim Photographieren sein.

Von der Stadtmauer aus sind zwischen den Wohnhäusern und Gärten die beiden Hauptmoscheen Sadas und andere prominente Gebäude leicht zu entdecken. Überragt wird die Stadt von der im Zentrum auf einem Hügel aus Schlacke und Abfall erbauten Festung: Sie diente wohl mehr dazu, die Bevölkerung in Schach zu halten, als Sada gegen äußere Feinde zu verteidigen (s. Abb. S. 162). Zwischen Festung und Stadtmauer (Nordseite) liegt ein zweiter schwarzer Hügel, ebenfalls aus Schlacke, die in großen Mengen anfiel, als einige Jahrhunderte lang in Stadtnähe Eisenerz abgebaut und innerhalb der Mauern verhüttet wurde.

**Bab Nadschran** verdient besondere Beachtung. Es besitzt einen mächtigen Wehrturm aus Stampflehm, der durch Einlagen aus Felssteinen und Aufmauerungen aus gebrannten Ziegeln verstärkt ist. Die Mauer ist hier in mehreren kühnen Schwüngen angelegt worden, so daß ihre Wehrgänge bis neben den vorgeschobenen Turm reichen und noch hin-

ter dem eigentlichen Einlaß den Zugangsweg zur Stadt ein kleines Stück begleiten. Anfang der neunziger Jahre schrieb eine Expertin (U. Dambleff-Uelner): »Die Mauer muß wegen ihrer vollständig erhaltenen (wenn auch reparaturbedürftigen) Anlage des 16. Jh. als herausragendes Baudenkmal im arabischen Kulturraum angesehen werden. Sie ... der Nachwelt zu erhalten, kann heute als gerade noch möglich ... angesehen werden.«

Die **Große Moschee** (Besichtigung des Inneren *nicht* möglich) wurde im 12. Jh. erbaut. Sie ist die Grabmoschee des ersten saiditischen Imam, al-Hadi Jachjah, sowie elf weiterer Imame (Farbabb. 14). An der Südseite der Moschee erheben sich zwölf Kuppeln über den Gräbern, jede davon anders gestaltet. Von Interesse ist auch die **al-Nisari-Moschee.** Obwohl von geringerer Höhe, hebt sie sich deutlich von den umliegenden Gebäuden ab, weil sie einen Unterbau aus massiven behauenen Steinen und einen aus gebrannten Ziegeln gemauerten Aufsatz besitzt.

Ein Gang durch die engen Gassen von Sada endet oder beginnt fast unvermeidlich am **Hauptplatz.** Hier gibt es einige Teehäuser, in denen man auch essen kann. Die früher am Hauptplatz stationierten Abfahrtsplätze für Sammeltaxen in Richtung Sanaa, zu den Dörfern der näheren Umgebung und nach Nadschran sind jetzt außerhalb der Stadtmauer zu finden.

Vom Hauptplatz zweigen die Gassen des **ständigen Marktes** ab, der aus einstöckigen Buden besteht. Hier wird nicht nur verkauft, sondern auch manches produziert. Zu den

*Sada, Blick auf die Imam-al-Hadi-Moschee von der Stadtmauer aus*

BLICKPUNKT SADA

*Sada, der Markt ist eine reine Männerwelt*

interessanten Beispielen der traditionellen Fertigung gehören Kochgefäße aus hartem Stein. Sada-Keramik ist ebenfalls beachtenswert. Dolche, deren Klingen man nicht mehr in der Stadt selbst, sondern in Dörfern der Umgebung schmiedet, werden meist zu sehr hohen Preisen angeboten. Der kleine Silbermarkt, vorwiegend von jüdischen Händlern betrieben, ist bemerkenswert.

Aber auch in Sada ist der Markt inzwischen mit Importartikeln überschwemmt: Brokate aus Damaskus, Baumwollstoffe aus Asien, indische Blumenöle, Zigaretten aus Saudi-Arabien, japanische Tonbandgeräte und Kaffeeschälchen aus China – letztere, obwohl in Sada kaum noch Kaffee getrunken wird, sondern Tee und ›Qischr‹, ein mit Ingwer gewürzter Aufguß aus getrockneten Schalen der Kaffeebohnen.

Der **Wochenmarkt** fällt in Sada auf den Sonntag. Es werden vorwiegend landwirtschaftliche Produkte angeboten. Hausfrauen findet man auf dem Markt fast gar nicht, denn Einkaufen ist Männersache. Manche Familienväter beschaffen sogar die Kleidung für ihre Frauen. Die Tradition des Harems ist hier noch nahezu ungebrochen. Dazu heißt es im Tagebuch einer deutschen Ethnologin:

»Die Frauen besonders strenggläubiger Familien dürfen nicht einmal die benachbarten Harems besuchen. In anderen Stadtvierteln – außerhalb des eigenen Viertels der Sade – sind ›Freitagsparties‹ besonders beliebt.

Das heißt, es besuchen sich am islamischen Wochenfeiertag gegenseitig ganze Schwärme von Frauen. Sie sind dann in Gold- und Silberbrokate gekleidet. Alle duften nach indischen Essenzen, viele tragen auf den Gesichtern aufgemalte Ornamente in Form kleiner Zweige oder Blüten. In dem Harem, in dem eine ›Freitagsparty‹ – unter Ausschluß jeglicher männlicher Wesen – stattfindet, wird das Stimmengewirr übertönt von arabischen Gesängen aus dem batteriebetriebenen Tonbandgerät; dazwischen mischt sich das Gurgeln der Wasserpfeifen. Es werden zahllose Schalen Tee, gewürzt mit frischer Minze, und dazu noch viele Gläser Qischr getrunken. Qat ist ebenso ein Laster der Frauen wie der Männer. Mit dem Rauch der Wasserpfeifen mischt sich der schwere Duft brennenden Weihrauchs. Ein wenig wirkt es in Sada noch nach, daß einmal der Weihrauch den Wohlstand des antiken Südarabien ausmachte. Jeder Haushalt hat seine eigene Weihrauch-Mischung, die er für die absolut beste hält.«

## Die Umgebung von Sada

Die Ebene rings um Sada lädt ein zu Wanderungen. Ein- bis vierstündige Touren lassen sich noch in Sichtweite zur Stadt absolvieren, und man kann von der Stadtmauer aus verschiedene Routen mit dem Auge vorausbestimmen. Das eigentliche Wadi Sada eignet sich zu Spaziergängen. Vom Südtor aus liegt in Richtung Südost der 2040 m hohe Dschabal Abbelle; er ist in etwa eineinhalb Stunden zu Fuß zu erreichen. Wiederum vom Bab Nadschran aus sind es knapp drei Stunden Fußwanderung in nordöstlicher Richtung bis zum Unterlauf des Wadi Agnam.

Etwa 6 km westlich von Sada liegt das Dorf **Ruras (Ghuras).** Zwar ist ein Besuch empfehlenswert, weil man dort eine dörfliche Siedlung mit besonders stattlichen Lehmbauten kennenlernt, aber da in Ruras noch einige jüdische Familien leben, sind dort Mitte der achtziger Jahre für Touristen Schwierigkeiten aufgetreten. Die Polizei sucht das Photogra-

*Prähistorische Felsgravur nahe Sada*

phieren am Ort zu verhindern. Einige jüdische Silberschmiede aus Ruras (Farbabb. 22) besuchen ziemlich regelmäßig den Markt von Sada. Dort kann man von ihnen kaufen und sie meistens auch photographieren. In Ruras sollte man auf den Apparat verzichten.

In etwa zweistündiger Autofahrt (Geländewagen) nach Nordwesten sind die Felsen des **Um-Laila-Tales** zu erreichen, ein bizarr erodiertes Sandstein-Gebiet mit Schluchten, Grotten, hohen, überhängenden Steilfelsen und Wasserläufen. Inschriften und Zeichnungen an einigen Felsen lassen vermuten, daß in der Frühzeit ein Zweig der Karawanenroute von Aden nach Sanaa, Sada, Mekka und Gasa hier entlang verlief.

Nur 7 km vor den Toren Sadas, ebenfalls in Richtung Norden, finden sich frühe, möglicherweise prähistorische **Felsgravuren,** darunter eine große Götterfigur und ein Stier. An derselben Stelle eine alte Zisterne. Zur Zeit werden keine Genehmigungen zum Besuch der Gebiete nördlich Sadas erteilt.

## Von Sanaa nach Sada

Die beiden Städte sind seit den späten siebziger Jahren durch eine mit chinesischer Hilfe erbaute Asphaltstraße verbunden. Die Entfernung von 232 km kann im Sammeltaxi oder im Autobus in ca. vier Stunden zurückgelegt werden (Abfahrt der Sammeltaxis in Sanaa vom Bab Schaub, des Autobusses in Sada – zweimal täglich – vom Südtor).

Die Fahrt nach Norden führt zunächst an den Städten Amran und Raida vorbei. Hinter Raida beginnt die Straße noch einmal um einige hundert Meter zu steigen; über einen rund 2450 m hohen Paß läßt sie die Hochebene von Sanaa hinter sich. Beiderseits der Straße leben Bauern, die Stämmen angehören. Obwohl seßhaft und Bürger eines Staates, sind die Stammesmitglieder bewaffnet. Sanaa liegt im Bereich der Stammesföderation der Haschid. Die Straße nach Sada durchquert ein Stück des Gebietes der Bakil-Stammesföderation, um dann wieder auf Haschid-Land zu gelangen. Die Provinz Sada gehört in den Bereich der Bakil. Der schwedische Jemen-Forscher Thomas Gerholm schrieb, daß dem Außenstehenden jemenitische Stämme möglicherweise deswegen eine so schwer faßbare Größe seien, weil er von falschen Annahmen, von den im Westen verbreiteten Vorstellungen ›primitiver Stämme‹ ausgehe. Aus der Nähe gesehen löse sich jedoch jeder Stamm in eine Anzahl von Individuen auf, die nicht viel Wesen von ihrer Stammeszugehörigkeit machen. Der Stamm könne als eine latente Organisation betrachtet werden, die nur dann in Erscheinung trete, wenn Gegensätze zu einem anderen Stamm oder zum Staat aufbrechen. Allerdings finde man derartige latente Strukturen nicht überall im Jemen, sondern vornehmlich im Gebiet der Saiditen. Insbesondere im Bereich der beiden bekannten Föderationen Haschid und Bakil habe sich das traditionelle Muster noch mehr oder weniger erhalten.

Die Stadt **Huß** (auf vielen Karten **Huth**) an der Straße Sanaa–Sada (124 km von Sanaa) kann als Ausgangspunkt für einen Abstecher in eines der wichtigsten saiditischen Traditionsgebiete dienen. Knapp 50 km westlich von Huß liegt **Schahara,** ein in 2600 m Höhe erbautes Dorf. Es hat den saiditischen Herrschern immer wieder als Fluchtburg gedient. Wenn der Ort nie von den Gegnern der Imame eingenommen werden konnte, so nicht allein wegen seiner Unzugänglichkeit. Eine große Rolle spielte auch, daß die Bewoh-

*Stammeskrieger aus dem Gebiet Arhab*

ner dieser Gegend stets bereit waren, fremde Eindringlinge mit äußerster Entschlossenheit zu bekämpfen.

Von Huß (Huth) nach al-Gabei, dem Ausgangspunkt für einen Besuch in Schahara, gelangt man nur im geländegängigen Fahrzeug oder zu Fuß. Die Piste fällt um knapp 1000 m ab. Damit befindet man sich in einer Höhenlage von rund 1000 m ü. M., also in der subtropischen Zone des Jemen. Da es in dem Tal reichlich Wasser gibt, findet sich hier üppige Vegetation. Das Gebiet ist landwirtschaftlich intensiv genutzt. Neben Getreide gedeihen Bananen, Papaya und Kaffee. Es gibt Palmen- und Schilfdickichte mit Papyrus, in denen tropische Vogelarten leben. Fußwanderungen mit Zeltübernachtung würden sich lohnen für ein intensiveres Kennenlernen dieser Region.

*Kamele dienen in Huß (Huth) als Lasttiere wie in der Zeit der Weihrauchkarawanen*

**Al-Gabei** ist ein bescheidener Ort, in dem man nicht übernachten kann. Die Reiseveranstalter unterhalten dort allerdings einen Rastplatz, auf dem gezeltet wird. Fahrzeugbesitzer aus al-Gabei bieten sich für die Auffahrt nach Schahara an. Ihre Preise betragen zwischen 500 und 800 Rial. Man sollte am frühen Morgen beginnen und vielleicht zwei Drittel des Weges fahren; ab al-Gabei kommt man nach etwa 45 Minuten Autofahrt an einen der alten Fußwege. Von dort ist der Aufstieg bis zum Südtor von Schahara in einer knappen Stunde zu bewältigen.

Der Weg führt an einer schönen gefaßten Quelle vorbei, dann im Zickzack-Kurs, oft über behauene Stufen, steil nach oben. Von vielen Punkten überraschen immer wieder die Aussichten auf Berge und Terrassen. Gleich nach dem Südtor trifft man auf eine der über 20 Zisternen, die hier oben die Wasserversorgung sichern. Bis zum eigentlichen Ort sind es nun noch etwa 30 Minuten Fußweg.

Schahara ist immer noch ein sehr eindrucksvoller Ort, obwohl er während des Bürgerkrieges von ägyptischen Flugzeugen bombardiert wurde. In einem der stattlichen Häuser nahe dem ehemaligen Palast gibt es einen brauchbaren Funduq. Die berühmte Steinbrücke (Farbabb. 27) findet man außerhalb des Osttores. Sie stammt aus dem 17. Jh. und führt über eine mehrere hundert Meter tiefe Schlucht zum Nachbarberg. Von dort

*Stammeskrieger aus dem Gebiet Chaulan*

ist der Abstieg nach al-Gabei auch möglich, jedoch schwer zu finden.

Die Hauptstrecke Huß – Sada (noch 108 km) berührt Ausläufer der großen arabischen Wüste. Der Boden wird sandiger, und es sind weniger Bauten aus Stein zu sehen. Die nun immer häufiger auftauchenden Lehmbauten entsprechen der Landesnatur besser. Auch Weingärten sind auszumachen, umgeben von hohen Mauern, auf deren Ecken sich Türme mit Schießscharten erheben.

◁ *Sada, Grabkuppeln der Gründermoschee*   *Ta'izz, Blick auf die Westseite der Aschrafiya-Moschee* ▷

# Blickpunkt Ta'izz

## BLICKPUNKT TA'IZZ

Der jemenitische Geograph al-Hamdani (um 900 n. Chr.), ein überaus genauer Berichterstatter, erwähnt in seiner ›Beschreibung der Arabischen Halbinsel‹ die Stadt Ta'izz noch nicht. Andererseits wissen wir, daß Turanschach, ein Bruder des großen Saladin, seine Residenz von Sabid nach Ta'izz verlegte, nachdem er etwa 1175 den Jemen erobert hatte. Daraus läßt sich ableiten, daß die Stadt – ganz grob geschätzt – um das Jahr 1000 gegründet worden ist oder den Namen angenommen hat, den sie heute noch trägt. Der Berg, an dessen Nordfuß Ta'izz sich erhebt, der Dschabal Saber, war schon vorher bekannt wegen seiner vorislamischen, d. h. himyaritischen Burgen. 1509 besuchte Lodovicho Barthema aus Bologna als erster Europäer die Stadt, 1546 fiel sie dem Osmanischen Reich zu.

Zeitweise war Ta'izz Hauptstadt des Jemen. Nachkommen des Turanschach machten sich selbständig und regierten von hier aus ›ihren‹ Teil des Landes. Auch Statthalter des Osmanischen Reiches residierten in Ta'izz, solange sie Sanaa nicht erobern oder nicht halten konnten. Sogar in unserem Jahrhundert war Ta'izz Königsstadt, und zwar diesmal für den ganzen Nordjemen. Nachdem im Frühjahr 1948 die Reformbewegung der sogenannten ›Freien Jemeniten‹ den alten Imam Jachjah hatte ermorden lassen, wurde in Sanaa ein Gegen-Imam ausgerufen (Abdullah al-Wasir). Kronprinz Achmad hatte große Mühe, den Aufstand der Freien Jemeniten zu ersticken. Als es ihm schließlich gelungen war, gestattete er seinen Stammeskriegern die Plünderung Sanaas und machte Ta'izz zu seiner Residenz. Ta'izz blieb Hauptstadt bis zum Ableben Imam Achmads im Jahre 1962. Nach dem Sturz der Monarchie im selben Jahr wurde wieder Sanaa die Metropole des Nordjemen – doch während des ganzen Bürgerkrieges drohte ihr Gefahr von royalistischen Stammeskriegern, und die meisten ausländischen Botschaften und ein Teil des neuen republikanischen Regierungsapparates blieben bis Ende der sechziger Jahre in Ta'izz, der ›zweiten Hauptstadt‹.

Auf halber Höhe (1400 m) zwischen der Küstenebene am Roten Meer und der Hochebene von Sanaa gelegen, war Ta'izz jahrhundertelang für Besucher und Eindringlinge die Pforte zum Bergjemen. Mocha, die rund 100 km westlich von Ta'izz am Roten Meer gelegene Hafenstadt, diente vom 16. Jh. an als Ghetto für handeltreibende Fremde: Dort erfolgte der Warenumschlag, dort wurde eine wachsende Ausländerkolonie mit zahlreichen Beschränkungen belegt, damit neben neuen Handelsgütern nicht auch neue Ideen importiert würden. Wurde aber doch einmal einer Delegation Eintritt ins Landesinnere gewährt, etwa um einen Handelsvertrag abzuschließen, dann gelangten die Fremden zuerst nach Ta'izz. Oft empfing der Imam oder ein beauftragter Prinz die fremden Delegierten schon dort, in der ›zweiten Hauptstadt‹, und schickte sie danach wieder heim. Andere mußten wochenlang in Ta'izz ausharren, ehe sie zur Weiterreise nach Sanaa aufgefordert – oder unverrichteter Dinge wieder nach Mocha zurückgeschickt wurden.

Später, ab Mitte des vorigen Jahrhunderts, machte sich in Ta'izz die Nähe des britisch besetzten Aden bemerkbar. Mocha sank zur Bedeutungslosigkeit herab, nachdem der südjemenitische Hafen stark ausgebaut worden war. Ta'izz, rund 200 km nördlich von Aden gelegen, orientierte seinen Handel nun nach der britischen Kolonie. In dieser Zeit wanderten auch Tausende von Jemeniten aus Ta'izz und Umgebung nach Aden ab, um dort ihnen bis dahin unbekannte Berufe zu erlernen und Geld zu verdienen. Neue Ideen ließen sich nun

*Ta'izz Anfang dieses Jahrhunderts. Die Aschrafiya-Moschee ist heute völlig umbaut (Photo von H. Burchardt)*

nicht mehr vom Bergjemen abschirmen. Der Bund Freier Jemeniten, der 1948 Imam Jachjah beseitigte und die Keime der republikanischen Revolution von 1962 legte, hat sich in Aden zusammengefunden.

Frühe Besucher des Jemen, die nach langem Warten aus der Tihama nach Ta'izz reisen durften, empfanden das meist als Erlösung. Welche Wirkung der Höhenunterschied von 1400 m hat, erlebt auch der Reisende unserer Tage. Einst war die Tihama ein Herd schwerer Fieberkrankheiten, und ein längerer Aufenthalt bedeutete für viele Fremde den Tod.

Die günstige Lage und die Nähe zur Küstenebene gereichten Ta'izz aber keineswegs immer zum Vorteil: Hatten Eindringlinge erst einmal die Tihama unterworfen, rüsteten sie auch bald zum Angriff auf die Stadt am Dschabal Saber. Namentlich vor der ersten osmanischen Invasion, aber dann auch in den rund zweihundert Jahren nach dem Abzug der Türken erlebte Ta'izz zahlreiche Kämpfe und Zerstörungen, nach denen es nie wieder vollständig aufgebaut wurde. Die Reste der Altstadt sind deswegen verhältnismäßig bescheiden. In den fünfziger Jahren schrieb der erste Gesandte der Bundesrepublik Deutschland im Nordjemen, Günter Pawelke, diese Sätze:

»Wie viele Einwohner Ta'izz hat? Beliebig viele, könnte man antworten. Es kommt darauf an, wen man fragt oder welches Buch man aufschlägt. Bis zu 272 000 können es dann schwarz auf weiß sein. Ich halte es mit den Reisenden, die die Stadt wirklich gesehen haben, und schätze drei- bis viertausend.«

Inzwischen sind die Einwohner von Ta'izz, überhaupt des gesamten Jemen, statistisch erfaßt worden. Nach einer in der zweiten Hälfte der siebziger Jahre durchgeführten Volkszählung hatte Ta'izz 91 000 Einwohner; 1992 sind es schon 250 000. Weit weniger als die Hälfte dieser Menschen wohnt in dem historischen Stadtteil, der früher ganz von einer Mauer umgeben war. Man kann sich also vorstellen, in welchem Umfang das neue Ta'izz die umliegenden Hügel überwuchert hat. Stärker als in den Städten des Hochlandes sind in Ta'izz die Betonmaschinen am Werk gewesen. Doch versprechen das Klima und die Hotels der Stadt dem Reisenden Erholung; zudem kann er in der heutigen Wirtschaftsmetropole des südwestlichen Jemen immerhin noch einige Spuren des historischen Ta'izz entdecken.

## Rundgang in der Stadt

Die Sehenswürdigkeiten von Ta'izz liegen südwestlich des modernen Stadtteils, in dem die meisten Hotels zu finden sind. Von den auf einem Hügel erbauten Hotels Marib und Ichwa aus hat man sie über das Tal hinweg teilweise im Blickfeld. Besonders deutlich stechen die beiden Minarette der Aschrafiya-Moschee hervor. Das Gebetshaus steht hart am Fuß des Berges. In derselben Blickrichtung sieht man westlich von der Aschrafiya ein Stück Stadtmauer, das den Berg hinauf gebaut wurde. Zwei wuchtige Turmruinen gehören zu diesem Mauerabschnitt, der das historische Ta'izz gegen Feinde schützen sollte, die in einem trockenen Bachbett vom Dschabal Saber hätten herabsteigen können. Vor der Aschrafiya-Moschee und Stadtmauer ist auch die Musaffar-Moschee zu sehen. Sie hat 1985 erstmalig ein Minarett bekommen, das allerdings vom Stil her störend wirkt. Die Reste der Altstadt und der ständige Markt (Suq) erstrecken sich nördlich der Aschrafiya.

Die **Aschrafiya-Moschee** (Farbabb. 10) ist zu Fuß vom Hotel-Viertel aus in etwa 30 Minu-

*Junger Mann aus der Provinz Ta'izz*

1 SANAA. Bürgerhaus in der Altstadt. Der Umbau des Erdgeschosses zu Ladengeschäften wurde später vorgenommen. Dadurch entfällt der Verteidigungscharakter des Untergeschosses

2 SANAA. Blick über die Dächer der Altstadt nach Nordwesten

4 SANAA. Zwei Angehörige des religiösen Adels (Sada) auf dem Markt ▷

3 SANAA. In der Hauptmoschee. Die tragenden Säulen sind zum Teil antik

 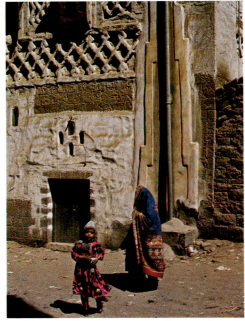

5 SANAA. Ziegelstein-Ornamentik an einem Minarett
6 SANAA. In der Altstadt
7 SANAA. Südende des Saila, des breiten Grabens, der die ganze Westseite der Altstadt durchzieht

8 WADI DAR. Sommerresidenz des Imam Jachjah, erbaut um 1930

9 DSCHIBLAH. Etwa tausend Jahre alte Stadt westlich der Strecke Ta'izz–Sanaa ▷

10  TA'IZZ. Aschrafiya-Moschee

11  ADEN. Alleinstehendes Minarett nahe der Hauptpost

12  IBB. Blick auf die mittelalterliche Stadt

13 RADA. Amariya-Moschee (gesehen 1992)

14 SADA. Grabmoschee des Gründer-Imams al-Hadi Jachjah und elf weiterer Imame

15  MARIB. Monolithische Pfeiler eines teilweise freigelegten Mondgott-Tempels

16  MARIB. Langsam verschüttet Flugsand die 1952 freigelegten Tempelanlagen

17 MA'IN. Tempelruine östlich der Stadtmauer
19 TIHAMA. Ständiger Marktplatz im Vorgebirge ▷
18 SAFAR. Grabhöhlen im Bereich der himyaritischen Hauptstadt, heute teils bewohnt

20  DHALA. Landfrauen am Brunnen

21  TIHAMA. Tätowierte Marktfrau

22  SADA. Zwei von vielleicht tausend verbliebenen Jemeniten jüdischen Glaubens

23 ADEN. Eine Dau, ein arabischer Küstensegler, in Reparatur

24 SCHIBAM. Lehmziegel werden am Rande der Baustelle geformt

25 SUMARA-PASS. Landschaft westlich der Paßhöhe an der Strecke Ta'izz–Sanaa

26 THULA. Blick vom Burghügel auf Moschee und Häuser der Stadt

27 SCHAHARAH. Brücke aus dem 17. Jh., als das Osmanische Reich erstmals in den Jemen einbrach. Das Bauwerk führt über eine mehrere hundert Meter tiefe Schlucht. Sie verschaffte der Fluchtburg der Imame einen Hinterausgang.

29  AT-TAWILAH. Die Kleinstadt heißt ›die Lange‹, weil sie sich langgezogen über mehrere Felsen erstreckt

28  WADI DAR. Wehrturm aus Stampflehm. Solche Türme wurden bis zur Mitte des 20. Jh. in ganz Südarabien als Verteidigungsanlagen gegen mögliche Einfälle von Nomaden unterhalten

30  SCHIBAM. Die eindrucksvollste Stadt des Wadi Hadramaut. Bisher verstoßen nur wenige Häuserbauten gegen die traditionelle, mehrere tausend Jahre alte Bauweise

31 AL-HAUTA. Stadt mit eigenem Baustil zwischen Hadramaut und Küste

32 HADSCHAREIN. Mehr als tausendjähriger Ort auf den Klippen

33   DSCHOL. Kinder von Halbnomaden

35   TARIM. Heimkehr mit Viehfutter

34   DSCHOL. Beduinenjunge
36   WADI HADRAMAUT. Beduinenfrau mit Gesichtsmaske

37 DSCHOL. Steine, Dürre, Dornen und Öde

38 RHAIL UMR. Oase im Wadi Adim

39 BIR ALI. Kratersee in Meeresnähe

ten zu erreichen; mehrere Straßen führen in das Tal hinab und dann in einem leichten Anstieg zur Moschee. Um einen Gesamteindruck von dem Gotteshaus zu bekommen, sollte man weiter den Berg hinaufsteigen. Fußwege führen rechts und links an der Moschee vorbei und dann in leichten Serpentinen empor. Man kann ohne Schwierigkeiten bis etwa in Augenhöhe der Minarett-Kuppeln gelangen und hat dann einen sehr schönen Blick über Aschrafiya und die weiter unten liegende Musaffar sowie über einen Teil von Ta'izz.

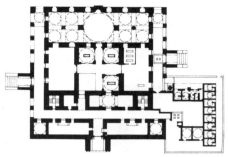

*Grundriß der Aschrafiya-Moschee*

Die Aschrafiya-Moschee ist nach dem jetzigen Stand der Forschung in zwei Abschnitten im 13. und 14. Jh. erbaut worden. Bauherren waren die beiden Turanschach-Nachfolger al-Aschraf I. und al-Aschraf II. Der älteste Teil ist das rechteckige Bethaus an der Nordseite, dessen Hauptdom von acht kleinen Kuppeln flankiert wird. Der rechteckige Innenhof wurde wohl ebenfalls während der ersten Bauphase geschaffen. Schließlich entstand der Südteil des Bauwerkes mit den beiden Minaretten. Durch diesen Zubau wurde der Grundriß des Gotteshauses zu einem fast perfekten Quadrat. Noch später kam ein Anbau an der Ostseite hinzu, der dem Unterricht und der Unterkunft von Studenten diente; denn die Aschrafiya war und ist eine Lehrstätte des Glaubens.

Decke und Kuppeln des eigentlichen Bethauses sind innen reich mit Stuckornamenten geschmückt. Drei Ecken des Innenhofes werden von den Grabstätten jemenitischer Sultane eingenommen. Dem Stil nach zu urteilen, dürften die Kuppelgräber im 15. Jh. von Baumeistern aus Kairo entworfen worden sein. Bei einer Gesamtwertung des Baustils der Aschrafiya drängt sich überhaupt der Schluß auf, daß hier die jemenitische Kunst eine Verbindung mit ägyptischen Einflüssen, die im 13. und 14. Jh. schon stark waren, eingegangen ist. 1987/88 ist die Aschrafiya gründlich renoviert worden.

Am besten ist von einem der beiden Minarette der Aschrafiya aus zu erkennen, in welch kunsthistorisch wichtiger Gegend der Stadt man sich befindet. Nördlich unterhalb des Standortes sind die Kuppeln der **Musaffar** zu sehen. Sie wurde rund 100 Jahre vor der Aschrafiya gegründet und gilt als schönste erhaltene Moschee der Rassuliden-Zeit (etwa 1210 bis 1370 n. Chr.). Die Harmonie des Bildes ist allerdings seit Mitte der achtziger Jahre durch ein neuerbautes Minarett im Sanaa-Stil gestört.

Als wahrscheinlich vom selben Architekten wie die Aschrafiya geplant gilt die weiter westlich gelegene **Mu'tabiya-Moschee**. Sie wird als noch harmonischer und ausgewogener in den Proportionen gepriesen (Barbara Finster) als die Madrasa der Aschrafiya. Weiter westlich des Standortes, unterhalb der über einen Hügel erbauten alten Stadtmauer, leuchten die Kuppeln der **Abdel Hadi-Moschee**, die ohne Minarett auskommt. Sie liegt im ältesten Teil der Stadt und dürfte selber 500 bis 600 Jahre alt sein.

# BLICKPUNKT TA'IZZ

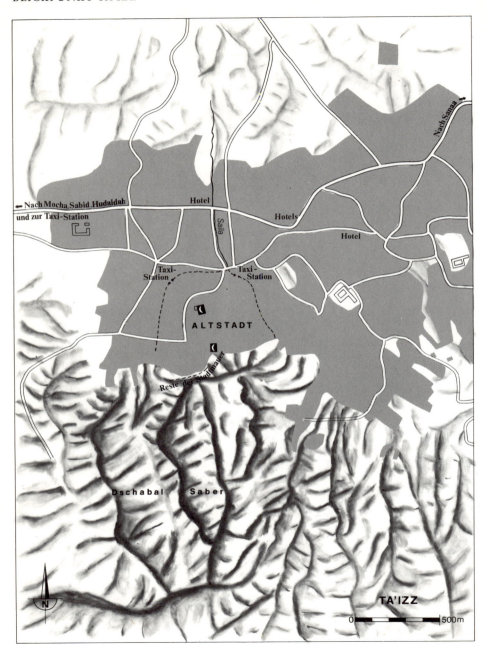

*Ta'izz, Musaffar-Moschee aus dem 16. Jh. mit ägyptischen Einflüssen*

Die vierte historische Moschee des Viertels, die **Taqwiyah,** erkennt man an einem kurzen, gedrungenen Minarett. Das Bauwerk aus dem 14. Jh. liegt tiefer als das Bodenniveau. Es ist von einer Mauer umgeben und kann schlecht eingesehen werden.

Gelegenheit, die Moscheen von innen zu besichtigen, hat in der Regel nur der männliche Einzelreisende. Doch sei empfohlen, in der Koran-Schule an der Ostseite der Aschrafiya Kontakt zu suchen. Dort findet man oft Gesprächspartner mit Englischkenntnissen, die vielleicht auch für gemischte Gruppen oder Paare eine Besichtigung der Moschee ermöglichen können.

Der **Palast des Imam Achmad** steht östlich der Altstadt ebenfalls auf einem Hügel. Ein Besuch (von der Aschrafiya aus 30 Minuten zu Fuß) lohnt sich. Ausgestellt ist vorwiegend Plunder, d. h., es sind Gebrauchsgegenstände und Luxusartikel zu sehen, wie sie die Herrschenden des Orients in der ersten Hälfte des 20. Jh. einander zu schenken pflegten.

◁ *Planskizze der Stadt Ta'izz, erstellt nach einer Luftaufnahme*

# BLICKPUNKT TA'IZZ

Daneben gibt es aber auch einige schöne Teppiche und alte Waffen, ferner Kostüme, die zeigen, was die jemenitische Haremsdame und was ihr Herr und Gebieter bei welcher Gelegenheit trugen. Interessant sind auch die ausgestellten historischen Photos. Vor allem aber lernt der Besucher ein größeres Herrschaftshaus des Jemen von innen kennen; er stellt fest, daß der vorletzte Imam nicht etwa des Komforts wegen vom traditionellen Baustil abgewichen ist.

Ein anderes Museum ist der **Salah-Palast,** etwa 30 Minuten zu Fuß außerhalb des südöstlichen Stadtrandes. Dieser Palast war ebenfalls Eigentum der Imam-Familie und übertrifft den Stadtpalast an Größe und Ausstattung. Er beherbergt eine Sammlung sabäischer und himyaritischer Schriftsteine, prä-islamische Statuen aus Marib und Jarim, von Öllampen und Bronzeteilen aus himyaritischer Zeit. Neben Exponaten islamischer Kunst gibt es eine ethnographische Abteilung und eine für moderne Kunst mit Werken des in Ta'izz lebenden Malers Hassem Ali Abdullah. Alle Sammlungen sind unzureichend präsentiert.

## Der Markt

Vom Hotel-Hügel aus gelangt man in 20 Minuten zu Fuß (Richtung Südwest) zum Großen Tor (Bab al Kabir), dem Eingang zum ständigen Markt. Seine Fläche ist kleiner als die des Sanaa-Marktes, doch hat Ta'izz an Impressionen wie an materiellen Gütern Ergänzendes zu bieten. Der vorherrschende Eindruck ist, daß auf dem Ta'izz-Markt Frauen eine große Rolle spielen, und zwar als Verkäufer ebenso wie als Käufer. Dies ist auf die Frauen aus den Dörfern des Dschabal Saber zurückzuführen, die eine ganz andere Rolle spielen als ihre Schwestern im Hochland. Ähnlich wie die ›Markt-Mammies‹ in Westafrika regeln sie den Absatz fast aller landwirtschaftlichen und kleinindustriellen Produkte der Region. Ihre wirtschaftliche Macht ist so stark, daß sie auch weitgehend allein über den Profit verfügen können. Sie legen ihn zum großen Teil in Schmuck an. Überhaupt kleiden sie sich nach eigenem Geschmack, denn sie sind emanzipiert genug, um sich nicht nach islamisch-konservativen Ritualen verschleiern zu müssen. Selbstverständlich sind der Freizügigkeit Grenzen gesetzt. So benutzten die Frauen Kopftücher, meist rote, weil es sich für eine Muslima schickt, die Haare zu bedecken. Auch tragen sie Hosen, die an den Knöcheln gebunden sind, und über diesen Hosen Röcke. Doch da nun der Schicklichkeit Genüge getan ist, schauen sie den männlichen Käufern freimütig ins Gesicht, ja sie versuchen, durch Zuruf Kundschaft zu werben.

Die geographische Lage von Ta'izz führt zu einem größeren Angebot an Lebensmitteln als in Sanaa; auf dem Ta'izz-Markt werden die subtropischen Früchte der Umgebung verkauft, und auch Fische aus dem Roten Meer können noch frisch angeboten werden.

Als Handelsplatz für Silberschmuck ist Ta'izz Sanaa gleichzusetzen. Seit der Vereinigung des Landes gelangen wieder typisch südjemenitische Stücke auf den Markt von Ta'izz. Die südlich der Stadt gelegene Region, die Hudjariyah, ist in den letzten Jahrhunderten nie Nomadengebiet, sondern eine Zone wohlhabender Bauern, Händler und Kauf-

◁ *Ta'izz, Kuppeln der Aschrafiya- und Musaffar-Moschee, letztere mit neuem Minarett*

leute gewesen. Dementsprechend ist der aus diesem Gebiet stammende Silberschmuck auch etwas üppiger, gewissermaßen barocker als der auf Beduinen zugeschnittene Schmuck des Hochlandes. In Ta'izz wird Silberschmuck überwiegend in geschlossenen Läden, nicht in offenen Buden, angeboten. Mehrere Läden befinden sich nahe dem Bab al-Kabir.

## Ausflüge in die Umgebung

Noch Anfang der fünfziger Jahre galt das Wort des Imam, daß kein Fremder den **Dschabal Saber** besteigen dürfe. Der deutsche Botschafter Günther Pawelke schrieb, der Befehl habe Fremde daran hindern sollen, von des Berges Höhe aus Ta'izz und seine Umgebung in militärischer Absicht zu erkunden. Tatsächlich sind, steht man auf dem Berg, nahezu ganz Ta'izz und das nördlich, östlich und westlich sich erstreckende Gebiet zu überblicken, soweit das Auge reicht. Da auch die jemenitische Regierung um den technischen Fortschritt weiß, der genaueste Luftaufnahmen aus viel größeren Höhen ermöglicht, hat sie inzwischen den rund 3000 m hohen Gipfel für Fremde freigegeben.

Für die Auffahrt zum Dschabal Saber ist ein Geländefahrzeug nicht mehr unbedingt erforderlich. Ehe man aber ein Taxi zu hohem Preis exclusiv mietet, sollte man am Bab al-Kabir (Osttor) Ausschau nach einem Platz im Sammeltaxi halten. Die Auffahrt über eine Asphaltstraße, dann über eine Piste, dauert knapp eine halbe Stunde (6 km). Es wird dabei ein Höhenunterschied von 1600 m zurückgelegt. Oben erwartet den Besucher nicht nur der herrliche Ausblick, sondern auch das Musterbeispiel einer jemenitischen Kulturlandschaft in Höhenlage. Seine geologische Beschaffenheit hat den Berg zum Wasserspeicher werden lassen. In kleinen Seitentälern sprudeln Quellen und rinnen Bäche. An vielen Stellen wird das Wasser geleitet, um eine optimale Nutzung für die Terrassenwirtschaft zu erzielen; das Irrigationssystem zerstört jedoch nicht die Harmonie der Landschaft. Qatpflanzungen sind vorherrschend auf den Terrassen, doch auch Kaffee wird angebaut. In den Seitentälern wachsen subtropische Früchte. Trampelpfade bieten sich als Spazierwege an. Den Abstieg (über die Fahrstraße) kann man in einigen Stunden auch aus eigener Kraft bewältigen.

Nach **at-Turba** (75 km südöstlich von Ta'izz, vom Westtor in zweistündiger Fahrt mit dem Sammeltaxi zu erreichen) fährt man, um eine weitere – und großartige! – Spielart jemenitischer Landschaftsarchitektur zu erleben. Der Ort liegt auf einem Plateau in 1800 m Höhe; unmittelbar hinter dem südlichen Ortsausgang fällt das Gelände 800 m in die Tiefe ab. Der schroffe Bruch erstreckt sich kilometerlang nach Westen und Osten. Bei schönem Wetter kann man weit über die Ebene nach Süden schauen. Eine Weiterfahrt nach Aden ist von hieraus nicht möglich.

Der **Dschabal Habaschi** (Abessinischer Berg) sei besonders Naturfreunden empfohlen. Zunächst auf der Asphaltstraße Richtung at-Turba. Nach etwa 10 km erreicht man eine gut begeh- und befahrbare Piste Richtung Westen. Diese führt zunächst in ein Tal, in dem Hirse, Kaffee, Qat, Bananen und andere subtropische Früchte wachsen. Später verläuft die Piste über steinigen Wadi-Grund, der bei starkem Regen Reißbäche führen dürfte. An den Berghängen gepflegte Terrassenkulturen. Nach etwa 10 km leitet die Piste stark bergauf. An der ersten Gabelung nehme man den nach rechts abzweigenden Weg (Gelände-

*Jafrus, Moschee des Achmad Ibn Alwan*

wagen), um zu dem Ort **Misbar** (Musbar) zu gelangen (insgesamt 15 km ab Asphalt). Dort sind deutliche Reste himyaritischen Baubestandes zu finden. Sehr schöner Fernblick.

Zurück zur Asphaltstraße Richtung at-Turba. Weitere 10 km südlich führt eine Piste in Richtung Westen nach **Jafrus** (Jufrus). Dort gibt es die ca. 500 Jahre alte Alwan-Moschee mit zwei Haupt- und acht Nebenkuppeln. Sie gehört der sunnitischen Rechtsschule an und ist dem Mystiker Ahmad Ibn Alwan gewidmet. Wasser für die rituellen Waschungen erhält die Moschee über einen 3 km langen Aquädukt.

Für die Fahrt zur **Dschanadiya-Moschee,** 17 km nordöstlich von Ta'izz (Richtung Flugplatz und Sanaa), sind Gemeinschaftstaxis schwer zu finden. Es müßte jedoch möglich sein, sich Flugplatzfahrten anzuschließen und den Rest des Weges bis zur Moschee (knapp 4 km) zu Fuß zurückzulegen. Abfahrt von der Ausfallstraße nach Sanaa.

Der leicht zu bewältigende Ausflug wird sich besonders für denjenigen lohnen, der an islamischer Kunst und Geschichte interessiert ist. Die Dschanadiya (›die von Dschanat‹) wetteifert mit der Großen Moschee in Sanaa um die Ehre, die erste islamische Gebetsstätte im Jemen gewesen zu sein. Wissenschaftlich zu klären ist der Streit wahrscheinlich nicht. Beide Moscheen könnten noch – was sie für sich auch beanspruchen – zu Lebzeiten des Propheten (Todesjahr: 632) gegründet worden sein. Der damalige persische Statthalter im Jemen unterwarf sich sehr früh dem expandierenden neuen Glauben. Es kommt also darauf an, welchen Weg die Abgesandten Mohammeds von Madina aus wählten: die Hochlandroute über Nadschran und Sada nach Sanaa oder die Küstenroute über Loheya und Sabid nach Ta'izz.

Obwohl die Moschee im Laufe der Jahrhunderte restauriert, vergrößert und wieder restauriert worden ist, hat sie ihre schlichte Grundstruktur behalten: Es handelt sich um ein nahezu quadratisches Gotteshaus, dessen offene Wandel-

*Dschanat, Minarett der vielleicht ältesten Moschee des Jemen*

*Dschanat, Anlage für rituelle Waschungen*

gänge, Zellen für Schüler und Gebetshalle um einen Innenhof gruppiert sind. Reihen von Pfeilern und Säulen tragen über Rund- und Spitzböden die einfachen, aus Baumstämmen, Brettern und Stroh zusammengesetzten Decken. Die aus gebrannten Ziegeln errichtete Außenmauer ist von 200 Zinnen bekrönt. Ein einzelnes pfeilspitzes Minarett, über 70 m hoch, ragt aus einem der Wandelgänge hervor. Im Inneren des Gotteshauses gibt es fast keine Dekorationen. Dennoch bietet sich die Moschee kraft ihres architektonischen Ausdrucksvermögens ganz als Weihestätte dar. Man sollte auch die Waschzellen und Aborte vor der Moschee beachten – sie sind ein Musterbeispiel für schöne Formgebung mit einfachsten Mitteln aus der Umgebung.

Das Bodenniveau rings um die Dschanadiya liegt einige Meter höher als die Maueransätze auf den Fundamenten – ein Zeichen dafür, daß sich hier im Laufe von 13 Jahrhunderten viel Kulturschutt abgelagert hat.

## Von Ta'izz nach Sanaa

Auf dieser bekanntesten Strecke im Westen des Jemen (heute 256 km) reisten fast alle frühen Entdecker, ob sie nun in Loheya, Hudaida, Mocha oder Aden jemenitischen

Boden betreten hatten. Auch die Pionierreisenden der zwanziger und dreißiger Jahre wurden nahezu immer auf die Strecke Ta'izz–Sanaa (oder auf die Gegenrichtung) verwiesen; nur in ganz seltenen Ausnahmefällen konnte vom Imam die Sondergenehmigung erwirkt werden, die Strecke Hudaida–Sanaa zu benutzen. Deswegen gibt es verhältnismäßig viele Beschreibungen der Straße Ta'izz–Sanaa und der an sie grenzenden Gebiete und Orte. Noch in den fünfziger Jahren empfand der Gesandte der Bundesrepublik Deutschland, Günther Pawelke, eine Autofahrt auf dieser Strecke allerdings als lebensgefährliches Abenteuer.

Heute fährt der Reisende nicht mehr auf derselben Straße wie Pawelke. Die Ängste

*Türkische Truppen auf dem Marsch*

des Diplomaten betrafen den alten Paßweg am Dschabal Sumara, der schon im Altertum benutzt und in der zweiten ›Türkenzeit‹ weiter ausgebaut wurde. In den sechziger Jahren entstand jedoch eine neue Straße, und zwar zunächst mit finanzieller und technischer Hilfe der USA. Die amerikanische Schotterstraße wurde dann später mit Entwicklungshilfe der Bundesrepublik in die jetzige moderne Asphaltstraße umgewandelt.

Von der Ausfallstraße nach Sanaa geht es mit dem Sammeltaxi oder Autobus am Flugplatz Ta'izz und an Dschanat vorbei. Es beginnt nun eine mäßige Steigung, die langsam, doch stetig aus dem noch subtropischen Bereich von Ta'izz in die Hochgebirgsregion führt. Noch bevor diese erreicht ist, durchfährt man eine überaus fruchtbare Hochebene, etwa 40 km lang und bis zu 10 km breit. Dieses Gebiet ist eine der Kornkammern des Jemen. Hier wächst vor allem Durrah (Sorghom), die auch als ›Mohrenhirse‹ bekannte Hauptgetreidefrucht des Landes.

Rund 50 km nach Ta'izz erreicht die Straße eine Höhe von 2200 m (schöner Rundblick). Knapp 3 km hinter diesem Paß, kurz vor der Abzweigung (nach Westen) einer Piste, die zu der Stadt Dschibla (vgl. S. 211ff.) führt, steht rechts der Straße eine mächtige Baumgruppe; in ihrer Nähe ist noch ein Stück der grob gepflasterten ›**Türkenstraße**‹ zu finden. Auf der gegenüberliegenden (westlichen) Straßenseite beginnt ein Fußweg nach Dschibla (entlang dem Wadi 40 Minuten).

**Ibb**, 60 km nördlich von Ta'izz, ist eine der bedeutenden Mittelstädte des Nordjemen (Farbabb. 12). Der am Straßenrand liegende Außenbezirk ist nicht beachtenswert. In Alt-Ibb, das auf eine mehrhundertjährige Tradition zurückblicken kann, findet der Reisende aber ein Dutzend Moscheen, Reste einer über 10 m hohen Stadtmauer und eines antiken Aquädukts sowie enge Gassen mit fünf- und sechsstöckigen Häusern.

Alt-Ibb, auf einem Hügel am Fuß des Badan-Berges erbaut, ist auch gegen Ende der achtziger Jahre noch sehenswert, zumal es etwas abseits des Hauptstromes der Touristen liegt. Beim Rundgang achte man auf alte Türen und Tore, von denen noch einige schöne Exemplare zu finden sind. In der Neustadt gibt es einfache Herbergen und einen Markt. Der traditionelle Markt ist in der Altstadt.

Ibb ist Provinzhauptstadt und damit Zentrum eines wichtigen Landwirtschaftsgebietes. Auf der nahegelegenen Hochebene wachsen Getreide, Gemüse, Zuckerrohr und Früchte.

Nach Ibb steigt die Straße auf den nächsten 50 km um weitere 600 m an. Mit 2700 m hat man den höchsten Punkt der Straße über den **Sumara-Paß** (schöner Rundblick) erreicht. Günther Pawelke und vor ihm Tausende anderer Reisender haben sich etwa 10 km westlich dieser Paßstelle über den Berg gequält.

Vom Sumara-Paß über Kitab (Ausgangspunkt für Safar, vgl. *Blickpunkt Safar*) nach Jarim. Der Ort liegt am Rand eines Vulkangebietes. Von Jarim führt eine Asphaltstraße nach Südosten über Hammam Damt bis Qatabah. **Hammam Damt,** ca. 45 km ab Jarim, ist einen Abstecher wert. Die Landschaft ist sehenswert, und sie erreicht beim ›Bad Damt‹, mit seinen heißen Quellen, einen Höhepunkt: Dort stehen schroffe Vulkankegel, deren höchster im Volksmund ›Thron der Bilqis‹ (vgl. S. 36) genannt wird und der über eine angebaute Treppe zu erreichen ist.

Zurück nach Jarim. Von dort weiter nach Dhamar, dabei rund 500 m Höhenverlust.

Auf der Weiterfahrt nach Sanaa noch einmal Anstieg um 400 m auf knapp über 2600 m am **Jislah-Paß** (schöner Rundblick). Danach durchquert man Hochland, das bei künstlicher Bewässerung streckenweise sehr intensiv landwirtschaftlich genutzt wird. Nach vier bis fünf Stunden Fahrt ab Ta'izz Ankunft in Sanaa (Bab al-Jemen).

## Nebenstrecken

Etwa 2 km südlich von Ibb führt eine Fahrstraße nach Westen, 3 km südlich der Stadt ein Fußweg; beide Strecken (jeweils etwa 3 km) verbinden die Stadt **Dschibla** mit der Hauptstraße. Dschibla, eine besonders sehenswerte jemenitische Mittelstadt, hat sich auf einem Basaltkegel ausgebreitet, der von zwei Wasserläufen umflossen wird. Die beiden Flüßchen vereinigen sich an der Ostseite des Kegels. Die Unterstadt besitzt drei Brücken aus dem 14. und 15. Jh. Für den Aufstieg bis zum höchsten Punkt der Oberstadt benötigt man eine gute halbe Stunde. Neben der historischen Moschee sind stattliche Bürgerhäuser und Verteidigungsanlagen auf dem höchsten Punkt des Kegels zu beachten. Die Anlage der Oberstadt am steilen Hang ist ein Meisterwerk der Statik.

**Die Hauptmoschee,** auch Moschee Sajjida Arwa Bint Ahmad (der Herrin Arwa, Tochter des Ahmad) genannt, repräsentiert ein interessantes Stück Religionsgeschichte im Jemen. Die Gründung der Moschee geht, wie

*Dschibla, Minarett und Kuppeln der Nadschd al-Dschum-Moschee*

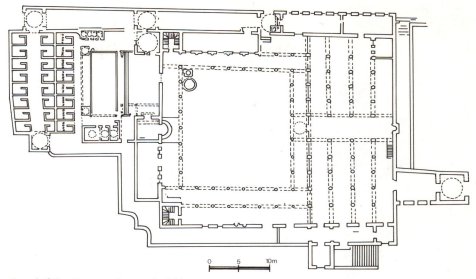

*Grundriß der Hauptmoschee von Dschibla*

schriftlich belegt ist, auf das Jahr 481 nach der Hidschra (1088/89 n. Chr.) zurück. Damals reichte der Herrschaftsbereich des saiditischen Imams noch nicht bis Dschibla. Vielmehr befand sich der rund zwanzig Jahre früher als die Moschee gegründete Ort in den Händen von Ismaeliten: Das ismaelitische Herrscherhaus der Sulaihi-Dynastie kontrollierte zu jener Zeit einen großen Teil des Jemen. Zeitweise von Sanaa, zeitweise von Dschibla aus regierend, konnte es sich von 1064 bis 1138 halten.

Die Ismaeliten, von denen es noch rund 80 000 im Nordjemen geben soll, gehören zu jener islamischen Richtung, die für den Chalifen Ali Partei nahm und deswegen als ›schi'a‹ (Partei) eingestuft wurde. Innerhalb der Schia stellen die Ismaeliten eine Splittergruppe dar, die auch in sich noch einmal gespalten ist. Nordjemens Ismaeliten haben nichts mit dem indischen Oberhaupt der Sekte, derzeitig Karim Khan, zu tun.

Sajjida Arwa Bint Ahmad wurde Führerin der Sulaihi-Dynastie, nachdem ihr Mann gestorben war. Die Sultana (oder Malika – Königin – wie sie heute eher genannt wird) ließ Dschibla weiter ausbauen. Mit ihrem Tod im Jahre 1138 erlosch die ismaelitische Sulaihi-Dynastie.

Zwei Minarette überragen die Hauptmoschee in Dschibla. Fachleute halten das Minarett an der Südecke der Moschee für das ältere – es wird der Gründungszeit des Gebetshauses zugeschrieben; dieses Minarett hat ein viereckiges, gemauertes Unterteil, auf das ein ebenfalls gemauerter Zylinder aufgesetzt ist. Das zweite Minarett nimmt die Ostecke der Moschee ein; es ist etwas höher und besitzt einen achteckigen Schaft, der erst dicht unter dem Balkon des Muessins in Zylinder-

*Kaffeeanbau im Hochland (Ansicht des 19. Jh.)*

form übergeht. Das östliche Minarett wird ins 12. Jh. gewiesen.

An der Nordwestseite steht die eigentliche Gebetshalle, erbaut in schwieriger Hanglage. Nach Südosten öffnet sich der große Hof, umgeben von Wandelgängen. Der Mihrab (Gebetsnische) in der Halle zeigt persische Einflüsse. Ebenfalls in der Halle, in der Westecke, findet sich das Grab der Sajjida Arwa. Ist es auch nur mäßig geschmückt, wie es sich für eine islamische Grabstätte gebührt, verdienen doch die schönen Inschriften im frühen Kufi- und Naqschi-Stil Beachtung.

Für die Fahrt nach **al-Udain,** etwa 15 km westlich von Ibb, stehen Sammeltaxis zur Verfügung. Nach der Hälfte der Strecke beginnt der Abstieg zur Talsohle. Ziel ist das rund 800 m tiefer gelegene Wadi Ana. Der Wagen fährt auf einer Erdstraße, die in 69 Kurven zum Grund hinabführt. Manche dieser Kurven sind so eng, daß der Wagen halten und zurücksetzen muß, um die Ecke zu nehmen. Auf der gegenüberliegenden Hangseite ist Terrassen-Wirtschaft in bester jemenitischer Tradition zu sehen: Qat, Kaffee und Obst werden auf sorgfältig gestützten, oft winzigen Feldern angebaut.

Auf der Talsohle zeigt sich die Natur sofort viel großzügiger. Aus der geschützten Lage resultiert ein fast tropisches Klima. Das Wadi führt die meiste Zeit im Jahr Wasser, und hohe Dschungelbäume säumen den Flußlauf. Unter den Bäumen haben noch Kaffee, Bananen, Papayas und Bambus Platz.

Al-Udain hat eine malerische, aber wohl nicht sonderlich geschichtsträchtige Moschee. Man unternimmt die Fahrt vor allem der

Landschaft wegen. Der Rückweg von al-Udain nach Ibb müßte eine schöne Fußwanderung ergeben.

Wer noch stärkere Eindrücke von der Großartigkeit jemenitischer Landschaftsszenerie sammeln und die Leistungen früherer Reisender wenigstens teilweise nachvollziehen möchte, sollte eine Fahrt über die alte **Sumara-Paßstraße** nach Jarim unternehmen (Farbabb. 25). Allerdings gibt es auf der Strecke keinen durchgehenden Verkehr mit Sammeltaxis. Ein Geländefahrzeug kann in der Ortschaft al-Machadir auf halbem Weg zwischen Ibb und Jarim gemietet werden.

Für die folgende knapp 40 km lange Strecke werden vier bis fünf Stunden Fahrzeit benötigt. Man fährt, meistens im Fußgängertempo, in scharfen Kurven hügelauf und hügelab, hält sich längere Zeit in einem wasserführenden Wadi und erklettert schließlich einen Punkt, der um 20 m über der Paßhöhe der modernen Autostraße liegt. Doch war auch auf dieser alten Strecke, der ›Türkenstraße‹, der Fortschritt am Werk: Sie ist in den späten fünfziger Jahren erweitert worden und deswegen nicht mehr ganz so abenteuerlich wie einst. Immerhin kann man sich noch gut vorstellen, wie durch diese Urlandschaft Kolonnen von Kamelen, Eseln und Menschen dahinzogen. In der Antike verlief hier wahrscheinlich eine Hauptkarawanenroute.

◁ *Minarett der Saijjani-Moschee nahe Dschibla*

*Reste des antiken Timna (heute Hadschar Kohlan),* ▷
*aufgenommen Mitte der sechziger Jahre*

# Blickpunkt Timna

Keine der antiken Stätten Südarabiens, keine der versunkenen Hauptstädte von sechs Königreichen des Altertums ist so gründlich untersucht worden wie Timna. Das von Wendell Phillips geleitete Archäologenteam konnte 1950/51 knapp zwölf Monate lang ungestört in Timna graben. In Marib dagegen wurden die Wissenschaftler während eines Aufenthaltes von neun Monaten auf Schritt und Tritt behindert (vgl. S. 24f.). Die in Timna gefundenen Stücke und kopierten Inschriften gelangten zum größten Teil mindestens bis Aden, aber auch bis in die Vereinigten Staaten und nach Europa zwecks wissenschaftlicher Auswertung. Nach dem Ende der Grabungskampagne von 1950/51 konnten Forscher etwa 15 Jahre lang die archäologischen Ergebnisse weiter ausbauen, ehe politische Umstände ihnen den Zugang nach Timna verwehrten.

Und doch wissen wir nicht einmal genau, wie der Name der Hauptstadt von Qataban richtig ausgesprochen wird. Die antiken Autoren schrieben den Namen als Tamna, Thumna oder Thomna, und er könnte auch Temna lauten – eine Schreibweise, die Wissmann bevorzugte. Diese Unklarheit ist unter anderem darauf zurückzuführen, daß der Name in der alten südarabischen Schrift ausschließlich ohne Vokale auftaucht. Wo er sich überhaupt findet, ist er in Stein gehauen. Die Forschung verfügt über keine Leder- oder Papyrusmanuskripte. Längere Texte auf solchen Manuskripten waren einst vielleicht mit Vokalzeichen versehen. Als Timna in einer Brandkatastrophe unterging – bei Ausgrabungen fand man entsprechenden Brandschutt –, wurden alle auf organischen Materialien niedergelegten Texte vernichtet. Wendell Phillips führt aber noch ein weiteres Moment an:

»Baihan ist eine sehr trockene Gegend, so daß Papyrus schwerlich durch Fäulnis zerfallen konnte, aber es besitzt auch eine äußerst vielfältige und tatkräftige Insektenbevölkerung, und ihr schrieb Prof. Albright die Vernichtung aller Papyri zu.«

Baihan heißt die Landschaft, in der die Reste von Timna aufgefunden wurden. Für eine Karawane nur eine knappe Tagesreise entfernt, jedoch durch schwer passierbare Berge geschützt, lag die antike Oase Marib. Bis 1967 war Baihan ein Fürstentum, dessen Herrscher Fremden Zutritt gewähren konnte und der auch aufgeschlossen genug war, dies zu tun. Seinem Einfluß und seiner Toleranz verdankt die Wissenschaft ihre verhältnismäßig guten Timna-Kenntnisse.

Der Semitist Walter Müller schrieb in den siebziger Jahren:

»Unsere wichtigste Quelle für die Geschichte von Qataban sind die qatabanischen Inschriften, die im altsüdarabischen Alphabet abgefaßt sind, sich aber in ihrer Sprache deutlich vom Sabäischen unterscheiden und gewisser Altertümlichkeiten mit dem Minäischen und Hadramitischen teilen. Obowhl auch sabäische Texte, in denen Qataban genannt wird, Wesentliches zur Kenntnis der Geschichte dieses Reiches beitragen, bleibt eine annähernd genaue zeitliche Fixierung mancher Ereignisse immer noch umstritten.«

Die umstrittenen Daten sind jedoch zum allgemeinen Verständnis der südarabischen Geschichte unwesentlich. Wendell Phillips äußerte nach seinen Grabungskampagnen, daß »der wichtigste Zeitabschnitt in der Geschichte Qatabans zwischen den Jahren 350 und 50 v. Chr. liegt«. Der Amerikaner vermutete, Timna sei in den Jahren um den Beginn unserer Zeitrechnung zerstört und verlassen worden. Hermann von Wissmann hielt dagegen das Jahrzehnt

*Timna, Grabungsarbeiten am Tempel des Gestirnsgottes (Venus) Athtar während der Kampagne 1950/51*

zwischen 90 und 100 n. Chr. für die Periode, in der Timna unterging. Und während für Phillips der Staat Qataban um das Jahr 800 v. Chr. geschichtlich faßbar wird, setzen Wissmann und andere Forscher dieses Datum später an.

Als erster machte schon 1895 der österreichische Forscher Eduard Glaser auf die fast gänzlich verschüttete Ruinenstätte im Wadi Baihan aufmerksam, von der er gehört, die er aber selbst nicht in Augenschein genommen hatte. Dies blieb dem Engländer G. W. Bury vorbehalten. Ihm gelang im Jahre 1900 der Besuch von Hadschar Kohlan, wie die Araber das frühere Timna nennen. Bury kopierte von einer aus dem Sand ragenden Mauer acht Inschriften; aber es dauerte noch fast ein Vierteljahrhundert, ehe sich der Welt die Identität des Platzes enthüllte: N. Rhodokanakis, ein österreichischer Gelehrter griechischer Herkunft, publizierte 1924 eine Analyse aller damals bekannten qatabanischen Inschriften und wies nach, daß unter den Sandhügeln am linken Ufer des Wadi Baihan das antike Timna liegen müsse.

Diese Lokalisierung erstaunte die Fachwelt insofern, als nunmehr deutlich wurde, daß zwischen den Lageorten von Marib und Timna nur – je nach Fahrstrecke – 60 bis 80 km liegen. Das damals schon mächtige Sabäische Reich hatte demnach das Aufkommen eines starken, rivalisierenden Nachbarn unweit seiner Hauptstadt nicht verhindern können. Doch wissen wir im

*Südtor von Timna nach der Freilegung 1950/51 durch die Gruppe von Wendell Phillips*

einzelnen nur wenig über jene Zeit und ihre Geschichte. Vielleicht war Timna ursprünglich sogar eine sabäische Gründung, die – zunächst unmerklich – stärker wurde und an Eigenständigkeit gewann. Sie könnte dann in der Zeit zwischen 500 und 400 v. Chr. eine Schwächeperiode der Sabäer genutzt haben, um staatliche Selbständigkeit zu erlangen, es können jedoch auch die Machthaber von Saba einen selbständigen Handelspartner jenseits der Südostgrenze ihres Staates toleriert haben, weil er einen Puffer gegen feindliche Kräfte im Hadramaut bildete. Diese und andere Fragen beschäftigten bis nach dem Zweiten Weltkrieg die theoretische Forschung; vor allem aber ging es ihr um die Entzifferung und Analyse weiterer Inschriften. Die erste vollwertige Grammatik des Alt-Südarabischen wurde 1943 von einer Tübinger Wissenschaftlerin, Maria Höfner, veröffentlicht.

Anfang der fünfziger Jahre kamen dann mit den Archäologen unter Leitung von Wendell Phillips die Praktiker zum Zuge. Das Team, dem auch europäische Gelehrte angehörten, beschäftigte in zwei Grabungskampagnen jeweils 200 bis 300 einheimische Arbeiter; in der zweiten Phase holte es sich sogar geübte Aufseher und Vorarbeiter aus Ägypten. Mit vereinten Anstrengungen gelang es, das Südtor der Stadt Timna freizulegen. Man grub ferner die beachtlichen Reste von zwei Häusern aus, die aufgrund von Inschriftenfunden als ›Haus

Yafaan‹ und ›Haus Yafasch‹ bezeichnet wurden. Freigelegt wurden auch die Reste eines Tempels, geweiht dem qatabanischen Gegenstück der römischen Göttin Venus. Diese Sterngottheit ist übrigens in ganz Südarabien männlichen Geschlechts gewesen. Der Tempel des Athtar erwies sich als der größte unter den vom Sand befreiten Gebäudekomplexen innerhalb Timnas. Außerhalb wurde auf dem einstigen Friedhof der Stadt gegraben, der etwa 2500 m nordöstlich liegt und bei den Arabern ›Haid bin Aqil‹ heißt. Schließlich setzte Professor W. F. Albright, der geistige Vater des Unternehmens, eine Grabung nach Tonscherben durch: In Hadschar bin Humeid wurden zwanzig Kulturschichten freigelegt. W. F. Albright benötigte die Scherben, um einen Töpferei-Index der qatabanischen Geschichte aufstellen zu können.

Die Grabungskampagnen von 1950/51 förderten auch Reste eines weitverzweigten Bewässerungssystems im antiken Wadi Baihan zutage. Der belgische Epigraphiker Jamme wurde von einem Beduinen zu Felsinschriften im Wald al-Fara geführt, die anscheinend zu einem sehr frühen Zeitpunkt, noch vor der Formierung eines qatabanischen Staates, auf die Steinwände geritzt worden waren. Diese Inschriften werden, wie Griechisch, Latein oder moderne europäische Sprachen, von links nach rechts gelesen. Professor Jamme stellte an verschiedenen Buchstaben der Schrift im Wadi al-Fara eine starke Ähnlichkeit mit dem kanaanitischen Alphabet fest, von dem das phönizisch-hebräische und das südarabische Alphabet abstammen könnten.

*Qatabanische Grabstele*

Man kann also für das Wadi Baihan, das landwirtschaftlich genutzte Kerngebiet Qatabans, eine schon frühe Besiedlung annehmen, doch wissen wir nicht, welche Organisationsform die Gesellschaft in jener frühen Siedlungszeit besaß.

Der geschichtliche Ablauf stellt sich uns – einigermaßen gesichert – heute so dar: Bis zum Jahr 410 v. Chr. stand Qataban in Abhängigkeit zu dem damals mächtigen Küstenstaat Ausan; dann gelang es Minäern und Qatabanern gemeinsam, Ausan zu vernichten (vgl. *Blickpunkt Aden*). Qataban übernahm einen großen Teil des ausanischen Gebietes, und der ehemalige Binnenstaat reichte nun bis an die Küste des Indischen Ozeans. Damit war er eine Handelsmacht ersten Ranges geworden: Während der qatabanische Staat vorher nur vom Karawanen-Transithandel profitieren konnte, beherrschte er nun unter anderem den vorzüglichen Hafen Aden und einen Teil des Seehandels. Qataban war damit so mächtig geworden, daß das Reich nur wenig später – etwa um 390 v. Chr. – auch den sabäischen Einfluß abzuschütteln vermochte. Knapp 200 Jahre lang hielten sich die Qatabaner danach noch auf der Höhe ihrer Macht und ihres Wohlstandes.

Timna dürfte damals fast so groß wie Marib und jedenfalls die zweitgrößte Stadt Südarabiens gewesen sein. Plinius d. Ä. (24–79 n. Chr.) schrieb, die qatabanische Metropole beherbergte 65 Tempel in ihren Mauern. Leisten konnte sie sich solchen Aufwand, weil ihre Macht ausreichte, um den möglichen direkten Karawanenverkehr zwischen dem hadramischen Schabwat und Marib zu unterbinden. Das geschah durch militärischen Druck, jedoch auch durch die Sicherung und technische Verbesserung der eigenen Verbindungswege nach Marib. Diese führten aus dem Wadi Baihan über zwei Pässe in das Wadi Harib (früher Nordjemen): Aqabat Nadschd Marqad und Aqabat Mablaqah. Die Straßen über beide Pässe waren schon im Altertum gepflastert, und Reste dieser **Pflasterung** haben sich bis heute erhalten. Aqabat Mablaqah kann auch in unseren Tagen noch Staunen erregen: Auf einer Gesamtlänge von etwa 5 km steigt die Straße um rund 350 m, und zwar zum Teil in Haarnadelkurven. Kurz unter dem Gipfelpunkt wurde den Straßenbauern das Gefälle jedoch zu steil; deswegen arbeiteten sie schließlich die Straße durch den Fels hindurch, d. h. sie schlugen ihr einen Hohlweg in einer Breite von 5–7 m, einer Tiefe von 14 m und einer Länge von 35 m. Eine Karawane, die diesen Punkt überschritt, hatte laut Plinius bis zum Endziel Gaza am Mittelmeer noch »65 Kamelraststätten vor sich«, wofür der gewissenhafte lateinische Literat 2 437 500 Schritte veranschlagt.

Als weniger Kamelkarawanen den langen Marsch durch die Wüste antraten und statt dessen der Schiffsweg für den Handel zwischen Südarabien und Ägypten oder Syrien (über den heutigen Hafen Aqaba) eine immer bedeutendere Rolle spielte, war Qataban mit seiner ehemals ausanischen Küstenzone in einer günstigen wirtschaftlichen Position. Doch erregte die Vorzugsstellung den Neid der Nachbarn – und dies um so stärker, je mehr der Handel sich auf die See verlagerte. Etwa 120 v. Chr. traf den Staat dann ein schwerer Rückschlag: Zwei Provinzen im Nordwesten des Qatabanischen Reiches – Himyar und Radman – rissen sich mit sabäischer Hilfe los. Der schnell erstarkende Staat der Himyaren wurde zum gefährlichen Gegenspieler für Saba und Qataban. Timna war bald wieder nur noch die Hauptstadt eines Binnenstaates, verbündet mit Hadramaut gegen die Feinde im Norden und im Westen. Doch als die Stadt fiel – die Datierung ist umstritten (vgl. S. 217 f.) –, kam der Feind aus dem Osten: Das erstarkte Königreich Hadramaut versetzte dem unmittelbaren Nachbarn und Rivalen Qataban die Todesstöße. Es waren tatsächlich mehrere Stöße, denn immerhin hielt sich das Qatabanische Reich nach der Vernichtung seiner Hauptstadt noch einige Jahrzehnte, ehe es von Hadramaut vollständig eingenommen werden konnte.

Auf welche Weise Timna zerstört wurde, erfahren wir von Wendell Phillips:

»Die Schicht enthielt zahlreiche handgefertigte Gegenstände wie Tonscherben, Lochkügelchen, die vermutlich von Ketten stammten, beschriftete Steinfragmente sowie Bruchstücke aus Eisen und Bronze. Wir erblickten Streifen von Asche, die Schichten unvermischter, sauberer Erde und Sandes einschlossen, und dann eine zweite Ascheschicht mit weiteren Steininschriften, Alabasterstücken mit Reihen wundervoll geschnitzter Steinbockköpfe und anderen Gegenständen. Es war uns allen sofort klar, daß die Stadt Timna durch eine Katastrophe zerstört worden war, in der eine Feuersbrunst die Hauptrolle gespielt hatte.«

BLICKPUNKT TIMNA

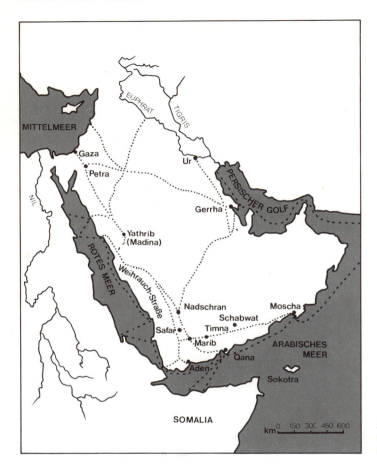

*Die wichtigsten Karawanen- und Schiffsrouten des antiken Arabien*

## Kunst und Religion

Durch zufällige Funde, vor allem aber durch die Grabungskampagnen von 1950/51 verfügen wir über qatabanische Kunstgegenstände. Einige Stücke sind in Aden im Nationalmuseum zu sehen, andere wurden von Wendell Phillips in die Vereinigten Staaten gebracht. Der amerikanische Expeditionsleiter mußte sich deswegen Kritik aus Fachkreisen gefallen lassen.

Zu den besonders erwähnenswerten Fundstücken der Ausgrabungen der Jahre 1950/51 gehört ein etwa lebensgroßer Frauenkopf aus milchweißem Alabaster: ein junges Antlitz, um dessen Lippen ein leicht ironisches Lächeln spielt. Die Mimik hat jedenfalls wenig von der Starre, die für den größeren Teil der frühen südarabischen Gesichtsdarstellungen so charakteristisch ist. Aufsehen erregte der Kopf auch dadurch, daß er eine fast vollständige Frisur aus Gipslocken (in einer anderen Beschreibung heißt es: aus Glasmasse) aufwies und seine Augen noch blau leuchteten, weil Reste des in die Augenhöhlen eingelegten Lapislazuli erhalten geblieben waren. Der Archäologe Honeyman, der Entdecker des Stückes, ordnete den Frauenkopf dem ersten vorchristlichen Jahrhundert zu. Der abweichenden Gestaltung wegen bezweifelt die Fachwelt den südarabischen Ursprung des Kunstwerks. Es könnte z. B. aus Ägypten stammen, wo zu der angenommenen Zeit oft Lapislazuli für Augeneinlagen benutzt wurde.

Ebenfalls nach Ägypten weisen die beiden Bronzelöwen, die 1950 in Timna ausgegraben wurden. Die Stücke sind fast völlig identisch (nur in der Grundstellung einander zugekehrt) und tragen an den Sockeln auch die gleiche Inschrift: Sie nennen zwei Handwerker, die das (vorher freigelegte) sogenannte ›Haus Yafasch‹ ausgeschmückt hatten, und den Namen des zu jener Zeit herrschenden Königs, Schahr Yagil Yuharib. Die im Cire perdue-Verfahren (also ›mit verlorener Form‹) gegossenen Figuren sind jeweils 61 cm hoch; die Löwen stehen aufgerichtet und haben die rechte Tatze wie zum Schlag erhoben. Auf dem Rücken der naturalistisch dargestellten Tiere reitet jeweils ein Amor, der in einer Hand einen zerbrochenen Pfeil und in der anderen eine zerbrochene Kette hält. Professor Albright definierte die Stücke als von qatabanischen Handwerkern gefertigte Kopien, deren Originale in Ägypten während der hellenistischen Periode entstanden sein könnten: Es handele sich um ein in Pompeji und anderswo beliebtes Symbol sinnlicher Liebe – Amor, der einen wilden Löwen zähmt und ihn sodann mit einer Zügelkette lenkt. Albright halfen die auf den Stücken verzeichneten Namen, seine südarabische Chronologie zu verbessern. Doch was das ästhetische Moment betraf, so war wieder nur ein Beweis für die große Intensität des Kulturaustauschs im Altertum (nach Albright um 150 v. Chr.) erbracht – nicht aber für die Originalität qatabanischer Kunst.

Auch der dritte bedeutende Fund während der Ausgrabungen von 1950/51 deutete wieder auf Fremdeinflüsse hin. Man fand die fast einen Meter hohe Bronzefigur einer sitzenden Frau, deren Sockel eine lange Inschrift aufweist (die Figur steht heute im Nationalmuseum von Aden). Dem Text nach handelt es sich um die Figur der eben verstorbenen ›Dame Bar'at‹, deren Andenken man zu wahren gelobt. Daneben ist auf dem Sockel der Name des zeitgenössischen Königs zu lesen: Warawil Ghaylan Yuhan'im, Sohn jenes Herrschers, dessen Name auf den Bronzelöwen von Timna verzeichnet ist. Phillips beschrieb die Figur wie folgt:

»Der hellenistische Einfluß war nicht nur an der Statue, sondern auch an der Dame selbst erkennbar. Ihr Haar war kompliziert geflochten und gewunden, wie es im ersten vorchristlichen Jahrhundert in der griechischen Welt allgemein beliebt war. Ihre fließenden Gewänder waren ebenfalls von griechischem Stil, und die Modellierung der ganzen Figur war eindeutig hellenistisch.«

Die Frage ist nur, wo die eigenständigen Manifestationen qatabanischer Kunst bleiben. Nun, wie stets in Südarabien muß man sich auch in diesem Fall zunächst der Baukunst zuwenden. Von ihr vermittelt die Beschreibung des Quadermauerwerks am Tempel von Timna, die der sachverständige Brian Doe verfaßte, einen prägnanten Eindruck:

»Es ist von vorzüglicher Beschaffenheit. Die Außenseiten der Blöcke sind behauen, die Quader ohne Bindemittel aneinandergefügt. Sie liegen auf Lücke, die oberen Reihen sind

BLICKPUNKT TIMNA

*Die vom Phillips-Team in Timna gefundene Goldkette mit Anhänger*

schmaler als die unteren. Der Mauerzug bildet eine gerade Linie und schließt an die aus massiven unregelmäßigen Blöcken bestehende, mit Bastionen versehene Südmauer an.«

Neben solchen baumeisterlichen Leistungen muß es aber auch originäre Kleinkunst in Qataban gegeben haben. Sollte sie in all ihren Äußerungen der Feuersbrunst zum Opfer gefallen sein? Oder hat qatabanische Kleinkunst vor allem als Grabbeigabe gedient und ist dann im Laufe von zwei Jahrtausenden Grabräubern zugefallen? Wendell Phillips und sein Team haben bei Grabungen in der Nekropole von Timna eine Goldkette mit einem halbmondförmigen Pektorale gefunden, auf dem ein getriebener Sichelmond zu sehen ist, wie die Ränder des Anhängers mit Granulationen gesäumt. Um den Sichelmond sind zwei weibliche Namen in qatabanischer Schrift eingraviert, und in der Ausbuchtung des Anhängers pendelt ein kleines Medaillon mit einem Frauenkopf. Wenn ein Stück einen Ehrenplatz im Nationalmuseum von Aden verdient hätte, dann dieses. Leider ist es verschollen.

In Qataban war der Mondgott Amm Gott des Reiches. ›Amm‹ bedeutet Onkel, Vatersbruder. Prof. Walter Müller vermerkt: »Timna als Hauptstadt ist die ›Stadt der Stämme des Amm‹«. Der Fürst, zuerst Mukarrib, später König, war das wichtigste Verbindungsglied zwischen dem Amm und den ›Kindern des Amm‹, eben des Volkes.

Der Reichsgott rangierte aber dennoch nicht an der Spitze der göttlichen Triade. Wie im Sabaäischen Reich fiel die Vorrangstellung auch in Qataban dem Sterngott Athtar zu, dem männlichen Äquivalenten der römischen Venus. Dies ist darauf zurückzuführen, daß Qatabans Kernland, die Flußoase Baihan, eine von künstlicher Bewässerung abhängige intensive Agrikultur entwickelt hatte. Fiel nicht genug Regen, mußte auch das beste Bewässerungssystem versagen. Die Qatabaner wandten sich – wie die Sabäer für ihre Flußoase Marib – einem Fruchtbarkeitsgott zu, der für Regen sorgte. Dies eben war Athtar, der sich mithin größten Ansehens erfreute.

Phillips stellte nach dem Fund der beiden Bronzelöwen mit Amor die Frage, ob es in Timna nicht die ›heilige Prostitution‹ gegeben habe. Das Haus Yafasch, in dessen Trümmern die beiden

*Qatabanische Grabstele (heute im Nationalmuseum in Sanaa)*

Löwen – Symbol körperlicher Kraft und sinnlicher Liebe – lagen, könnte eine Stätte ritueller Geschlechtsakte zu Ehren des Venusgottes gewesen sein, mutmaßte er in seinem Bericht. In jedem Fall aber dürfte der Liebeskult nur eine Nebenrolle gespielt haben. Wir wissen nämlich aus Inschriften, daß die Hauptkulthandlungen Opfer und Gebet gewesen sind.

Bekannt ist auch, daß Pilgerfahrten zu heiligen Stätten wichtige religiöse Handlungen darstellten. Dabei dürfte für die Qatabaner, wie für andere Südaraber, die Stadt Mekka mit ihrer heiligen Ka'aba schon damals große Bedeutung besessen haben. Der Geograph Claudius Ptolemaios, der im 2. Jh. n. Chr. lebte, kannte die Stadt unter dem Namen Macoraba. Man nimmt jedoch an, daß Mekka schon lange vorher eine Rolle spielte. Und da die Stadt etwa auf halbem Wege zwischen Südarabien und der Mittelmeerküste an der Weihrauchstraße lag, konnte man dort Nützliches und Heilsames, Kommerz und Religion, miteinander verbinden. Aller Wahrscheinlichkeit nach sind also auch die Qatabaner eine Zeitlang nach Mekka gepilgert, um dem dort verehrten Mondgott Hubal und den drei Göttinnen Allat, al-Ussa und al-Manat zu huldigen. Als aus dem Gebiet von Mekka und Madina eine neue Religion nach Südarabien gelangte, war die Pilgerfahrt in den Norden schon alte Tradition. Der Staat Qataban allerdings erlebte den Aufbruch des Islam nicht mehr – im 7. Jahrhundert lebten die Menschen des Gebietes, zusammen mit den Hadramis, unter persischer Fremdherrschaft.

Wir wissen nicht, wie die zeitweilige Hinwendung himyaritisch-sabäischer Herrscher zum mosaischen und christlichen Monotheismus im 3. und 4. Jh. n. Chr. sich auf die Bewohner des ehemals qatabanischen Binnenlandes auswirkte. Spuren des Christentums sind im Wadi Baihan nicht gefunden worden. Hingegen gab es bis zur Gründung des Staates Israel einige tausend Juden in den kleinen Städten und Dörfern südwestlich von Baihan. Wie ihre Glaubensgenossen im Nordjemen waren sie Sephardim, also Anhänger der von Spanien über Jerusalem in den Südwesten der Arabischen Halbinsel gelangten Richtung. Dies bedeutet nicht, daß die südjemenitischen Juden selbst Einwanderer gewesen sein müssen. Sie können auch Nachkommen jener Araber mosaischen Glaubens gewesen sein, die zu Lebzeiten des Propheten Mohammed in großen Stammesverbänden im Gebiet von Mekka und Madina lebten. Dagegen waren die meisten in Aden ansässigen Juden während der Zeit der britischen Kolonialherrschaft zugewandert.

## Besuch in Timna

Die Vereinigung der beiden Jemen-Staaten (1990) hat rund zwanzig Jahre Zwangspause für Reisende aus Übersee beendet und den Weg zum Besuch des Wadi Baihan freigegeben. Man kann zum Hauptort Baihan al-Qasab und darüber hinaus zum antiken Timna (modern: Hadschar Kohlan) von Aden aus fahren (rund 250 km); aber reizvoller ist es, der antiken Karawanenroute zwischen Marib und Timna zu folgen. Hans Helfritz reiste auf ihr 1931, um drei Wochen lang in Harib festzusitzen. Wendell Phillips nutzte diese Route in den fünfziger Jahren.

Wahrscheinlich ab 1994 wird man von Marib nach **Harib** (ehemals Grenzstadt zum Südjemen) auf einer guten, wenn auch durch enge Pässe führenden Asphaltstraße fahren können (85 km). Mitte 1992 ging die Straße noch am Südrand der Oase Marib und vor dem Dschabal al-Badi in eine brauchbare Piste über (Geländefahrzeug erforderlich). Lohnt sich ein längerer Aufenthalt in Harib? Die kleine Stadt hat einen lebhaften ständigen Markt, auf dem auch das nicht weit entfernt gewonnene Steinsalz umgeschlagen wird.

Zudem sind einige ältere Wehrbauten aus Stein zu finden. Lohnender ist auf jeden Fall ein Besuch der antiken Stätte **Haribat** (arabisch: Hajar henu as-Sureir), der Ruinen einer qatabanischen Stadt. Haribat ist ca. drei km außerhalb der Stadt im Wadi Harib zu finden und scheint verhältnismäßig unberührt von Steinräubern und den Folgen des Massen-Tourismus zu sein. Der Ort verdankt das seiner Lage auf der ehemaligen Grenze zwischen den beiden früheren Jemen-Staaten, die ihn zum Sperrgebiet machte. Obwohl noch nicht von Archäologen ausgegraben, sind sorgfältig aufgemauerte Wände bis zu drei Metern Höhe und die Reste von zwei mächtigen Torburgen zu sehen. Die Fundamente der Stadtmauer wie auch ganze Straßenzüge sind zu erkennen. Die erhaltenen unteren Quaderlagen der alten Häusermauern lassen einen wohlgeordneten Stadtplan erahnen.

Dem archäologisch interessierten Besucher gibt heute Haribat mehr als **Timna**. Schon Mitte der sechziger Jahre besuchte der deutsche Journalist S. U. Graf Timna und schrieb:

»Viele der mühevoll ausgegrabenen Säulen, Tempelstufen und Mauern hat der Sand wieder zugeweht, oder das ausgegrabene Material war von den Bewohnern des heutigen Hadschar Kohlan einfach zum Häuserbau verwendet worden ...« Der Häuserbau hat in diesem Fall anscheinend die Antike mehr verschlissen als das Rieseln des Sandes. Dennoch dürfte Timna, da es nun einmal zugänglich geworden ist, ein Publikum ernsthafter Bildungsreisender behalten. Er hat einen magischen Klang, dieser Name, und das nicht nur wegen seiner Verwurzelung in einer rund zweitausendjährigen Geschichte; ebensosehr, weil Timna im 19. und 20. Jh. erst durch eifersüchtige Stammesleute und danach von einer mißtrauischen volksdemokratischen Regierung so streng gehütet worden ist.

Brian Doe, früher Direktor der Antikenverwaltung in Aden, gilt als der beste Kenner Timnas. Seine Forschungsergebnisse lassen sich wie folgt zusammenfassen: Die **Ruinenstätte** umfaßt eine Fläche von etwa 21 ha. Man hatte die Stadt auf einem natürlichen Kliff am Nordeingang des Wadis angelegt. Timna war eine ummauerte Stadt mit mehreren Toren, anscheinend vier an der Zahl: das sogenannte Südtor im Südwesten sowie weitere Torbauten an der Südost-, Nordwest- und Ostseite. Das **Südtor** ist von zwei Bastionen umgeben. Drei Meter über dem Bodenpflaster befindet sich an der massiven Mauer eine Inschrift mit den Gesetzen der Stadt. Das Gemäuer zeigt eine archaische Bauweise und scheint aus einer frühen Phase der Stadtgeschichte zu stammen. Noch unerforscht sind die anderen Torbauten an der Ost- und Nordwestseite der Stadt. Die Grabungen Ortsansässiger nach Baumaterial haben aber die Bastionen des Südwesttores zum Vorschein gebracht. Hier verrät das Mauerwerk

*Timna, Obelisk des Königs Schahr Hilal Yuhanim mit eingemeißelter Marktordnung*

mehr Kunstfertigkeit; die Steinblöcke sind gut zugeschnitten, mit dem Hammer bearbeitet und ordentlich verlegt.

Nahe dem Stadtzentrum befindet sich der **Haupttempel,** der dem Athtar geweiht ist. Wahrscheinlich erfolgte der Bau des Tempels in mehreren Etappen. Von der ersten Phase zeugt das massive Mauerwerk der untersten Schichten, wohl der älteste Teil des Heiligtums. In eine zweite Phase, die ins 3. Jh. v. Chr. zu datieren ist, fielen Erweiterungsbauten. Unter den Königen des 1. Jh. v. Chr. kamen in einer dritten Bauphase wahrscheinlich Hof und Treppen neu hinzu. Im Tempelhof sind gelbe und rote Marmorplatten gefunden worden, die als Bekleidung der Innenwände des Tempels gedient haben dürften. In einer Sandgrube stand der 1950 freigelegte **Obelisk** des Königs Schahr Hilal Yuhanim. Die Inschriften des Monolithen beziehen sich auf die Handels-, Markt- und Steuergesetze der Stadt. Der Obelisk ist zur Zeit nicht auffindbar (1992); er soll angeblich im Museum sein. Andere Auskünfte besagen, er sei wieder zugeschüttet worden, damit er nicht gestohlen werden könne.

**Haus Yafaan und Haus Yafasch,** beide 1950/51 ausgegraben, liegen an der Westseite der Stadt, das Haus Yafaan näher dem Südtor. Haus Yafasch hat sechs Inschriften, die Aufschluß über die Thronfolge einiger qatabanischer Könige geben. Außerdem lassen sie die Entwicklung des qatabanischen Schriftbildes erkennen. Das Haus selbst bestand nach Ausweis der Inschriften aus mehreren Räumen zu ebener Erde. Eine Außentreppe führte zum oberen Stockwerk, wo sich die Lagerräume und eine Veranda befanden.

Der **Friedhof** der Stadt liegt ungefähr 1500 m nördlich. Man sieht seine Reste an der Westseite eines großen Felsvorsprungs. Auffällig sind einige qatabanische Bauten aus Stein- und Lehmziegelmauerwerk. Das unterste Bauwerk am Fuß des Felsens hält man für einen Totentempel. Dort befindet sich auch ein etwa 18 m tiefer Schacht, in dem zahlreiche Fundstücke und eine Inschrift entdeckt wurden.

## Menschen im Wadi Baihan

Das Wüstental Baihan, das nach Regenfällen kurze Zeit Wasser aus den südlich gelegenen Bergen in den Sand des Leeren Viertels (Rub al-Khali) abfließen läßt, war früher eines der vielen Kleinfürstentümer dieser Region. Als

*Ehemaliger Palast des Scherifen von Baihan*

letzter Herrscher von britischen Gnaden residierte von 1934 bis 1968 Scherif Hussein Ibn Ahmad in dem Ort Baihan an-Nuqub am nördlichen Ausgang des Wadis. Der britischen Schutzmacht hatte das kleine Fürstentum als Puffer gegenüber dem unmittelbar benachbarten Nordjemen gedient. Als die Briten gegen Ende 1967 Aden und auch das Hinterland fahren lassen mußten, kam die Revolution nach Baihan. Der über siebzigjährige Scherif Hussein entfloh nach Saudi-Arabien, wurde von den neuen volksdemo-

kratischen Machthabern in Abwesenheit zum Tode verurteilt. Inzwischen ist er eines natürlichen Todes gestorben.

Was kommt jetzt? Wird die Restauration das Fürstentum Baihan wieder aufleben lassen und einen Erben des letzten regierenden Scherifen auf den Thron zurückbringen? Wohl kaum; soweit wird man die Uhr im vereinigten republikanischen Jemen nicht zurückdrehen können. Die volksdemokratische Regierung hatte das Wadi Baihan, zusammen mit dem östlich anschließenden Landstrich, zum Vierten Gouvernorat gemacht, in dem etwa 100 000 Menschen leben. Gelten im Südjemen rund 5 Prozent der Bevölkerung als Beduinen, also als Vollnomaden, so sind es im Vierten Gouvernorat an die 20 Prozent. Die große Mehrheit der vielleicht 20 000 Beduinen lebt aber nicht im Wadi Baihan, sondern weiter östlich, wandert in der Region vom Wadi Hammam nordöstlich bis zum Wadi Jirdan, berührt dabei die Provinzhauptstadt Ataq und das antike Schabwa.

Im Südabschnitt des Wadi Baihan siedeln Leute vom Stamm der Musabein, im Nordabschnitt ist der Stamm der Bal Harith vorherrschend. Nach Nordosten hin, Richtung Schabwa (früher Schabwat) schließen die al-Karab an, jene Beduinen, die Fremden lange den Zutritt zur ehemaligen Hauptstadt von Hadramaut fast unmöglich gemacht haben (vgl. *Blickpunkt Schabwat*).

Die al-Karab sind auch jetzt noch zum größeren Teil Vollbeduinen. Sie züchten Dromedare, Ziegen und Fettschwanzhammel, und verkaufen Produkte ihrer Viehwirtschaft, handgewebte Teppiche sowie Holz, das sie in den Wüstentälern sammeln. Lange Karawanen bringen an wichtigen Markttagen Holz zu den großen Dörfern und Städten. Die al-Karab beteiligen sich auch am Zwischenhandel, indem sie – wie ihre Urahnen Weihrauch – neuzeitliche Waren von der Küste ins Landesinnere bringen. Die Zelte dieser Beduinen bestehen aus Bastmatten und Leinentuch; sie benötigen keine warmen Zeltunterkünfte wie die Nomaden Nordarabiens. Die al-Karab kennen auch nicht die weiten grünen Steppen, wie sie nach Regenfällen im Norden der Arabischen Halbinsel zu finden sind. Da sie nicht genügend Weidefläche für ihre Tiere vorfinden, mußten sie Ersatzfutter beschaffen. Sie gewöhnten deswegen ihre Tiere an getrocknete Sardinen und getrocknetes Haifischfleisch. Die Trockenfische, eingekauft an der Küste, sind auf den langen Wanderungen ein vollwertiges Futter. Bei den al-Karab ist im Laufe der Zeit getrockneter Fisch auch zum Grundnahrungsmittel der Menschen geworden. Fleisch wird nur an besonderen Festtagen gegessen. Haifischfleisch, getrocknete Sardinen, etwas Reis und Fladenbrot sind die Hauptnahrung, zu der man stark gesüßten Tee trinkt.

Die Regierung der Volksrepublik hat versucht, die Beduinen im Rahmen sozialer Programme seßhaft zu machen. Es wurden Musterdörfer gebaut, die mit festen Häusern, einer Schule und einer Gesundheitsstation ausgestattet sind. Man versuchte, die Erfahrungen der Beduinen als Viehzüchter zu nutzen. Ackerland wurde als Gemeinbesitz bewirtschaftet, und Motorpumpen verteilten das Wasser auf die kollektiv genutzten Felder. Es gibt Beduinen, die zeitweise Ackerbau betreiben, ihn aber aufgeben, wenn sich die Bedingungen verschlechtern. Sie ziehen dann in eine andere Gegend, und ihre vielleicht gerade erst aufgebauten Häuser verfallen. Von solchen Halbbeduinen (Farbabb. 33, 34, 36) sind seßhaft gewordene Beduinen nicht leicht abzugrenzen. Die Übergänge sind hier fließend.

Da es die Volksrepublik nicht mehr gibt, haben die Menschen im Wadi Baihan wieder mehr Entscheidungsfreiheit. Wahrscheinlich werden sie diese Freiheit so nutzen, daß die landwirtschaftlichen Genossenschaften sich auflösen. Der Feudalismus dürfte nicht zurückkehren, jedoch der individuelle Besitz an Grund und Boden. Das wird dem Wadi Baihan eine privat betriebene Landwirtschaft bescheren. Den Beduinen gibt es wieder größere Bewegungsfreiheit als unter den autoritären Sozialisten; doch ihre Freiheit wird auch nicht grenzenlos sein. Das Vierte Gouvernorat mündet im Norden im unmarkierten Grenzgebiet zu Saudi-Arabien. Nicht allzu weit von der angenommenen Grenze entfernt fördert der Jemen Erdöl. Das Öl beeinflußt die Lebensart der Menschen in dieser Region. Es bringt Geld, aber auch eine gewisse Unruhe. So bleiben das Wadi Baihan und der anschließende Distrikt ein Gebiet, auf das die Staatsmacht ein wachsames Auge wirft.

*Beduine im Nordabschnitt des Wadi Baihan (histor. Photo von Freya Stark aus den dreißiger Jahren)* ▷

# Blickpunkt Schabwat

Die Südarabien-Forschung geht davon aus, daß etwa um 750 v. Chr. die Fundamente eines Staates im Hadramaut gelegt worden sind – Carl Rathjens' Annahme, dieser Prozeß habe schon in der Zeit um 1300 v. Chr. begonnen, konnte bisher nicht erhärtet werden. Inschriftensteine dokumentieren Namen von Herrschern des Sabäischen, Minäischen und des Hadramischen Reiches ab etwa 800 v. Chr., und zwar als Priesterfürsten. Aus diesen wurden später in allen drei Reichen weltliche Könige. Man vermutet, daß der Übergang zur weltlichen Herrschaft sich zuerst im Hadramaut vollzogen hat und dann von den im Nordwesten anschließenden Staaten nachgeholt worden ist. Die Anregungen für den Wechsel der Herrschaftsform soll Hadramaut von jenseits der Meere, eventuell aus Indien, erhalten haben.

Das eigentliche Wadi Hadramaut – in der Antike Sariran genannt – ist sicherlich die Geburtsstätte des Staatswesens gewesen, aus dem sich später das am weitesten östlich gelegene der südarabischen Königreiche entwickelte. Von welcher Hauptstadt aus der alte hadramische Priesterstaat regiert wurde, konnte bis jetzt noch nicht ermittelt werden. Als Schabwat (später Schabwa) zur Königsstadt der Hadramiten aufstieg, waren jedenfalls bereits einige Jahrhunderte ins Land gegangen und hatten sich die politischen Verhältnisse in Südarabien mehrmals stark verändert. Der römische Historiker Plinius d. Ä. (24–79 n. Chr.) kündete den Ruhm der neuen Metropole, die er ›Sabota‹ nennt. In seiner ›Naturalis historia‹ berichtet er über die Weihrauch-Gewinnung sowie den Handel mit dem Duftstoff und erwähnt dabei auch die ›Catabaner‹ (von Qataban) – gelegentlich auch ›Gebbaniten‹ genannt – als die engsten Handelspartner der ›Chatramotiter‹ (Einwohner von Hadramaut). Sabota/Schabwat war nach Plinius die Drehscheibe des gewinnträchtigen Handels:

»Der gesammelte Weihrauch wird auf Kamelen nach Sabota durch ein einziges Tor gebracht. Dort empfangen die Priester für den Gott, welchen sie Sabin nennen, den zehnten Teil, und zwar dem Maße, nicht dem Gewichte nach ... Der Weihrauch kann nicht anders als durch das Land der Gebbaniten ausgeführt werden. Daher wird auch an deren König Zoll erlegt ... Auch den Priestern und Schreibern des Königs werden bestimmte Teile gegeben. Außer diesen plündern noch die Wächter, Trabanten, Pförtner und Bedienten davon. Wohin ihr Weg geht, müssen sie hier für Wasser, dort für Futter oder das Quartier und allerlei anderes zahlen, so daß die Kosten für jedes Kamel bis an unsere Küste sich auf 688 Denare belaufen.«

Was aber hat sich in den rund 700 Jahren zwischen dem Aufkommen eines hadramischen Staates und der von Plinius beschriebenen Blüte Schabwats abgespielt?

Das Priesterfürstentum Hadramaut, anfangs auf das große Wüstental beschränkt, hatte keinen direkten Zugang zum Weihrauch. Der Boswelia-Strauch oder -Baum, dessen Harz Weihrauch genannt wird, gedeiht in einem subtropischen Klima in 600 oder 700 m Höhe, nicht aber in der trockenen Witterung der Wadis. Unter der Voraussetzung, daß die Klimaverhältnisse vor 3000 und 2000 Jahren in Südarabien nicht gänzlich andere gewesen sind als heute, dürfen wir den Hauptbestand des Boswelia-Baumes deshalb in der weiter östlich gelegenen Region von Sofar (oft Dhofar geschrieben; heute eine Provinz des Sultanats Oman) vermuten,

◁ *Wadi Hadramaut, Grabmal eines Sajjid, der durch religiösen Einfluß auf die Beduinen zum Friedensstifter und später zum Heiligen wurde*

die in den heißesten Monaten des Jahres hohe Monsun-Niederschläge zu verzeichnen hat. Ähnliche Klimabedingungen, jedoch abgeschwächt, herrschten in der von Sofar aus weiter westlich gelegenen Küstenregion, das heißt an der heutigen südjemenitischen Küste bis etwa nach Mukalla. Die für die Weihrauchgewinnung optimale Klimakonstellation war und ist in Südarabien auf die Küstenberge von Sofar (und auf die Insel Sokotra) beschränkt. Dort also, gut 600 km östlich des Wadi Hadramaut, lag offenbar das eigentliche Weihrauchland.

Weil die Produzenten des Weihrauchs jedoch lange Zeit ihre Ware nicht ohne Hilfe der weiter westlich wohnenden Fischer und Halbnomaden zu den Abnehmern in Ägypten und Syrien bringen konnten, da ihnen von Sofar der Weg nach Norden und Nordwesten durch die lebensfeindlichste Wüste Arabiens, das sogenannte ›Leere Viertel‹, verlegt war, mußten sie die Ware zunächst an der Küste entlang transportieren. Für den Weg ins Landesinnere bot sich das Wadi Masilah, das erste durchgehende Wüstental, an. Dieses Wadi, das nahe der Stadt Saihut das Meer erreicht, nimmt seinen Anfang am östlichen Ende des Wadi Hadramaut. Alle Weihrauch-Karawanen, die durch das Wadi Masilah nach Nordwesten zogen, mußten also das Herrschaftsgebiet des Priesterfürstentums Hadramaut durchqueren – und dort gewiß einen drückenden Tribut entrichten. Nicht besser erging es solchen Karawanen, die weiter westlich, etwa ab dem heutigen Schichr, durch das Wadi Adim oder ab Mukalla durch das Wadi Duan auf kürzeren Wegen von der Küste nach Norden zogen: Auch sie gelangten unvermeidlich in das Hoheitsgebiet Hadramauts.

Die hohen Gewinne am Durchgangshandel dürften die Bewohner des Priesterfürstentums Hadramaut ermuntert haben, ihren Machtbereich entlang der Handelswege weiter auszudehnen. Dies bedeutete Expansion in südliche Richtung, zum Meer hin, und Expansion in nordwestliche Richtung, den Grenzen des sabäischen Machtbereichs entgegen. Man darf wohl auch annehmen, daß die Hadramis schon frühzeitig begehrliche Blicke auf das Anbaugebiet des Weihrauchs selbst geworfen haben. Zuerst wurde die Küstenregion zwischen dem heutigen Mukalla und Saihut der hadramischen Macht unterworfen. Die Ausweitung des Reichsgebiets in Richtung Nord-Westen rief dann allerdings die Sabäer auf den Plan. In der Zeit zwischen 600 und 450 v. Chr. scheint der hadramische Staat von dem wesentlich mächtigeren Sabäischen Reich in einem Vasallenverhältnis gehalten worden zu sein. Erst ab etwa 400 v. Chr. hat es ein selbständiges weltliches Königreich Hadramaut gegeben. Dieses war stark genug, um Sofar, das südarabische Hauptanbaugebiet für Weihrauch, zu erobern.

Die Könige von Hadramaut hatten über 200 Jahre lang drei starke Nachbarn (das Königreich Ausan war schon von den Sabäern zerstört worden), die Partner und Rivalen zugleich waren: Qataban, Saba und Ma'in. Alle vier Staaten lebten davon, daß sie den Durchgangshandel mit den Großmächten am Mittelmeer organisierten, und dies bedeutete, daß Handelsware von Hadramaut nach Qataban oder Saba geschafft wurde, um von dort über Ma'in auf die Karawanenroute der Nabatäer oder anderer nordarabischer Völker geschickt zu werden. Aber wenn man auch gemeinsam das Geschäft betrieb, so lag doch jeder einzelne Staat auf der Lauer, um die Kontrahenten zu übervorteilen oder womöglich einen von ihnen ganz auszuschalten. Hadramaut war in diesem Kräftespiel lange mit Ma'in verbündet, dem nördlichsten der vier Königreiche. Zeitweise gab es zwischen den beiden Staaten sogar Karawanenwege, die sabäisches Gebiet umgingen – ein Sachverhalt, der die Sabäer zu einem harten Vorgehen gegen beide Staaten bewog. Ma'in leistete jedoch erfolgreichen Widerstand, erwies sich vorübergehend sogar Saba überlegen und entlastete damit Hadramaut von sabäischem Druck. Während dieser spannungsreichen Periode muß Sabota/Schabwat zur Hauptstadt von Hadramaut aufgestiegen sein. Schon außerhalb des sicherlich dicht besiedelten Wadis gelegen, hatte der Platz den Vorteil einer strategisch günstigen Lage: Er war ein Bollwerk gegen die Sabäer, sollten diese das Wadi Hadramaut von Westen her angreifen, und war gleichzeitig ein guter Ausgangspunkt für den Handel sowohl mit Saba als auch mit Ma'in. Hinzu kam, daß Hadramaut sich mit Qana einen Hafen neu geschaffen hatte, von dem aus eine wichtige Straße durch das Wadi Maifa'a in Richtung Norden nach Schabwat und von dort entweder nach dem sabäischen Marib oder dem minäischen Baraqisch führte.

Um 120 v. Chr. verlor Hadramaut Ma'in als Partner im Kräftespiel gegen Saba – der Staat der Minäer wurde zu diesem Zeitpunkt von den Sabäern erobert und deren Reich (aus dem er hervorgegangen war) wieder einverleibt. Doch entstand etwa gleichzeitig der Staat Himyar, der von nun an das Sabäische Reich heftig bedrängen sollte. Qataban verlor einen Teil seines Territoriums an den neuen Himyariten-Staat und rettete sich in ein Bündnis mit Hadramaut. Auf den Karawanenrouten nach Norden hatte der Verkehr deutlich nachgelassen, denn inzwischen waren die Ägypter und andere Völker am Nordende der Handelsstraßen dazu übergegangen, mit ihren Booten aus dem Roten Meer in den Golf von Aden und weiter nach Osten bis zum Hafen Qana zu segeln. Trotz der damit verbundenen Einschränkungen des Überlandverkehrs konnte Hadramaut seine Stellung verhältnismäßig gut behaupten – mit einer langen Küste war es gleichzeitig ja auch eine Seemacht.

Die Existenz des Hadramischen Reiches beruhte auf einer Mischung von Geschäft und Krieg; und so muß wohl auch das Leben vieler seiner Bürger zwischen friedlichen und kriegerischen Märschen oder Schiffsfahrten geschwankt haben. Einmal befand man sich im Angriff, dann wieder hatte man sich zu verteidigen. In der Zeit von etwa 100–140 n. Chr. erreichte das Königreich Hadramaut den Gipfel seiner Macht, als es Timna, die Hauptstadt von Qataban, zerstörte und sich später das ganze den Qatabanern noch verbliebene Gebiet einverleibte. Damit hatte das Königreich Hadramaut seine größte territoriale Ausdehnung erreicht: Es schloß fast das gesamte Gebiet des ehemaligen Südjemen und dazu noch Sofar ein. Aber aus dieser Größe und diesem Glanz ergab sich nur eine Verschärfung der Rivalität zu den Sabäern und Himyariten. Nur deren Kämpfe untereinander ließen Hadramaut noch weitere 150 Jahre überstehen.

Auch zur See war Hadramaut im 1. Jh. n. Chr. ein mächtiger neuer Rivale erwachsen. Carl Rathjens charakterisierte die Situation mit folgenden Sätzen:

»Die Römer entwickelten, da sie den südlichen Teil der Weihrauchstraße jenseits des Nabatäerreiches nicht zu unterwerfen vermochten, energisch den Ausbau der Seeschiffahrt im Roten Meer. Sie durchstachen von neuem unter Trajan (98–117 n. Chr.) den Isthmus von Suez vom Nil zum Roten Meer und legten an der afrikanischen Küste überall Faktoreien und Kolonien an, die sie bis in den Indischen Ozean vorzuschieben vermochten. Wohl zum zweiten Mal in der Geschichte der Seefahrt gelangten sie mit denselben Schiffen vom Mittelmeer nach den indischen Küsten. Es ist verständlich, daß der Handel auf der Weihrauchstraße durch diese politischen Ereignisse schwerstens betroffen wurde.«

Das im Verhältnis winzige Hadramische Reich mußte also seine handelspolitischen Interessen gegen die Weltmacht Rom behaupten, wobei es keine wirkliche Entlastung für die Leute von Hadramaut bedeutete, daß die römische Speerspitze mehr auf die Sabäer als auf sie selbst zielte. Dazu noch einmal Carl Rathjens:

»Die Versuche des auf der Höhe seiner Macht stehenden Römerreiches, das Sabäische Reich völlig zu isolieren, zwang dieses, nunmehr seinerseits vorzustoßen und die ganze südarabische Küste in seinen Machtbereich zu bringen.«

Schon Mitte des 2. Jh. n. Chr. hatten sich in Schabwat aufgrund des großen Aufwandes des königlichen Hofes starke soziale Spannungen ergeben. Im selben Jahrhundert scheinen auch schwere Erdbeben das hadramische Kernland heimgesucht zu haben. Schließlich folgten auf die Unterwerfung durch das himyaritisch-sabäische Reich Einfälle des halbnomadischen Reitervolkes der Kinda aus Zentralarabien. Bei einem dieser großen Überfälle sollen 30 000 Kinda nach Hadramaut gelangt sein; sie scheinen sich als halbnomadische Feudalherren über einen Großteil der einheimischen Bauernbevölkerung gesetzt zu haben. Die Versuche hadramischer Lokalfürsten, die Unabhängigkeit wiederherzustellen, waren damit endgültig gescheitert. Vor allem der Einbruch fremder Völkerschaften erwies sich für Hadramaut als außerordentlich folgenschwer. Die Kinda-Stämme hatten in einem Gebiet, das in etwa die geographische Mitte der Arabischen Halbinsel ausmacht, eine große Konföderation gebildet, die in der Geschichtsschreibung als Staat eingestuft wird, aber wohl kaum mehr als eine fluktuierende, unstete Ballung von Nomadenmacht darstellte. Die Kinda waren zuvor schon vom Nordende des Persischen Golfs nach Zentralarabien gewandert; und als Hadramaut gefallen war, zogen sie weiter nach Süden bis an die Küste des Indischen Ozeans. Als Folge ihrer Invasion wurden Bauern und Städter des vormaligen Königreichs Nomaden untertan, und das schon stark urbanisierte Land (die Städte Schibam, Saiun und Tarim im Wadi Hadramaut finden in Marib in einer Inschrift aus dem 4. Jh. n. Chr. Erwähnung) fiel zeitweise fast ganz wieder den Beduinen anheim. Die Kinda sprachen nordarabische Idiome, die das Südarabische verdrängten und damit die originären Hadramis vom Hauptstrom ihrer damals etwa 1400 Jahre alten Kultur trennten. Das alte Kulturland Hadramaut wurde auch weitgehend von der Außenwelt abgeschnitten, denn an der Küste setzten sich gegen Ende des 6. Jh. n. Chr. persische Statthalter fest, deren Machtpolitik darin bestand, die Stämme des Hinterlandes gegeneinander auszuspielen. Hadramaut wurde immer mehr zu einem von Stammeskonflikten gezeichneten Land. Daran konnte auch die Islamisierung des Gebietes zunächst nichts ändern, ja sogar die neue Glaubensgemeinschaft zerfiel zeitweise in Sekten. Erst rund 200 Jahre nach dem Sieg des Islam brachte Ahmad Ibn Isa al-Muhajir, ein Einwanderer aus Basra am Persischen Golf, dem Wadi Hadramaut neue Stabilität. Der fromme Mann, der nach eigener Aussage aus der Familie des Propheten stammte, konnte den orthodoxen Islam als alleingültig durchsetzen – nicht mit dem Schwert, sondern allein durch geschicktes Verhandeln, durch Überredungskunst. Dieser Sieg des Geistes über Beduinenstarrsinn setzte ein Zeichen: Es fanden sich in der Folgezeit immer mehr fromme Männer, die ohne Waffengewalt, nur durch das Wort, den religiösen Frieden

BLICKPUNKT SCHABWAT

und dann auch den Stammesfrieden herzustellen und aufrechtzuerhalten suchten. Ihre Autorität bestand darin, daß sie den Koran kannten und ihren Stammbaum auf Mohammed zurückführten. Diese Aktivisten unter den moslemischen Gläubigen konstituierten eine Art von Adelskaste, die Sade (Einzahl: Sajjid). Wenn im Hadramaut nach dem Rückfall in das Nomadentum und in Stammeskonflikte später wieder – allerdings auf der Basis krasser Klassengegensätze – die Urbanisierung Fortschritte machte, so war das ein Verdienst der Sade. Doch gewann die urbane Gesellschaft nie wieder eine gefestigte Vormachtstellung. Bis in die Neuzeit, bis zum Machtantritt der Volksrepublik, blieb sie von Stammesführern bedrängt. Die Briten, im 19. und 20. Jh. machtvolle Berater der Stammesfürsten in Südarabien, bekämpften nicht den destabilisierenden Egoismus der Stämme, sondern nutzten ihn aus.

Schabwat, die Hauptstadt des antiken Hadramaut, fiel sehr früh dem Nomadentum zum Opfer. Zuvor war die Königsstadt – gegen Ende des 2. Jh. n. Chr. – von den noch einmal erstarkten Sabäern erobert worden. Die Herrscher über die einstige Metropole blieben fortan ihren sabäisch-himyaritischen Vettern in Marib und Safar untergeordnet. Der abhängigen und in ihrer Bedeutung absinkenden Stadt wurde nun die exponierte Lage am nordwestlichen Rand des Reiches zum Verhängnis. In ihrer Glanzzeit ein Bollwerk gegen die Beduinen, konnte

sie den beutegierigen Stämmen nichts mehr entgegensetzen. Als die Kinda schließlich dem Reich den Todesstoß versetzten, war Schabwat schon mehrmals von Beduinen verwüstet und längst aufgegeben worden. Die einst so prachtvolle Metropole der Hadrami geriet bei den Arabern nach und nach in Vergessenheit. Al-Hamdani, der rund 300 Jahre nach dem Siegeszug des Islam so plastische Schilderungen von Safar, der Burg Goumdan in Sanaa und anderer himyaritischer Stätten gab, meldete lapidar: »Im Gebiet zwischen Baihan und Hadramaut liegt Schabwa, eine Stadt der Himyar.« Immerhin läßt er uns das Schicksal der Stadt erahnen, wenn er schreibt: »Als die Himyar mit den Madhitsch Krieg führten, zogen die Leute von Schabwa aus und ließen sich im Hadramaut nieder und Schibam wurde nach ihnen benannt.«

Andere arabische Geographen und Schriftsteller erwähnen die ehemalige Hauptstadt in der Folgezeit nicht mehr. Für spätere Forscher aus Europa aber blieb die Metropole unter dem Namen Sabota durch das Werk des älteren Plinius als Stadt mit sechzig Tempeln in Erinnerung. Auch nachdem Adolph von Wrede in der ersten Hälfte des 19. Jh. den Reigen kühner Forschungsreisen im östlichen Teil Südarabiens eröffnet hatte (vgl. S. 18), sollte es noch einmal fast hundert Jahre dauern, bis einer der Pioniere Schabwat/Schabwa erreichte: Hans Helfritz, im Jahre 1934.

*Schabwa, Haupttempel nach der französischen Grabung*

Während der Zeit britischer Oberherrschaft im Südjemen, also bis 1967, ist es zu keiner gründlichen Bestandsaufnahme in Schabwa gekommen. Die Schutzmacht Großbritannien und ihre Schützlinge, die Kleinfürsten, waren nicht in der Lage, gegenüber den Beduinen und Halbbeduinen des Gebiets durchzusetzen, daß ein Archäologenteam für längere Zeit Grabungen aufnehmen konnte. Lord Belhaven durfte 1938 lediglich einige Wochen lang in Schabwa archäologisch tätig werden; er hat dabei mehrere Säulen, drei oder vier Wohn- und Grabanlagen sowie Reste von Treppen freigelegt. Philby hatte während seines Besuchs immerhin die Zeit, einen Plan zu zeichnen, der später durch Luftaufnahmen und eine Ortsbesichtigung von Brian Doe wesentlich verbessert werden konnte.

Die Volksrepublik war nach anfangs schweren Konflikten bemüht, die Beduinen zu integrieren. Zwar gab es dann immer noch über 100 000 Nomaden im Südjemen, doch standen ihre Weidegebiete unter Kontrolle der Staatsmacht. Diese gestattete gelegentlich auch Gelehrten aus westlichen Ländern einen Besuch in Schabwa. Professor Walter Müller war Mitte der siebziger Jahre dort. Seiner Reise verdanken wir folgende Mitteilung:

»Das am Wadi Atf, dem Unterlauf des Wadi Irma, auf einer Hügelgruppe gelegene und von Anhöhen umgebene Schabwa ist eine der großartigsten Ruinenstätten Südarabiens. Ihre Fläche ist so ausgedehnt, daß sie drei Dörfern Platz bietet, nämlich Hadschjar, Mathna und Maiwan, die von Archäologen der Stämme al-Buraik und al-Karab bewohnt werden. Baumaterial dafür liefern die Trümmer der antiken Stadt zur Genüge.« Als der Schreiber dieser Zeilen 1975 Schabwa von Aden aus besuchen konnte, hatte gerade die erste französische archäologische Mission in Hadramaut mit Grabungsarbeiten begonnen.

In den folgenden zehn Jahren haben die französischen Forscher in Schabwa wichtige Ergebnisse erzielt. Sie konnten ein Gebäude am Haupttor der Stadt freilegen und es als früheres Turmhaus (vgl. S. 243) identifizieren. Die Forscher meinen, mit diesem Großbau das Königsschloß Schaqr entdeckt zu haben.

## Besuch in Schabwa

Mehr noch als Timna verdankt Schabwa seine Anziehungskraft auf Erlebnis- und Bildungsreisende dem Umstand, daß die Reste der antiken hadramischen Hauptstadt über ein Jahrhundert lang nur unter größten Schwierigkeiten zu erreichen waren. Die oft gefährlichen Schwierigkeiten wurden frühen Forschern von den Stammesleuten bereitet, die in drei – heute nicht mehr bewohnten – Dörfern rund um die Ruinenstätte wohnten. Selbst zur Zeit der britischen Oberhoheit konnten Archäologen nicht ausreichend lange in Schabwa bleiben, um eine gründliche Bestandsaufnahme zu machen. Erst die volksdemokratische Diktatur verschaffte französischen Forschern einen jahrelangen Aufenthalt in Schabwa und ermöglichte ihnen intensive Grabungen. Das hat wohl zu einem dauernden Gesinnungswandel bei den Leuten vom Stamme der al-Buraiq gegenüber Fremden geführt. Halbnomaden lagern jetzt am Rande von Schabwa; sie bieten Besuchern Tee und offene Zelte für das Nachtlager an, statt sie zu vertreiben.

Die überwiegende Zahl der Reisenden gelangt auf der Route Marib, Harib, Timna und Ataq nach Schabwa. Etwa 16 km vor Schabwa (westlich der Ruinenstätte), an der Südflanke des Dschabal Uqla, findet man eine geschichtsträchtige Felsengruppe. Sie ist leicht zu erkennen, denn auf dem mittleren Felsen sitzt ein kleiner Steinbau, dessen Ursprung noch nicht geklärt werden konnte. Erst nach der Annäherung bis auf einige Meter ist zu erkennen, daß die glatten Seitenflächen der Felsen über und über mit vorarabischen (›sabäischen‹) Inschriften bedeckt sind. Sie enthalten namentliche Erwähnungen hadramischer Könige und Gründungsdaten wichtiger Bauwerke. Den Erkenntnissen der Schriftforscher nach, versammelten sich an den Felsen Könige und Adelige zu besonderen Anlässen und ließen diese auf dem Stein vermerken. Uqla ist gewissermaßen das Reichsarchiv.

*Zackenornamente im Wadi Hadramaut*

Nach Schabwa fährt man mit dem Geländewagen meistens durch das Wadi Ma'schar von Osten her ein. Die Ruinenstätte liegt in einer Mulde, die man mit dem Wagen durchqueren kann. Schabwas Spuren sind über eine Fläche von etwa 1000 m Länge (von Ost nach West) und 500 m Breite verstreut. Am prominentesten erhebt sich das Untergeschoß des Mondtempels aus dem sandigen Boden; es ist von den französischen Forschern freigelegt worden. Hier begegnen wir einem sorgfältig bearbeiteten Mauerwerk aus behauenem Naturstein, das auf den Wohlstand der antiken Stadt hinzuweisen scheint. Von Nord nach Süd dürfte eine Prozessionsstraße Schabwa durchquert haben. Rechts und links der neun bis elf Meter breiten ›Straße‹ konnten die Ausgräber Stützmauern, Treppen, Säulenbasen und Basen für Statuen freilegen. Die Reste eines großen Gebäudes, errichtet auf einem mächtigen Podest, gelten als die Ruine des Königspalastes. Man entdeckt Sockel der alten Stadtmauer sowie Teile der Stadttore und Bastionen. Bedauerlich ist, daß es an Ort und Stelle keine Hinweise und Erläuterungen gibt, die dem Besucher Verständnishilfe geben könnten. Dem Bildungsreisenden bleibt also ein breiter Spielraum für die eigene Phantasie. Irritieren aber wird es ihn, daß die antike Stätte so wirkt, als sei sie nach den Einzelgrabungen noch einmal gründlich von Bulldozern umgepflügt worden.

Nordöstlich der Ruinenstätte (vom Tempel aus gesehen) sind niedrige Hügel zu finden, in denen es Steinsalzminen gibt. Dort wird immer noch Salz gehauen und von kleinen Kamelkarawanen zu Handelsplätzen in der weiteren Umgebung, zum Beispiel nach Harib und al-Qatn, gebracht.

BLICKPUNKT SCHABWAT

## Bauen, Kunst und Religion im Hadramaut

Wann und warum begannen die Südaraber, Hochhäuser zu bauen? Carl Rathjens schrieb in den fünfziger Jahren zu dieser Frage:

»In der Blütezeit der landwirtschaftlichen Entwicklung im Mináischen und Sabäischen Reich muß sich auch bereits der heute noch im Jemen herrschende Wohnstil des kastenförmigen Hochhauses herausgebildet haben, das wegen der Hochgebirgsnatur des Landes sowie wegen der intensiven Ausnutzung des Bodens durch die Landwirtschaft, ferner wegen der Notwendigkeit für die Bevölkerung, nur in natürlichen Festungslagen, auf Bergspitzen, Berggraten und Bergnasen, zu siedeln, nicht in die Breite, sondern in die Höhe gebaut wurde. So entstand wahrscheinlich schon damals in ganz Südarabien das noch heute gebräuchliche Haus mit vielen Stockwerken übereinander, von dem bereits die vorislamische Tradition berichtet.«

Nun hat das Land nur im Nordwesten, vorwiegend also auf dem Boden des nördlichen Landesteiles, die von Rathjens angeführte Hochgebirgsnatur, nicht aber in Hadramaut. Aber gerade dort ist das »kastenförmige Hochhaus« besonders häufig. Man darf wohl annehmen, daß die übrigen genannten Gründe – die Entwicklung einer Verteidigungsarchitektur in unruhigen Zeiten und Platzersparnis aufgrund des Mangels an fruchtbarem Boden – in den weniger gebirgigen Regionen Südarabiens für das Aufkommen des Hochhauses maßgebend gewesen sind.

Auf den Verteidigungscharakter der Bauten weist deutlicher Hermann von Wissmann hin: »Bis gegen 430 v. Chr. scheint ganz Südarabien, wenn auch zum Teil locker, dem Sabäerreich angegliedert gewesen zu sein. Mit dem Entstehen selbständiger Reiche neben dem Sabäischen, den Königreichen von Ma'in, Qataban (Ausan) und Hadramaut (und viel später Himyar), lasten Kriege immer schwerer auf dem Land, das *Höhenburgen* baut und sich feudalistisch zersplittert.«

In den Wüstentälern Südarabiens, insbesondere im Wadi Hadramaut, blieb der Zwang, Wohnhäuser für die Abwehr von Überfällen zu rüsten, bis Mitte des 20. Jh. bestehen. Hinzu kam, daß z. B. in Schibam Vorsorge gegen die meist nur kurzen, jedoch heftigen Überschwemmungen getroffen werden mußte.

In der Frage der Datierung dieser Bauweise deutet nach Auffassung Professor Walter Müllers »der archäologische Befund auf das Vorhandensein von vielgeschossigen Häusern im vorislamischen Südarabien« hin, denn die Grabungen der Amerikaner zu Beginn der fünfziger Jahre in einem Seitental des Wadi Baihan hätten ja Reste von mehrgeschossigen Häuserruinen zutage gefördert. Daneben stützt Müller sich auf eine vierzeilige Bauinschrift im Museum von Ta'izz, die wahrscheinlich aus Marib stammt:

»Der Text spricht davon, daß eine Reihe von Personen den Steinbau ihres Hauses vom Grund bis zur Höhe errichtet haben, und zwar, wie es wörtlich heißt, insgesamt ›sechs Decken und sechs Böden‹ neben Vorratslagern, Terrassen und Anbauten. Es besteht kein Zweifel, daß mit den ›sechs Decken und sechs Böden‹ ebenso viele Stockwerke gemeint sind, denn das hier durch ›Decke‹ wiedergegebene altsüdarabische Wort, das Dach bedeuten kann, wird heute noch im Dialekt von Sanaa für ›Stockwerk‹ verwendet. Der Beweis für die Existenz von vielgeschossigen Hochhäusern bereits im antiken Südarabien scheint mir somit erbracht worden zu sein.«

Anders als im Nordwesten sind im antiken Hadramaut die Hochhäuser nicht durchgehend aus Stein gebaut worden. Französische Forscher haben nachgewiesen, daß in Schabwa Turmhäuser standen, deren hohes Untergeschoß aus Stein, die folgenden Geschosse aber aus ungebrannten Lehmziegeln erbaut waren. Nachgewiesen wurden auch Turmhäuser mit aus Holz gebauten Obergeschossen; die Räume zwischen den Balken waren mit Lehmziegeln aufgefüllt. Diese Bauweise entsprach und entspricht den Verhältnissen des Landes, das keinen Mangel an gut formbarem Lehm, wohl aber an leicht zu bearbeitenden Steinen hat. Die kombinierten Holz-Lehmbauwerke dürften Ähnlichkeit mit unseren Fachwerkhäusern gehabt haben.

Bis heute baut man im Hadramaut fast alle Häuser (auch moderne Zweckbauten, wie Lagerhallen und Postämter) aus Lehm. Das **Baumaterial** fand und findet in zweierlei Form Verwendung: entweder als Stampflehm, d. h. als ein mit Häcksel untermischter Brei, der ähnlich wie Beton verbaut wird; oder als flache luftgetrocknete Ziegel, die vermauert werden. In mehr als 2000 Jahren praktischer Erfahrung gelang es den Baumeistern des Hadramaut, allein mit natürlichen Materialien, ohne den Einsatz von Eisen, Wohnburgen von bis zu acht Stockwerken und insgesamt 30 m Höhe zu errichten.

Die Fassaden der Häuser im Hadramaut sind insgesamt schlichter gestaltet als jene etwa in der Altstadt von Sanaa; auf bestimmte Details jedoch, etwa auf die Türumrandungen und auf die Türen selbst, hat südjemenitische Handwerkskunst besondere Sorgfalt verwandt. Dasselbe gilt für die Innenausstattung.

Das Bauschema des **Hadramaut-Hauses** unterscheidet sich nur wenig von dem des kastenförmigen Hochhauses im Nordwestjemen: Im Erdgeschoß findet sich lediglich ein leerer, vielleicht 6 m hoher Raum, von dem Ställe oder Vorratskammern sowie eine steile Treppe zu den oberen Räumen abgehen. Tageslicht fällt in den Erdgeschoß-Raum nur durch die kaum 2 m unterhalb der Decke angebrachten Schießscharten, die über eine Galerie zugänglich sind. Diese Galerie dient auch zur Verteidigung des Innenraums, sollte der Feind einmal eingedrungen sein. Richtige Fenster gibt es erst vom zweiten, bei einem Teil der Häuser sogar erst vom dritten

*Wadi Hadramaut, Minarett alten Stils der Moschee al-Hasm al-Idriss nahe Schibam*

*Wadi Hadramaut, Brunnenhaus am Wegesrand*

Stockwerk an. Frauenräume und Küche befinden sich in den mittleren Etagen (fünftes und sechstes Stockwerk), die Aufenthaltsräume der Männer und von Gästen ganz oben im Haus.

Die Fenster des traditionellen Hadramaut-Hauses haben keine Glasscheiben, sondern werden mit hölzernen Läden verschlossen. Holzrahmen und -laden gehören zu den Bauteilen, auf die sich der Kunstsinn einheimischer Baumeister konzentriert. Gleiches gilt für die Gestaltung der schweren hölzernen Eingangstüren und ihrer Rahmen. Lehm und Stuck werden mit künstlerischem Vermögen für den zinnenartigen Mauerkranz (Abb. Umschlaginnenklappe), für krönende Aufsätze und ornamentalen Schmuck eingesetzt. Die eigentliche Baukunst manifestiert sich vor allem in der Sakralarchitektur von Moscheen, Religionsschulen, Mausoleen oder Brunnen für rituelle Waschungen.

Besonders beim Bau von Minaretten zeigt sich im islamischen Hadramaut die natürliche Begabung der Architekten, Licht, Farben und Formen des Landes mit dem schlichtesten Material, mit Lehm, zu verbinden und Türme entstehen zu lassen, die Skulpturen ähneln. Die ältesten Minarette im Hadramaut haben eine rechteckige Basis, einen runden Schaft und schließlich einen rechteckigen Aufsatz, von dem aus sich der Gebetsrufer an die Gläubigen wendet. Diese Art Minarett ist jetzt nur noch selten zu finden. Häufig sieht man hingegen noch die bauliche Variante, bei der das Minarett neben dem Gebetshaus steht und sich – von einer rechteckigen Basis ausgehend – als Rundturm nach oben hin verjüngt. Solche Türme haben meist fünf Ornamentbänder aus gitterartig gegeneinander gestellten Lehmziegeln, die ganz umlaufen. Eine erste Galerie des Minaretts entspricht der Plattform der rechteckigen Basis, an deren vier Ecken abgestufte, spitz zulaufende Zinnen aufragen. Ebensolche Zinnen krönen das Minarett oberhalb der zweiten, verdeckten Galerie. Ist der Moschee ein Mausoleum angeschlossen, so bleibt dessen hochgewölbte Kuppel nur wenig unterhalb dieses zweiten Umgangs.

Die Schlichtheit der Kuppel wird meistens durch zwei Reihen von Ornamentbändern unterstrichen, die das Dach des tragenden Kastenbaus begrenzen. Wird die Anlage noch zum Gottesdienst und Friedhof benutzt, so ist sie gewiß in strahlendem Weiß gehalten, von dem sich nur die dunklen Türen und Fensterläden sowie die Schatten der Ornamente abheben.

Reich dekoriert sind auch die zu den Moscheen gehörenden Wasserstellen. Handelt es sich um Brunnen, so besitzen sie meistens einen kastenförmigen Überbau, den wiederum eine hochgewölbte Kuppel krönt. Gitterornamente, zugespitzte Zinnen und stilisierte Blumenmuster sind typische Dekorelemente. Oft sieht man auf den Brunnenkuppeln und auf anderen Kuppeln im Moscheebereich abgestufte Schäfte, die in einer Art Pfeilspitze enden (sie verleihen den Wölbungen eine Ähnlichkeit mit preußischen Pickelhauben): nach Ansicht von Fachleuten ein uralter Architekturschmuck, den Südarabien von Babylon übernommen haben könnte. Auch die Gitterornamente sind vielleicht schon eine vorislamische Entwicklung, doch gewannen sie seit dem Islam zusätzlich einen praktischen Wert: Wo diese Ornamente Sehschlitze ausfüllen, bewirken ihre Schatten, daß Mitglieder eines Harems das Treiben draußen verfolgen können, ohne selbst von neugierigen Blicken entdeckt zu werden.

Haremsgitter sind in aller Regel auch die feingeschnitzten Holzeinsätze in den Fensterhöhlen. Sie dürften erst spät, im 18. und 19. Jh., aufgekommen sein, als das Wadi Hadramaut wieder eine erfolgreiche Handelsmacht geworden war und sich kostspielige Holzimporte leisten konnte. Jedenfalls ist nicht allein das Holz zum großen Teil aus Übersee importiert – Einflüsse von jenseits des Meeres machen sich darüber hinaus auch im Stil bemerkbar. Frühe Stücke unter den Holzeinsätzen sind noch schlicht dekoriert, wiederholen oft nur im kleinen Maßstab das im Mauerwerk mit Ziegeln gestaltete Gitterornament. Spätere Stücke zeigen hingegen eine bemerkenswerte Üppigkeit: Kreise, Schlangenlinien, Blüten- und Augensymbole sowie sich kreuzende Linien beherrschen das Bild. Die Schöpfer dieser Schnitzwerke scheinen von südostasiatischen Motiven angeregt worden zu sein, Vergleiche mit Schmuckelementen der Toraja auf der indonesischen Insel Sulawesi (Celebes) bieten sich an – um so mehr, als im 18. und 19. Jh. nicht nur enge Wirtschaftsbeziehungen zwischen dem Hadramaut und ›Niederländisch-Indien‹ geknüpft worden sind, sondern auch Tausende von Hadramis hier wie dort zu Hause waren (vgl. S. 261).

Gleiches läßt sich für die schön geschnitzten Türen sagen, von denen manche noch heute mit hölzernen Schlössern ausgestattet sind, auf die Schlüssel mit hölzernen Stiften passen. Die Ornamente solcher Türen sind im Ursprung arabisch, wurden jedoch später durch Ornamente aus anderen Kulturkreisen, besonders durch Motive aus dem indonesischen Bereich, beeinflußt, wenn nicht gar überlagert.

*Wadi Hadramaut, ornamentale Holzarbeit mit arabischem Schriftband und unislamisch wirkenden abstrakten Figuren über der Moschee-Tür der al-Hasm al-Idriss*

Im Inneren des typischen Hadramaut-Hochhauses fällt auf, daß in größeren Räumen ein Pfosten zur Stützung der Decke dient. Dieser Pfosten besitzt fast immer ein Kapitell, das reiches Schnitzwerk von Blumen und Blätterranken, Wellenlinien und Kreisen aufweist. Hier überwiegt eindeutig fremder Einfluß. Dies wird besonders deutlich, wenn man in den kleinen ethnographischen Museen des südlichen und südöstlichen Jemen (in Aden, Mukalla und Saiun) die Ornamente solcher Kapitelle mit denen anderer Exponate vergleicht.

Die zahlreichen Stuckarbeiten in den Innenräumen des hadramischen Hauses sind dagegen wiederum vorwiegend einheimischen Ursprungs. Da wird manches Element aus dem Bereich der Moschee wiederholt: Ablagemulden, die wie eine Gebetsnische angeordnet sind, Zierfelder, die den hochgewölbten Kuppeln der Mausoleen gleichen, Konsolen in der Art von Koranständern. Die Stuckornamente unterhalb der hölzernen Decken sind reicher als in den kastenförmigen Hochhäusern des Nordwestens. Das liegt daran, daß im südjemenitischen Hadramaut ein kleines, politisch einflußloses Bürgertum bereits üppig zu leben begann, als die Gesellschaft des Nordjemen noch ganz vom Stamm und vom Religionsadel geprägt war.

# Bildende Kunst

Es ist noch offen, ob sich im Hadramaut neben Baukunst und Bauschmuck auch eine eigenständige Bildende Kunst entwickelt hat. Hermann von Wissmann bejaht die Frage:
»Trotz seiner Straßenlage waren das Wadi Hadramaut und dessen Seitentäler innerhalb Südarabiens ein abgelegenes Land; sie waren ein Land hochentwickelter Oasenwirtschaft, darin dem Niltal ähnlich. Eine relativ dichte, abgekapselte Bevölkerung besaß eine alteingesessene gesonderte Kultur, welche die Entwicklung, die die zentralen Gebiete um Schabwat und Marib mitmachten, welche zum Beispiel in engen Handelsbeziehungen zu Assur standen, abweisen oder retardieren und selektiv aufnehmen konnte.«

Es fällt aber heute schwer, Spuren jener »alteingesessenen gesonderten Kultur« Hadramauts, insbesondere Spuren der Bildenden Kunst, zu entdecken. Das liegt einmal an der ungewissen Herkunft des größten Teils aller in den Museen des Südostjemens ausgestellten antiken Statuen und Reliefs, von denen sich fast kein Stück einwandfrei auf Hadramaut zurückführen läßt. Und auch wenn Grabungen der französischen Archäologen in Schabwa (vgl. S. 240) zu reichen Ergebnissen führen, so ist die These Wissmanns damit noch nicht bestätigt, denn Schabwa soll ja viel früher in den damaligen überregionalen Kulturaustausch einbezogen worden sein als das eigentliche Wadi Hadramaut. Während man also aus Schabwa noch Zeugnisse der Bildenden Kunst der Antike erwarten darf, die früh von den zeitlichen Hochkulturen in Ägypten, Mesopotamien und Syrien beeinflußt worden sind, müßte man eine originäre hadramatische Hochkultur fünf, zehn oder fünfzehn Meter tief unter den Fundamenten der Häuser von Schibam, Saiun und Tarim suchen, und hochgespannte Erwartungen, wie sie der Wissmannsche Vergleich zu Ägypten nahelegt, sind dabei sicher fehl am Platz. Im Verhältnis zur ägyptischen Hochkultur ist die eigenständige Kultur des Hadramaut ja nur eine kurze Episode gewesen. Wie es scheint, war die Götterwelt der Hadrami mehr oder weniger dieselbe wie in den übrigen südarabischen Königreichen, und man darf daraus wohl schließen, daß es nennenswerte Unterschiede allenfalls in den Einzelheiten, jedoch keine entscheidende Abweichung von den zu jener Zeit in ganz Südarabien herrschenden religiösen Vorstellungen gegeben hat. Das von der Gestirnsdreiheit Mond, Sonne und Venus beherrschte Pantheon bildete nun aber keineswegs jenes künstlerisch tragfähige religiös-weltanschauliche Fundament, das wir in der vielgestaltigen Götterwelt des pharaonischen Ägypten vor uns haben.

Bis zu einem gewissen Grad können wir uns vorstellen, wie die Bildende Kunst im Wadi Hadramaut ausgesehen haben mag. Als Werkstoffe standen Sandstein von den Wüstenklippen, Ton vom Grunde des Wadis und das Holz der Palmen zur Verfügung. Dieses Material eignete sich vorzüglich dazu, Reliefs, Statuen und Schnitzereien zu Ehren der Götter, Toten und Mächtigen herzustellen. Weil Hadramaut ein Land hochentwickelter Oasenwirtschaft war, dürften Fruchtbarkeitskulte eine große Rolle gespielt haben. Vielleicht ließen die leichter bearbeitbaren Materialien des Hadramaut Bildnisse zu, denen mehr Details, größere Aus-

*Die bis heute unübertroffene historische Hadramaut-Karte Hermann von Wissmanns, entstanden in den drei-* ▷
*ßiger und verbessert in den fünfziger Jahren*

BLICKPUNKT SCHABWAT

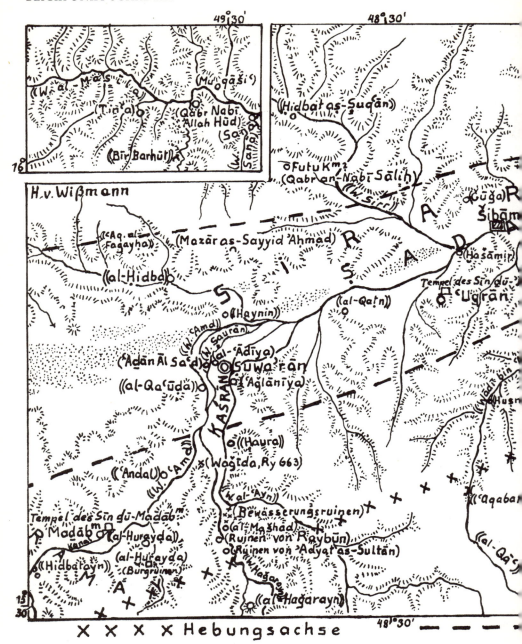

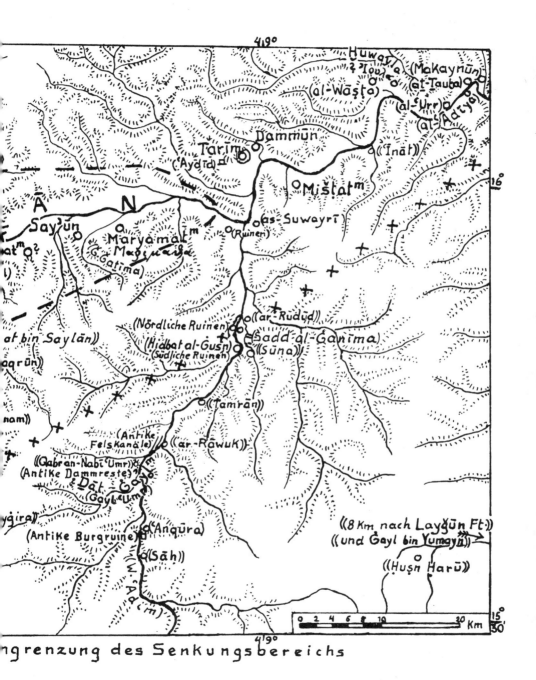

druckskraft und größere Vielfalt eigen waren als den Kunstwerken der weiter westlich und nördlich gelegenen Königreiche, wo vorwiegend mit Granit, Alabaster und Marmor, also schwerer zu formenden Materialien, gearbeitet wurde. Wie sich die Werkstoffe Hadramauts leichter gestalten ließen, waren sie allerdings auch leichter vergänglich – ein Umstand unter mehreren, die es bisher verhindert haben mögen, daß wir eine authentische Kunst des antiken Hadramaut entdeckt haben.

Freya Stark berichtet, daß in den dreißiger Jahren der Sultan von al-Qatn hochstehende Besucher mit Fundstücken aus dem Altertum zu beschenken pflegte. Ein holländischer Oberst etwa erhielt als Gastgeschenk einen »Bronze-Löwen von großer Schönheit«. So bedauerlich es ist, daß dieses im eigentlichen Hadramaut gefundene Stück in eine Privatsammlung und nicht in ein Museum einging – es gehört sicherlich einer späten Periode an, in der hellenistische, römische oder persische Einflüsse sich geltend machten. Noch später ist wohl das Friesfragment aus Kalkstein in der Bibliothek der Freitagsmoschee von Mukalla zu datieren, von dem Brian Doe berichtet. Das Stück zeigt zwei parallel zueinander liegende Fische. Doe vermutet, das Fischornament deute auf christlichen Einfluß hin.

## Zum Wadi Hadramaut

Hadramaut wird das zweitgrößte, nur vom Wadi Ram in Jordanien übertroffene Wüstental der Arabischen Halbinsel genannt, obwohl der Name heute für eine ganze Provinz mit zahlreichen Wüstentälern gilt. Das eigentliche Wadi Hadramaut liegt in der Luftlinie rund 160 km von der südarabischen Küste entfernt. Es verläuft von West nach Ost, mißt knapp 200 km in der Länge und stellenweise 10 km in der Breite und hat zahlreiche Nebentäler, wie z. B. Wadi Amd, Wadi Duan, Wadi Adim. Nach einer Mitteilung aus der Zeit der Volksrepublik lebten 1987 etwa 350 000 Menschen im Wadi Hadramaut.

Anreisen zum Wadi Hadramaut kann man heute auf mehreren Wegen: Es gibt eine Flugverbindung von Sanaa oder von Aden aus nach Saiun; risikofreudige Unternehmer haben eine ›kurze Wüstenroute‹ (650 bis 700 km) ab Marib nach Saiun, die hart am Rand des ›Leeren Viertels‹ entlang führt erprobt; man kann der klassischen Karawanenroute von Marib, Harib, Timna und Schabwa folgen, wobei der Reisende über 1000 km zurückzulegen hat; schließlich gibt es noch die Hafenstadt Mukalla als Ausgangspunkt für eine Autoreise nach dem Wüstental Hadramaut.

Wir geben hier dem Reisenden den Vortritt, der gerade Schabwa, die antike Hauptstadt des versunkenen Königreiches Hadramaut besucht hat. Ihn erwartet bis zur Fertigstellung einer Asphaltstraße (wohl bis 1994/95) eine Wüstenfahrt zunächst nach Norden, dann nach Osten auf stark genutzten Pisten. Erster Zielpunkt ist ein **Bir Asaakir** (»Brunnen der Soldaten«) genannter Ort, der (nach 71 km) sich als einsame Tankstelle nebst einigen Verkaufsbuden entpuppt. Ab Bir Asaakir weiter Piste bis **Hadscha** (77 km), wo die noch aus der Feudalzeit stammende Straße mit Kopfsteinpflasterung beginnt. Auf der festen

*Schibam, Blick auf die Nordseite*

Straße erreicht man bald **al-Qatn,** die erste historische und bis heute voll bewohnte Stadt des Hadramauts.

At-Qatn war bis 1968 Sitz eines Sultans aus der Familie der in Mukalla herrschenden Qaitis. Freya Stark fand 1935 in Sultan Ali Ibn Salah einen gebildeten Mann, der sich auch für die vorislamische Geschichte seines Landes interessierte. Sultan Ali hatte in der Umgebung der Stadt graben lassen und war auf interessante Stücke aus der Zeit des antiken Hadramaut gestoßen; leider hat er dann manchen Fund (vgl. S. 250) an ausländische Besucher verschenkt, die solche wichtigen Stücke in privaten Sammlungen verschwinden ließen. Das heutige al-Qatn gleicht an der Hauptstraße einer kleinen Industrie- und Gewerbestadt (Übernachtung möglich), doch im Innern hat es noch schöne Lehmhäuser und mehrere Heiligengräber aufzuweisen. Der österreichische Forscher Eduard Glaser vertrat vor rund neunzig Jahren die Auffassung, die Hauptmoschee von al-Qatn sei architektonisch exakt einem sabäischen Tempel nachempfunden.

Die nächste größere Stadt nach al-Qatn ist schon **Schibam** (vgl. S. 257f.), dem man sich von Westen her an seiner Querseite nähert. Die berühmte Hauptfassade im Wadi zeigt nach Süden. Die besten Gesamtaufnahmen der Stadt lassen sich am späteren Nachmittag von einem Hügel in der gegenüberliegenden Ortschaft Sihail aus in Richtung Südosten machen.

Der Reisende ist ab Marib, Timna, Schabwa nicht nur der alten Karawanenroute für Weihrauch, sondern ab Schabwa auch der bis in unsere Tage für Steinsalz genutzten Route

*Mukalla, Tür eines ehemaligen Kaufmannshauses*

gefolgt. Da das Salz aus den Bergen in der Wüste um Schabwa weiter an mehreren Orten vermarktet wird, müßte man – bei einigem Glück – noch heute einer Kolonne von Lastkamelen, die in Säcken und Körben das gelb-braune Salz transportieren, begegnen können.

Ab der Küstenstadt **Mukalla** reisend, begegnet man statt Salz- eher stinkenden Fischtransporten, denn die Beduinen des Hinterlandes benuten große Mengen getrockneter Sardinen, Aid genannt, als Viehfutter. Die 1984 fertiggestellte Asphaltstraße zum Wadi Hadramaut biegt schon am alten Flugfeld (der Flugplatz Riyan ist weiter nach Osten verlegt worden) nach Norden ab. Ab hier sind es rund 300 km bis nach Saiun. Die Straße mündet südwestlich der Stadt in das Wüstental ein. Dem Reisenden entgehen auf dieser Route die alte Kopfsteinstraße und damit ein schönes Stück Landschaft. Wenn nicht anders möglich, sollte ein Besuch in Adim und Rhail Umr von Saiun aus angefordert werden.

Zuerst haben die Straßenbauer den sogenannten **Dschol** (Farbabb. 37) zugänglich gemacht, eine Hochebene mit Schutt- und Schotterwüste. Für die frühen Reisenden war der Dschol das größte Hindernis auf dem Wege nach Hadramaut. Das schwierige Gelände verlangte ihnen körperliche Höchstleistungen ab, und zudem wurde das Gebiet von Beduinen unsicher gemacht. Nur im Schutz einer Beduinen-Begleitung, die bei allen anliegenden Stämmen Anerkennung fand, konnte man den Dschol überqueren. Leo Hirsch, der 1893 von Mukalla aus zum Wadi Hadramaut zog, notierte auf der Hochebene in sein Tagebuch:

»Ein Gefühl der Vereinsamung beschleicht mich, da unsere winzige Karawane ... ins's Unbekannte zieht, und die Öde und Trostlosigkeit rings umher legt sich mir drückend auf's Herz ... Niedrige Hügel, Festungswällen ähnlich, oben vollkommen abgeflacht, bedecken den Dschol in seiner ganzen Ausdehnung; weiten Strecken fehlt jede Vegetation; wo sie sich findet, ist sie höchst dürftig, und Bäume und Sträucher sind oft vollständig verdorrt ... Die zahlreichen Wadis, die zu beiden Seiten unseres Weges ihren Ursprung nehmen, illustrieren am besten die Gewalt der von dieser Hochebene abströmenden Wasser durch die Wildheit und die Tiefe der Klüftungen, die sie in den ebenen Boden gerissen.«

Für die »Öde und Trostlosigkeit« des Dschol entschädigt den modernen Reisenden bald die Schönheit des **Wadi Adim,** zu dem man auf einer Schotterstraße hinabfährt. Palmen, Getreide- und Gemüsefelder, weißes Flußbettgeröll, gelber Sand und rotbraune Felsen ergeben ein farbenprächtiges Bild. An beiden Seitenhängen des Wadis, stets etwas erhöht, um den gelegentlichen Sturzfluten zu entgehen, stehen Ortschaften. Die Fahrt führt nun über eine schmale Kopfsteinstraße, die in den dreißiger Jahren unter großen Mühen angelegt worden ist und dem damaligen Verkehrsaufkommen entsprach. Für die Pflasterung fanden unzählige Steine von den umliegenden Feldern Verwendung, und man kann sich leicht vorstellen, wie viele Bauern Fronarbeit für den Bau dieses neuen Verkehrswegs leisten mußten.

Die Pflasterstraße führt nun bald nach **Rhail Umr** (Farbabb. 38), einer Oase im Wadi Adim (guter Rastplatz). Hier speist das Wasser einer kräftigen Quelle einen See, der einen in Richtung Wadi Hadramaut strömenden, später im Boden versickernden Bach entläßt. Dichte Palmenhaine säumen seine Ufer. Im stellenweise felsigen Westufer sind zwei ausgemeißelte Kanäle erhalten geblieben, bei denen es sich nach Hermann von Wissmann um Teile einer antiken Bewässerungsanlage handelt. Etwas ›strom‹aufwärts liegt auf der Westseite des Wadi ein Hügel (an seiner Flanke eine kleine Moschee), auf dem sich eine Ruinenstätte befindet. Zu erkennen sind die Reste von Verteidigungsmauern, einer Torburg und mehrerer Einzelgebäude, daneben auch die Ruinen von Lehmziegel-Bauten. Hier könnte in der Antike eine Festung oder eine kleine befestigte Stadt gelegen haben, die noch in frühislamischer Zeit bewohnt war.

Ab Rhail Umr sind es noch zweieinhalb Stunden Autofahrt bis Saiun, einer Kreishauptstadt des Wadi Hadramaut. Hier bringen die Reiseveranstalter ihre Gäste in einem Ende der siebziger Jahre gebauten Hotel unter (Klimaanlage, Schwimmbad), um ihnen in den folgenden Tagen in Stichfahrten einige Plätze und Landschaften des Gebietes zu zeigen. (Einzelreisende sind gegenüber den Gruppen benachteiligt.)

## Ausflüge von Saiun aus

Die Landschaft Hadramaut gewinnt ihren Reiz durch die Harmonisierung von Gegensätzen: Sie besitzt einen hohen Grad an Urbanität, der jedoch nicht den Bauern und ihren Dörfern den Lebensraum beschnitten hat; Landwirtschaft wird so sehr in Übereinstimmung mit der Natur betrieben, daß streckenweise noch die Urlandschaft erhalten geblieben ist.

Dem Reisenden unserer Tage, meistens gebunden an die Wünsche einer Gruppe und an das Leistungsvermögen der offiziellen Reiseleitung, wird es nicht leicht gemacht, die ganze Schönheit des Wadi zu erfassen. Wer die Gelegenheit hat, nahe Tarim zum Sonnenaufgang auf die 80 bis 100 m hohen Klippen der Nordseite zu gelangen, wird die Gegenseite im Goldrot der Morgensonne erstrahlen sehen, während die schroffen, von Wind, Sand und Wasser zerfressenen Stellen auf dem Grund des Tales zu dieser Stunde meist unter einer Dunstschicht verborgen bleiben, über die gerade noch Minarette, Lehmburgen und Palmenwipfel hinausragen.

Der Boden des Wadi ist an vielen Punkten so flach und glatt, daß Flugzeuge auf ihm landen könnten. Dies sind die Stellen, auf denen Mais und Getreide ausgesät wird, sobald eine Flut über sie hinweggegangen ist. Anderswo wird Landwirtschaft ganzjährig betrieben; dort fördern heutzutage Motorpumpen Grundwasser aus Brunnen, die oft 15 bis 20 m oder tiefer in den Boden hinabreichen. In den Feldern hocken fast den ganzen Tag Frauen, deren schwarze Tücher auf dem Kopf durch einen kegelförmigen oder spitzen hohen Strohhut gehalten werden.

Auf den Klippen beiderseits des Tales sieht man in bestimmten Abständen steinerne Türme, und manche einzelstehenden Häuser auf der Talsohle wirken mit ihren Ecktürmen, Schießscharten, Zinnen und Torbögen wie unsere mittelalterlichen Burgen. Das sind die verbliebenen Verteidigungsanlagen aus der Zeit der Fürstenfamilien Qaiti und Kathiri, die vor 1967 in dieser Region jahrhundertelang bestimmend waren. Sie ließen Wachtürme und Burgen bauen, um ihren eigenen und anderer Leute Handelskarawanen Schutz vor räuberischen Beduinen zu verschaffen. Die trutzigen Verteidigungsanlagen richteten sich allerdings nur gegen die Gesetzlosen, gegen die von ihren Stämmen Verstoßenen. Den von Scheichen geführten Stämmen signalisierten sie zwar auch Kampfbereitschaft – doch solange es ging, trat man zu den Herren der Wüste lieber in Vertragsbeziehungen und erkaufte mit einem Teil der Profite – in Form von Zöllen und Gebühren – die Sicherheit des Handels.

In früheren Zeiten waren die Ortschaften meist auf Hügeln im Wadi Hadramaut angelegt, doch im Laufe ihrer ständigen Erneuerung ›wanderten‹ sie in den Schatten der Klippen beiderseits der Wadi-Ränder. Indem man an die Felsen heranrückte, verringerte man Angriffsmöglichkeiten und stärkte die Verteidigungsposition. Schibam ist eine der wenigen Städte des Gebietes, die sich etwa die Mitte eines Wüstentals als Standort gewählt haben. Ihre Gründer müssen sich recht stark gefühlt haben, als sie ihre Häuser inmitten des Wadis zu bauen begannen.

**Saiun** gehört zu den Städten, die sich schutzsuchend an die Kalkwände des Wadis lehnen. Nach der arabischen Gründungslegende ist die Stadt uralt: Sie soll, wohl noch in vorislamischer Zeit, an der Stelle entstanden sein, an der zuvor das (gänzlich verschollene) Schloß einer Fürstin Saiun gestanden hatte. Später wurde der Platz von Eindringlingen aus dem Nordwesten besetzt. Leo Hirsch ist zuerst auf Berichte gestoßen, denen zufolge 1494 n. Chr. etwa 10 000 Männer und Frauen der Hamdani-Stämme aus der Umgebung von Sanaa unter Führung des Emirs Badt Ibn Tuarik Kathiri in den Hadramaut eingedrungen sein sollen. Nach längeren Kämpfen mit Einheimischen und Stammeskriegern aus dem Gebirgsland nördlich von Aden wurden die Nordjemeniten im Innern des Wadi seßhaft. Als Ende der sechziger Jahre die Volksrepublik den Klein-Fürstentümern des Gebietes den Garaus machte, war der entthronte Sultan von Saiun ein Kathiri.

Der mächtige Sultanspalast mit den vier Rundtürmen steht auf einem Hügel mitten im Zentrum und thront folglich immer noch geradezu provokatorisch über den Moscheen und Häusern der Altstadt. Er ist in seiner jetzigen Form neueren Datums, erbaut mit den Gewinnen des einst blühenden Südostasien-Handels und erneuert im 20. Jh. mit britischen Zuschüssen. Zwei ältere Paläste, die schon zu verfallen beginnen, stehen im glei-

*Blick vom Sultanspalast in Saiun auf die Hochhäuser der Stadt (histor. Photo von Freya Stark Mitte der dreißiger Jahre)*

chen Bezirk. Zwischen ihnen und um sie herum spielt sich wie früher das lebhafte Treiben des Marktes ab. Dieser Markt und die anschließenden Straßenzüge sind der ursprünglichste Teil von Saiun. Wenn man mehrmals durch die engen Gassen geschlendert ist, glaubt man die Gründerzeit dieser Stadt im Zeichen des Islam nachvollziehen zu können.

Ganz zu Anfang war der Ort wohl nur ein Treffpunkt von Kameltreibern aus der Wüste und unternehmungslustigen Geschäftsleuten von der Küste; beide Seiten nahmen hier die Sicherheit in Anspruch, die ihnen die käufliche Macht eines Scheichs verschaffte. Der Geschäftsbetrieb am Lagerplatz zog Nomaden an und ließ sie in der Nähe seßhaft werden. Das Handelszentrum gelangte zu Wohlstand, und es entstanden Wohnhäuser, Paläste, Moscheen und Schulen. Mittelpunkt des Lebens war der Suq, der Markt, in dessen Bereich auch die Hauptmoschee zu stehen hatte. Denn noch genoß das Wort des Chalifen Omar (634–644 n. Chr.) größten Respekt, daß in allen Dingen Suq und Moschee übereinstimmen müßten.

Nicht weit vom Suq befanden sich die Magazine und Unterkünfte für die Händler, außerdem eine Stelle, wo Geld gewechselt wurde. Im Umkreis lag ein Labyrinth von engen Straßen und Gassen, beidseitig gerahmt von offenen Werkstätten der verschiede-

*Amulette und Brautschmuck an einer Modell-Puppe im Saiun-Museum*

sten Handwerker. Überwacht wurde der Geschäftsbetrieb von einem Beauftragten des Sultans, der die Gewichte und Maße zu kontrollieren, Preise festzusetzen und die Sicherheit der Lagerhäuser zu garantieren hatte. Seine Vorschriften beherrschten den Markt, insbesondere bezogen sie sich auf alle Verrichtungen, die mit der Produktion von Nahrungsmitteln und Konsumgütern verbunden waren. Auf seinen Rundgängen ging dem Beauftragten des Sultans ein Waagemeister voraus, der eine justierte Waage mit Standardgewichten trug. Ihm folgte ein Trupp von Soldaten, jederzeit bereit, den Schuldigen an Ort und Stelle Fußeisen anzulegen.

In Saiun – wie auch in den anderen südarabischen Städten – unterstanden alle, die an der Erzeugung und Distribution wirtschaftlicher Güter beteiligt waren, der Zunftordnung. Mit Ausnahme der hohen Beamten des Sultans und der Geistlichen gehörte jeder Mann je nach Handwerk und Gewerbe einer bestimmten Gilde an. Die Grundlage der Zunft- und Gildenordnung wurde mündlich von einer Generation auf die nächste weitergegeben, und es müßten auch im heutigen Saiun noch einige alte Männer leben, die sich der Überlieferung erinnern – obschon die Zünfte und Gilden zwischenzeitlich staatlich gelenkten Genossenschaften weichen mußten.

Den frühen Hadramaut-Reisenden hat die größte Stadt des Wadis Erholung nach anstrengenden und gefährlichen Wüstendurchquerungen geboten. Leo Hirsch fand, daß Saiun viel »angenehmer«, will heißen: viel sauberer und von der Bevölkerung her aufgeschlossener als die benachbarten Städte Tarim und Schibam sei. Das trifft wohl auch heute noch zu, da Saiun mehr als 30 000 Einwohner hat und Provinzhauptstadt im Wadi Hadramaut ist. Die meisten der fast zweitausend älteren Häuser und der rund fünfzig Moscheen, die Hans Helfritz in den dreißiger Jahren vorfand, haben sich in die neue Zeit hinübergerettet. Einige Silberschmiede, Töpfer, Tischler und Korbmacher setzen die traditionellen Handwerksarten unter veränderten Umständen fort. Nach ihren Produkten Ausschau zu halten, lohnt sich gerade in Saiun.

Das **Grabmal des Ahmad Ibn Isa al-Muhadschir** (›der Einwanderer‹) gehört zu den Sehenswürdigkeiten nahe Saiun. Wenige Kilometer außerhalb der Stadt in Richtung Tarim (Ostrichtung) werden etwa 100 m rechts der Straße leuchtend weiße Moschee-Kuppeln, eine in den Felsen gehauene, geweißte Treppe und – auf eine Plattform gestellt – eine zweite Moschee sichtbar. Dieser Platz ist in der Volksrepublik noch Wallfahrtsort gewesen; Andersgläubige dürfen ihn betreten. Ahmad Ibn Isa soll hier begraben liegen, ein Sajjid, der vor etwa 1200 Jahren dem orthodoxen Glauben im Wadi Hadramaut wieder Geltung verschaffte (vgl. S. 237 f.). Da auch eine Scheicha, eine Heilige, in der Nähe Ahmad Ibn Isas beigesetzt ist, kommen besonders Frauen zu der Weihestätte, die sich in ihrem strahlenden Weiß stark von dem braunen Geröll der Felswand abhebt. Die Anlage gibt Gelegenheit, einfache Formen der hadramischen Architektur und Ornamentik kennenzulernen.

**Schibam,** 20 km westlich von Saiun, ist diejenige unter den Städten des Wadi Hadramaut, die alle frühen Besucher (außer Leo Hirsch) am meisten beeindruckt hat – und die auch heute noch den nachhaltigsten Eindruck hinterläßt (Farbabb. 30). Freya Stark, die Anfang der dreißiger Jahre zum ersten Mal im Wadi Hadramaut war, fuhr von Westen her in Richtung Schibam:

»Dann sah es plötzlich so aus, als sei eine der unteren Klippen in die Mitte des Tales gerückt: verwittert und geborsten; als wir näher kamen, immer mehr einem Berg von Bienenwaben gleichend. Ganz oben schien ein Riesenpinsel Kalkfarbe verwischt zu haben. Da lag sie – eine alte und verwitterte Stadt, geformt aus dem Lehm der umliegenden Hügel, erbaut auf einer Erhebung, unter der, da kann es keine Zweifel geben, frühere Städte begraben sind. Das also war Schibam, ›erbaut inmitten des Landes Hadramaut‹, an einer Stelle, an der fünf Seitentäler sich in alle Himmelsrichtungen öffnen.«

Freya Stark vermerkte noch, daß keine Autostraße nach Schibam führe, doch änderte sich das schon bald nach dem Besuch der Engländerin: Eine Autostraße mit Kopfsteinpflaster wurde gebaut. Wer sich auf dieser Straße in den neunziger Jahren der Stadt nähert, gewinnt immer noch ähnliche Eindrücke wie Freya Stark, denn zumindest am äußeren Erscheinungsbild von Schibam hat sich seit 1930 wenig geändert. Wie damals zählt die Stadt auch heute zwischen 7000 und 8000 Einwohner.

Schibam, das ist ein umbautes Rechteck von etwa 400 mal 500 m, in dem rund 500 Häuser stehen. Obwohl aus Stampflehm oder luftgetrockneten Ziegeln gebaut, sind die meisten davon an 30 m hoch, können also Hochhäuser genannt werden. Der Semitist Walter Müller von der Universität Tübingen meint, die Bürger Schibams seien darin einig gewesen, sich nicht gegenseitig auf die Dächer schauen zu wollen. Deswegen hätten sie beschlossen, die Zahl der Stockwerke ihrer Häuser auf acht zu beschränken.

Viele der Hochhäuser von Schibam sind zwischen 100 und 300 Jahre alt. Wird ein solcher Lehmbau regelmäßig überholt, kann er

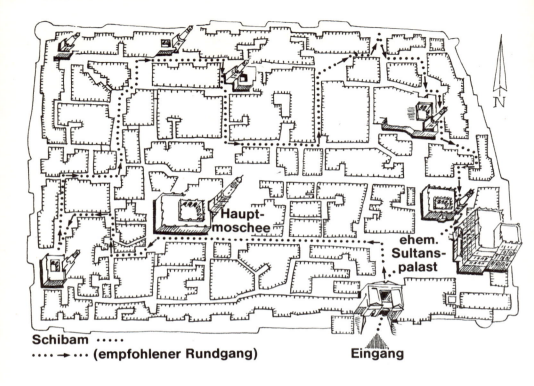

**Schibam** ·····
···· → ··· (empfohlener Rundgang)

ohne weiteres dieses hohe Alter erreichen; zur Pflege gehört, daß Dach und obere Fassade regelmäßig, wohl mindestens einmal im Jahr, geweißt werden. Die Kalkfarbe enthält Bindemittel, z. B. Alabasterpulver, die den Bau nicht nur gegen die selten genug auftretenden Regenfälle unempfindlich machen, sondern auch den durch Sonne und Wind verursachten Zerfall der luftgetrockneten Ziegel verlangsamen. 1989 verursachten ungewöhnlich heftige Regenfälle an vielen Häusern schwere Schäden, die noch nicht ganz beseitigt werden konnten (1992). Die Regierung wirbt deswegen um so intensiver um internationale Hilfe für die Bewahrung des historischen Schibam, das 1984 von der UNESCO auf die Liste der erhaltenswerten Kulturdenkmäler der Menschheit gesetzt worden ist. Ein dagegen vorgebrachter Einwand lautet, die Bürger von Schibam hätten jahrhundertelang immer wieder auftretende Regenschäden selbständig und ohne fremde Hilfe beseitigen können. Für internationale Hilfe spricht jedoch, daß die kleine Stadt in Zukunft ziemlich regelmäßig einer wachsenden Zahl von Touristen ausgesetzt sein wird und zu deren wie zum eigenen Wohl einer sanitären Infrastruktur bedürfte. Um diese anzulegen, fehlen ihr aber die Mittel wie auch die Erfahrungen.

Wie viele Generationen von Hochhäusern den Platz Schibam schon besetzt hatten, ist schwer zu sagen. In der Gründungslegende heißt es, die Leute von Schabwa, der Hauptstadt des antiken Hadramaut, hätten Schibam unmittelbar nach der Vertreibung aus ihrer alten Heimat gegründet. Wann aber war das? Soviel wir wissen, wurde unter dem Druck halbnomadischer Stämme die Lage in Schabwa gegen Ende des 2. Jh. n. Chr. unhaltbar. Schibam könnte also an die 1700 Jahre alt sein.

**Tarim,** etwa 33 km östlich von Saiun, ist seit 1988 über eine Asphaltstraße zu erreichen. Die Stadt wird noch immer vom Halbkreis eines Palmengürtels gesäumt, bietet also weiterhin jenen Anblick, den Helfritz bei seiner Pionier-Reise Anfang der dreißiger Jahre festgehalten hat. Gleich dem Haar eines alternden Menschen ist freilich auch der Palmenhain inzwischen etwas dünner geworden.

Im Altertum wurde die Siedlung, deren Platz jetzt Tarim einnimmt, sabäisch mit den Buchstaben A. L. M. D. geschrieben. Viel mehr als die Kenntnis des Namens ist uns jedoch nicht geblieben. Erhalten ist dagegen ein großer Teil des Tarim der islamischen Blütezeit, d. h. in diesem Fall des 17. bis 19. Jh. – jener Periode, in der Hadramauts Städte sich gegen die Nomaden durchzusetzen vermochten. Damals war Tarim ein Zentrum religiöser Gelehrsamkeit. Aus der ganzen südlichen Hälfte der Arabischen Halbinsel kamen junge Menschen in die Stadt, um die Heilige Schrift – den Koran – und die aus der Zeit des Propheten überlieferten Aussprüche (Hadith) zu studieren. Im Laufe der Zeit entstanden in Tarim zur Bewältigung der Lehrtätigkeit über 300 Moscheen und Religionsschulen. Obwohl diese Stätten frommer Gelehrsam-

*Tarim, Minarett der al-Midhar-Moschee*

keit heute zum überwiegenden Teil geschlossen sind, könnten sie künftig arabisches Kapital anlocken, mit dessen Hilfe man Moscheen wiederherstellen und die Rolle des Islam stärken könnte.

Gelehrt wurden und werden in Tarim die Thesen des orthodoxen Islam. Die Orthodoxie entsprach der geistigen bzw. geistlichen Position der Bürger dieser alten Stadt. Schon in den Jahren nach dem Tod des Propheten (632 n.Chr.), als zahlreiche arabische Stämme sich der neuen islamischen Ordnung wieder entziehen wollten und ganz Südarabien in Aufruhr gegen den neuen Chalifen entbrannte, soll im Wadi Hadramaut allein Tarim zum Nachfolger Mohammeds als Führer der Gläubigen und zum wahren Glauben in orthodoxer Auslegung gestanden haben; die Stadt spielte eine große Rolle bei der Niederwerfung der Abtrünnigen.

Im 19. Jh. machte das erzkonservative Tarim eine merkwürdige Wandlung durch: Einige seiner Söhne entdeckten die weite Welt; sie begaben sich auf denselben Seeweg, den rund 2000 Jahre früher die Sabäer, Qatabaner und Hadrami benutzt hatten. Er führte sie nach Südostasien, insbesondere zur Insel Java. Die tüchtigen südarabischen Händler wurden schnell reich. Sie gründeten Zweitfamilien auf Java und anderen indonesischen Inseln. Im Alter aber wollten sie ihren Reichtum in der alten Heimat genießen. Deswegen erlebte Tarim im 19. Jh. einen wahren ›Bauboom‹, der neue Paläste und prächtige Villen entstehen ließ. Wohl wahrte man die traditionelle Bauweise mit Stampflehm und luftgetrockneten Lehmziegeln, doch in die Kunst am Bau, in die ornamentalen Dekorationen und in die Schnitzarbeiten flossen südostasiatische Stilelemente ein. Außerdem begann sich in der ganzen Stadt ein neuer Geist bemerkbar zu machen. Er war von den Lebensgewohnheiten und dem Wesen anderer Völker beeinflußt. Das traditionsverbundene Tarim tat sich zunächst schwer, diesen neuen Geist zu akzeptieren, zeigte sich aber mit den Jahrzehnten immer aufgeschlossener. In den dreißiger Jahren bildete es sogar die Vorhut einer von Java ausgehenden Reformbewegung, die den Einfluß des religiösen Adels erheblich beschnitt.

Von Java und dem ›Modernismus‹ ist auch die große al-Midhar-Moschee beeinflußt, deren Minarett Tarim als Wahrzeichen dient. Seit der Zeit des islamischen Mittelalters immer wieder erneuert, wurde sie Anfang des 20. Jh. zum Symbol des im Südostasien-Geschäft zu Wohlstand gelangten Bürgertums. Der an sich schlichte Bau erhielt ein neues Minarett von über 50 m Höhe. Schon 1939 entrüstete sich der holländische Reisende van der Meulen:

»Das Minarett der al-Midhar-Moschee ist mehr eine technische Errungenschaft als eine architektonische. In diesem Fall hat man die schlichten Linien des traditionellen Minaretts von Hadramaut aufgegeben und statt dessen einen dünnen, rechteckigen Turm gebaut, übersät mit Fenstern und Luftlöchern. Dekorationsbänder und Ornamentdecken wurden hinzugefügt; und als der Turm gerade fertig zu sein schien, wurde auf seiner Spitze noch ein kleiner Kasten errichtet – nur um alle Höhenrekorde zu brechen.«

Immerhin ist dieser ganz aus dem Rahmen fallende Turm – wie fast alle Bauten in Tarim – aus Lehmziegeln errichtet worden. Es lohnt sich, seine 150 Stufen zu erklimmen, denn aus

◁ *Wadi Hadramaut, Friedhof nahe Tarim*

*Hadscharein, mehr als tausendjähriger Ort auf den Klippen*

der Höhe bietet sich ein guter Überblick über die Moscheen der Stadt, unter ihnen auch viele ältere Gebetshäuser, die durchweg schöner sind als die al-Midhar-Moschee.

Es gibt eine alte, nunmehr öffentliche Bibliothek in Tarim, deren Schriften dem an arabischer Literatur und Kalligraphie interessierten Besucher gezeigt werden. Darüber hinaus sind in der Stadt schön geschnitzte Türen, schwungvolle ebenso wie strenge Dekorationen und viele malerische Gassen zu entdecken.

**Von Saiun nach Hadscharein** (lokal: Hagrein) gelangt man in knapp zwei Autostunden (rund 60 km). Die Fahrt führt noch einmal an Schibam vorbei in den Oberlauf des Wadi Hadramaut hinein.

Hinter al-Qatn nähert man sich dem oberen (westlichen) Ende des Wadi Hadramaut. In diesem Gebiet sind die Sandsteinklippen zu beiden Seiten an manchen Stellen mehrere hundert Meter hoch. Auf den Höhen werden Reste von Orten aus sabäischer und himyaritischer Zeit vermutet. Jedoch ist auch hier eine systematische Forschung noch nicht betrieben worden. Diese wäre um so wichtiger, als der Oberlauf des Wadi Hadramaut in ein Delta von Wadis (arabischer Plural: Widjaan) übergeht, in dem ein uraltes Kulturgebiet vermutet werden darf. Etwas weiter südlich, 20 bis 40 km entfernt vom Hadramaut, hat man mehrere Ruinenstätten aufgefunden. Für den archäologisch interessierten Reisenden sollte ein Abstecher in das Wadi Amd zur Ortschaft **Huraida** an erster Stelle stehen.

Wenige Kilometer nordwestlich des Ortes findet man die Trümmerstätte eines Heiligtums aus alter Zeit; aufgrund detaillierter Forschung wurde die erste Bauphase dieses Tempels in das 5. Jh. v. Chr. datiert.

Es handelt sich um die Reste eines Tempels, der einst dem Mondgott Sin geweiht war; der alte Name des Platzes lautet **Madabum**. Diese Kenntnis verdanken wir der britischen Archäologin Caton Thompson, die hier 1937 Spatenforschung betreiben konnte – die erste kontrollierte, fachlich ausgewiesene Grabung in ganz Südarabien. Dabei kamen Inschriften zutage, die den Namen des Platzes und die religiöse Bestimmung des Tempels belegten.

Zu sehen sind in Madabum die geringen Reste einer steingepflasterten, länglichen Plattform und von steinernen Säulenbasen. Teile von Trennmauern und von Stufen sind ebenfalls erkennbar. Es wird deutlich, daß die Tempelplattform auf Findlingsblöcken und Geröll, verbunden mit Gipsmörtel ausgelegt war. Die Archäologen fanden 21 Inschriften des frühen südarabischen Typs, allerdings keine mehr an ihrem ursprünglichen Platz. Doch ließ sich aus den Inschriften rekonstruieren, wann man an diesem Platz dem Mondgott zu huldigen begann: eben in der zweiten Hälfte des 5. Jh. v. Chr. In der Zeit von 100 bis 80 v. Chr. scheinen noch Erweiterungsbauten ausgeführt worden zu sein.

*Religiöse Prozession in Huraida (histor. Photo von Freya Stark aus den dreißiger Jahren)*

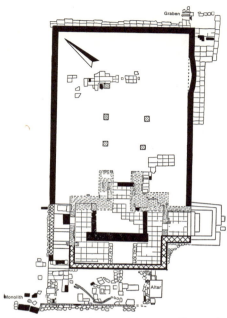

*Plan des Sin-Tempels in Madabum, erstellt von der britischen Archäologin Caton Thompson aufgrund der Ausgrabungen von 1937.*

Wenn die heutigen Reste so wenig spektakulär sind, dann deshalb, weil im Hadramaut schon vor rund 2500 Jahren nur die Unterbauten aus Stein, weitere Stockwerke aber aus luftgetrockneten Lehmziegeln errichtet wurden und weil möglicherweise um 100 n. Chr. ein schweres Erdbeben das gesamt Gebiet verheert hat.

Auf dem Weg nach Hadscharein im gleichnamigen Wadi kommt man durch **Maschhad Ali** (›Grab des Ali‹). Dieser verfallende Ort ist wegen des Mausoleums und seiner schönen alten Moschee beachtenswert. Ali Hassan al-Atas lautet der volle Name des Ortsheiligen, dessen Grabmal früher ein Wallfahrtsort gewesen ist. Jener Ali war um die Mitte des vorigen Jh. in ein Gebiet eingewandert, das unter den Kämpfen zwischen rivalisierenden Stämmen zu leiden hatte. Es gelang ihm, allein kraft seiner religiösen Autorität Frieden zu stiften – und über seinen Tod hinaus zu erhalten, denn Alis Grabmal wurde eine dem Frieden dienende Pilgerstätte. Auf dem Grab ruht eine Bronzekuppel, und im Eingangsgewölbe zur Grabkammer ist ein Reliefstein aus himyaritischer Zeit verbaut. Leo Hirsch hat in der Umgebung von Maschhad Ali »Bruchstücke eines mit himyarischen Charakteren bedeckten hellen Kalksteins« gefunden. In einem Trümmerfeld im Wadi Raybun südwestlich von Maschhad glaubte der Berliner die Reste einer antiken Stadtanlage zu erkennen, und optimistisch schrieb er 1896 in sein Tagebuch: »Systematisches Nachgraben dürfte werthvollere Reste aus alter Zeit zu Tage fördern.«

Ein Menschenalter nach dem Besuch von Leo Hirsch bei Maschhad Ali ist nachgegraben worden. Noch im November 1991 sah man russische und jemenitische Archäologen in Raybun bei der Feldforschung; danach erlosch diese Arbeit und die historische Stätte wurde wieder sich selbst überlassen (1992). Zurück blieben ausgegrabene Sockel, Treppen, einzelne Säulen und sogar beschriftete Steine. Über ein weites Feld sind hohe Hügel und immer wieder Steinsetzungen zu sehen. Man kann nur hoffen, daß die Forscher, die offenbar vom politischen Umbruch in aller Welt überrascht und vertrieben worden sind, eine Bestandsaufnahme haben abschließen können.

**Hadscharein** (Farbabb. 32) ist eines der kühnen Felsennester dieser Region. Der Ort drängt sich an den oberen Teil eines Felsens – laut Leo Hirsch heißt der Berg Haid Ibn

*Mausoleum des Ali Hassan al-Atas vor und nach der Restaurierung*

Maimun al-Munneissur –, und seine Häuser klettern von mittlerer Höhe bis zum Gipfel. Zur früheren Torburg des Ortes führt in weiten Kehren ein gepflasterter Pfad, dessen Kopfsteine durch unzählige Tritte von Fußgängern und Eselshufen glattgeschliffen sind (Vorsicht!). Der Zugangspfad und die engen Gassen des Bergdorfes eignen sich nicht für Fahrzeuge, und so wird der gesamte Ortsverkehr mit Eseln abgewickelt. Besonders die Knaben von Hadscharein sind kühne Eselsreiter, die bergauf und bergab galoppieren.

Auf dem höchsten Punkt des Ortes findet man eine Zisterne, die himyaritischen Ursprungs sein dürfte. Der Aufstieg lohnt, allerdings weniger des offenen Beckens als des Ausblicks wegen: Er reicht über Berge und Höhen bis zum weiter östlich gelegenen Wadi al-Ain. Der Blick schweift über ein Gebiet, in dem man zahlreiche Siedlungsspuren aus der Zeit des alten Königreichs gefunden hat. Der jemenitische Geograph al-Hamdani (um 900 n. Chr.) erwähnt Hadscharein mit Worten, aus denen wir schließen dürfen, daß es in frühislamischer Zeit eine blühende Stadt gewesen ist. Freya Stark entdeckte einen Ortsteil, der den Namen Dammun trägt – den Namen der Hauptstadt des vorislamischen Reiches der Kinda im Hadramaut (vgl. *Blickpunkt Schabwat*). Einige ältere Moscheen, schön geschnitzte Türen und die letzten Silberschmiede sind Hadscharreins heutige Attraktionen.

Im **Wadi Adim,** auch Idim und Idm geschrieben, wurden noch zu Anfang der achtziger Jahre archäologische Entdeckungen gemacht. Die damalige Regierung in Aden hatte französische Wissenschaftler mit einem Forschungsauftrag vor Ort bedacht, der vor allem im Wadi Hadramaut und dessen Seitentälern wahrgenommen wurde. Im Wadi Adim, das südlich von Tarim in das Wadi Hadramaut einmündet (vgl. S. 248/49), konnten die Forscher schon bekannte Fundstätten genauer untersuchen. So gewannen sie in Maschqa, das wegen eines vorislamischen Felsentempels bekannt ist, an den Resten dreier anderer Bauwerke neue Erkenntnisse. Dort sind durch günstige Umstände größere Teile der auf Stützmauern aus Stein errichteten Aufbauten in Holz und Ziegeln erhalten geblieben. Es konnte nachgewiesen werden, daß es sich bei den drei Bauwerken um Turmhäuser aus der Antike handelt. Die Forschung wird dort fortgesetzt.

*Hauptmoschee von Dhala, im Baustil deutlich an das nordjemenitische Hochland erinnernd* ▷

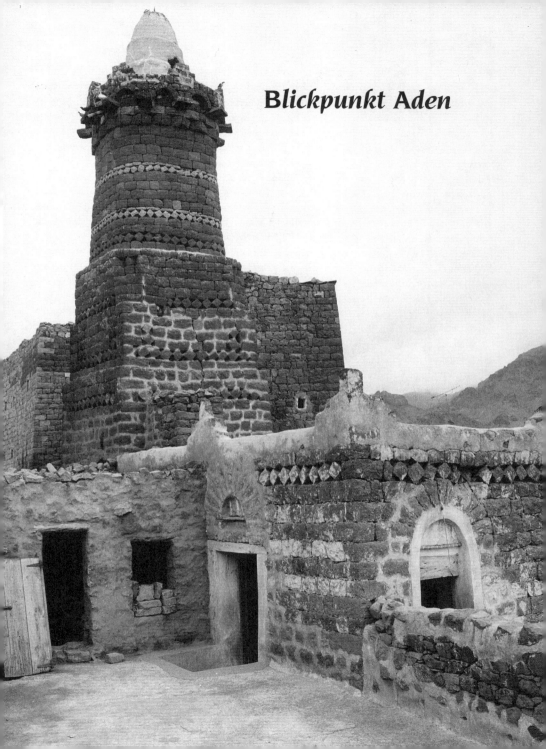

# Blickpunkt Aden

## BLICKPUNKT ADEN

Aden war nicht die Hauptstadt des antiken Königreichs Ausan. Die Südarabien-Forschung schreibt diese Rolle dem inschriftlich erwähnten Ort Miswar tief im Landesinnern am Rand der großen Wüste zu, ist sich jedoch ihrer Sache nicht ganz sicher. Im oberen Wadi Marcha (s. S. 272) vermuten Wissenschaftler nach neuen Erkenntnissen (U. Brunner) eine der Kernlandschaften Ausans. Aden hingegen war gewiß der bedeutendste Hafen des einst mächtigen Handelsstaates. Deswegen richtet sich der Blick auf Aden, wenn es die Geschichte Ausans zu verfolgen gilt.

Die große Zeit von Ausan muß in der Spanne von 600 bis 500 v. Chr. gelegen haben. Vorher dürften die Bewohner des Gebietes Zulieferer für den Karawanenhandel mit dem Nordwesten gewesen sein. Da die afrikanische Küste nahe war, organisierten sie wahrscheinlich die Einfuhr von Gütern aus Afrika. Der Zwischenhandel machte die Küstenbewohner reich, und der Reichtum gab ihnen die Macht, zu ihrem Schutz einen Staat zu gründen.

Die Boote der Kaufleute von Ausan segelten nach Nordwest ins Rote Meer und nach Südwesten zur ostafrikanischen Küste. Sie gründeten die ersten südarabischen Kolonien im heutigen Eritrea, im heutigen Somalia und auch auf dem heutigen Sansibar. Teils waren die Außenstellen nur Handelsniederlassungen, teils aber erobertes Gebiet. Je stärker Reichtum und Macht sich mehrten, desto stärker wurden das Mißtrauen und der Neid des benachbarten Sabäischen Reiches.

Welche Rolle Aden zur Blütezeit des Königreichs Ausan gespielt hat, ist nicht überliefert – doch ergeben sich einige Vermutungen aus der Lage des Ortes. Die südarabische Küste ist im allgemeinen arm an brauchbaren natürlichen Häfen; beim heutigen Aden aber bot sich ein hervorragender Naturhafen an. Überragt von einem mächtigen Vulkankegel, dem 517 m hohen Dschabal Schamsan, gewährte dieser Hafen Schutz gegen die Monsunwinde. Gerade die Monsunwinde ließen andererseits von einem frühen Zeitpunkt an Adens Segelschiffe den indischen Subkontinent erreichen. Das Bab al-Mandeb, die Einfahrt ins Rote Meer, lag in geringer Entfernung, und nach Afrika dauerte eine Bootsfahrt bei günstigem Wind nur etwa 48 Stunden. Menschen, die vom Handel lebten, die durch den Handel reich wurden, hatten gar keine andere Wahl als eine Stadt, Kaimauern, Lagerhallen und Festungen dort zu bauen, wo sie den besten Naturhafen weit und breit vorfanden.

Dennoch erfahren wir Sicheres über die Existenz Adens erst im Zusammenhang mit dem Untergang des Königreiches Ausan. Einer sabäischen Inschrift ist zu entnehmen, daß der Priesterfürst Karib al-Watar von Marib – der erste Herrscher, der sich ›König von Saba‹ nannte – im Jahre 410 v. Chr. den Staat Ausan mitsamt der Stadt Aden eroberte. Die Sabäer machten sich bei dieser Gelegenheit – jedenfalls nach unseren heutigen Begriffen – schwerer Kriegsverbrechen schuldig. Nicht nur wurden die Tempel der Festung Miswara (Miswar) zerstört, auch die meisten Adeligen Ausans wurden niedergemetzelt. Nach den Inschriften fanden rund 16 000 Menschen den Tod, nachdem die Kampfhandlungen schon abgeschlossen waren. Nahezu alle Städte und Siedlungen des unglücklichen Königreiches wurden geplündert und niedergebrannt. Auch Aden erlitt dieses Schicksal. 40 000 Ausaner traten den Weg in die Gefangenschaft an. Ein Teil der Küstenzone des zerstörten Staates wurde dem Sabäischen Reich einverleibt, ein anderer Teil der Küste und das Binnenland fielen an Qataban.

*Aden, Gesamtansicht des Unterteils der Tawila-Zisternen*

Etwa ab 410 v. Chr. war also Aden sabäisch. Es sollte im Laufe der folgenden Jahrhunderte noch oft den Besitzer wechseln. Doch als Hafen für den Transithandel zwischen den Kontinenten blieb die Küstenstadt jedem Herrscher unentbehrlich. Ein anonymer griechischer Schiffskapitän, der im 1. Jh. n. Chr. gelebt hat, erwähnt dies in seiner Beschreibung von Reiserouten und Häfen zwischen Rotem Meer und Vorderindien, dem ›Periplus Maris Erythraei‹. Aden wird dort als »Eudaemon Arabia, eine Ortschaft am Meeresufer, die zum Reiche Caribaels gehört und bequeme Anker- und Wasserplätze hat« charakterisiert, und weiter heißt es, daß dort Frachten aus Indien und Ägypten umgeschlagen würden, Diamanten und Saphire, Elfenbein, Baumwolle, Indigo, Zimt und Pfeffer, Datteln und Wein, Gold, Myrrhe und Weihrauch. Aden spielte eine derart bedeutende Rolle für die Wirtschaft jener Zeit, daß der Stadt im ›Periplus‹ der Name des ganzen Landes zugschrieben wird: Eudaemon Arabia, ›Glückliches Arabien‹.

Ob dieses frühe Arabien – und mit ihm Aden – wirklich ein glückliches Land war, mag dahingestellt bleiben. Zwar mußten Ägypter, Syrer, Juden, Griechen und Römer viel Geld bei den Südarabern lassen, um an die begehrten Duftstoffe und Gewürze zu gelangen, doch die nicht abreißenden Kämpfe zwischen den rivalisierenden Reichen und später die kriegerischen Interventionen der Aksumiten und Perser dürften der florierenden Händlergesellschaft immer

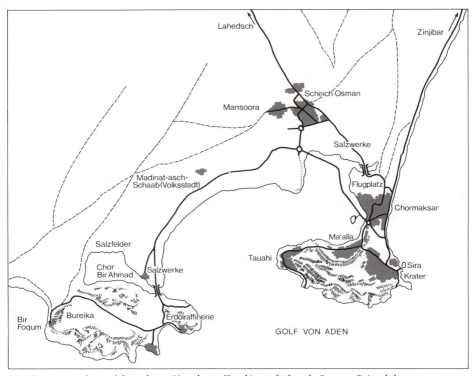

*Planskizze von Aden und der näheren Umgebung. Tauahi war früher als ›Steamer Point‹ bekannt*

wieder schwere Schläge versetzt haben. So kann Aden, das geschäftige und wohlhabende Aden, z. B. aus der vorislamischen Periode keinerlei Bauten vorweisen. Man darf annehmen, daß die Stadt stets aufs neue erobert und dabei von Grund auf zerstört worden ist. Was sich aus alter Zeit erhalten hat, sind nur die Trinkwasser-Sammelbecken.

Diese **Zisternen von Tawila** allerdings verdienen alle Aufmerksamkeit. Tawila nennen die Araber ein Tal, das sich – zum Dschabal Schamsan hin ansteigend – am nördlichen Ende des Adener Stadtteils Krater in die Felsen hineinzwängt. Dort ist unter britischer Herrschaft ein Park entstanden, der die Ausläufer der antiken Wasserversorgung einschließt. Bassins und Überlaufrinnen, Kanäle und wiederum Bassins sind, flankiert von ausgemauerten Wegen und überspannt von Brücken aus roten Ziegeln, in den Berg geschlagen. Siebzehn Staubecken reihen sich aneinander. Das unterste faßt zugleich das meiste Wasser – maximal 13 Millionen Liter. Etwa 45 Millionen Liter kann die gesamte Anlage auffangen, wenn es einmal kräftig geregnet hat. Dann werden die am Dschabal Schamsan fallenden Niederschläge sinnreich kanalisiert und gesammelt. Aden ist allerdings heute nicht mehr von diesen Zisternen abhängig – das gesammelte Regenwasser dient nur noch der Bewässerung der Gärten.

Die damals mit Unrat fast zugeschütteten Staubecken sind ab 1856 von der britischen Besatzungsmacht wieder instandgesetzt worden. Merkwürdigerweise hat man bei der Wiederherstellung eine gründliche archäologische Untersuchung der Anlage versäumt. So kann der Interessierte das Alter der Zisternen nur schätzen bzw. aus verschiedenen Tatsachen deduktiv ableiten. Zunächst wird vorausgesetzt, daß nur in einer Periode des Wohlstands und der Stabilität eine so umfangreiche Arbeit wie das Aushauen mehrerer Zisternen aus den massiven Lavafelsen möglich war; die Zeit der Kriege mit Aksumiten und Persern scheidet damit aus. Wenn man ferner in Erwägung zieht, daß den Himyariten eine besondere Fertigkeit bei der technischen Berechnung sowie beim Bau von Staudämmen und Bewässerungsanlagen zugeschrieben wird und daß der Höhepunkt der himyaritischen Macht über die Küstenzone von Aden um das 1. Jh. n. Chr. lag, ist – mit Vorbehalten – eine Datierung und historische Einordnung der sogenannten Tawila-Tanks in diesen Zeitabschnitt vertretbar.

Zeugen aus Ausans großer Zeit finden sich nur noch im **Nationalmuseum** in Aden, eingerichtet im Stadtpalast des ehemaligen Sultans von Lahedsch am Rand von Krater. Das nahezu ganz verschollene Königreich hat zwei Königsstatuen von seltener Vollständigkeit hinterlassen, die im Museum ausgestellt sind. Die beiden Figuren haben in der Fachwelt einige Verwirrung gestiftet. Eine definitive Publikation steht aus, die Informationen sind spärlich. Eine Alabasterstatue, die des Yaschduqil Far'am, eines Königs von Ausan, entspricht dem traditionellen Stil Südarabiens in der Zeit um 500 v. Chr. Brian Doe, der als Direktor der Antiken-Verwaltung Adens gegen Ende der britischen Oberhoheit das Museum mit eingerichtet hat, gibt folgende Beschreibung:

»Übertrieben stark werden an dieser stilisierten Statue Gesichtszüge und die Details betont. Man erkennt einen Fingerring und ein Armband. Die Füße stecken in Riemensandalen von rechteckigem Sohlenschnitt. Der König trägt einen Schnurrbart sowie lang herabfallendes Haar oder eine Perücke.«

Es handelt sich um eine der ziemlich grob geschnittenen Alabasterstatuen jener Zeit, mit der typischen Armwinkelung und Handballung eines Boxers, wobei die übergroßen Füße und Hände detaillierter als üblich ausgeführt worden sind. Auch der Schnurrbart und die langen Haare erscheinen ungewöhnlich. Dennoch läßt sich diese ausanische Königsfigur unschwer in die lange Reihe südarabischer Alabasterstatuen fast gleicher Größe, Körperhaltung und Ausdrucksform einfügen. Nicht so hingegen die Statue des Königs Yaschduqil Far'am Scharah'at von Ausan. Obwohl die beiden Herrscher unmittelbar aufeinander folgen, sind ihre Abbilder grundverschieden. Bei Brian Doe heißt es zum zweiten Königsbild:

»Die Kleidung erinnert an griechische Vorbilder. Der König trägt langes Haar oder eine Perücke sowie einen Schnurrbart. Die linke Hand ist durchbohrt. Sie hielt einst wohl einen Stab aus Holz oder Kupfer. Aller Wahrscheinlichkeit nach handelt es sich um eine Porträtstatue.«

Man muß zwei Momente in Brian Does Beschreibung hervorheben, um die Tragweite der Entwicklung zu erkennen, die zwischen den beiden Statuen liegt und einem kulturhistorischen

Einbruch gleichkommt: Es taucht ein für Südarabien ganz fremdartiges faltiges Gewand auf, und an die Stelle entindividualisierter Gesichtszüge tritt eine für den südarabischen Kunstkanon ganz untypische Porträtähnlichkeit.

Da Ausan schon bald nach der Schaffung jener Königsstatuen untergegangen ist, läßt sich die Frage nach dem Grund solch abrupten ikonographischen Wandels nicht beantworten. Ob nur ein griechischer Künstler an den Hof von Ausan gelangt war, ob die griechische Kunstauffassung Südarabien erreicht oder im damaligen ›Glücklichen Arabien‹ gar eine interne Kulturrevolution stattgefunden hatte – wir wissen es nicht.

Die beiden beschriebenen Königsfiguren sollten jedenfalls bei einem Besuch des kleinen Nationalmuseums besonders beachtet werden – sie gehören zu den ganz wenigen Zeugnissen des so früh untergegangenen Königreichs Ausan und sind in ihrer Art bemerkenswerte Stücke. Die 80 cm hohe Figur des griechisch wirkenden Yaschduqil Far'am Scharah'at wurde übrigens im Wadi Marcha nahe Timna im früheren Grenzgebiet zwischen Nord- und Südjemen, also weit entfernt von Aden, gefunden.

Bei vielen anderen Stücken des Nationalmuseums von Aden ist keine so genaue Bestimmung des Fundortes möglich. Beurteilt man sie nach ihrem Stil und berücksichtigt man den Verlauf archäologischer Forschung während der britischen Kolonialzeit, dürften sie überwiegend dem Königreich Qataban (vgl. *Blickpunkt Timna*) entstammen. Beachtenswert ist unter diesen Funden vor allem die aus rötlichem Alabaster gearbeitete Darstellung der Glücksgöttin Dhat Hamim; sie ist als Reliefbüste in Vorderansicht wiedergegeben, die rechte Hand wie zum Gruß oder zur Segnung erhoben, während die linke Hand ein Bündel Ähren hält und auf dem Leib ruht. Das Götterbild wird in der Reihe der frühen, um 600 v. Chr. entstandenen Werke eingeordnet.

Aus dem Rahmen des Üblichen fällt ein großes Alabasterfragment, das einen Hirschkopf, begrenzt von Buchstaben und Rebenblättern, zeigt. Dieses Stück soll aus Marib stammen, wäre also der sabäischen Kunst zuzuordnen. Vermutlich qatabanisch ist eine ebenfalls bedeutsame alabasterne Votivtafel mit Stierkopf, die beste Handwerkskunst verrät.

Das Nationalmuseum besitzt auch einige schöne antike Schmuckstücke: aus Gold und Halbedelsteinen gearbeitete Ketten, Armbänder, Ohrringe und Broschen. Von jemenitischer Seite werden diese Stücke durchgehend als »qatabanischer Schmuck aus dem 3. Jh. v. Chr.« bezeichnet. Brian Doe umgeht hingegen eine genaue Bestimmung. Er meint, Entstehungszeit und Herkunft der Schmuckstücke seien nicht bekannt; es handele sich wahrscheinlich um Importe, die während des 1. Jh. n. Chr. entstanden sein könnten. Doe fügt hinzu, die Stücke ähnelten römischem Schmuck zwischen dem 1. und 3. Jh. v. Chr. Die als »goldene Staatssiegel der Könige von Qataban« ausgewiesenen Stücke dürften wenigstens ihrer Funktion nach richtig bestimmt sein, weil sie lesbare Schriftzeichen und Symbole aufweisen.

Das **frühislamische Aden** hat ebensowenig bauliche Zeugnisse hinterlassen wie das antike. Wohl noch zu Lebzeiten des Propheten bekannten die Bewohner der Stadt sich zum Islam. Als es nach dem Tod Mohammeds (632) zu Rückfällen in den alten Glauben und Aufständen gegen die neue islamische Autorität in Madina kam, blieb Aden der Fahne des Propheten treu.

So entging die Hafenstadt den Verwüstungen der frühislamischen Kriege; ja sie diente sogar als Ausgangspunkt für die Rückeroberung des zeitweise abtrünnig gewordenen Hadramaut.

Doch blieb Aden das Kriegsleid nicht erspart. Mitte des 12. Jh., als die Stadt von Anhängern einer puritanischen Sekte erobert worden war, zog ein ägyptisches Expeditionsheer an, um den rechten Glauben und die Autorität des in Kairo und Damaskus herrschenden Sultans Saladin wiederherzustellen. Die Ägypter unter Turanschach, einem Bruder Saladins, nahmen Aden im Sturm. »Turanschach plünderte Aden und brachte über achtzig Schlösser und Burgen von ansehnlicher Stärke unter Saladins Botmäßigkeit.« So vermeldet es lakonisch eine zeitgenössische Chronik.

Welche Schäden die Stadt auch beim Stürmen und Plündern erlitt – Aden verlor weder im 12. noch in den folgenden Jahrhunderten seine Bedeutung als Hafen und Handelsplatz. Diese fast 2000 Jahre lang behauptete Stellung wurde erst schwer erschüttert, als Vasco da Gama 1497 mit der Umsegelung Afrikas den Seeweg nach Indien erschloß. Nun lag Aden plötzlich weit abseits der wichtigsten Handelsroute. Daß zu diesem Zeitpunkt schon ein Statthalter des Osmanischen Reiches in der Hafenstadt residierte – er hielt sich bis zur Mitte des 17. Jh. – verbesserte die Lage nicht. Seit der Entdeckung des Portugiesen schritt der Verfall Adens schnell voran. Als Captain Haines, ein Seeoffizier der Marine von Britisch-Indien, 1835 die südarabische Küste inspizierte, war die einst blühende Hafenstadt zu einem Nest von nicht einmal hundert Steinhäusern abgesunken. Dennoch fand der Ort das Interesse der Kolonialbehörde in Indien, weil er als Stützpunkt im Kampf gegen die französische Marine-Präsenz an der ostafrikanischen Küste geeignet schien. Im Januar 1839 nahmen die Briten unter einem Vorwand Aden mit Waffengewalt ein. Der Platz, zuvor im Besitz des Sultans von Lahedsch, wurde

*Aden-Postkarte (Postoffice Bay) aus den dreißiger Jahren*

Kolonie. Stammesaufstände in der Umgebung von Aden konnten stets schnell niedergeschlagen werden und führten meistens zur Vergrößerung des Kolonialbesitzes. Durch die Eröffnung des Suezkanals (1869) wurde Aden zum wichtigsten Transithafen an der Schiffahrtsstraße zwischen dem Mittelmeer und Asien. Bis 1937 unterstand die spätere Kronkolonie der britischen Kolonialregierung in Indien. Im Zweiten Weltkrieg spielte Aden als Luft- und Marine-Stützpunkt eine wichtige Rolle. Auch nachdem das britische Kolonialreich sich aufzulösen begann, baute man Aden weiter aus. Obwohl schon Mitte der fünfziger Jahre arabische Kaufleute und Intellektuelle im Bündnis mit politisch fortschrittlichen Machthabern des Hinterlandes nach der Unabhängigkeit riefen, schienen die Verwalter des schrumpfenden britischen Kolonialbesitzes sich gerade an Aden klammern zu wollen. So kam es zu einem schweren und langen Kampf um die Unabhängigkeit, der bei zunehmender Radikalisierung erst im November 1967 endete. Bis Mai 1990 war Aden Hauptstadt der südjemenitischen Volksrepublik, seit der Vereinigung wird es »Wirtschaftshauptstadt des Jemen« genannt.

## Besichtigung von Aden

Das moderne Aden umfaßt sieben Stadtteile. Tauahi, Ma'alla und Krater haben Platz gefunden auf der felsigen Halbinsel, die auch das antike Aden beherbergte. Weiter nördlich liegt Chormaksar mit einigen ausländischen Konsulaten und dem Flugplatz. Dann folgen die volkstümlichen Vororte Scheich Osman, Dar Sad und Mansora, schließlich der Industrievorort Little Aden.

Zu den Sehenswürdigkeiten von Aden zählen nur drei aus islamischer Zeit. Zuerst ist das freistehende, weißgekalkte und mit Stuckornamenten verzierte **Minarett** nahe dem Hauptpostamt in Krater zu nennen. Es gehörte zu einer Moschee, die im 8. Jh. gebaut worden sein soll; die Moschee selbst ist verschwunden. Lohnend ist der Besuch der **Moschee des Sajjid Abdullah al-Aidrus,** den die Legende zum Schutzheiligen von Aden macht. Die ursprünglich aus dem 14. Jh. stammende Moschee war völlig verfallen und erst ab 1859 wiederaufgebaut worden. Obwohl sie jetzt erneut Kultzwecken dient, darf sie von Andersgläubigen besichtigt werden, weil im Südjemen immer noch Moscheen auch als sehenswürdige Kulturdenkmäler gelten. Erhalten haben sich schließlich **Befestigungsanlagen,** die ältesten darunter aus dem 12. Jh., zunächst zur Sicherung der Stadt gegen Überfälle von Beduinen zur Landseite hin angelegt. Später wurde auch die Seeseite befestigt. Bedeutende Reste der Mauern und Türme sind auf den Bergen zwischen den Stadtteilen Krater, Ma'alla und Chormaksar zu sehen.

**Krater** ist der älteste Stadtteil von Aden. Wie der Name sagt, ist die Altstadt direkt in den Krater eines erloschenen Vulkans hineingebaut worden. An seinen Außenwänden sind später weitere Siedlungen entstanden – heute moderne Stadtteile. Das Stadtbild Kraters wird mindestens durch drei Baustile bestimmt. Die Häuser an der Seeseite, deren Veranden und Balkone holzgeschnitzte Gitter schmücken, könnten genausogut in Kalkutta oder Bombay stehen. An die großen Durchgangsstraßen hat man anonyme Betonbauten gesetzt, in Nebenstraßen alte Steinhäuser.

## Aden – dem Jahr 2000 entgegen

Das Land, in dem die Demokratische Volksrepublik Jemen entstanden war, hat bis 1990 nur wenige Einzelreisende gesehen. Die Namen derjenigen, die vor oder nach Beginn der britischen Oberherrschaft über den Küstenstreifen am Golf von Aden und das Hinterland ins Innere des Hadramaut vorstießen, werden noch immer mit Hochachtung genannt: so Adolph von Wrede, Leo Hirsch, D. van der Meulen, Hans Helfritz und Freya Stark. Auch nach dem Zweiten Weltkrieg hatten Einzelreisende es schwer, in die beiden britischen Protektoratsgebiete nördlich und östlich von Aden zu gelangen; und nachdem südarabische Nationalisten ab 1956 Großbritanniens Oberherrschaft (und die direkte Kolonialgewalt in der Hafenstadt Aden) in Frage stellten, ließ die ›Schutzmacht‹ Fremde nicht gern frei im Land umherreisen. Erst 1967 erlangten Aden und die Protektoratsgebiete als Republik die Unabhängigkeit. Bald darauf verboten Machtkämpfe, Revolutionswirren und ein Grenzkonflikt mit dem Nordjemen jegliches Reisen im Südjemen. Erst ab Mitte der siebziger Jahre öffnete die Regierung in Aden ihr Land – allerdings nur in einem sehr bescheidenen Maße. Die Vereinigung der beiden Jemen-Staaten brachte dann den Touristen – ob in Gruppen oder einzeln – weitgehende Reisefreiheit. Sie wird beschränkt nur dadurch, daß es zuwenig ordentliche Hotels und zuwenig allgemein zugängliche Verkehrsmittel gibt. Der Einzelreisende, zumal wenn er kein Arabisch spricht, hat weiterhin Mühe, sich zurechtzufinden. Andererseits: es steht jedem Fremden frei, Inlandsflüge, Busse und Sammeltaxen in alle Richtungen ohne weitere Genehmigung zu benutzen.

*Frantel-Hotel in Aden*

# BLICKPUNKT ADEN

*Aden, Badebucht nahe dem Gold Mohur Motel*

Wer den Nordjemen (nördlich von Aden) schon kennt, findet im Süden (südlich von Ta'izz) vielfältige Ergänzungen seiner Eindrücke. Ganz neue Eindrücke gewinnen Erstbesucher des Wadi Hadramaut. Allerdings besteht seit der Vereinigung die Tendenz, Aden in einen toten Winkel für den Tourismus abzudrängen. Zum Wadi Hadramaut können die Reisenden längst von Sanaa aus fliegen und auch auf zwei historischen Wüstenrouten nach Schibam und Saiun gelangen. Aden brauchen die Reisenden selbst dann nicht zu berühren, wenn sie aus dem Wadi Hadramaut über Mukalla auf der Hauptstraße in Küstennähe zurück nach Sanaa reisen. Schon rund 175 km vor Aden (östlich der Hafenstadt) biegt eine neue Straße nach Nordwesten ab, um auf wesentlich kürzerem Weg zu der Metropole des vereinigten Jemen zu leiten. Zwar gibt es auch von Aden aus Touren zum Wadi Hadramaut; doch das ist nicht der Hauptstrom, weil Aden vom Ausland aus schwerer zu erreichen ist als Sanaa.

Aden müßte viel tun, um attraktiv genug als Anziehungspunkt für viele Touristen zu werden. Das Klima (feucht-heiß) beschränkt die günstige Zeit für freiwillige Besuche auf die Monate Oktober bis Mai. Besonders in den Wintermonaten November bis Februar könnten Aden und Umgebung zehntausenden von Europäern Badefreuden bieten, sofern genügend preiswerte und ordentliche Hotelzimmer geschaffen werden würden. Mit eigenen Mitteln könnten einheimische Veranstalter schnell an mehreren Stellen der beiden

Aden-Halbinseln saubere, geschützte und abgeschirmte Badeplätze entstehen lassen, wie sie im Nordjemen am Roten Meer nicht zu finden sind. Die wenigen Sehenswürdigkeiten Adens aus der Zeit der Sabäer und Himyariten und aus islamischer Zeit wären dann nur eine willkommene Ergänzung für Bildungsreisende.

Vielleicht wird Aden wieder, wie es das unter den Briten bis Anfang der sechziger Jahre war, ein lohnender Einkaufsplatz für Schwärme von Touristen und Seeleute werden. Dazu genügt es allerdings nicht, die 1991/92 beschlossene Freihandelszone wirklich herzustellen, sondern Hafen und Flugplatz müssen auch voll in die internationalen Verkehrsströme von Europa nach Ost- und Südafrika und von Ostafrika an den Persischen Golf sowie in die Gegenrichtungen einbezogen werden. Wäre das zur Zeit (Stand: Frühjahr 1992) der Fall, würde die touristische Infrastruktur den gestellten Ansprüchen bei weitem nicht genügen. Überhaupt muß sich Aden bis zum Jahr 2000 ein eigenes Publikum für freie Märkte erst selbst schaffen. In der neuen Freihandelszone wäre es ja nicht mehr so wie in der ›guten alten Zeit‹, als tausende von Passagieren die Schiffe, die auf dem Weg nach Britisch-Indien in Aden Treibstoff bunkerten, zum Einkaufen verließen. Diese Art Passagierverkehr gibt es heute nicht mehr. Die Käufer-Kundschaft der Freihandelszone wären also vor allem Touristen, die Aden um seiner selbst Willen besuchen.

*Aden, Blick auf Steamer-Point (gesehen 1992)*

*Der Sultanspalast von Lahedsch (histor. Darstellung)*

## Fahrt nach Norden

**Scheich Osman** heißt die Ortschaft, die man auf der Fahrt von Aden in nördliche Richtung zuerst erreicht. Von Aden-Tauahi sind es nur 15 km bis hierher, und das frühere Dorf ist heute eine durch Gärten und Häuser im traditionellen Stil aufgelockerte Vorstadt der Metropole. Trotz der Nähe zu Aden entdeckt der Reisende in Scheich Osman die ersten Zeichen ursprünglicher südarabischer Lebensweise: Ältere Häuser weisen Malereien auf, Kamele ziehen Karren durch die Straßen, und am Straßenrand werden Töpferwaren, Flechtarbeiten, Früchte und Gemüse feilgeboten.

Die Stadt **Lahedsch,** 25 km nördlich von Scheich Osman, hat ihre frühere Rolle als Regierungssitz eingebüßt. Lahedsch war bis 1967 Residenzstadt eines Sultans, dessen Fürstentum den gleichen Namen trug. Dem Sultanat Lahedsch entrissen die Briten 1839 die Halbinsel Aden, um dort eine Kolonie zu errichten. Die Volksrepublik verlegte den Verwaltungssitz des Zweiten Regierungsbezirks, zu dem Lahedsch jetzt gehört, nach al-Hauta. Im Palast des vertriebenen Lahedsch-Sultans befindet sich eine Landwirtschaftsschule, in die Reisegruppen gern geführt werden. Sehenswert sind die dazugehörigen Gärten und Pflanzungen, in denen Baumwolle, Getreide, Gemüse und die verschiedensten Obstsorten angebaut werden.

Die **Umgebung von Lahedsch** ist archäologisch interessant. Einen bescheidenen Eindruck davon erhalten die Reisenden, die man zur Fundstätte **Subr** an der Straße Scheich Osman – Lahedsch führt. Hier ist ein großes Areal dicht mit roten und braunen Scherben übersät. Es handelt sich um die Bruchstücke von Töpferware.

Fachleute schließen aus diesem reichen Keramikfund, daß Subr lange Zeit bewohnt war und wegen der Nähe zur Oase Lahedsch einige Bedeutung als Handelsniederlassung hatte. Der Ort diente im Altertum wohl als Sammelplatz für Kamelkarawanen: Große Transportzüge wurden hier für die lange Reise nach Norden zusammengestellt.

Knapp 20 km nördlich von Lahedsch, nahe dem **Dschabal Tala,** gibt es eine vorgeschichtliche Fundstätte, die als eine der wichtigsten auf arabischem Boden gilt. Man hat dort Steinwerkzeuge und andere Besiedlungsspuren gefunden, die von den ersten Bewohnern Südarabiens stammen dürften.

Kurz hinter Lahedsch geht die Straße nach Norden hin in das **Wadi Tiban** über. Hier stößt man zum ersten Mal auf eines der großen Wüstentäler, die von Zeit zu Zeit, nach schweren Regenfällen, ganze Flutwellen aus den jemenitischen Bergen in Richtung Meer leiten. Wo die Straße in das Wadi einmündet, steht auch der sehenswerte ›**Palast der Bräute**‹ (Qasr al-Araaiß), ein im Verfall befindliches Bauwerk, dessen aus schweren Steinquadern gefügte Basis qatabanischen oder himyaritischen Ursprungs sein dürfte – wofür auch ein Stein mit Inschrift spricht –, während der aus Lehm bestehende Teil in die islamische Zeit datiert. Der Volkslegende zufolge sollen hier die Hochzeitsfeiern der Stammesführer stattgefunden haben. Von den Mauern des Bauwerks aus hat man einen schönen Blick weit in das Wadi Tiban.

Die Route berührt auch das Gebiet der **Radfan-Berge,** wo sich 1963 – unter dem Einfluß der im Nordjemen aufflammenden Revolution – zum ersten Mal ernsthafter militärischer Widerstand gegen das britische Protektorat und die mit ihm verbündeten Stammesfürsten geäußert hatte. Die Volksrepublik datierte den Beginn ihrer Revolution mit einem Partisanenüberfall im Oktober 1963.

Vom Radfan-Gebiet steigt die Straße auf die rund 1300 m hoch gelegene **Ebene von ad-Dhala** empor. Diese Hochebene ist noch einmal von Bergen umgeben, deren höchster, der Dschabal Jihaf, etwa 2300 m erreicht. Die Landschaft erinnert stark an den nicht weit entfernten südlichen Teil des ehemaligen Nordjemen. Wie in den gleichen Höhenlagen des Nordjemens, so wächst auch hier die als Genuß- und Rauschmittel benutzte Qatpflanze. Besonders in den unteren Lagen ist das Klima subtropisch, es läßt Zitrusfrüchte, Granatäpfel und Papayas gedeihen. Das Gebiet von ad-Dhala war früher ein Emirat (Fürstentum) mit einem eigenen Herrscher, dessen Land der britischen Protektoratsmacht als Pufferstaat zum Nordjemen diente.

**Ad-Dhala** selbst ist heute eine Kreishauptstadt, in der sich die ersten Anzeichen der Industrialisierung bemerkbar machen. Beim Rundgang durch den Ort, der sich über einen Hügel hinzieht, sollte man auf ältere Häuser achten. Sie sind aus behauenen rechteckigen und quadratischen Steinen oft ohne Mörtel erbaut. Die meist sehr kleinen Fenster werden durch einen rings um den äußeren Rahmen gezogenen Anstrich mit weißer Kalkfarbe hervorgehoben. Darüber hinaus weisen die Fassaden Verzierungen von Ornamentbändern auf, die durch rautenförmig angeordnete quadratische Bausteine gebildet werden.

Beachtung verdient auch die alte Hauptmoschee von ad-Dhala. Ihr wiederum aus behauenen Steinen erbautes Gebetshaus krönen zwölf kleine Kuppeln, und um das gedrungene Minarett zu schmücken, hat man farbig abgestufte Natursteine zu Mustern gefügt.

Die **weitere Umgebung von ad-Dhala** ist für den Tourismus noch wenig erschlossen. Die mittlere Höhenlage garantiert ein angenehmes und verträgliches Klima, doch kann man bei einem Kurzbesuch die Naturschönheiten des Gebiets kaum wirklich kennenlernen. Lohnend wäre zum Beispiel eine Besteigung des **Dschabal Jihaf** (2300 m), der wegen seiner vielfältigen Flora bei Naturkundlern berühmt ist. Zudem bietet dieser Berg auf der ad-Dhala-Hochebene eindrucksvolle Beispiele jemenitischen Bauernfleißes. Seine Hänge sind mit Terrassen besetzt, auf denen Hirse, Weizen, Hafer, Zwiebeln und Gemüse gezogen werden; anstelle eines Gipfels weist der Dschabal Jihaf eine große muldenartige Abplattung auf, die ebenfalls landwirtschaftlich genutzt wird. Zahlreiche Quellen und – dem Vernehmen nach – über 300 Brunnen stehen den Bauern für die Bewässerung zur Verfügung.

Auch der Ort **al-Awabil** gehört zur weiteren Umgebung von ad-Dhala. Er ist insofern interessant, als sich in ihm die lokale, traditionelle Bauweise stärker erhalten hat als in ad-Dhala selbst. Beachtenswert sind ein Heiligengrab auf dem Friedhof am südlichen Eingang des Ortes und die steinerne Festung im Zentrum; unter der Festung befindet sich eine große Zisterne, die aus qatabanischer oder himyaritischer Zeit stammen könnte. In al-Awabil erregen auch Tierbilder und -symbole Aufmerksamkeit, mit denen – wie auch sonst im Südjemen – einzelne Häuser geschmückt sind.

Nur etwa 12 km von ad-Dhala entfernt liegt auf einem Hügel unterhalb des Dorfes al-Haqfar mit zwei Kuppeln die **Grabmoschee des Dschamal ad-Din**. Ihr Innenhof weist sie als frühes Gebetshaus aus, und eine zum Moschee-Bezirk gehörende Zisterne läßt auf

*Tiersymbolik – häufig mit der Darstellung von Panthern oder Großkatzen –, wie man sie im Hochland des Südjemen findet*

*Sechshundertjährige Moschee in Dubayyat*

eine antike Weihestätte schließen. Alte Säulensegmente krönen eine Mauer, die den gesamten Gebäudekomplex umgibt. Im eigentlichen Mausoleum, das sich unter den beiden Kuppeln befindet, sind zwei Baldachine mit schönem Schnitzwerk für den Besucher beachtenswert.

Zu den Sehenswürdigkeiten in der Umgebung von ad-Dhala gehört schließlich die Ortschaft **Dubayyat**. Kurz bevor ad-Dhala erreicht wird, fährt man durch das Dorf al-Qafla; am nördlichen Ortsausgang biegt eine Piste in westlicher Richtung nach Dubayyat ab. Die Piste ist nur mit einem Geländefahrzeug befahrbar und man benötigt für die 8 km bis Dubayyat etwa 45 Minuten. Die Ortschaft, deren Bewohner als konservativ bekannt sind, bietet als Haupt-Sehenswürdigkeit eine der wohl ältesten Moscheen des Jemen.

Das Alter der Dubayyat-Moschee wird mit 600 Jahren angegeben. Sie hat eine teils aus behauenem Stein, teils aus gebrannten Ziegeln gemauerte Pfeilerhalle, die von einem Kuppelbau gekrönt ist; die weiße Kuppel sitzt auf einem Aufbau, der an eine ägyptische Stufenpyramide erinnert. Ein aus Felssteinen errichteter, runder, oben stumpfer Minarett-Turm steht wie eine Torburg neben dem Kuppelbau. Aus Felssteinen und gebrannten Lehmziegeln war auch der früher sehenswerte al-Afif-Palast. Er ist inzwischen – anscheinend infolge starker Regenfälle – bis auf einen kleinen Teil der Fassade völlig zerfallen.

# Fahrt nach Osten

Mukalla ist meistens Zwischenstation auf der Fahrt von Aden ins Wadi Hadramaut. Doch kann der Besuch dieser ehemaligen Sultansstadt am Indischen Ozean auch als in sich geschlossene Reise gelten. Die 622 km lange Strecke erschließt ein wichtiges Stück südarabischer Geschichte.

Fast alle frühen Hadramaut-Reisenden mußten von Aden aus zunächst mit dem Schiff fahren, denn die nach Osten führende Straße endete nach 60 km, und die Wüstenrouten wurden durch Beduinen unsicher gemacht. Erst die Volksrepublik hat in den siebziger Jahren mit chinesischer Wirtschaftshilfe eine bis Mukalla durchgehende Asphaltstraße gebaut. Diese Straße führt ab Aden etwa 50 km durch die Küstenregionen. Hier hat seit dem Ende der britischen Oberhoheit die Landwirtschaft einen starken Aufschwung genommen. Wegen der Nähe der Hauptstadt konzentrierte sich ein großer Teil der vorwiegend von Ostblock-Ländern geleisteten Hilfe auf diese Region, in der Baumwolle, Getreide, Tabak und Früchte angebaut werden.

Politisch gehört das Gebiet zum Dritten Regierungsbezirk, dem früheren sogenannten Fadhli-Staat des Protektorats. Diese Landschaft wird vom **Wadi Bana** durchschnitten, das hier deltaförmig in den Golf von Aden mündet. Das Gebiet war im Altertum von großer Bedeutung. Hier trafen die Karawanen der Handelsstraßen aus dem Hinterland zusammen. Wadi Bana bildete eine wichtige Nahtstelle auf der Route von der hadramischen Hauptstadt Schabwat nach Aden.

Nach etwa einer Stunde Fahrtzeit, kurz hinter der Ortschaft **Schuqra** (Rast und kleinere Einkäufe möglich), zieht sich die Straße nordwärts ins Landesinnere. Sie steigt nun an und durchquert ausgedehnte Lavafelder. Das schwarze Lavagestein steht oft im scharfen Kontrast zu gelblichem bis weißem Flugsand, den die Wasser- und Winderosion in den nahegelegenen Tafelbergen gelöst hat. Bizarr geformte Bergkegel sind das Ergebnis jahrtausendelanger Erosion.

Bei der Ortschaft **Am Ayn** (etwa 90 km ab Schuqra) gabelt sich die Straße; der nach Nor-

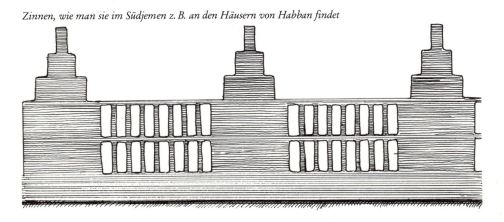

*Zinnen, wie man sie im Südjemen z. B. an den Häusern von Habban findet*

*Mayfa'a, Blick durch die Mauer der antiken Stadt in das benachbarte Wadi*

den gehende Zweig führt über Laudar und al-Baida wieder in Richtung Sanaa. Die Straße nach Osten schlängelt sich weiter durch eine abwechslungsreiche Landschaft bis zur Ortschaft **Habban,** deren außerhalb gelegene Schule in der Regel für die Übernachtung zur Verfügung steht. Aden liegt inzwischen etwa 340 km hinter dem Reisenden.

Bei einem Rundgang durch Habban lernt man eine südarabische Kleinstadt kennen, die ihren traditionellen Charakter weitgehend bewahrt hat. Es gibt mehrere Moscheen alten Stils und viele ältere Häuser. An einigen ist das Gehörn von Gazellen oder Steinböcken befestigt. Dem Gehörn wird Abwehrkraft gegen böse Einflüsse beigemessen – ein Volksglaube, der in die vorislamische Zeit zurückweist, den man aber auch bei neugebauten Häusern noch beachtet, die wie ihre Vorgänger aus Stampflehm oder Lehmziegeln errichtet werden.

Hinter Habban führt die Straße noch etwa 30 km durch das Gebirge, um dann südwärts zum Meer hin abzubiegen. Die Route folgt nun zeitweise dem **Wadi Maifa'a,** das sich aus einem engen, von Felsmauern umragten, geröllreichen Tal zu einem breiten, sandigen Mündungsgebiet wandelt, sobald es die Küste erreicht hat. Rund 50 km hinter Habban findet man in diesem Wadi die stattlichen Reste von Mayfa'a, der antiken Hauptstadt von Unter-Hadramaut. Ein nahe der Ruinenstätte gelegener Ort heißt **Naqb al-Hadschar.**

Vom antiken Mayfa'a sind große Teile der Stadtmauer erhalten geblieben. Sie besteht aus bearbeiteten Kalksteinblöcken mit einer durchschnittlichen Länge von fast einem Meter. Die Mauer war in regelmäßigen Abständen durch Bastionen verstärkt, von denen ebenfalls noch etliche vorhanden sind. Deutlich läßt sich erkennen, wo das Nordtor der Stadt lag, während das Südtor ihm gegenüber als das eindrucksvollste Bauwerk von Mayfa'a gelten darf; Wissenschaftler nehmen dort den Hauptzugang zur Stadt an. Die beiden Tortürme stehen noch über 10 m hoch, ihre Außenfronten haben eine Breite von 3 bis 5 m. Drei altsüdarabische Inschriften sind im Bereich des Südtores in die Mauern eingelassen. Die am deutlichsten erkennbare Schrift berichtet laut Brian Doe, dem früheren Direktor der Antiken-Verwaltung in Aden, folgendes:

»HBSL, der Sohn des ŠGB, war verantwortlich für den Bau der Mauer von MYFT und ihr Tor aus Stein, Holz und Flechtwerk desgleichen vom Fundament bis zum Dach für den Bau der Häuser, die an der Mauer stehen. Mit ihm war auch sein Sohn SDQYD als Baumeister tätig.«

Innerhalb der Mauer bedeckte die Stadt eine Fläche von rund 150 mal 300 m. Ihre Häuser waren auf zwei Hügeln errichtet, die durch eine nach Norden abfallende Senke voneinander getrennt sind. Am Grund der Senke, nahe dem Nordtor, befindet sich ein Brunnen. Zur Brunnenanlage gehört ein mauerverkleideter hoher Turm. Doe vermutet, daß er dazu gedient hat, das Wasser mit Gefäßen so weit wie möglich hochzuziehen, um damit eine Druckwasserleitung zu speisen. Überall im Innern des Mauerzuges stößt man auf die Reste von Gebäuden. Von einigen sind nur die Grundmauern erhalten, andere weisen noch meterhohes Mauerwerk auf.

Die Ruinen von Mayfa'a liegen auf einem schmalen Felsrücken, der die Südseite des Wüstentals begrenzt. Geht man an diesem Felsrücken entlang, und zwar stromaufwärts in dem südwestlich verlaufenden Wadi, so gelangt man nach rund 1000 m an die Reste eines Kanals. Hier ist in alter Zeit der Felsrücken durchstochen worden, um Wasser aus dem Tal auf die südlich der Stadt gelegenen Felder zu leiten. Heute wird dieses Gebiet landwirtschaftlich nicht mehr genutzt.

Obwohl Mayfa'a schon vor rund 140 Jahren wiederentdeckt worden ist und seither viele Archäologen beschäftigt hat, sind Entstehung und Untergang der Stadt zeitlich nicht genau bestimmt. Sehr wahrscheinlich wurde Mayfa'a groß, als der Karawanenhandel in Hochblüte stand. Qana, der Hafen des antiken Hadramaut und wichtigster Umschlagplatz für Weihrauch und Myrrhe aus dem viel weiter östlich gelegenen Sofar, war nur eine Tagesreise entfernt. Die auf dem Felsrücken thronende Stadt und Festung Mayfa'a beherrschte den vom Meer heraufführenden Karawanenweg nach Norden, der sich zu ihren Füßen gabelte: Eine Route ging nach Timna ab, der Hauptstadt von Qataban, die andere führte über die Berge bis nach Schabwat, der Hauptstadt des antiken Hadramaut, die wiederum über Marib mit der Mittelmeer-Route verbunden war. Der Überland-Verkehr florierte in diesem Gebiet besonders während etwa 300 Jahren vor dem Beginn unserer Zeitrechnung. Diese 300 Jahre müßten auch die große Zeit von Mayfa'a gewesen sein. Etwa um die Zeitenwende wurde dann Qana von den Himyariten erobert. Doe vermutet, man habe daraufhin die Verteidigungsanlagen Mayfa'as verstärkt. Vielleicht konnte sich die Stadt noch längere Zeit halten, doch war sie nun von der Handelswelt abgeschnitten. Ihr Untergang war damit nicht mehr aufzuhalten.

*Qana, himyaritische Inschrift am Felsen Husn al-Rurab (›Krähenfestung‹)*

**Qana** ist die nächste Station auf der Reise, die jetzt zunächst in Richtung Süden verläuft. Bald nachdem die Straße wieder das Meer erreicht, taucht die Ortschaft **Bir Ali** auf, kaum mehr als ein Fischerdorf. Noch vor Bir Ali gibt es einen günstigen Rastplatz (Camping möglich): eine etwa 600 m ins Meer hineinragende Halbinsel mit feinem Sandstrand und einem wuchtigen Felsen, der arabisch **Husn al-Rhurab (›Krähenfestung‹)** genannt wird. Hier hat Brian Doe die Reste des antiken Haupthafens von Hadramaut, Qana, wiederentdeckt. Der Reisende kann sie ebenfalls erkunden, wenn er den steilen, nicht ganz einfachen Pfad zum Hochplateau des Felsens hinaufsteigt. Schon aus halber Höhe erkennt man den Grundriß der einstigen Stadt und die Grundmauern zahlreicher Gebäude. Anscheinend war Qana in mehrere getrennte Viertel gegliedert; an der Ostseite dürften kleinere Wohnbauten gestanden haben, im Norden zahlreiche Bauwerke von kreisrundem Grundriß. Doe vermutet, daß im Zentrum von Qana hohe Häuser aufragten, deren unterer Teil jeweils aus Quadermauerwerk bestand und einen Aufbau aus luftgetrockneten Ziegeln trug.

Beim weiteren Aufstieg zur ›Krähenfestung‹ passiert man zwei in die Felswand eingelassene himyaritische Inschriften. Aus ihnen geht hervor, daß der Felsen in alter Zeit Urr Mawiyat genannt wurde. Ferner berichten sie über Instandsetzungsarbeiten, die nach den Einfällen der christlichen Aksumiten im

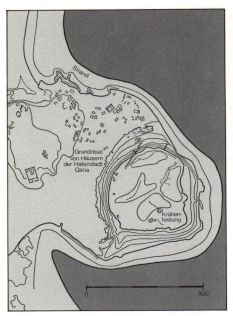

*Lageplan des alten Qana. Über der Stadt der Felsen der sogenannten ›Krähenfestung‹. Am Strand gute Badegelegenheit*

Auffassung von Brian Doe lohnt Qana größere Mühe. Gegen Ende der siebziger Jahre schrieb er:

»Dieser antike Hafenplatz verdient eingehende Untersuchung. Zwar liegt ein Teil der Grundmauern auf freiem Felsboden offen zutage, andererseits bedeckt heute Flugsand zahlreiche Bauwerke, deren Fundamente weiter unter der heutigen Sanddecke liegen.«

Etwa bis 1991 hatten jemenitische und russische Archäologen gemeinsam Grabungsfelder abgesteckt und andere Vorbereitungen für Feldforschung getroffen. Dann sind jedoch die Wissenschaftler infolge des politischen Umbruchs in ihrem jeweiligen Land abgezogen worden.

Gut 3 km östlich von Bir Ali liegt südlich der Straße, zum Meer hin, ein erloschener Vulkan, dessen Kraterrand leicht erklommen werden kann. Wer es tut, wird mit einem Blick auf einen herrlichen Kratersee (Farbabb. 39) belohnt. Danach dauert die Fahrt zur Hafenstadt **Mukalla** (622 km von Aden) noch etwa eine Autostunde. Wo die schöne Bucht beginnt, an deren Strand Mukalla liegt, zwängt sich neben der Autostraße die alte holprige Kamelpiste durch einen Hohlweg. Unmittelbar danach passiert man drei große Brennöfen, mächtigen Meilern ähnlich, in denen Kalkfarbe gebrannt wird. Dieser Kalk spielt in südarabischen Küstenstädten, auch in Mukalla, eine große Rolle.

Mit seinen weißgetünchten Moscheen und den ebenfalls strahlend weiß gehaltenen ehemaligen Kaufmannshäusern der Altstadt, überragt von den schwarzen Felsen des Dschabal Qara, erweist sich Mukalla auch heute noch als eine sehenswerte Stadt – um so mehr, als die tiefblaue See dem Bild einen weiteren Kontrast hinzufügt. Mukalla ist die Hauptstadt des fünften Regierungsbezirks mit rund

ersten Drittel des 6. Jh. nötig waren, also in der Endphase des himyaritisch-sabäischen Reiches. Auf dem Felsplateau war eine Festung gebaut, die als Aussichts- und Signalposten sowie als Verteidigungswerk für den Hafen Qana diente. Man erkennt leicht die Reste des Torturms, zu dem der schmale Zickzackpfad von unten herauf führt. Zudem sieht man Zisternen und Reste von Mauerwerk. Schon wegen des herrlichen Ausblicks auf die Küstenregion lohnt sich der Aufstieg.

Im Bereich von Qana hat 1974 die jemenitische Antiken-Verwaltung Grabungen vornehmen lassen. Dabei wurden die Reste eines Tempels aus dem 4. Jh. n. Chr. entdeckt. Nach

*Mukalla, Blick aus dem ehemaligen Sultanspalast zum Hafen*

50 000 Einwohnern und weist aufgrund fortschreitender Industrialisierung die ersten Symptome von Zivilisationskrankheiten auf. Wer Zeit zu einem längeren Rundgang hat, sollte Ausschau nach alten Türen halten, die mit schön geschnitzten Balken und Kupferbeschlägen den Rang von Kunstwerken erreichen. Im ehemaligen Sultanspalast hat man eine kleine Sammlung antiker Fundstücke untergebracht. Schön ist der Blick vom Palast auf die Bucht. Man sollte sich auch das örtliche Geschäft für Silberschmuck zeigen lassen. Bei einiger Muße wäre in dem wirren und umfangreichen Angebot an Standardprodukten arabischen Kunsthandwerks sicher noch manches gediegene Stück zu finden.

Mukalla gehört – soviel wir wissen – nicht zu den frühen Stätten südarabischer Zivilisation. Zur Zeit läßt sich seine Geschichte rund 950 Jahre zurückverfolgen. Wahrscheinlich hat es zuerst als Siedlungsplatz für Fischer, dann als Treffpunkt für Händler, Fischer und Beduinen gedient. Da es zu jener Zeit keinen nennenswerten Überseehandel mehr gab, blieb Mukalla lange Zeit unbedeutend, bis um die Mitte des 17. Jahrhunderts ein Ahmad al-Kasidi als Sultan der Küstenbewohner dort Residenz nahm. Die Auseinandersetzung mit den Beduinen des Hinterlandes, d. h. die Balance zwischen der Raubsucht der Nomaden und ihrer Abhängigkeit von Dienstleistungen und Qualitätswaren der Städter, blieb die dauernde Aufgabe der Sultane von Mukalla. Sie entledigten sich ihrer mit mehr Erfolg als die Sultane des Hinterlandes, denn inzwischen hatte der Handel wieder zu florieren begonnen. Wie in der Antike über Qana, so gelangten im 18. und 19. Jh. fast alle Handelsgüter über Mukalla in das Innere Südarabiens. Die beträchtlichen Zolleinnahmen und Gebühren ermöglichten es den Mukalla-Sultanen, ein starkes Söldnerheer zu unterhalten und damit die Nomaden in ihre Schranken zu weisen. Als die Briten in der kolonialen Schlußphase ihre Politik der indirekten Herrschaft zu verlängern suchten, spielte das Sultanat von Mukalla in ihren Überlegungen eine wichtige Rolle. Doch ging das Fürstentum ebenso wie andere Oligarchien und Stammesföderationen schon bald in den linksnationalistischen und sozialrevolutionären Stürmen unter, die die britische Kolonialpolitik in Aden ausgelöst hatte.

Obwohl Mukalla zur Zeit (1992/93) in keinem guten Zustand ist, kann es unter privatwirtschaftlichen Verhältnissen einen Aufschwung nehmen. Die bestehenden Hotels müßten renoviert und weitere Hotels gebaut werden. Reiseunternehmen interessieren sich für die Stadt als möglichen Ausgangspunkt für Landreisen zum Oman, dessen Westprovinz Sofar (Dhofar) an den Südjemen grenzt. Noch ist es nicht soweit. Es gibt keine durchgehende Straße bis in das Sultanat und auch keine Gewißheit, daß die omanische Regierung Einzel- oder Gruppentouristen anders als über die eigene Hauptstadt, Maskat, würde einreisen lassen. Doch die Reisemöglichkeiten östlich von Mukalla werden schon immer wieder erprobt; abgesehen davon, daß die Stadt selbst für denjenigen, der geduldig und mit Spürsinn durch ihren alten Teil streift, immer noch eines Besuchs wert ist.

Dasselbe gilt für **Schihr,** auf der Küstenstraße knapp 50 km östlich von Mukalla. Der zur Zeit (Frühjahr 92) stark angeschlagenen Stadt sieht man, wenn auch nicht deutlich, die große Vergangenheit noch an. Marco Polo, der um 1294 die Region besucht hat, nennt Schihr namentlich. Auch die Portugiesen, als sie den von Vasco da Gama 1497 entdeckten Seeweg nach Indien sichern wollten, wurden schnell auf Schihr aufmerksam. Sie besetzten den Ort zu Anfang des 16. Jh. und konnten ihn 35 Jahre lang halten. Von Schihr aus eroberte zu Ende des 19. Jh. der Clan der Qaitis die nächstliegende Stadt Mukalla und begründete ein Doppel-Sultanat, das etwa 90 Jahre lang, bis 1968, bestehen sollte. Was heute malerisch wirkt an Schihr, stammt überwiegend aus der Zeit des Qaiti-Sultanats. Eines der beiden Haupt-Stadttore, das Bab al Khor, grüßt den von Mukalla eintreffenden Reisenden; es fragt sich, für wie lange noch. Sehenswert sind auch die Reste der einst mächtigen Stadtmauer am Strand. Um in der zerfallenden Altstadt weitere Schönheit zu entdecken, bedarf es – mehr noch als in Mukalla – Geduld und Spürsinns.

*Fischerboote auf Sokotra* ▷

# Sokotra – ein fernes Stück Jemen

## SOKOTRA – EIN FERNES STÜCK JEMEN

Zu den Teilen des Südjemen, die in den Jahren der Volksrepublik nur wenigen ausländischen Spezialisten zugänglich waren, zählt auch Sokotra. Die Insel gleichen Namens bildet zusammen mit den kleineren Inseln Abdel Kuri, Samha und Darsa einen Archipel und ist der afrikanischen Ostküste, ziemlich genau am ›Horn von Afrika‹, vorgelagert. Sokotra hat etwa 3600 qkm Landfläche. Von dort bis nach Mukalla sind es über See rund 500 km, bis Aden rund 700 km.

Es wird vermutet, daß die Sabäer um das Jahr 500 v. Chr. Sokotra in Besitz genommen haben. Sie stießen auf Ureinwohner, die möglicherweise auch vom südarabischen Festland eingewandert waren. Sicher ist das jedoch nicht. In einem fachmännischen Urteil heißt es, »wir wissen ... nach dem gegenwärtigen Forschungsstand nicht, wann die ersten Bewohner nach Sokotra gelangten und woher sie kamen« (Stein). Noch in vorchristlicher Zeit gelangten griechische und indische Einwanderer nach Sokotra, dem Weihrauch-Handel folgend. Zwei französische Philologen haben durch intensive Forschung inzwischen geklärt, daß die auf der Insel vorherrschende schriftlose Sprache, das Sokotri, mit einem alten südsemitischen Idiom verwandt ist, dem Mahri, das in anderer Form immer noch von den Bewohnern der jemenitischen Provinz Mahra gesprochen wird. Da aber Sokotra im 10. Jh. n. Chr. von Mahra aus kolonisiert worden ist, dürfte das Sokotri erst damals entstanden und nicht die Sprache der Ureinwohner sein.

Die Mahra brachten neben ihrer Sprache auch den Islam nach Sokotra, der über eine lange Zeit hinweg schrittweise den lange vorherrschenden christlichen Glauben verdrängen konnte. Wissenschaftliche Erkenntnisse über die Periode des Christentums auf Sokotra ergeben folgendes Bild:

Mit der Eroberung des Jemen im Jahre 525 durch die Aksumiten, Christen aus dem heutigen Äthiopien, kam auch Sokotra unter christliche Oberherrschaft. Namentlich der griechische Bevölkerungsteil scheint sich schnell der neuen Lehre zugewandt zu haben. Ein weiterer Zustrom von Glaubensgenossen aus dem Byzantinischen Reich war die Folge. Aber auch Äthiopier wanderten nun ein. Für die Zeit um 600 ist verbürgt, daß Sokotras Bewohner überwiegend Christen waren und Griechisch sprachen. Die Konfession war nestorianisch, und es gab einen Klerus mit einem nestorianisch-persischen Bischof, der dem Metropoliten in Persien unterstand.

Nach dem Sieg des Islam auf dem Festland geriet auch das Christentum auf Sokotra unter Druck. Im 9. Jh. konnten sich aus dem Euphrattal vertriebene Moslems auf der Insel festsetzen. Dennoch blieb wohl der größere Teil der Bevölkerung christlich. Ihr Glaube hinderte die Sokotraner jedoch nicht daran, dem gewalttätigen Geschäft der Seeräuberei nachzugehen. Auch scheint ein kultureller Niedergang stattgefunden zu haben. Dies geht aus Marco Polos Bericht hervor, der Sokotra um 1294 besucht haben soll. Der große Reisende aus Venedig schrieb:

»Alle Leute, sowohl Männer als auch Frauen, gehen beinahe nackend umher; sie haben nur eine karge Bedeckung vorne und hinten ... Ihre Religion ist das Christentum, und sie sind auch ordentlich getauft und sind unter der Führung eines Erzbischofs, der nicht dem Papst von Rom, sondern einem Patriarchen unterworfen ist, der in Bagdad residiert ... Die Bewohner (von Sokotra) beschäftigen sich mehr mit Zauberei und Hexerei als irgendwelche anderen Leute, obwohl ihnen ihr Erzbischof dieses verbietet und er sie für die Sünde exkommuniziert. Doch das kümmert sie wenig.«

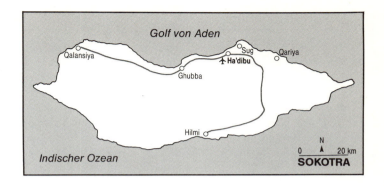

Das Christentum Sokotras entwickelte in den Jahren nach dem Besuch Marco Polos keine kulturelle Ausstrahlungskraft mehr. 1480 eroberten die Südaraber die Insel, 1507 kamen die Portugiesen. Sokotra blieb jedoch nur drei Jahre lang in portugiesischen Händen, um dann wieder an die Festland-Araber zurückzufallen. Obwohl die Insel von da an nur noch moslemische Oberherren kannte, durften weitere sechzig Jahre lang christliche Missionare unter der Bevölkerung wirken. Danach entwickelte sich eine eigenartige Mischreligion: Das Christentum wurde stark vom Mondkult durchsetzt und zugleich islamisch beeinflußt. Allerdings schritten noch die Gläubigen des 18. Jh. jährlich in einer Prozession mit dem Kreuz voran um die Kirchen. Doch das Kreuz war zum bedeutungsleeren Kultgegenstand geworden – man opferte dem Mond und betete zu ihm, führte die Beschneidung aus und nahm weder Wein noch Schweinefleisch zu sich: ein deutlicher Hinweis auf islamischen Einfluß. Wirklich durchsetzen konnte sich jedoch der Islam erst zu einem sehr späten Zeitpunkt. Noch zu Beginn des 20. Jh. wurde vielfach mit dem Rücken nach Mekka und nicht in arabischer Sprache, sondern im einheimischen Sokotri gebetet.

Lothar und Heide Stein gliedern die heutigen Inselbewohner – etwa 80 000 Menschen – in drei Gruppen: die Bergbewohner im Inneren der Insel; die südarabischen Händler und Handwerker an der Küste; die Fischer afrikanischen Ursprungs in der Küstenebene. Die Bergbewohner gelten laut den beiden Forschern als Nachfahren der Urbevölkerung. Als Behausung dienen ihnen vorwiegend natürliche Höhlen. Viele arabische Händler und Handwerker hätten sich Frauen aus den Bergen genommen und in den Mischehen spräche man beide Sprachen, Sokotri und Arabisch. Der größte Teil der Fischer seien Nachfahren von Sklaven aus Ostafrika. Auch von dieser eher rückständigen Insel gelangten über 10 000 Menschen als Arbeiter nach Saudi-Arabien und in die Golfemirate. Durch ihre Geldüberweisungen (bis 1990) strömte ein ungewohnter Wohlstand auf die Insel, der die herkömmliche Sozialstruktur gestört hat.

## Sokotra für Touristen

In der spärlichen Literatur über Sokotra, die in Aden publiziert worden ist, wird uns die Insel als ein potentielles Touristen-Paradies geschildert. Aber auch den wissenschaftlich fundierten Schilderungen der Steins ist zu entnehmen, daß Flora und Fauna mit ihrem afrikanischen Grundcharakter ungewöhnlich schöne Eindrücke bieten. Der höchste Berg Sokotras, der rund 1500 m hohe Dschabal Hadschir, darf demnach als ein regelrechtes Naturkundemuseum gelten; an den Hängen wachsen zahlreiche seltene Pflanzen und Bäume. Drachenblutbäume und Adenium-Gewächse bringen es hier zu einer ungewöhnlichen Vollkommenheit.

Andererseits haben sich unseres Wissens keine bedeutenden Bauwerke aus dem Altertum auf Sokotra erhalten. Doch es gibt in der Nähe des Hauptortes Ha'dibu die Reste eines Forts aus dem 15. Jh., das von den arabischen und portugiesischen Eroberern der Insel benutzt worden war. Auch zu der Ortschaft Sug gehören die Reste eines Forts, und mitten im Ort haben britische Archäologen Reste einer Kirche gefunden, die zuletzt von den Portugiesen restauriert worden sein dürfte.

Eher noch als die Ruinen lohnen die Menschen und die Naturschönheiten einen touristischen Ausflug von Aden oder Sanaa aus auf die Insel. Zur Zeit (Frühjahr 92) sind aber die technischen Voraussetzungen dafür noch nicht gegeben. Es gibt keine Beherbergungsstätte, und es findet auch nur einmal je Woche ab Aden ein Flug statt, der am selben Tag hin und zurück führt. Einheimische Veranstalter bemühen sich darum, zwei Flüge je Woche eingerichtet zu bekommen, so daß ein mehrtägiger Aufenthalt möglich wird. Gelingt das, bleibt die Übernachtungsfrage ungeklärt. Außerdem weisen Kenner der Insel darauf hin, daß die klimatischen Bedingungen extrem sind und eine höhere Malaria-Gefahr als anderswo im Jemen besteht.

*Sokotra, Wohnhäuser am Rande der Hauptstadt Hadibu*

# Jemenitischer Silberschmuck

Der deutlich erkennbare Niedergang des traditionellen Silberschmiedehandwerks im Jemen wird fast immer mit dem Auszug der Juden in den Jahren 1948/49 erklärt. Jüdische Silberschmiede, ihre Entwürfe und ihre Handwerkskunst hatten jahrhundertelang in Südwestarabien den Markt beherrscht, auf dem die Bevölkerung ihren Bedarf an Schmuck und rituellem Gerät deckte. Da ein großer Teil der Produkte des Silberschmiedehandwerks religiöse Bezüge hatte, arbeiteten in diesem Bereich Andersgläubige den Moslems zu. Dies war nicht nur im früheren Nordjemen der Fall. Auch im Norden des damaligen Aden-Protektorates beherbergten kleine Städte und Dörfer Juden, die Silberschmuck herstellten. Ihr Auszug nach Israel traf den Markt, der von Aden über Ta'izz und Sanaa bis zur Oase Nadschran in Saudi-Arabien reichte, schwer. Imam Ahmad befahl allerdings, jüdische Silberschmiede hätten Arabern ihre Kunst zu lehren, ehe sie ausreisen dürften. Doch die in Jahrhunderten von Generation zu Generation überlieferten Kenntnisse und Fertigkeiten ließen sich gewiß nicht in Schnellkursen Anfängern vermitteln. Der österreichische Jemen-Forscher Walter Dostal schrieb in einer Studie über den Markt von Sanaa, daß dort von 27 Ladeninhabern nur sechs eine kurze Lehrzeit bei einem jüdischen Silberschmied absolviert hätten. Die anderen beschränkten sich auf den Handel mit Silberschmuck.

Man kann aber auch nicht vom Ende der Silberschmiedekunst in Südwestarabien aufgrund des Auszugs der Juden sprechen. In Ta'izz und in Aden gab es schon lange vorher einige moslemische Familien, in denen das Handwerk erblich war. Und im Südjemen, wo östlich und nördlich der Hafenstadt Mukalla keine Juden lebten, wurde Silberschmuck traditionell von Arabern gefertigt, die im Austausch mit den Silberschmieden Saudi-Arabiens und Omans standen. Heute dürften in ganz Südwestarabien mehrere hundert moslemische Silberschmiede tätig sein.

Für den Niedergang des traditionellen Handwerks spielen aber mindestens ebenso der Wandel des Geschmacks und die Veränderung des Bedarfs eine Rolle. Die ganze arabische Welt – und mit ihr der Jemen – ist seit Beginn der siebziger Jahre in einem tiefgehenden gesellschaftspolitischen Umbruch begriffen. Die Zahl der Nomaden ist stark zurückgegangen, und damit hat sich auch die Nachfrage nach einer bestimmten Art von Silberschmuck verringert. Die Sade, die Angehörigen des religiösen Geburtsadels, wurden in beiden Jemen politisch entmachtet und im Südjemen auch enteignet; folglich spielt diese Gruppe als Abnehmer rituellen Silberschmucks im vereinigten Jemen nur noch eine geringe Rolle. Die gesellschaftlichen Veränderungen, Wanderungsbewegungen mit Geschmacksverschiebungen und nicht zuletzt eine

## JEMENITISCHER SILBERSCHMUCK

inflationäre Geldschwemme haben neue Maßstäbe gesetzt: Man benötigt Gold statt Silber, um den Brautpreis und die finanzielle Sicherheit für eine Jungvermählte zu erbringen.

Dennoch lohnt es sich, auf den Märkten von Sanaa, Ta'izz, Sada und in den Touristenläden von Aden, Mukalla, Saiun und Tarim sowie auch bei den freien Händlern der kleinen Städte im Wadi Hadramaut nach Silberschmuck Ausschau zu halten. Es ist noch manches gute Stück aus der Vergangenheit zu finden, und auch heute werden Stücke gefertigt, die für den an industrielle Massenware gewöhnten Besucher etwas Besonderes darstellen.

Drei Arten von Kunden hatten die Silberschmiede des Jemen in früherer Zeit: die Nomaden und Halbnomaden am Rande der großen Wüsten, den religiösen Adel und die Besitzbürger in Stadt und Land. Diese Dreiteilung läßt sich auch in der Produktion nachverfolgen. Man arbeitete für das Schmuckbedürfnis der Stammesleute, lieferte den Adeligen Standessymbole und bot in der Form von Schmuck ein Zahlungsmittel, mit dem die traditionsgebundenen Ehen finanziert wurden.

Die **Nomaden und Halbnomaden** Südwestarabiens waren stets interessiert an einer ganzen Palette von Stücken der Silberschmiedekunst. Die Führer und Unterführer der Stämme

*Dschambiya, Kombination von Leder- und Silberarbeit mit Karneoleinsätzen*

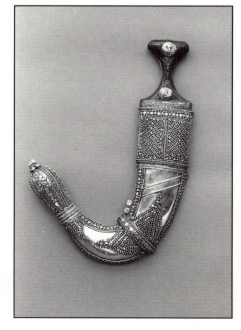

*Dschambiya, ältere Silberarbeit aus einer Ta'izz-Werkstatt*

*Fußreifen. Produkt einer Werkstatt in Ta'izz*

*Kugelbehälter. Altes Stück zur Aufbewahrung von Vorderlader-Kugeln*

schmückten sich mit Dolchen, deren Griffe und Scheiden aus Silber getrieben waren; ihre Frauen wollten Fuß- und Armreifen, Gürtel, Hals- und Stirnbänder sowie Ohren- und Nasenringe. Fingerringe erfreuten sich bei beiden Geschlechtern großer Beliebtheit, und unerläßlich schien Mann wie Frau der Besitz von silbernen Amulettbehältern und Amuletten.

Die **Sade**, die Angehörigen des Religionsadels, kleideten und schmückten sich so, daß ihr sozialer Status schon aus der Entfernung erkennbar war. Neben Turban und weißem Gewand bedurfte es dazu eines besonderen Gürtels und eines besonderen Dolchs. Die Stichwaffe, meistens in einer kunstvoll gearbeiteten Silberscheide verwahrt, wurde an der rechten Seite getragen – im Gegensatz zur Mehrheit der Wehrhaften, die den Krummdolch in der Mitte vor dem Bauch befestigte. Der von einem Sajjid getragene Gürtel konnte schon vom Material her sehr aufwendig sein – durchwirkt mit Silber- oder Goldfäden. Dazu war er mit einer ganzen Reihe von Gegenständen besetzt, die überwiegend rituellen Charakter hatten, darunter ein oder zwei silberne Fläschchen für Augenschminke, kunstvoll gearbeitete Behälter für Amulettschriften, manchmal auch Silberbehälter zur Aufbewahrung der Flintenkugeln.

Der Schmuck der **Bauern und Bürger** wurde zwar auch getragen, machte in erster Linie aber jenes Kapital aus, mit dem Eheschließungen finanziert wurden. Der Wert des Silberschatzes, der anläßlich der Trauung übergeben wurde, richtete sich nach der sozialen Stellung der Braut (wobei das Kastensystem des Jemen erhebliche soziale Unterschiede zwischen Ehepartnern nicht zuließ). Meistens gehörte es zu den getroffenen Vereinbarungen, daß der Silberschatz weiter aufgestockt werden müßte. Jedenfalls war er unveräußerlicher Besitz der Frau, absichernde Bürgschaft für den Fall, daß der Mann von seinem Recht auf Scheidung Gebrauch machen sollte. So erklärt sich auch, daß Arm- oder Fußreifen oft ein Gewicht von 200 bis 250 Gramm hatten: Ihr Materialwert zählte ebensoviel wie die künstlerische Ausführung.

Seit dem Auszug der Juden und den zum Teil revolutionären Veränderungen in der Sozialstruktur zeigt sich die – ehemals reiche – Auswahl an Schmuckarten deutlich reduziert. Einige

Stücke sind ganz vom Markt verschwunden, andere werden nur noch in unterer bis mittlerer Qualität gefertigt. Immerhin ziehen auch neuere Produkte die Blicke auf sich, und man findet weiterhin im ganzen Jemen ein beträchtliches Angebot an altem Schmuck, der stückweise in den Handel gebracht wird. Beduinen-Schmuck ist allerdings selten älter als fünfzig Jahre, weil es im Nomadenverband zu den guten Sitten gehört, nach dem Tode der Frau deren silbernen Besitz einzuschmelzen und für die nächste Frau neu anzulegen. In der städtischen Gesellschaft des Jemen hingegen hat sich Silberschmuck in Familienbesitz oft über etliche Generationen hinweg angesammelt, weil der ganze Bestand dort inzwischen nicht mehr einer Frau als Bürgschaft dient, sondern teilweise zum beweglichen Kapital der Großfamilie gehört. Teile davon werden nach Bedarf veräußert, wenn es zum Beispiel eine Pilgerreise nach Mekka oder ein wichtiges Geschäft zu finanzieren gilt.

Da Nomadenschmuck keine lange Lebensdauer hat, muß eine Bestandsaufnahme des traditionellen Silberschmucks bei den für die Sade gearbeiteten Sonderstücken beginnen.
Die zahlreichen silbernen **Besatzstücke für den Gürtel** eines Sajjid (Einzahl von Sade) werden heute kaum noch hergestellt; im Nordjemen kleiden und schmücken sich Angehörige des Religionsadels zwar noch traditionsgemäß (Farbabb. 4, Umschlagrückseite), doch müssen sie dabei entweder auf den eigenen Bestand zurückgreifen oder aus Privatbesitz Stücke erwerben. Prominentestes Stück des Gürtels ist die **Thuma,** der vom Nachkommen des Propheten rechts zu tragende Dolch. Das Schwergewicht der Ausarbeitung lag nicht etwa auf der Waffe. Wie schon ausgeführt (vgl. S. 92), mußte für die Klinge meist minderwertiger Stahl genügen. Größeren Wert maß man der **Gestaltung des Dolchgriffs** zu: Gute Arbeiten wurden in einem Stück aus Horn geschnitzt; zwei Silbermünzen, manchmal sogar Goldmünzen, dienten als Zierdeckel über den beiden Nieten, die Dolchstiel und -griff miteinander verbanden, und ein aus Silberdraht gefertigtes Ornamentband zierte den Übergang vom Griff zur Scheide. Oft wurden in die Horngriffe noch kleine Silberstifte getrieben. Bei weniger aufwendigen Stücken nahm man als Verschlußdeckel über den Nieten einfache Schmuckmünzen aus Messing oder Kupfer. Die **Gestaltung der Scheide** war dann vorwiegend Sache des Silberschmiedes. Er fertigte Einzelteile, die auf einem Leder- oder Holzfutteral befestigt wurden. Auch bei kostbaren Stücken war die Scheide fast nie ganz aus gediegenem Silber, sondern bestand aus fein ornamentierten und ziselierten einzelnen Platten, die geschickt miteinander verbunden wurden. Da die Thuma in einer Lederschlaufe unter dem Gürtel steckte, ersparte man es sich oft, den bedeckten Teil der Scheide auszuschmücken. Besonders sorgfältig wurde dagegen der leicht gekrümmte, gut sichtbare untere Teil der Scheide bearbeitet. Den Abschluß bildete meist ein Knauf, der manchmal noch einen Korallen- oder Achatschmuck aufwies.
Den Gürtel des Sajjid zierten stets auch **Behältnisse für Amulette.** Dies waren entweder aus Silberblech getriebene, dazu noch mit Filigran geschmückte Kapseln, die einen frommen Text, meist einen Vers aus dem Koran, enthielten und fest auf dem Gürtel angebracht wurden, oder silberne Dosen, die geöffnet werden konnten. Der wohlhabende Mann vom Stamme des Propheten trug einen Gürtel mit beiderlei Etuis, und in der Dose, die er öffnen konnte, hielt er fromme, auf Papier geschriebene Lehren für solche Mitmenschen bereit,

*Halsband. Silberperlen sind einzeln zu haben*

*Ohrgehänge. Die schweren Stücke werden an einem Kopfband befestigt*

denen er etwas Gutes tun wollte. Behältnisse für Amulette standen an der Spitze der jemenitischen Silberschmiedekunst. Sie wurden in mehreren Arten ausgeführt, unter anderem in Filigran, wobei das Schriftamulett durch die feinen Ornamente hindurchschimmerte. Auf dieses Filigran war dann meist noch Granulation gesetzt. Bei großen Amulettdosen bediente man sich einer Schichtentechnik. Das heißt, es wurden auf eine glatte Silberfläche feine Silberdrähte, die manchmal schon aus zwei zusammengedrehten Fäden bestanden, in geometrischen oder floralen Ornamenten aufgelötet. Auf diese Arbeit granulierte man dann Blüten, ein Weintraubenmuster oder aneinander gereihte Kügelchen, lötete kreis- oder rautenförmige Silberplättchen auf und setzte Akzente mit unterschiedlich dicken Kugeln, die häufig auf einer kreisförmig gezogenen Spirale befestigt waren. Der Katalog der Formen wurde oft noch zusätzlich durch vorgestanzte oder auch getriebene Teilchen ergänzt. Die bearbeitete Fläche konnte dadurch mehr als 5 mm stark werden. Alle so gefertigten Stücke trugen auf der Rückseite einen Stempel mit dem Namen des Silberschmiedes.

**Behälter für Augenschminke** gehören ebenfalls zu den begehrten Produkten des Kunsthandwerks im Jemen. Sie wurden in erster Linie für den Bedarf von Männern hergestellt. Zwar benutzten auch Frauen die ›Kohol‹ genannte Augenschminke, doch nur Männer und Kinder durften sich mit schwarz untermalten Augenlidern und gefärbten Augenbrauen in

## JEMENITISCHER SILBERSCHMUCK

*Halsband. Glaseinsätze und stilisierte Hände weisen das Stück als Amulett aus*

der Öffentlichkeit zeigen. So wurden für den vornehmen Mann, den Sajjid, kleine flaschenähnliche Gefäße hergestellt, reich mit Filigran und Granulation geschmückt. An einem Kettchen hing ein metallener Stift, mit dem das graphitfarbene Pulver (gewonnen aus dem Ruß verbrannten Weihrauchs und verbrannter Mandelschalen) aus dem Fläschchen geholt werden konnte.

Selbst einfache Vorrichtungen, etwa Ösen zum Aufhängen weiterer Gegenstände am Gürtel, waren liebevoll ausgestaltet: Man setzte sie auf **silberne Rosetten**. Daran hingen dann Schreibgerät, Schlüssel und eventuell auch ein Kosmetikbesteck (Pinzette, Ohrlöffel, Zahnstocher).

Der Dolch für Bürger, Bauern und Beduinen, die **Dschambiya** (Plural: Dschanaabiya), wurde in verschiedenen Arten, Materialien und Preislagen produziert. Daneben zeigte die Ausführung des vor dem Bauch zu tragenden Dolches, der in einer stärker als die Klinge gekrümmten Scheide steckte, auch regionale Unterschiede. Im Hochland des Nordjemen war es stets die Lederscheide, die durch Silberbeschlag veredelt wurde. In Ta'izz, von dort nach Süden bis Aden und weiter östlich bis nach Hadramaut trieb man die besseren Stücke ganz – Scheide wie Dolchgriff – aus Silber. Während die silberbeschlagene Lederscheide oft noch durch grüne Bänder (Grün – die Farbe des Propheten) zusammengebunden war, ahmte man auf ganz in Silber gearbeiteten Scheiden diese Umwicklung durch Silberringe nach. Daneben gibt es auch Dschanaabiya, in deren Silberbeschlag Halbedelsteine und Korallen eingelassen sind; in anderen Stücken mußten Glaseinsätze genügen. Hinter der Scheide des Dolches steckte manchmal noch ein **Messer** in eigener Silberscheide und mit Silbergriff. Beide Stücke waren in der Regel sehr kunstvoll gearbeitet, und gelegentlich verzierte ein arabisches Schriftband den Messergriff.

Dschanaabiya in Lederscheiden werden auch heute noch im Norden in großer Zahl produziert. Eine kunstvolle Thuma oder anspruchsvoll mit Silber beschlagene Dschambiya stellen die Silberschmiede aber wohl nur noch auf Absprache mit einem zahlungskräftigen Kunden her.

Gemeinsam war Nomaden, Bauern und Bürgern – Männern wie Frauen – in der Vergangenheit der Wunsch, sich mit **Amulettbehältern** zu schmücken und gleichzeitig auf eine möglichst glaubenskonforme Weise böse Geister und böse Einflüsse abzuwehren. Dieses Bedürfnis besteht auch heute noch, und schöne Amulettbehälter werden von jemenitischen Silberschmieden weiter hergestellt.

Der volkstümliche Amulettbehälter ist jedoch anders geformt als der vom Sajjid auf dem Gürtel getragene: Er ist zylindrig, 8 bis 10 cm (in Einzelfällen bei einer Breite von 5 cm bis 15 cm) lang, läßt sich seitlich öffnen (um gerollte Schriftamulette aufzunehmen) und wird einzeln an einer Kette um den Hals oder als Teil eines Ensembles aus Silber- und Amberkugeln getragen. Die Muster sind vielfältig. Es gibt sehr fein gearbeitete, halb durchbrochene Filigranausführungen, aber auch mit einfachen Rhomben aus kleinen Silberkugeln besetzte Stücke; des weiteren werden Behälter gehandelt, die einzig von den aufgelöteten Bändern eines S-förmig gezogenen Silberdrahtes verziert werden.

Rechteckige Amulettbehälter aus massivem Silber, etwa 10 cm lang und 8 cm hoch, gehören in die Reihe der kostbaren Stücke, die in früherer Zeit nicht nur als Schmuck, sondern wegen ihres hohen Materialwerts auch als Kapitalanlage gehandelt wurden. Sie sind nicht unbedingt eine jemenitische Spezialität, sondern tauchen im ganzen islamischen Raum auf. Nur die Art des Dekors hat nationalen Charakter. Typisch für den Jemen sind die Verbindung von Filigran und Granulation sowie Blumen- und Weintraubenmuster. Manche der eingesetzten geometrischen Muster entsprechen denen, die man an Häusern sieht. Hier könnten Muster aus vorislamischer Zeit durchscheinen. (Obwohl bisher nur ganz wenige Stücke gefunden wurden, nimmt man an, daß Silberschmuck auch in der Antike eine Rolle gespielt hat.)

**Münzen** als Schmuck oder Teil von Schmuckstücken waren ebenfalls bei allen Bevölkerungsgruppen sehr beliebt. Diese Mode konnte sich aber wahrscheinlich erst vom 16. Jh. an durchsetzen. Silbermünzen wurden zwar schon im 3. Jh. v. Chr. in Südarabien geprägt (wobei griechische Münzen als Vorbild dienten), doch hatten arabische Münzen bis zum Ende des islamischen Mittelalters eine so hohe Kaufkraft, daß sie als Schmuckstücke viel zu kostspielig gewesen sein dürften. Erst nach dem Einbruch des Osmanischen Reiches in Südwestarabien und dem Beginn des Kaffeehandels erhöhte sich der Geldumlauf wesentlich durch den Zufluß türkischer und europäischer Silbermünzen. Ab 1780 tauchte dann der berühmte Mariatheresientaler im Jemen auf. Es ist immer noch ein Geheimnis, warum diese rund 28 Gramm schwere Silbermünze (Feingehalt: 833) mit der Profilbüste einer fremden Herrscherin, deren Porträt auch noch viel Busenansatz und Frisur erkennen läßt, sich durchsetzen konnte. Andere gleichwertige Taler, z. B. aus Venedig, der Toscana oder Preußen, fanden nämlichen keinen Anklang – ebensowenig der frühere österreichische Taler mit dem Bild Franz I., des Gemahls der Kaiserin Maria Theresia. Der Mariatheresientaler von 1780 erlangte

## JEMENITISCHER SILBERSCHMUCK

*Amulettbehälter. Vorderseite mit frommem Vers, Rückseite mit ungewöhnlichem Blumenmuster verziert*

dagegen in ganz Südarabien zwar nicht den Rang eines offiziellen Zahlungsmittels, wurde jedoch von der Bevölkerung fast 200 Jahre lang wie ein solches behandelt. Schon 1781 hatte man in Wien die Attraktivität der Münze erkannt und Befehl gegeben, sie mit dem Stiftungsdatum 1780 weiterzuprägen. Allein in der österreichischen Hauptstadt wurden bis heute über 250 Millionen Mariatheresientaler geschlagen. Ab 1935 wurde die Münze (als Kolonialgeld) auch in Rom, Paris und London nachgeprägt, und man soll es in den drei Hauptstädten auf einen Ausstoß von weiteren 50 Millionen Stück gebracht haben. Der größere Teil dieser rund 300 Millionen Taler dürfte nach Südarabien und Äthiopien geflossen und zu Schmuck umgearbeitet worden sein. Das Osmanische Reich und später der Imam des Jemen versuchten dem Mariatheresientaler eigene Prägungen entgegenzustellen. Sie brachten Silbermünzen in Umlauf, die genauso groß und sogar ein bis zwei Gramm schwerer waren. Doch selbst im unabhängigen Königreich Jemen wurden die Imamtaler geringer geachtet als die der Maria Theresia.

Münzen wurden – und werden noch – einzeln als Anhänger getragen oder als Teil einer Halskette mit Silberkugeln, Glasperlen und Korallen kombiniert. Aus großen Talern, umgeben von Silber- und Glasperlen, stellte man Kopfschmuck her, der an einem Stirnband über den Ohren hängend wie Ohrringe zu tragen war (s. Abb. S. 297).

**Exklusiver Nomadenschmuck** wurde im Jemen kaum hergestellt, wohl aber gibt es Schmuckarten, die von den Beduinen bevorzugt, von der seßhaften Bevölkerung geringer geschätzt wurden. Ein Beispiel dafür ist der ›**Qaff**‹ (von Quffaß = arabisch Handschuh), der aus fünf Fingerringen besteht, die mit kleinen Ketten an einer zentralen Schmuckplatte befestigt sind; das Ensemble wird wie ein Fingerhandschuh übergezogen, wobei die Schmuckplatte auf dem Handrücken liegt (dieselbe Art Schmuck gibt es in Afghanistan bei den Turkmenen). Im allgemeinen durften die Silberschmiede in der Nähe von Nomadengebieten, also in Sada, Dschihana, Marib, der Oase Nadschran sowie in Saiun, Tarim und Schibam stärker dem Beduinen-Geschmack Rechnung getragen haben als ihre Kollegen in Sanaa, Ta'izz, Aden und Mukalla. Das Ergebnis dieser besonderen Auftragslage war eine gewisse Vergröberung gängiger Stücke, insbesondere der Arm- und Fußreifen. Bei Ringen, Armbändern und Halsreifen wurden häufiger **Karneole** (arabisch: Akik achmar) oder einfache Glasstücke als Einsätze benutzt; viele Schmuckwaren, auch einfache Münzanhänger, wurden mit kleinen Glocken versehen. Wenn wir diesen **Glocken-Besatz** beim Schmuck der Seßhaften wiederfinden, so dürfte dies ein Vermächtnis der Kameltreiber früherer Zeiten, die ihre Tiere mit Signalglocken versehen hatten, an die Stadt- und Landbevölkerung sein.

**Korallen** als Bestandteil eines Schmuck-Ensembles sind bis heute bei Bürgern und Bauern sehr beliebt; seit 1987 sind viele Korallen auf dem Markt, die Preise haben nachgegeben. Die Silberschmiede von Ta'izz arbeiteten einzelne Korallenstücke auch in Amulettbehälter und Koholflaschen ein.

Beachtung verdienen geflochtene **Silbergürtel** mit filigranverzierten Schnallen, die man jetzt häufiger östlich und nördlich von Mukalla sieht.

Eine interessante und auch heute noch anzutreffende Spezialität des Nordjemen ist die getriebene **silberne Hohlkugel**. Manche dieser Kugeln sind so schön gearbeitet, daß sie einzeln als Anhänger dienen können. Ansonsten reiht man sie zu prächtigen Ketten. Doch auch in der Kombination mit Amulettbehältern, Kettengliedern, filigranbesetzten Zwischenstücken, Korallen und Amberperlen sind Hohlkugeln wichtiger Teil schöner Schmuckensembls. Für die Kugeln gilt dasselbe wie für manche andere Stücke jemenitischer Silberschmiedekunst: Die schönsten Kugeln stammen aus dem Bestand der dreißiger und vierziger Jahre; die heutige Produktion fällt dagegen qualitativ ab.

Im Südjemen wurde feinster Silberschmuck vor allem in der kleinen Stadt Habban (vgl. S. 283) hergestellt. Dort lebten bis zum Ende der vierziger Jahre etwa 300 Juden, darunter viele Silberschmiede. Zugleich war Habban auch eine Stadt des religiösen Adels. Die islamische Sade hatte einen großen Bedarf an rituellem Schmuck und Statussymbolen. Darauf waren die geschickten jüdischen Kunsthandwerker spezialisiert. Seit dem Auszug der Juden versuchen moslemische Silberschmiede die Tradition am Leben zu erhalten.

# Erläuterungen der Fachbegriffe (Glossar)

**Aga** Kommandeur einer Truppeneinheit des osmanischen Heeres

**Almaqah (Ilumquh)** Mondgott; Hauptgottheit des Sabäischen Reiches

**Athtar** Männlicher Venussterngott; wichtige Gottheit im ganzen antiken Südarabien

**Bait** In sich geschlossene Wohneinheit eines großen frühislamischen Hauses

**Chalif (Kalif)** Nachfolger des Propheten Mohammed als Anführer der Gemeinde der Gläubigen; erster Chalif nach dem Tod des Propheten 632 (10 n. H.): Abu Bakr

**Dschambiya** Jemenitischer doppelschneidiger Krummdolch, der in traditioneller Ausführung einen Griff aus dem Horn des Rhinozeros' und eine kunstvoll gearbeitete Scheide hat. Statussymbol

**Diya** Durch islamisches Stammesrecht festgelegte Entschädigungszahlung an die Hinterbliebenen eines fahrlässig oder vorsätzlich Getöteten; auch zur Entschädigung eines Verletzten vorgesehen. Wichtiges Mittel, um die Blutrache zu verhindern oder zu unterbrechen

**Funduq** Arabisch: Hotel. Im Jemen vorwiegend für einen einfachen Gasthof mit Mehrbett-Zimmern auf dem Land oder für ein ganz einfaches Hotel der Stadt benutzt

**Haram** Altsemitisch, sabäisch: eigentlich Bezirk im Schutz der Gottheiten; heute auch islamisch: verboten durch heiliges Recht

**Harim** Nur für engste männliche Familienangehörige zugänglicher Aufenthaltsraum der Frauen

**Hypostylen-Tempel** Anlage, deren Decke von Säulen-(Pfeiler-)Reihungen getragen wird

**Imam** Eigentlich Vorbeter beim islamischen Gottesdienst; im Jemen auch – bis 1962 – religiöser und weltlicher Führer des Staates

**Karib** Priesterkönig, lokaler Herrscher in jedem der antiken südarabischen Reiche

*Dschambiya*

**Kasr (Qasr)** Arabischer Palast; auch festungsartiges Schloß

**Koran** Heilige Schrift des Islam; enthält die von Gott an den Propheten Mohammed geleiteten Offenbarungen

**Mafradsch** Wohnzimmer des Hausherrn und Empfangszimmer für männliche Gäste; meistens im obersten Stockwerk

**Mahr** Mitgift, Gelddepot und Silberschmuck, hinterlegt vom Bräutigam beim Vater der Braut, der es als Sicherheit namens seiner Tochter für den Fall der Scheidung verwaltet

**Masdjid** Moschee (Dschami), hauptsächlich für Freitagsgebete genutztes islamisches Gotteshaus

**Medrese** Islamische Moschee-Hochschule oder theologische Lehranstalt mit Schul- und Beträumen

**Minar/Minarett** Der einer Moschee angegliederte Turm zum Gebetsruf

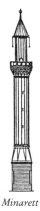

*Minarett*

**Mukarrib** Sabäischer Bundesfürst, Mittler zwischen der Bevölkerung und der Gottheit

**Propyläen** Monumentale Toranlage eines Kultbezirkes

*Propyläen*

**Qadi (Kadi)** Islamischer Gelehrter; als religiöser wie weltlicher Richter tätig

**Qat** Frische Blätter der Catha edulis Forsk., angepflanzt in einer Höhe von 1500 bis 2500 m, werden zu Brei gekaut; der Saft (bei reichlichem Wassertrinken) wirkt als Stimula, erzeugt leichte Euphorie

**Sabur** Spezielle Bautechnik mit Wülsten aus Stampflehm

*Sabur-Technik*

# GLOSSAR

**Sade** Angehörige des islamischen Religionsadels der → Saiditen

**Saiditen** Anhänger des islamischen Sektengründers Said Ibn Ali aus Madina, die um das Jahr 1000 n. Chr. im Norden des Jemen einen saiditischen Staat formierten; → Schiiten

**Sajjid** Einzelner Angehöriger des islamischen Religionsadels der → Saiditen; oft als Friedensstifter unter verfeindeten Stämmen gefragt

**Samsarah** Typisch jemenitische Art einer Stadt-Karawanserei; zur Moschee gehöriges Hotel und Lagerhaus für Kaufleute und deren Waren

**Schafi'iten** Sunnitische Muslime der in Kairo durch Imam Schafi'i um 800 n. Chr. gestifteten Rechtsschule

**Schari'a** Das islamische Recht; integraler Bestandteil des Islam, enthält die von Gott festgelegte Schöpfungsordnung, wie sie durch den Propheten Mohammed offenbart wurde

**Schiiten** Angehörige der Schi'a; Bezeichnung für diejenigen Muslime, die den vierten Chalifen Ali, den Vetter und Schwiegersohn Mohammeds, als ersten legitimen Nachfolger des Propheten betrachten

**Sin** Mondgott, Reichsgott im antiken Hadramaut

**Spolie** Bei Neubauten wiederverwendetes Werkstück älterer Bauten; im Jemen meist Säulen, Pfeiler oder Schriftsteine aus antiken Tempeln in Moscheen oder Wohnhäusern

*Spolie*

**Sunna** Die Tradition, die von Gefährten Mohammeds überlieferte Lebensführung und Handlungsweise des Propheten

**Sunniten** Diejenigen Muslime, die der Sunna folgen und damit zugleich, im Gegensatz zu den → Schiiten, nicht zuerst Ali, sondern Abu Bakr, Omar und Uthman als Chalifen anerkennen

**Thuma** Seitlich zu tragender jemenitischer Dolch in kostbarer Scheide auf Brokatgürtel; Statussymbol des saiditischen Religionsadels

**Wadd** Mondgott, Reichsgott in Ma'in

**Wadi** Trockenes Wüstental, das nach Regenfällen reißende Sturzbäche oder Flüsse ableitet

**Wahabiten** Angehörige einer islamisch-puritanischen Sekte, die in der ersten Hälfte des 18. Jhs. von Scheich Mohammed Ibn Abdul Wahab in Zentralarabien gegründet worden ist; der Wahabismus ist heute Staatsdoktrin in Saudi-Arabien

# Praktische Reiseinformationen

**Landeskundlicher Überblick** ....... 306
Der Jemen wiedervereinigt ......... 306
Lage und Größe .................. 306
Bevölkerung ..................... 306
Landschaften .................... 307
Klima ........................... 307
Wirtschaft ...................... 308

**Praktische Hinweise von A–Z** ..... 310
Adressen ........................ 310
Anreise und Ankunft ............. 310
Ausreise ........................ 311
Banken, Geld, Devisen ............ 311
Einkauf ......................... 313
Entfernungen .................... 314
Essen ........................... 314
Feste und Feiertage .............. 315
Foto und Film ................... 315

Gesundheitsvorsorge .............. 316
Hotels .......................... 316
Informationen ................... 317
Kleidung ........................ 317
Kosten .......................... 317
Krankenhäuser ................... 318
Öffnungszeiten .................. 318
Post ............................ 318
Reisebüros ...................... 319
Reisegenehmigung ................ 319
Sprache ......................... 319
Telefonieren .................... 321
Trinkgeld ....................... 322
Verkehrsmittel .................. 322

Literaturhinweise ................ 324
Abbildungsnachweis .............. 326
Register ........................ 327

# Landeskundlicher Überblick

### Der Jemen wiedervereinigt

Schon 1980, als die erste Ausgabe dieses Buches erschien, lautete sein Haupttitel ›Der Jemen‹. Damals gliederte sich das Gebiet des historischen Jemen in zwei Staaten. Obwohl die Vereinigung von Nord- und Südjemen zumindest zeitlich nicht vorauszusehen war, behandelten wir die Landmasse zwischen dem Roten Meer und dem Indischen Ozean als einen einheitlichen Kulturraum. Doch bis zur Proklamation der Republik Jemen am 22. Mai 1990 in Aden mußte der gewöhnliche Reisende, wollte er den ganzen Jemen besuchen, nacheinander in beide Staaten fahren. Es gab
 1. den nördlichen Staat mit der Hauptstadt Sanaa, der im amtlichen deutschen Sprachgebrauch die Bezeichnung ›Arabische Republik Jemen‹, im englischen den Namen ›Yemen Arab Republic‹ führte. Wegen seiner geographischen Position gegenüber Aden wurde dieser Staat auch ›Nordjemen‹ genannt;
 2. den südlichen Staat mit der Hauptstadt Aden, dessen Amtsname ›Demokratische Volksrepublik Jemen‹ lautete, englisch ›People's Democratic Republic of Yemen‹, mit der gängigen Kurzbezeichnung ›Südjemen‹.

Die von einem konservativ-religiösen Eigenweg des Nordens, von Türkenherrschaft und britischem Kolonialismus zumindest mitverursachte Trennung ist überwunden, und jeder Tourist kann von Aden oder Sanaa aus den ganzen Jemen bereisen. Dennoch werden wir die geographisch bestimmten Namen Nord- und Südjemen gelegentlich benutzen müssen, um auf Unterschiede hinzuweisen, die es in diesem einheitlichen Kulturraum auch gibt.

### Lage und Größe

Die Republik Jemen bildet den Südwesterker der Arabischen Halbinsel. Sie grenzt im Westen an das Rote Meer, im Süden an den Indischen Ozean (Golf von Aden), im Osten an das Sultanat Oman und im Nordosten und Norden an das Königreich Saudi-Arabien. Ein Teil der Grenzen ist nicht völkerrechtlich fixiert (im Norden zu Saudi-Arabien und im Osten zu Oman). Die Flächenangaben schwanken deswegen zwischen 478 000 und 533 000 qkm. Jedenfalls ist die Republik Jemen flächenmäßig der zweitgrößte, bevölkerungsmäßig der größte Staat auf der Arabischen Halbinsel.

### Bevölkerung

Die derzeitige Bevölkerungszahl wird auf 13 bis 14,5 Millionen geschätzt. Verläßlichere Angaben sind mangels eines Melde- oder Registrierungssystems und aufgrund der nicht genau erfaßten Rückkehr hunderttausender jemenitischer Wanderarbeiter aus Saudi-Arabien und den Golfstaaten nicht erhältlich.

Etwa 15% der Bevölkerung leben in Städten, 85% auf dem Land und von der Landwirtschaft.

Die größten Städte sind:
Sanaa     800 000 bis 1 Million Einwohner
Aden      rund 330 000 Einwohner
Ta'izz    rund 240 000 Einwohner
Hudaida   rund 210 000 Einwohner

Die nationale Religion der Jemeniten ist der Islam; der jüdische Bevölkerungsanteil liegt heute bei weniger als 0,01%. Rund 60% der jemenitischen Bevölkerung werden dem sunnitischen Islam zugerechnet (Bewohner der Küstenebenen, des Vorgebirges und des Wadi Hadramaut), die restlichen 40% gehören der saiditischen Schi'a an (auf dem nördlichen Hochland).

## Landschaften

Der frühere Nordjemen gliedert sich in zwei extrem unterschiedliche Zonen: in die feuchtheiße Küstenebene Tihama und in den wildzerklüfteten, bis auf über 3000 m ansteigenden Bergjemen. Innerhalb der beiden Hauptzonen gibt es wiederum regionale Untergliederungen.

Der südliche Teil des Landes ist ein flacher, meist sandiger Küstenstreifen. Im Nordwesten reicht dieser Landesteil bis an das jemenitische Hochgebirge, insbesondere in der Gegend von Dhala, Mukairas und Baihan. Eine eigene Region ist wiederum das Wadi (Trockental) Hadramaut im mittleren Nordosten des südlichen Landesteiles; der Talgrund liegt teilweise 800 m über dem Meeresspiegel, und dort herrscht ein trockenes Wüstenklima.

## Klima

Auch wenn die Fachwelt eine differenziertere Einteilung kennt, kann man vereinfacht von drei Klimazonen sprechen.

Die *Tihama*, die 30 bis 50 km breite Küstenebene zwischen dem Roten Meer und dem Vorgebirge, hat ein tropisches Klima. Die Durchschnittstemperatur liegt in diesem Gebiet bei ca. 30 °C, oft steigen die Werte aber auf weit über 40 °C an, während sie nur selten auf 20 °C absinken. Die Tihama wird vom Monsun bestrichen, der hauptsächlich im Juli und August starke Regenfälle bringt. Die relative Luftfeuchtigkeit steigt dann bis auf 90%.

Etwa dasselbe Klima herrscht in *Aden* und in der Küstenregion westlich und östlich der Hafenstadt. Dort kann es auch im Frühjahr regnen.

Das *mittlere Hochland* umfaßt das Gebiet zwischen 1000 und 2000 m Höhe über dem Meeresspiegel. Hier beträgt die Durchschnittstemperatur nur noch 25 °C. Besonders an der Westseite des Gebirges gibt es bedeutend stärkere Regenfälle als in der Tihama. In dieser Klimazone liegt auch das landwirtschaftlich besonders intensiv genutzte Gebiet des Nordjemen.

In den *Bergen im Nordwesten von Aden* entladen sich im Frühjahr und im Sommer auch die Monsun-Wolken. Das bis zu 2500 m hoch gelegene Gebiet ist überwiegend felsig und schrundig, so daß Landwirtschaft trotz der Niederschläge nur an wenigen Stellen betrieben werden kann. Größere Landwirtschaftsgebiete im Hochland, wie Wadi Tiban und Wadi Bana sowie Wadi Baihan, werden durch den Zufluß von Wasser aus dem höhergelegenen Norden begünstigt. Auch im *Wadi Hadramaut* betreibt man intensiv Landwirtschaft; dort kann mit Pumpen genügend Grundwasser gefördert werden.

Das *obere Hochland*, zwischen 2000 und 3000 m über dem Meeresspiegel gelegen, kennt empfindliche Kälteperioden während der Wintermonate (Dezember und Januar) und zwei Regenzeiten: eine kleine im März/April und eine große von Juli bis September. Frühnebel sorgen zusätzlich für Feuchtigkeit. Das rauhe Klima in dieser Höhe läßt den Anbau tropischer Pflanzen nicht zu. Trotzdem gibt es eine intensive Landwirtschaft bis zu den Berggipfeln. Auf den sehr arbeitsintensiven Terrassen bauen die Jemeniten Getreide und andere robuste Feldfrüchte an.

## Wirtschaft

Obwohl zu Beginn der neunziger Jahre noch rund 85% aller Bewohner des Nordjemen von der Landwirtschaft abhingen, kündigt sich ein starker Strukturwandel an. Ende 1985 gab Staatspräsident Ali Abdallah Saleh bekannt, daß die Erdölreserven seines Landes im Marib/al-Dschauf-Feld 300 Millionen Barrel (Faß) betragen und damit die kommerzielle Nutzung sicherzustellen sei. Zwar rückte der Jemen mit diesem Vorkommen nicht in die Reihe der Ölgiganten, und auch begann das jemenitische Öl gerade in einer Periode weltweiter Überproduktion bei folglich sinkenden Preisen zu fließen. Dennoch ist festzustellen, daß die Ausbeutung eigener Ölreserven einen Industrialisierungsschub bewirkt hat. Zuerst machte sie den Bau einer eigenen Raffinerie im Marib/al-Dschauf-Becken und einer Pipeline von dort zum Roten Meer notwendig. Petrochemische Betriebe dürften in der nächsten Phase errichtet werden. Außerdem sichert das eigene Öl dem Jemen die Energieversorgung und einen gewissen Devisenzufluß in einer Zeit, da die laufenden Zuwendungen von Seiten Saudi-Arabiens und der ölreichen Golfstaaten ebenso wie die Geldüberweisungen der jemenitischen Gastarbeiter aufgrund des Zerwürfnisses mit den arabischen Monarchien während der Golfkrise 1990/91 schlagartig entfielen.

Nach der Vereinigung Jemens ist die Erdöl-Exploration ein gutes Stück vorangekommen. Ein Großteil des Territoriums ist inzwischen an Konzessionäre vergeben, die Ölsuche wird dort überall intensiv betrieben. Während aus dem Gebiet von Marib schon seit Ende 1987 Öl über die Pipeline zum Roten Meer exportiert wird, ist die Pipeline von Ayadh zum Golf von Aden erst Ende 1991 fertiggestellt worden. Jemen förderte 1991 je Tag fast 200 000 Barrel Rohöl und große Mengen Erdgas.

Der spürbare Rückgang des Geldzuflusses von außen hatte schon früher zu Einfuhrbeschränkungen im Nahrungsmittelbereich und zur Förderung der agrarischen Eigenproduktion geführt. Die Regierung veranlaßte eine Propagandakampagne zur Umorientierung der jemenitischen Bauern. Fachleute meinen, daß es zu einer Belebung der Landwirtschaft gekommen ist. Wo immer es möglich sei, versuchten die Bauern, Obstbäume, Gemüse oder Futterpflanzen anzubauen. Selbst Kaffee sei wieder im Kommen, und dazu würden sogar neue Terrassen gebaut (Kopp). Als Stimulator für den verstärkten

Anbau höherwertiger Marktfrüchte erweisen sich auch neue Straßen und Pisten, die in den letzten Jahren entstanden sind.

Die Fischerei ist als Erwerbs- und Nahrungsmittelquelle für den Südjemen wichtiger als die Landwirtschaft. Über 10 000 Menschen arbeiten an der langen Küste (1200 km entlang dem Indischen Ozean) in der Fischerei. Wirtschaftspolitische Experimente haben eine Zeitlang diesen bedeutenden Industriezweig stark beeinträchtigt. Die überwiegend privat arbeitenden Fischer wurden zum Beitritt zu Genossenschaften genötigt. Erst nachdem die Regierung den Genossenschaften gestattete, 40% ihrer Fänge auf den freien Märkten zu verkaufen, konnte in den achtziger Jahren die Krise überwunden werden. Nach dem Ende des Sozialismus (1990) müssen erst wieder neue Eigentumsformen gefunden werden; jedoch gibt es Genossenschaften auch in Stammesverbänden, so daß möglicherweise bestimmte Genossenschaften angepaßt überleben werden.

1987 konnte der südjemenitische Staat auf 20 Jahre Unabhängigkeit von britischer Vorherrschaft, die 1839 begonnen hatte, zurückblicken. Der Kampf um die Unabhängigkeit war ungemein hart gewesen, und als die Briten schließlich abzogen, sah sich das Land mit sehr schlechten wirtschaftlichen Rahmenbedingungen konfrontiert. Die Regierenden wandten sich deswegen früh wegen Wirtschaftshilfe an die Sowjetunion und betrieben selber die sozialistische Umgestaltung der gesellschaftlichen Grundlagen. Im Verlauf der Radikalisierung kam es wiederholt zu blutigen Konflikten unter den Machthabern. Zuletzt fanden im Januar/Februar 1986 bürgerkriegsähnliche Unruhen statt, aus denen sich ein Personenwechsel an der Spitze von Partei und Staat ergab. Land und Bevölkerung haben unter den schweren Kämpfen sehr gelitten; auch dem Tourismus, an sich als Devisenquelle sehr geschätzt, wurde ein heftiger Schlag versetzt. Die wirtschaftlich schwächer werdenden Ostblockländer begannen nach den Unruhen ihre Hilfeleistungen abzubauen, um sie 1990 ganz einzustellen. Das führte zu einer Flucht nach vorn der südjemenitischen Regierung in den Hafen der Einheit.

# Praktische Hinweise von A bis Z

## Adressen

*... in der Bundesrepublik Deutschland*
**Botschaft der Jemenitischen Arabischen Republik in Bonn**
Adenauerallee 77, 5300 Bonn 1
✆ 02 28/22 02 73/22 04 51/26 14 90/26 14 99
Konsularabteilung ✆ 02 28/26 14 90

**Deutsch-Jemenitische Gesellschaft e. V.**
Kronenstraße 11, 7800 Freiburg
✆ 07 61/7 39 67 und 27 53 27

**Yemen Airways** (Yemenia)
Am Roßmarkt 9, 6000 Frankfurt 1
✆ 0 69/28 82 72

*... in Sanaa*
Die **Botschaft der Bundesrepublik Deutschland** findet man in der Nähe der Straßenkreuzung Haddah- und Ring Road. Postanschrift: P.O. Box 41 und P.O. Box 2562, ✆ 21 67 56 und 21 67 57, Fax: 21 57 58. Geschäftszeit: täglich außer freitags und samstags von 9 bis 12.30 Uhr.

*... in Aden*
**Generalkonsulat der Bundesrepublik Deutschland**
Abyan Beach Road 49, Khormaksar, Aden
P.O. Box 6100, ✆ 3 21 62, Telex: 22 87 Yd.a.a.

## Fluglinien

*... in Sanaa*
Air France, ✆ 27 28 95/6
British Airways, ✆ 27 22 47
Lufthansa, ✆ 27 25 83/6 67/6 78
Yemenia, ✆ 23 23 81-9; 25 08 00/1 (Reservierungen)
Alyemda, ✆ 20 36 37
Egyptair, ✆ 27 50 61
Saudia, ✆ 24 09 58
Syrian Airways, ✆ 27 25 43

*... in Aden*
Alyemda, ✆ 3 13 39

## Anreise und Ankunft

Von Frankfurt/Main aus kann man seit dem Sommer 1992 viermal wöchentlich nach Sanaa fliegen, und zwar jeweils zweimal mit der Deutschen Lufthansa und mit der nationalen jemenitischen Luftlinie, der Yemenia. Von Frankfurt aus fliegen zudem die Egyptair (über Kairo), die Saudia (über Djeddah), die Alia, Royal Jordanian (über Amman) und die Ethiopian Airways (über Addis Abeba/Aden) in die Hauptstadt des Jemen.

Technische, wahrscheinlich aber auch politische Schwierigkeiten haben bisher (Sommer

1992) die Zusammenlegung der Fluggesellschaften der beiden früheren jemenitischen Staaten, also der Alyemda und der Yemenia, verhindert. Alyemda versorgt überwiegend das ehemalige südjemenitische Gebiet und operiert von Aden aus hauptsächlich nach Paris. Auch die Air France unterhält (1992) wöchentlich einen Flug zwischen Paris und Aden. Wer also Aden direkt anfliegen möchte, muß den Umweg über Paris nehmen oder sich eine Verbindung über Damaskus oder Addis Abeba suchen.

Ein gültiges **Einreisevisum** ist erforderlich. Das Visum kann bei der Konsularabteilung der jemenitischen Botschaft in Bonn (s. o.) oder bei einer anderen Botschaft des Jemen im Ausland beantragt werden. Der Paß darf keinen Sichtvermerk des Staates Israel und der Südafrikanischen Republik enthalten. Im Sommer 1992 erhielt der Reisende unmittelbar bei der Ankunft neben einem Einreisevermerk einen Dreiecks-Stempel, der die polizeiliche Registrierung bescheinigt. Damit ist eine einmonatige Aufenthaltsgenehmigung erteilt, weitere Formalitäten entfallen.

*... auf dem Landweg*
Die Anreise mit dem eigenen Pkw in den Jemen ist durchaus möglich, allerdings muß der Reisende sich darauf einstellen, daß Saudi-Arabien in aller Regel nur ein Durchreisevisum für 72 Stunden gewährt. Die rund 1600 km lange Strecke von der jordanisch-saudischen Grenze muß also innerhalb einer knapp bemessenen und nicht verlängerbaren Zeitspanne bewältigt werden. 1992 konnte die Einreise nach Nordjemen nur über die Küstenstraße erfolgen. Bezüglich der erforderlichen Dokumente für die Durchreise durch arabische Länder sollte man aktuell den ADAC konsultieren.

## Ausreise

Wer mit einem einmonatigen Touristenvisum das Land besucht hat, benötigt kein Ausreisevisum mehr. Wer länger als einen Monat bleiben will, muß sich das Visum im Innenministerium in Sanaa verlängern lassen und benötigt dann für die Ausreise wiederum ein Visum. Dieses gibt es, wie bisher, im Innenministerium.

1992 wurde bei der Ausreise eine Flughafengebühr von J. R. 115 erhoben.

## Banken, Geld, Devisen

Es gibt heute mehrere zuverlässige einheimische Banken im Jemen, die voll in das internationale Bankensystem integriert sind. Die privaten Geldwechsler, die wegen eines leicht besseren Kurses und schnellerer Abwicklung von Touristen bevorzugt wurden, mußten hin und wieder ihre Geschäfte schließen, bis dann einer nach dem anderen wieder aufmachen durfte. Inzwischen entfiel auch der Zwangsumtausch von 150 US-$ je Person bei der Einreise. Mit der Liberalisierung des Devisenverkehrs trug man dem ständig wachsenden Fremdenverkehr Rechnung. Sie entsprach aber auch dem verbesserten Stand der staatlichen Devisenkasse, die nun von der Ausfuhr des Erdöls zu profitieren begann. Sollte die Devisenkasse wieder in Not geraten, ist die Rückkehr zu Zwangsmaßnahmen von heute auf morgen durchaus möglich. Inzwischen werden DM bei Banken und Wechslern ebenso wie US-$ akzeptiert.

Zahlungsmittel ist der Jemenitische Rial (J. R.), unterteilt in 100 Fils. Es gibt Banknoten zu 5, 10, 20, 50 und 100 Rial. Münzen

# PRAKTISCHE HINWEISE VON A–Z

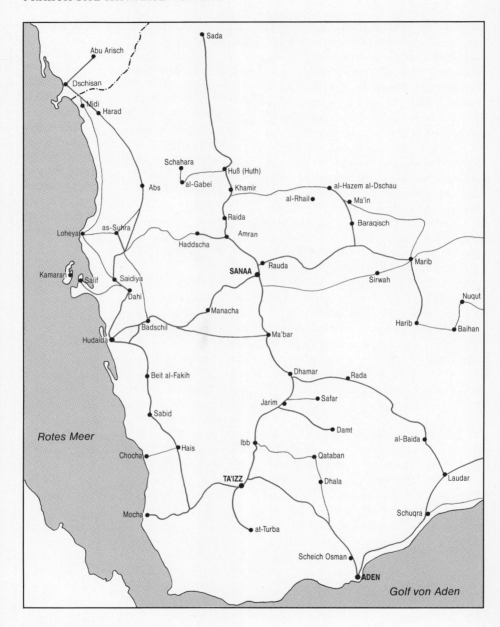

*Straßenkarte des nordwestlichen Jemen*

sind praktisch verschwunden. Im Süden zirkuliert noch der Dinar (1 Dinar = 26 Rial). Es soll zur gegebenen Zeit ein gemeinsames Zahlungsmittel in Umlauf gesetzt werden.

## Einkauf

Moderne Industriegüter im Jemen kaufen zu wollen, wäre unsinnig, wenn man nicht dazu genötigt ist. Fast immer liegen die Preise bei kleinerer Auswahl höher als in Europa. Es gibt aber immer noch Produkte des traditionellen Handwerks, die manchen Touristen interessieren dürften. Man findet sie meistens auf den Märkten.

Die Jemeniten sind für ihren Silberschmuck berühmt. Einige Dutzend Silberschmiede produzieren nach wie vor Schmuckkugeln, Ketten, Armbänder, Ringe und Schminkbehälter nach gängigen Modellen. In der Ausführung sind die neuen Stücke weniger fein als die vor hundert oder auch fünfzig Jahren gefertigten. Die älteren Stücke sind übrigens keineswegs ausverkauft. Viele jemenitische Familien scheinen jetzt bereit zu sein, Silber abzustoßen, um statt dessen Gold zu erwerben. Die Preise halten sich in einem annehmbaren Rahmen.

*Straßenkarte des südöstlichen Jemen*

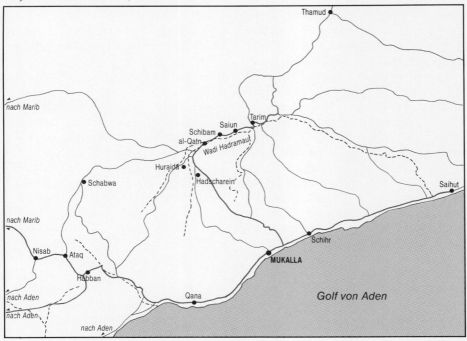

Mit dem freien Handel ist im südlichen Landesteil auch der Silberschmuck auf die Märkte zurückgekehrt. In Saiun sei viel Silberschmuck und viel Kupfer aufgetaucht; allerdings werde alter Silberschmuck durch Reinigungsbäder von jeglicher Patina befreit, und es kämen Neuanfertigungen in den Handel, die nicht mehr die Qualität des alten Schmucks erreichten, schreibt ein Augenzeuge (Hellmuth). Im Frühjahr 1992 sahen wir selber in einzelnen Geschäften in Aden-Krater gute Stücke zu Preisen, die deutlich unter denen für vergleichbare Stücke in Ta'izz und Sanaa lagen.

Töpferei- und Keramikarbeiten, z.B. Weihrauchbrenner, Aschenbecher, Trinkschalen, Kerzenhalter, Schöpfkellen, gehören zum Angebot eines jeden Wochenmarktes. Aus der Region Sada kommen Steintöpfe in verschiedenen Größen, die in der traditionellen jemenitischen Küche heute noch ihren Platz haben. Solche Töpfe werden aus im Untertagebau gebrochenen Steinblöcken herausgemeißelt. Sie haben einen der Mühe entsprechenden hohen Preis. Wer dennoch ein Exemplar – es gibt auch kleine – mit nach Hause bringt, besitzt ein schönes Stück des mit dem islamischen Mittelalter verbundenen Handwerks. Auch Flechtarbeiten, große und kleine Körbe, Matten, Fächer, Schmuckbänder, Hüte und Schachteln sind auf vielen Märkten zu finden, insbesondere auf denen der Tihama. Dort empfiehlt es sich zudem, nach Webarbeiten Ausschau zu halten. In den kleinen Städten der Küstenebene haben anscheinend einige Webereien für Vor- und Umhänge sowie für die monochromen Tihama-Kelims überlebt. Auch Produkte des traditionellen Schmiedehandwerks dürften den einen oder anderen Sammler interessieren; rustikale Scheren und Messer, kleine Sicheln für die Qat-Ernte, mächtige Schlüssel und einfache Schlösser sind dauernd im Angebot. Schließlich haben die Tihama-Märkte auch noch einige Leder- und Holzarbeiten zu bieten.

## Entfernungen

Jeweils von Sanaa aus auf gut ausgebauten Asphaltstraßen:
- nach Aden                      410 km
- nach Hudaida                   226 km
- nach Ta'izz                    256 km
- nach Sada                      243 km
- nach Marib                     173 km
- nach al-Baida                  168 km
- nach Amran                      50 km
- nach Haddscha                   77 km
- nach Mocha (über Ta'izz)       363 km
- nach Dschisan (über Hudaida)   430 km

Jeweils von Aden aus auf Straßen, Pisten oder im Flugzeug:
- nach Dhala                     155 km
- zum Bab al-Mandeb              150 km
- nach Mukalla                   622 km
- nach Attak (Schabwa)           386 km
- zum Wadi Hadramaut             550 km (Luftl.)
- nach Sokotra                   950 km (Luftl.)
- nach Sayhut                    750 km

## Essen

In den letzten zehn Jahren hat sich zumindest in Sanaa eine internationale Küche entwickelt. Während man bis Mitte der siebziger Jahre nur jemenitisch essen konnte, gibt es jetzt in der Stadt eine ganze Reihe von Restaurants unterschiedlicher Nationalitäten: libanesische, vietnamesische, chinesische, amerikanische, palästinensische, um nur einige zu nennen. Die Luxushotels bieten neben der internationalen Standardküche Spezialitäten (z. B. indische Küche) sowie ›nationale Wochen‹, während derer die Gerichte bestimmter Länder vorgestellt werden. Verbesserte technische Einrichtungen sorgen dafür, daß es in Sanaa meistens auch reichlich Fisch gibt. Die kleinen jemenitischen Restaurants sind ebenfalls mit Fleisch und Gemüse besser versorgt, als es früher der Fall war.

Ta'izz und Hudaida haben nicht soviele internationale Restaurants zu bieten wie Sanaa – dafür ist dort manchmal das Angebot an Gerichten in jemenitischen Restaurants größer als in der Hauptstadt. Unterwegs, in Kleinstädten und Dörfern, muß man sich weiterhin mit den in der Zahl begrenzten, aber durchaus schmackhaften jemenitischen Gerichten begnügen.

Die arabische Küche des südlichen Landesteiles weist einen starken indischen und indonesischen Einschlag auf. Dies ist darauf zurückzuführen, daß es namentlich in Aden früher einen großen indischen Bevölkerungsanteil gegeben hat. Außerdem haben Südjemeniten, insbesondere Leute aus dem Hadramaut, zeitweise in Indonesien gesiedelt. Es sind dort nicht nur zahlreiche Mischehen entstanden, sondern es hat sich auch eine besondere indonesisch-arabische Mischkultur gebildet.

Die arabische Küche des südlichen Landesteiles ist im allgemeinen etwas schärfer als im Nordjemen. Außerdem gibt es in Aden die bekannte internationale Hotelküche, stark verbessert durch ein reichhaltiges Fischangebot.

## Feste und Feiertage

Auch im Islam gilt der arabische Mondkalender, der aus der Antike übernommen sein dürfte. Die Einteilung der Monate nach den Mondphasen bringt es mit sich, daß die religiösen Feiertage in jedem weiteren Jahr ca. elf Tage nach vorne wandern. 1992 begann der Monat Ramadan – 30 Tage – am 4. März. Das Fest am Schluß des Ramadans (Eid al-Fithr) dauert drei bis fünf Tage; das große Fest (Eid al-Adha) am Ende der Pilgerzeit (1992: Mitte Juni) dauert vier bis fünf Tage. An solchen Feiertagen ist der Reiseverkehr stark eingeschränkt; vor- und nachher sind die öffentlichen Verkehrsmittel übermäßig besetzt.

Weitere Feiertage: Tag der Arbeit (1. Mai); Tag der Vereinigung (22. Mai); Revolutionstag (26. September); Nationalfeiertag (14. Oktober); Unabhängigkeitstag (30. November).

## Foto und Film

Jemen ist noch immer ein sehr dankbares Objekt für Fotografen. Nicht nur ›stimmen‹ meistens die Motive und das Licht – auch zeigen sich die jemenitischen Männer im allgemeinen den fotografierenden Touristen gegenüber recht aufgeschlossen. Zurückhaltung sollte gegenüber Frauen geübt werden: Wo immer möglich, sollte man um Erlaubnis nachfragen, bevor man weibliche Personen ablichtet.

Militärische Stellen sind neuerdings schnell bei der Hand, Fotoapparate konfiszieren zu lassen, wenn sie Geheimhaltungsvorschriften verletzt sehen. Allgemein sollten Reisende im

Grenzgebiet und überall dort sehr zurückhaltend sein, wo sie Militär feststellen können.

Farb- und Schwarzweiß-Filme gibt es in Sanaa, Aden und Ta'izz zu Preisen zu kaufen, die nur geringfügig höher sind als in Europa. Beide Arten Filme können im Jemen entwickelt werden, auch lassen sich dort Abzüge von den Negativen machen.

## Gesundheitsvorsorge

Dringend ratsam ist eine Malaria-Prophylaxe. Während der Regenzeiten tritt Malaria im Jemen auch in Höhen über 2000 m auf. Nach Auskunft der Weltgesundheitsorganisation ist im Jemen Chloroquin noch wirksam.

Manchen Reisenden macht in Sanaa die Höhenlage zu schaffen. Eine Reizung der oberen Atemwege und vermehrte Müdigkeit sind häufig beobachtete Erscheinungen. Magen-Darm-Erkrankungen, die im internationalen Tourismus etwa 20 bis 40% der Reisenden befallen, scheinen im Jemen dagegen nicht so häufig aufzutreten (Kreus/Sutor). Wegen der Bilharzia-Gefahr sollte man es vermeiden, sich in Zisternen- und Brunnenwasser zu waschen.

Die Küstenebenen am Roten Meer und am Indischen Ozean erfordern im Sommer, bei hohen Temperaturen und ebenso hoher Luftfeuchtigkeit, eine robuste Konstitution der Besucher.

Keine der früher geforderten **Impfungen** – gegen Pocken, Cholera und Gelbfieber – ist in der zweiten Hälfte der achtziger Jahre noch obligatorisch, den gelben internationalen Impfpaß braucht man bei der Einreise nicht mehr vorzuzeigen, falls man nicht aus einem von Epidemien betroffenen Land kommt.

## Hotels

In Sanaa gibt es seit Beginn der neunziger Jahre eine für den normalen Bedarf ausreichende Kapazität an Hotelzimmern. In Ta'izz und Hudaida entstehen weiter Engpässe, zumal am islamischen Wochenende (Donnerstag und Freitag).

Aden ist unterversorgt mit Hotelzimmern mittlerer Qualität. Im ganzen Jemen entstehen Engpässe während der europäischen Schulferien in den gemäßigten Jahreszeiten (Ostern, Weihnachten, Neujahr).

*... in Sanaa*
Sheraton (fünf Sterne)
✆ 23 75 00/1/2/3, Telex 22 22
Taj Sheba (fünf Sterne), ✆ 27 23 72, Telex 25 51
Sam City (drei Sterne), ✆ 7 62 50, Telex 23 01
Dar al Hamd (zwei Sterne), ✆ 7 48 65 und 7 48 64, Telex 22 70
Al Mocha (zwei Sterne), ✆ 7 15 26 und 7 22 42, Telex 22 98
Al Ikhwa (zwei Sterne), ✆ 7 40 26, Telex 23 50
Iskandar (ein Stern), ✆ 7 23 30
Shahara (ein Stern), ✆ 7 85 02/3
Al Anwar (ein Stern), ✆ 7 24 57 und 7 50 51
Khayyam (ein Stern), ✆ 7 17 95 und 7 52 77
Arwa (ein Stern), ✆ 7 38 38
Al Zahraa (ein Stern), ✆ 7 25 50 und 7 51 48
Al Sharq (ein Stern), ✆ 7 42 26

*... in der Umgebung von Sanaa*
Ramada Hadda (vier Sterne), ✆ 21 52 14/5
Al Rawda (drei Sterne), ✆ 34 02 27/6, Telex 24 98

*... in Ta'izz*
Marib (drei Sterne), ✆ 21 03 50/1, Telex 88 48
Al Ikhwa (drei Sterne), ✆ 21 03 64/5

Plaza (zwei Sterne), ✆ 22 02 24/6
Al Janad (zwei Sterne), ✆ 21 05 29
De Luxe (ein Stern), ✆ 22 62 51/2

*... in Hudaida*
Ambassador (drei Sterne), ✆ 23 12 47/50, Telex 56 26
Bristol (drei Sterne), ✆ 23 91 97, Telex 56 17
Al Burj (drei Sterne), ✆ 7 58 52, Telex 56 76
Al Ikhwa (zwei Sterne), ✆ 7 61 95
Al Bahr al Ahmar (ein Stern), ✆ 7 25 07
Hudaida, ✆ 22 61 00

*... in Aden*
Mövenpick Hotel (fünf Sterne), ✆ 3 29 47/ 3 29 11, Fax 96 91/3 29 47
Gold Mohur (zwei Sterne), ✆ 3 24 71
26. September (zwei Sterne), ✆ 2 22 66
Ambassador (zwei Sterne), ✆ 2 44 31
Al-Hilal (zwei Sterne), ✆ 2 34 71

*in Marib*
Bilqis Marib (vier Sterne), ✆ 26 66/23 71

*... in Sada*
al Mamoon (drei Sterne), ✆ 22 03/24 59

## Informationen

*... vor Reisebeginn*
Von der Deutsch-Jemenitischen Gesellschaft e.V. (s. *Adressen*).

## Kleidung

Sich für die Jemen-Reise ›vernünftig‹ mit Kleidung auszurüsten, heißt nicht nur, Sonnenschutz für Kopf und Arme, Wolle gegen die empfindliche Abendkühle in den Bergen und in der Wüste, Strümpfe zum Schutz der Knöchel und Unterschenkel gegen Moskitostiche mitzuführen. Daß auch festes Schuhwerk für die Kraxelei in Ruinen und über Felsen erforderlich ist, versteht sich ebenfalls von selbst. Sich vernünftig zu kleiden, bedeutet ebensosehr, Sitten und Gebräuche des Gastlandes zu respektieren. Das dient der eigenen Sicherheit und erleichtert den Besuch sakraler Orte.

»Wer im Urlaub auf die kurzen Hosen nicht verzichten kann, ist im Jemen fehl am Platz, ob Mann oder Frau«, heißt es in einer Aufklärungsschrift (Jemen Sympathie-Magazin). Dieselbe Schrift empfiehlt Frauen ein Tuch als Allzweckmittel: um den Hals im zugigen Auto, zur Verhüllung der Haare beim Moscheebesuch, Schutz für Augen und Haare bei Sandsturm und gegen die Sonne. Den Frauen werden lange und weite Oberteile, die über die Ellbogen und über den Schritt reichen, empfohlen. »Ärmellose und enganliegende Bekleidung läßt man am besten zuhause. Latzhosen sind unterwegs sehr unpraktisch, wenn frau ›mal verschwinden muß‹.« Dem ist nichts mehr hinzuzufügen, außer vielleicht, daß die guten Ratschläge der Feder einer Frau entstammen.

## Kosten

Die Kosten einer Jemen-Reise sind natürlich von vielen Faktoren abhängig – individuellen wie objektiven. Auszugehen hat man zunächst von dem gerade gültigen Wechselkurs, der sich für längere Zeit nicht voraussagen läßt. In den letzten Jahren (etwa seit 1986) hat sich der Kurs harter Währungen verbessert, ohne den Zugewinn wieder ganz an die Inflation zu verlieren. Dadurch ist der früher festzustellende dauernde Aufwärtstrend bei den Kosten vorerst einmal gedämpft worden.

In den großen internationalen Hotels von Sanaa, Ta'izz und Aden wird Einzelreisenden der Zimmerpreis in US-Dollar abgefordert. In den Fünf-Sterne-Hotels (Sheraton, Taj Sheba, Mövenpick Aden) liegt der Preis (Stand: Frühjahr 1992) schon bei bis zu 180 Dollar für ein Doppelzimmer je Nacht. Außerhalb der Saison läßt sich dieser Preis herunterhandeln. In den Mittelklasse-Hotels liegt der Preis für ein Doppelzimmer bei 60 Dollar. In bescheideneren Häusern kann man mit dem Gegenwert von 20 bis 30 Dollar auskommen.

Das Essen in jemenitischen Restaurants ist immer noch sehr preiswert. Auch die öffentlichen Verkehrsmittel – Busse und Sammeltaxen – bereiten keine hohen Kosten. Ein alleinreisendes Ehepaar, das sich mit Übernachtungen in Mittelklasse-Hotels bescheidet, dürfte sich (Stand: 1992) mit dem Gegenwert von 90 bis 100 Dollar je Tag unterhalten können. Für zwei Plätze im Geländefahrzeug, das ab Sanaa für zehn Tage auf Fahrt ins Wadi Hadramaut geht, müßte das Paar zusätzlich 600 Dollar rechnen.

## Krankenhäuser

Sanaa hat heute vier modern ausgestattete Krankenhäuser, in denen auch der schwerer erkrankte Tourist Hilfe finden kann. Als bestes gilt das Kuwait General Hospital (✆ 7 40 04/5/6). Moderne Krankenhäuser gibt es zudem in Aden, Ta'izz, Hudaida, Ibb, Haddschah und Sada. In den meisten Krankenhäusern sind neben qualifizierten einheimischen auch noch ausländische Ärzte zu finden.

**Deutsch- oder englischsprachige Ärzte in Sanaa:**

Dr. Attig ✆ 7 92 98/24 01 00
Dr. Makki ✆ 2 07 11, priv.: 20 68 40
Fr. Dr. I. Makki ✆ 2 07 11, priv.: 20 68 40
(Zahnärztin)
Dr. Ahmed Al-Khazan ✆ 21 02 45
(Gynäkologe)

## Öffnungszeiten

Freitag ist der Wochenruhetag, an dem Behörden, Firmen und die meisten Geschäfte geschlossen bleiben. Auf den Suqs von Aden, Sanaa, Ta'izz und Hudaida haben jedoch viele Geschäfte bis kurz vor dem Mittagsgebet geöffnet. Außerdem gibt es im ganzen Land an manchen Orten Freitagsmärkte.

Wochentags haben die *Behörden* von 8 bis 14 Uhr Publikumsverkehr, die *Banken* von 8 bis 12 Uhr, die *Hauptpost* von 8 bis 13 Uhr und von 16 bis 18 Uhr, *private Geschäfte* öffnen von 8 bis 12 und von 16 bis 20 Uhr.

Während des Fastenmonats Ramadan sind die Öffnungszeiten stark verkürzt.

## Post

Die jemenitische Post gilt als zuverlässig und tüchtig. Im Hauptpostamt in Sanaa sind die Schlußzeiten für ausgehende Luftpost ausgehängt; bei richtiger Nutzung kann man mit einer Laufzeit von drei bis vier Tagen für

Briefe/Karten in die Bundesrepublik rechnen. Im Schnitt ist die ausgehende und eingehende Post in Wochenfrist beim Empfänger. Von Aden aus, das über wenige internationale Flugverbindungen verfügt, ist die Post ein bis zwei Tage länger unterwegs.

Da es im Jemen keine Briefträger gibt, muß der zeitweilig ansässige Ausländer ein Postfach unterhalten. Inzwischen ist es schwierig geworden, ein solches zu bekommen.

## Reisebüros

Es gibt heute mehr als ein Dutzend modern ausgestattete Reisebüros in Sanaa. Spezialisiert auf deutschsprachige Reisende ist die YATA (Yemen Arab Tourism Agency), ✆ 22 42 36/22 42 77/23 17 97, Telex 23 26 YATA/YE, Fax 25 15 97.

Auch ABM Tours in Sanaa wird vielen Ansprüchen gerecht. ✆ 27 08 56, Telex 32 53 MONSAR/YE, Fax 27 41 06.

## Reisegenehmigung

Die seit Jahrzehnten geforderten Genehmigungen für Reisen im Land sind seit der Vereinigung der beiden Jemen-Staaten nicht mehr erforderlich (Stand: Sommer 1992). Das Büro der Tourism Corporation in Sanaa nahe dem Midan at-Tahrir ist geschlossen worden, womit allerdings auch die Verkaufsräume für jemenitische Handwerkskunst geschlossen worden sind. Den Reisenden sei empfohlen, bei ansässigen Landeskennern Erkundigungen einzuziehen, ob bestimmte Straßen oder ganze Gebiete derzeit als unsicher gelten.

## Restaurants

*Vgl. ›Essen‹*

## Sprache

Als Fremsprache hat Englisch sehr an Boden gewonnen. Zuerst war es vom früher britisch besetzten Südjemen in den Nordjemen gekommen, inzwischen sind auch viele Jemeniten mit guten Englischkenntnissen von Übersee heimgekehrt. Zudem wird in den neuen Luxushotels fast nur englischsprachiges asiatisches Personal beschäftigt.

Ein gepflegtes Hocharabisch hat einen hohen Stellenwert im Jemen. Im täglichen Leben wird jedoch Dialektarabisch in regional unterschiedlicher Ausprägung gesprochen. Da im Schulwesen ägyptische Lehrer und im Fernsehen ägyptische Filme eine große Rolle spielen, gibt es einen spürbaren Dialekteinfluß aus Ägypten. Mit ägyptischem Umgangsarabisch, für das es kleine Lehrbücher gibt, lassen sich auf dem Land durchaus Basisinformationen einholen.

### Wörterliste

| | |
|---|---|
| Äpfel | tuffah |
| Auto | arabiya (ägypt.) |
| | ßiara (hocharab.) |
| Bad | hammam |
| Bananen | moß |
| Bank | banka (ägypt. |
| | maßrif (hocharab.) |
| Busbahnhof | Mahatta al baß |
| Bett | sarir |
| bezahlen! | dafa'! |

## PRAKTISCHE HINWEISE VON A–Z

| | | | |
|---|---|---|---|
| bitte | minfatlak | Joghurt | sabati |
| Briefmarke | taba baridi | Kaffee | ghahwa |
| Brot | eisch (ägypt.) | | bun |
| | chubs (hocharab.) | kalt | bard |
| Buch | kitab | Käse | gibna |
| Butter | sibta | Kartoffeln | batatis |
| danke | schukran | Kellner | raiyes |
| Datteln | balah | Kino | cinima |
| Deutscher | alemâni | Koffer | schanta |
| deutsch | alemâni | krank | marid |
| Deutschland | alemânîya | Krankenhaus | mustaschfah |
| Du (m), Du (f) | enta, enti | Kuchen | gatu |
| Ei | bêda | Kopie | ßura |
| Ente | batta | langsam | schweiya |
| Essen | al akl | Leber | kibda |
| Fahrkarte | taskara | Limonade | scharab al limun |
| Fahrpreis (auch Lohn) | ujra | links | schimal |
| Film | filim | Melone | battich |
| Fisch | samak | Milch | laban (ägypt.) |
| Fleisch | lahma | | halib (hocharab.) |
| Flughafen | matar | morgen | bukrah |
| Foto | ßura | Moschee | djâmia |
| Garten | bustan | Name | ism |
| Geld | fulus | nein | la |
| Gepäck | amtia | niemals | abadan |
| Gepäckträger | hammal | Obst | frutta (ägypt.) |
| Geschäft (Laden) | dukan (ägypt.) | | fakiha (hocharab.) |
| | bakal (hocharab.) | Öl | sêt |
| gestern | embarah (ägypt.) | Orange | bortukan |
| | ams (hocharab.) | Paß | taskara (ägypt.) |
| Getränk | maschrub | | djuas (hocharab.) |
| Gold | sahab | Pfeffer | filfil |
| Hafen | minah | Polizei | bolis |
| Hammel | charuf | Postamt | maktab barid |
| Haus | bait | rechts | jamin |
| heiß | suchna | Reis | russ |
| heiß (Wetter) | harr | Reisegenehmigung | tasrir |
| Herberge | funduk | Saft | assir |
| heute | ennaharda (ägypt.) | Salat | salata |
| | al jom (hocharab.) | Salz | malch |
| Huhn | dajaj | Schlüssel | meftâh |
| ich | ana | schön | helua (ägypt.) |
| ja | aiwa | | djamil (hocharab.) |
| jetzt | deloati (ägypt.) | Seife | sabun |
| | al an (hocharab.) | Silber | fadda |

| | | | | | |
|---|---|---|---|---|---|
| Sonne | schams | ١٧ | 16 | ..... | ßitta-tascha |
| Stadt | madina | ١٧ | 17 | ..... | ßabba-tascha |
| Streichhölzer | kabrit | ١٨ | 18 | ..... | thaman-tascha |
| Suppe | schorba | ١٩ | 19 | ..... | tißa-tascha |
| süß | hilu | ٢٠ | 20 | ..... | aschrien |
| Tag | ennaharda (ägypt.) | ٣٠ | 30 | ..... | thalaßien |
| | nahar (hocharab.) | ٤٠ | 40 | ..... | arbaien |
| Tasse | finjan | ٥٠ | 50 | ..... | chamißien |
| Tee | tschai | ٦٠ | 60 | ..... | ßittien |
| teuer | rali | ٧٠ | 70 | ..... | ßabaien |
| Tür | bab | ٨٠ | 80 | ..... | thamanien |
| viel | kathir | ٩٠ | 90 | ..... | tißaien |
| waschen | risal | ١٠٠ | 100 | ..... | mia |
| Wasser | maya | ٢٠٠ | 200 | ..... | miatein |
| Weg | tarik | ٣٠٠ | 300 | ..... | thalatha-mia |
| Weintrauben | einab | ١٠٠٠ | 1000 | ..... | alf |
| wenig | schwaiya | | | | |
| wieviel? | bikam? | | | | |
| wo | fên? (ägypt.) | | | | |
| | aina? (hocharab.) | | | | |

| | |
|---|---|
| Zeitung | djarida |
| Zigarette | sigara |
| Zimmer | rurfah |
| Zitrone | limun |
| Zoll | djumruck |
| Zucker | sukkar |

## Telefonieren

Der Telefonverkehr von Sanaa mit dem Ausland, insbesondere mit Deutschland, funktioniert sehr gut; die Verbindung geht über Satellit und ist direkt herzustellen. Ein Drei-Minuten-Gespräch in die Bundesrepublik kostet vom Hauptbüro der Cable and Wireless Co. in Sanaa ca. DM 40 (Stand: Sommer 1992); die Hotels schlagen bis zu 50% Vermittlungsgebühr auf. Auch zwischen den Städten ist im nördlichen Landesteil der Telefonverkehr zufriedenstellend. Die Verbindungen mit dem südlichen Landesteil lassen hingegen noch zu wünschen übrig. Von Aden aus ist man für eine Verbindung nach Deutschland weiterhin auf die oft schleppende Handvermittlung angewiesen.

Internationale Vorwahl für Sanaa: 00 96 71
Internationale Vorwahl für Aden: 00 96 72
Internationale Vorwahl für Deutschland: 00 49 (dann Ortsnetz ohne 0)

| Arabische Zahlen | Europäische Zahlen | Aussprache |
|---|---|---|
| ١ | 1 | ..... wahed |
| ٢ | 2 | ..... ithnein |
| ٣ | 3 | ..... thalatha |
| ٤ | 4 | ..... arba |
| ٥ | 5 | ..... chamßa |
| ٦ | 6 | ..... ßitta |
| ٧ | 7 | ..... ßaba |
| ٨ | 8 | ..... thamaniya |
| ٩ | 9 | ..... tißa |
| ١٠ | 10 | ..... aschera |
| ١١ | 11 | ..... hidascha |
| ١٢ | 12 | ..... ithnascha |
| ١٣ | 13 | ..... thala-tascha |
| ١٤ | 14 | ..... arba-tascha |
| ١٥ | 15 | ..... chamß-tascha |

## Trinkgeld

Das vorwiegend asiatische Personal der größeren Hotels freut sich über Trinkgelder von 5–10%. Auch ist es üblich, den Fahrern von Mietwagen nach längeren Touren etwa 10% des Mietpreises zu geben. Im allgemeinen aber sind die Jemeniten viel weniger auf Trinkgeld aus als etwa die Ägypter. In Restaurants ist es nicht notwendig, neben dem in der Rechnung enthaltenen Bedienungsgeld noch eine Extrasumme zu geben. Taxifahrer fordern meistens einen Preis, der das Trinkgeld von vornherein einschließt. Auf dem Land ist Trinkgeld unbekannt, doch wird auch hier für jede Leistung ein Preis gefordert.

## Verkehrsmittel

Das Netz asphaltierter Straßen im Jemen ist bis Mitte 1992 auf rund 3850 km angewachsen. Daneben gibt es noch einige 100 km Pisten, die für gewöhnliche Kraftfahrzeuge geeignet sind. Auf die übrigen Pisten kann man sich nur mit robusten Geländefahrzeugen trauen. Dennoch – es gibt heute kaum noch einen Ort im Jemen, den man nicht mit einem Fahrzeug erreichen könnte. Das gilt sogar für die ehemaligen Fluchtburgen der Imame, Schahara und Kaukaban, sowie für die legendären antiken Stätten Timna und Schabwa. Über das anscheinend unaufhaltsame Vordringen des Autos mag man die Nase rümpfen – nach wie vor ist und bleibt manche dieser Fahrten auf den abgelegenen Pisten ein Abenteuer.

Auf den asphaltierten Straßen gibt es einen lebhaften öffentlichen Busverkehr. Folgende Städte können seit Mitte der achtziger Jahre von Sanaa aus mit dem Bus erreicht werden: Aden, Marib, Sada, Haddscha, Ta'izz, Hudaida, Mocha, al-Baida. Mit Zwischenstation in Ta'izz oder Hudaida gelangt man außerdem in die Orte at-Turba und Jisan (Saudi-Arabien).

Die Busse fahren ab Sanaa zweimal täglich (frühmorgens und nachmittags), nach Ta'izz sogar fünfmal und nach Aden und Hudaida dreimal. Fahrscheine sind vor Besteigen des Busses zu kaufen; es werden nur soviel Fahrscheine ausgegeben, wie Plätze vorhanden sind. Außer an Wochenenden (im Jemen Donnerstag und Freitag) sind die Busse *nicht überfüllt*.

In Richtung Marib, Sada und Haddscha fährt man von der Busstation am Bab Schaub, in Richtung Aden, Ta'izz und Hudaida von der am Bab al-Jemen (General Transport Corporation, Subairi Street).

In Aden fahren Autobusse nach Mukalla (früh morgens und vormittags), Sanaa (früh morgens, vormittags und mittags) und nach Ta'izz (früh morgens, vormittags, mittags und nachmittags) vom Busbahnhof im Vorort Scheich Osman ab. Dorthin gibt es eine innerstädtische Busverbindung oder Taxis.

Zwischen allen größeren Orten verkehren außerdem *Sammeltaxen*, die abfahren, sobald alle Sitzplätze belegt sind. Die Abfahrtsplätze für Sammeltaxen befinden sich meistens am Ortsausgang in der Himmelsrichtung, in die gefahren wird. Man sollte über jemenitische Mitreisende den aktuellen Fahrpreis zu ermitteln versuchen.

Früher wurden geländegängige Mietfahrzeuge ohne Fahrer angeboten. Dieses Angebot besteht jetzt nicht mehr. Nicht nur ist es bei Unfällen auf dem Land zu schwerwiegenden rechtlichen Konsequenzen gekommen, denn das Verkehrsrecht beruht im Jemen noch weitgehend auf Religions- und Stammesrecht; Körperverletzung bei Unfällen wird oft wie Totschlag behandelt, und keineswegs gilt nur der Verursacher des Unfalls als der Schuldige. Es haben sich aber durch die Vereinigung auch neue Routen aufgetan, die in keinem Fall von Fahrern ohne Landes- und genaue Geländekenntnisse benutzt werden sollten. Die seriösen Reiseunternehmer haben ihre Fahrer auf den neuen Posten längst erprobt; sie fahren meist mit mehreren Fahrzeugen und den notwendigen Benzin- und Wasserreserven. Wenn es sich auch nicht um die direkte Durchquerung des Leeren Viertels (immer noch nur mit dem Kamel möglich) handelt, so sind doch lange Strecken nur über weiche Fahrspuren im Sand, die oft weit auseinanderstreben, zurückzulegen. Je nach Witterung kann auch die Sicht sehr schlecht werden, so daß die notwendige Richtungsorientierung an Gebirgszügen fast vollständig wegfällt. Aus Sicherheitsgründen, und zwar seiner eigenen Sicherheit zuliebe, sollte man vorerst auf Einzelfahrten auf der Strecke Marib–Harib–Baihan–Timna–Schabwa–Hadramaut oder auf der direkten Wüstenroute ganz verzichten.

---

Alle in diesem Buch enthaltenen Angaben wurden vom Autor nach bestem Wissen erstellt und von ihm und dem Verlag mit größtmöglicher Sorgfalt überprüft. Gleichwohl sind – wie wir im Sinne des Produkthaftungsrechts betonen müssen – inhaltliche Fehler nicht vollständig auszuschließen. Daher erfolgen die Angaben ohne jegliche Verpflichtung oder Garantie des Verlags oder des Autors. Beide übernehmen **keinerlei Verantwortung und Haftung** für etwaige inhaltliche Unstimmigkeiten.
Wir bitten dafür um Verständnis und werden Korrekturhinweise gerne aufgreifen.
DuMont Buchverlag GmbH & Co., Mittelstraße 12–14, 5000 Köln 1.

# Literaturhinweise

*(Zitate aus der verwendeten Literatur sind im Zusammenhang mit den einzelnen Titeln angegeben. Die Seitenzahlen beziehen sich auf das vorliegende Buch, nicht auf den zitierten Titel.)*

AL-AZZAZI, Mohammed: Die Entwicklung der Arabischen Republik Jemen. Tübingen 1978 (Zitiert S. 157 f.)

AL-DJAMBIJA, Zeitschrift der Entwicklungshelfer und ihrer Angehörigen im Jemen. Nr. 19 u. 20, Sanaa 1985

BOLLINGER, Rudolf: Revolution zur Einheit. Jemens Kampf um die Unabhängigkeit. Hamburg 1984

COSTA, Paolo: Yemen. Land of Builders. London 1977 (Zitiert S. 163)

DAUM, Werner (Hrsg.): Jemen. Innsbruck 1987

DAUM, Werner (Hrsg.): Die Königin von Saba. Stuttgart 1988

DOE, Brian: Südarabien. Antike Reiche im Indischen Ozean (Neue Entdeckungen der Archäologie). Bergisch-Gladbach 1970 (Zitiert S. 45, 47, 223 f., 271, 272, 284, 286)

DORESSE, Jean: Ethiopia. Ancient Cities and Temples. London 1959 (Zitiert S. 47)

DOSTAL, Walter: Der Markt von Sanaa. Wien 1979

DOSTAL, Walter: Eduard Glaser – Forschungen im Jemen, Wien 1990

FINAL REPORT of the Swiss Airphoto Interpretation Team. Zürich 1978

FORRER, Ludwig: Südarabien. Nach al-Hamdanis ›Beschreibung der Arabischen Halbinsel‹. Leipzig 1942/Nendeln, Liechtenstein 1966 (Zitiert S. 68, 154, 239)

GERHOLM, Tomas: Market, Mosque and Mafraij. Social Inequality in a Yemeni Town. Stockholm 1977

GINGRICH, Andre/HEISS, Johann: Beiträge zur Ethnographie der Provinz Sa'da. Wien 1986

GRAF, S. U.: Abenteuer Südarabien. Öl verwandelt Allahs Wüste. Stuttgart 1967 (Zitiert S. 227)

HANSEN, Thorkild: Reise nach Arabien. Die Geschichte der königlich dänischen Jemen-Expedition. Hamburg 1965

HARRIS, Walter: A Journey throught the Yemen. Some General Remarks upon that Country. London 1893

HELFRITZ, Hans: Entdeckungsreisen in Süd-Arabien. Auf unbekannten Wegen durch Hadramaut und Jemen (1933 und 1935). Köln 1977

HIRSCH, Leo: Reisen in Süd-Arabien, Mahra-Land und Hadramaut. Leiden 1897 (Zitiert S. 18, 19, 252, 256)

JEMEN-REPORT: Nr. 1 bis 10 (Zitiert S. 240, 242)

KOUR, Z. H.: The History of Aden 1839–1872. London 1981

MARÉCHAUX, Pascal: Jemen. Bilder aus dem Weihrauchland. Köln 1980

MEULEN, D. van der: Aden to the Hadhramaut. A Journey in South Arabia. London 1958 (Zitiert S. 261)

MÜLLER, David Heinrich (Hrsg.): Eduard Glasers Reise nach Marib. Wien 1913 – Eduards Glasers Reise durch Arhab und Haschid. Wien 1913 (Zitiert S. 15)

NEUE ZÜRCHER ZEITUNG (11. 4. 71): Im Land der Königin von Saba (Zitiert S. 56)

NIEBUHR, Carsten: Travels through Arabia and other Countries in the East. In two Volumes. Edinburgh 1792/Beirut 1965 (Zitiert S. 10 f., 12)

PAWELKE, Günther: Jemen, das verbotene Land. Düsseldorf 1959 (Zitiert S. 175 f., 206)

PHILBY, H. St. John: The Queen of Sheba. London 1981 (Zitiert S. 36)

PHILLIPS, Wendell: Kataba und Saba. Entdeckung der verschollenen Königreiche an den biblischen Gewürzstraßen Arabiens. Berlin und Frankfurt 1955 (Zitiert S. 23, 45, 217, 221)
PLAYFAIR, R. L.: A History of Arabia Felix or Yemen. Bombay 1859/Westmead 1970
RADT, Wolfgang: Katalog der Staatlichen Antikensammlung von Sanaa und anderer Antiken im Jemen. Berlin 1973
RATHJENS, Carl: Bericht über die archäologischen Ergebnisse meiner zweiten, dritten und vierten Reise nach Südarabien. Hamburg 1953 (Zitiert S. 158 f., 236 f., 242)
RICHER, Xavier: Tourisme au Yemen du Sud. Paris 1976
ROHNER und VON ROHR: Yemen, Land am Tor der Tränen. Kreuzlingen 1979
SCHRUHL, Klaus-Dieter: Sabah heißt Morgenröte. Als Arzt in der VDR Jemen. Leipzig 1978
SCOTT, Hugh: In the High Yemen. London 1942
STARK, Freya: The Southern Gates of Arabia. A Journey in the Hadhramaut. London 1936 (Zitiert S. 250)
STEIN, Lothar und BOCHOW, Karl-Heinz: Hadramaut. Geschichte und Gegenwart einer südarabischen Landschaft. Leipzig 1986
STOOKEY, Robert: South Yemen – A Marxist Republik in Arabia. London 1982
WEBER, Otto: Forschungsreisen in Süd-Arabien bis zum Auftreten Eduard Glasers. Leipzig 1907
WENNER, Manfred W.; Modern Yemen, 1918–1966. Baltimore 1967
WEIDEMANN, Konrad: Könige aus dem Yemen. Zwei antike Bronzestatuen. Mainz 1983
WISSMANN, Hermann von: Sammlung Eduard Glaser III. Wien 1964 – Zur Archäologie und antiken Geographie von Südarabien. Istanbul 1968 (Zitiert S. 96, 242, 247)

# Abbildungsnachweis

## Farbabbildungen

Dr. Ursula Braun, München-Geiselgasteig   30
Norman Dressel, Frankfurt   33–38
Günter Heil, Berlin   9, 12, 28
Fritz Kortler, Illertissen-Au   Abb. Umschlagvorderseite, 3
Angela und Peter Wald, Köln   Abb. Umschlagrückseite, 1, 2, 4, 5, 6, 8, 10, 15, 17, 18, 19, 21, 22, 25, 27, 29
Edith Wald, Köln   Abb. Umschlaginnenklappe, 7, 11, 13, 14, 16, 20, 23, 24, 26, 31, 32, 39

## Abbildungen im Text

*Catalog of the Islam Festival,* London 1976   S. 79
Ursula Clemeur, Köln   S. 37 (nach einer äthiopischen Vorlage)
M. Noel Desverges, *Arabie,* Paris 1847   S. 13, 14, 214, 278
Thomas Gosciniak, Köln   S. 294 (2), 295 (2), 297 (2), 298, 300 (2)
S. U. Graf, Schwaig   S. 216, 220, 227
Walter Harris, *A Journey through the Yemen,* London 1893   Abb. Frontispiz, S. 12, 15, 65, 210
Günter Heil, Berlin   S. 44, 123
Hans Helfritz, Ibiza   S. 46
Eugen Mittwoch (Hrsg.), *Aus dem Jemen – Hermann Burchardts letzte Reise durch Südarabien,* Leipzig o. J.
   S. 21, 101, 105, 175, 255
Wendell Phillips, *Kataba und Saba,* Berlin und Frankfurt 1955   S. 23, 38, 39, 218, 219, 224
Wolfgang Radt, *Katalog* (vgl. Literaturhinweise)   S. 42, 48 (u.), 110, 225
Carl Rahtjens, *Sabäica,* Hamburg 1958   S. 87, 121
Heinz Schmitz, Köln   S. 75, 88 (2), 102, 110 (o.) 114 (2), 115, 116, 117, 118/119, 122, 124, 125, 138 (2),
   140, 141, 142, 144, 148/149, 151, 159, 172/173, 176, 203, 207, 212
Freya Stark, *Seen in the Hadhramaut,* London 1938   S. 18, 243, 263
Dr. Lothar Stein, Leipzig   S. 289, 292
Angela und Peter Wald, Köln   S. 46, 54, 63, 76/77, 85, 100 (li.), 103 (2), 127, 145, 147, 152/153, 156/157,
   160, 161, 162, 166, 169 (2), 205, 208, 209, 232/233, 241, 243, 244, 259, 260, 262, 265 (o.), 269, 283, 285,
   287
Edith Wald, Köln   S. 26, 34 (2), 35, 41, 48 (o.), 52, 55, 58, 61, 62, 66, 68, 70, 71, 74, 78, 80, 82, 83, 92, 93,
   97, 100 (re.), 107, 108, 111, 130, 132, 133, 134, 135, 136, 146, 164/165, 167, 171, 215, 228/229, 238/239,
   246, 251, 252, 256, 265 (u.), 267, 276, 277, 280, 281, 282
Hermann von Wissmann, *Zur Archäologie und antiken Geographie von Südarabien,* Istanbul 1968
   S. 248/249

Der Plan der Sanaa-Altstadt (S. 99) entstand nach einer Vorlage von Dr. Lothar Stein, Leipzig.
Der Plan von Schibam (S. 258) entstand nach einer Vorlage von Karl-Heinz Bochow, Leipzig.

Kartographie: Arnulf Milch, Lüdenscheid

Alle nicht einzeln aufgeführten Abbildungen entstammen den Archiven von Autor und Verlag.

# Register

*In das Register sind die Namen in der alphabetischen Reihenfolge grundsätzlich mit dem ersten Hauptbuchstaben aufgenommen worden, bei arabischen Namen ist also der Artikel (al kann auch ad, an, as und asch gesprochen werden) nicht berücksichtigt. Berge, Moscheen und Trockenflußtäler sind jeweils zusammen aufgeführt: Berge unter ›Dschabal‹, Trockenflußtäler unter ›Wadi‹.*

## Personenregister
*(auch Stämme, Gottheiten)*

Abraha   40, 41, 72, 86
Abukarib Asad   63
Ahmad, Imam   24, 81, 237, 257
Albright, Frank   25
Albright, W. F.   220, 223
Ali Ibn Abu Taleb   156
Ali, Chalif   156, 213
Ali Hassan al-Atas   264
Almaqah (Ilumquh; Gott)   26, 42
Arnaud, Joseph   13
Arwa Bint Achmad   213
Athtar (Gott)   42, 220
Al-Azzazi, Mohammed   157 f.

al-Badr al-Mansur, Imam   155
Bakil-Stämme   168
van Beek, G. W.   47
Belhaven, Lord   240
Benzani   16
Bilqis   36
Breton, Jean   57
Burchardt, Hermann   16 f. (Abb. S. 16)
Bury, G. W.   218

Costa, Paolo   81

Dambleff-Uelner, U.   165
Dhat Hamim   272
Doe, Brian   45, 47, 223 f., 227, 271, 272, 273, 284, 286

Doresse, Jean   47
Dostal, Walter   293

Ferhan, Emir   10
Finster, Barbara   210

da Gama, Vasco   273
Gerholm, Tomas   168
Glaser, Eduard   14 ff., 56
Graf, S. U.   226 f.

Hamdani, Hassan Ibn Ahmad   65, 68, 154, 174, 239, 266
Hamdani-Stämme   254
Halévy, Joseph   13, 56
Haines, Captain   273
Haschid-Stämme   168
Helfritz, Hans   20 ff., 150, 239, 257 (Abb. S. 20)
Herodot   27
Hirsch, Leo   18 ff., 252, 256, 264
Höfner, Maria   219
Honeyma nn   223

Jachjah, Imam   21, 154 (Farbabb. 8, 14)
Jamme, A.   52, 220
Jourdain, John   18

Kaleb   40
al-Karab   229
al-Kasidi, Ahmad   287

327

Kathiri, Badr Ibn Tuarik 254
Kinda-Stämme 237, 266

Mäadi Kareb 64
van der Meulen 261
Mohammed 40, 65, 89
Müller, Walter W. 217, 224, 240, 242
Musabein 229

Niebuhr, Carsten 9, 10ff., 134, 137 (Abb. S. 11)

Omar, Chalif 65, 255

Pawelke, Günther 175f., 206, 210
Philby, John St. 22, 36f.
Phillips, Wendell 23ff., 43, 45, 217, 221 (Abb. S. 23)
Playfair, R. L. 135
Plinius d. Ä. 221, 234
Ptolemaios, Claudius 225

Qaiti, Fürstenfamilie 254
al-Qasim, Imam 155

Rathjens, Carl 17, 72, 236, 242
Rhodekanakis, N. 218
Ruegg, R. 56

Saba, Königin von 36f. (Abb. S. 37)
Said Ibn Ali 156
Saladin 174
Salomo(n) 36

Saranik-Stämme 129
Schahr Hilal Yuhanim 228 (Abb. S. 227)
Schahr Yagil Yuharib 223
Schams (Gott) 42
Scharaf ad-Din, Imam 155
Seetzen, Ulrich Jasper 12
as-Seradschi, Jachjah, Imam 155
Sin (Gott) 263
Soliman Pascha 131
Stark, Freya 22f., 250 (Abb. S. 22)
Stein, Heide 291
Stein, Lothar 291
Sulaihi-Dynastie 213

at-Tahir, Ahmad 130
Ta'Lab (Mondgott) 122
Thompson, Caton 263
Turanschach 174, 273

di Vathema, Lodovico 17

Wadd 58
Walid II 156
al-Watar 268
Williams, J. A. 157
von Wissmann, Hermann 17, 72, 96, 242, 247
von Wrede, Adolf 18, 239

Yaschduqil Far'am 271
Yaschduqil Far'am Scharah'at 271

Zijad, Mohammed Ibn 130

## Orts- und Sachregister

Aden 131, 174, **267ff.**, 293, 317 (Farbabb. 23; Abb. S. 273, 276, 277)
Ägypten 27, 28, 132, 223, 269
Aksum 40, 47, 64, 69, 72 (Abb. S. 46)
Amran 117
Amulette 296ff.
Anreise 310f.
Äthiopien 34, 64, 290

Ausan 40, 235, 268
al-Awabil 280
Awwam-Tempel 36, 52f.

Bab al-Jemen 74
Bab al-Mandeb 30, 62, 128
Babylonien 27
Badschil 150 (Abb. S. 147)

Baihan, Sultanat   217 ff.
Bainun   68 f. (Abb. S. 68)
Baraqisch   56, 57, 59 (Abb. S. 55)
Basra   156
Beduinen   s. Nomaden
Beit al-Fakih   11, 134, 141
   (Abb. S. 134, 135)

Chocha   139 f. (Abb. S. 140)
Christen   59, 64, 65, 290 f.

Dammum   266
ad-Dhala   279 (Farbabb. 20)
Dhamar   69, 211
Dhi Bin   125 f.
Dhofar   s. Sofar
Dschabal
- Dahnah   150
- Habaschi   206
- Hadschir   292
- Haraz   124
- Izzan   150
- Jihaf   280
- al-Laus   57
- an-Nabi Schu'aib   151
- Nuqum   101
- Qara   286
- Radfan   279
- Saber   174, 206
- Schamsan   268
- Sumara   211, 215
- Tala   279
Dschambiya   92, 298 f. (Abb. S. 294)
al-Dschauf   56
Dschibla   211 (Farbabb. 4)
Dschisan   144
Dschol   252 (Farbabb. 33, 34, 37)
Dubayyat   281

Eritrea   29, 34, 268

Freie Jemeniten   174, 175

al-Gabei   171
Geldwechsel   311

Gesundheit   316, 318
Griechen   28, 290

Habban   283, 301
Hadda   114
Haddscha   120, 150 (Abb. S. 117)
Ha'dibu   292
Hadramaut, Königreich   221, 232 ff.
Hadramaut, Landschaft   253, 254, 262
Hadschar Kohlan   218
Hadscharein   264 f. (Farbabb. 32; Abb. S. 262)
Haid bin Aqil   220
Hais   139
Hajarah   125 (Abb. S. 125)
Hammam Ali   150
Hammam Damt   211
Harib   21
Haribat   226
Himyariten   30
Hotels   316 f.
Hudaida   21, 133, **142**, 144, 146
   (Abb. S. 141)
Huqqa   17, 120 (Abb. S. 17)
Huraida   262 f.
Husn al-Rhurab   285
Huß (Huth)   168

Ibb   16, 210 f. (Farbabb. 12)
Impfungen   316
Indien   29, 234, 269
Ismaeliten   213
Isreal   27 f.

Jafrus   208 (Abb. S. 207)
Jarim   215
Jatrib (Yathrib)   63, 65
Java   261
Jislah-Paß   211
Juden   31, 66, **104 ff.**, 226 (Abb. S. 65, 105)

Kamel   28 f., 221 (Abb. S. 29, 169)
Kaukaban   121
Kitab   67
Kosten   317 f.
Krater (Aden)   274

# ORTS-/SACHREGISTER

Lahedsch   273, 278 (Abb. S. 278)
al-Loheya   10, 133 f., **145 f.** (Abb. S. 132, 145)

Ma'alla (Aden)   274
Ma'bar   150
Mablaqah   221
Macoraba   225
Madabum   263 f.
Madina   85, 272
Mafradsch   83
Ma'in   40, 55 ff. (Farbabb. 17, Abb. S. 58)
Mamelucken   73, 129 (Abb. S. 72, 129)
Manacha   124 f. (Abb. S. 124)
Maryab/Marib   13, 24 f., **35 ff.**, 284 (Farbabb. 15, 16; Abb. S. 35, 38, 39, 41, 52)
Masch(h)ad Ali   264
Mayfa'a   283
Mekka   40, 65, 225
Mihlaf   150
Misbar   206 f.
Miswar   268
Mocha   129, 132 f., 140, 175 (Abb. S. 126)
Monotheismus   58, 65
Moscheen
- Abdel Hadi   201
- al-Abhar   100
- Ahmad Ibn Alwan   (Abb. S. 207)
- Ahmad Ibn Isa al-Muhadschir   257
- Ahmad Ibn al-Qasim   114
- Ali Hassan al-Atas   264 (Abb. S. 265)
- al-Ascha'ir   139
- Aschrafiya   176 f. (Farbabb. 10; Abb. S. 172, 175, 201, 204)
- Bakiliye   87
- al-Barum   100
- Dschamal ad-Din   280
- Dschanadiya   208 f. (Farbabb. 11; Abb. S. 208)
- Große Moschee Dhala   279 (Abb. S. 266)
- Große Moschee Dubayyat   281 (Abb. S. 281)
- Große Moschee al-Loheya   146
- Große Moschee Sanaa   85 f., 98 f. (Farbabb. 3; Abb. S. 86)
- Große Moschee Sada   (Abb. S. 170)
- Iskanderiya   137
- al-Madressa   87

- Mahdi Abbas   87, 99, 100
- al-Mihdhar   261 (Abb. S. 259)
- Musaffar   176 (Abb. S. 203, 204)
- Mustafa Pascha   139
- Mu'tabiya   201
- al-Mutawakil   88
- Nadschd al-Dschum   (Abb. S. 212)
- an-Nisari   165
- Sajjid Abdullah al-Aidrus   274
- Sajjida Arwa Bint Achmad   211
- Saladin   87
- Talha   87, 98
- Taqwiyha   203
Münzen   299 f.
Mukalla   18, 21, 252, 282, **286 ff.** (Abb. S. 18, 252, 287)
Muza   136

Nabatäer   31, 235
Nadschran   58, 154
Na'it   122 f. (Abb. S. 122)
Nadschd Marqad   221
Naqd al-Hadschar   283
Nomaden   229 f., 237 f., 294 f. (Abb. S. 231)
Nomadenschmuck   296

Okelis   135 f.
Oman   234
Osmanisches Reich   87, 129, 131, **155**

Paß-Formalitäten   311
Perim   133
Perser   28, 64, 269
Portugiesen   131

Qana   236, 285 f.
al-Qanawis   150
Qarnawu   vgl. Ma'in
Qat   83
Qataban   24, 40, **222 ff.**, 236, 268, 272
al-Qatn   251

Rada   70 (Farbabb. 13; Abb. S. 61)
Rauda   113 ff. (Abb. S. 114, 115, 117)
Regenzeiten   128, 234, 307 f.

Reisegenehmigung 319
Rhail Umr 253 (Farbabb. 38)
Römer 28, 236f.
Rub al-Chali (Rub al-Khali) 21
Ruras (Ghuras) 167f.

Sabäisches Reich, Sabäer 24, 27, 31, 39f., 135, 217, 235f., 268 (Abb. S. 37)
Sabid 127ff. (Abb. S. 138)
Sabota 234
Sabur-Technik 161f. (Abb. S. 160, 161)
Sada 153ff. (Farbabb. 14, 20; Abb. S. 156, 159, 162, 165)
Safar 40, 61ff. (Farbabb. 18)
Saiditen 157f., 168
al-Saidiya 144
Saihut 235
Saiun 19f., 254ff., 262
Sajjid (Pl.: Sade) (Umschlagrückseite; Farbabb. 4)
Samsarah 89f.
Sanaa 12, **71ff.**, 146f., 168, 174, 209f., 316 (Farbabb. 1–7; Abb. S. 71, 76, 82, 84, 88, 99, 107, 109)
Sariran 234
Saudi-Arabien 293
Schabwat/Schabwa 23, 221, **232ff.**, 259, 284 (Abb. S. 239)
Schafi'iten 129f.
Schahara 168f, 171 (Farbabb. 27)
Scheich Osman 278
Schiiten 156, 213
Schibam (Kaukaban) 121
Schibam (Hadramaut) 19f., 257ff. (Farbabb. 24, 30; Abb. S. 251)
Schaqr 240
Schihr 19, 21
Schuqra 282
Sirwah 38f., **53f.** (Abb. S. 54)
Sofar (Dhofar) 234f.
Sokotra 235, 289ff. (Abb. S. 288, 292)
Subr 278
Sug 292
Sumara-Paß 67, 211, 215 (Farbabb. 25)
Sunniten 129
Suq al-Chamis 150f.

Ta'izz **172ff.**, 294 316f. (Farbabb. 10; Abb. S. 175, 202)
Tarim 20, 259f. (Farbabb. 35)
at-Tawila
– Tawila (Aden) 270 (Farbabb. 29)
– Tawila-Tanks 270f. (Abb. S. 269)
Thula 121f. (Farbabb. 26; Abb. S. 111)
Thuma 296
Tihama **128ff.**, 155, 175, 307 (Farbabb. 19, 21; Abb. S. 144, 146)
Timna 24, 216ff., 322 (Abb. S. 215, 218, 219)
at-Turba 206

al-Udain 16, 214
Um-Laila-Tal 168
Unterkunft 316f.
Urr Mawiyat 285

Visum 311

Wadi
– Adhanna (as-Sadd) 25, 40, 49f.
– Adim 253
– al-Ain 266
– Ana 214
– Atf 240
– Baihan 24, 226, 229
– Bana 282
– Dar 115f. (Farbabb. 8, 28; Abb. S. 116)
– Duan 250
– al-Fara 220
– Hadramaut 17ff., 234ff., 250ff. (Farbabb. 36)
– Harib 226
– Irma 240
– Maifa'a 283
– Masilah 235
– Mawr 142f.
– Nadschran 154
– Raghwan 56
– Raybun 264
– Surdud 150
– Tiban 279
Wahabiten 131
Weihrauch 27ff., 234f.

## Entdeckungsreisen in Süd-Arabien
Auf unbekannten Wegen durch Hadramaut und Jemen (1933 und 1935)

Von Hans Helfritz. 268 Seiten mit 20 farbigen und 89 einfarbigen Abbildungen, 18 Zeichnungen und Karten, kartoniert (DuMont Reiseberichte)

»1933 und 1935 zog Hans Helfritz mit verwegenem Mut auf lebensgefährlichen Routen in die fremden unzulänglichen Wüsten- und Gebirgsregionen Südarabiens. Die inzwischen zur klassischen Entdeckungsliteratur gewordenen Berichte der dreißiger Jahre legte Helfritz erneut vor. Von ihrer Faszination haben sie nichts verloren; denn auch zur Zeit ist es schwer, ja teilweise unmöglich, die Gebiete des Jemen und Hadramaut mit ihren hier beschriebenen Zeugnissen der antiken sabäischen und der altarabischen Kultur zu besuchen.« *Westfälische Nachrichten*

*Von Peter Wald erschien in unserem Verlag:*

## »Richtig reisen«: Kairo

Mit Beiträgen von Thomas Gosciniak, Edith Hubert und Alexander Kudascheff. 336 Seiten mit 90 farbigen und 166 einfarbigen Abbildungen und Karten, 80 Seiten praktischen Reisehinweisen, Register

»Wenn hier auf einen Stadtführer von Kairo hingewiesen wird, dann deshalb, weil der Journalist Peter Wald es verstanden hat, Erlebnisse und Erfahrungen mehrjährigen Aufenthaltes in dieser ›unmöglichen‹ Stadt mit verständnisvoller Liebe, aber auch profunder Kenntnis in ein lebendiges Bild und einen verläßlichen Begleiter umzusetzen. Dabei wird weniger auf die schon tausendfach beschriebenen antiken Sehenswürdigkeiten in und um Kairo eingegangen, sondern mehr ein Bild des islamisch geprägten heutigen Kairos gezeichnet, das auch dem Ortskenner immer wieder neue Details enthüllt. Der gut lesbare Text unterdrückt auch keineswegs die Probleme dieser Stadt und gewährt zugleich aufschlußreiche Einblicke in die Wirtschafts- und Sozialstruktur ihrer Bevölkerung. Auch mangelt es keineswegs an konkreten touristischen Hinweisen.«

*Geographische Rundschau*

*Bitte beachten Sie auch folgende Veröffentlichungen aus unserem Verlag:*

## »Richtig reisen«: Arabische Halbinsel

Saudi-Arabien und Golfstaaten
Reise-Handbuch
Von Gerhard Heck und Manfred Wöbcke. 294 Seiten mit 48 farbigen und 146 einfarbigen Abbildungen und Karten, 86 Seiten praktischen Reisehinweisen, Register

## Ägypten und Sinai

Geschichte, Kunst und Kultur im Niltal
Vom Reich der Pharaonen bis zur Gegenwart
Von Hans Strelocke. 464 Seiten mit 32 farbigen und 217 einfarbigen Abbildungen, 183 Zeichnungen, Karten und Plänen, 55 Seiten praktischen Reisehinweisen, Register
(DuMont Kunst-Reiseführer)

## »Richtig reisen«: Ägypten

Von Marianne Doris Meyer. 360 Seiten mit 36 farbigen und 305 einfarbigen Abbildungen, Karten und Plänen, 39 Seiten praktischen Reisehinweisen, Register

## Ägypten – Die Klassische Nilreise

Von Hans-Günther Semsek. 264 Seiten mit 7 farbigen und 69 einfarbigen Abbildungen, 13 Karten und Plänen, 24 Seiten praktischen Reisehinweisen, Register
(DuMont Reise-Taschenbücher, Band 2001)

## Sudan

Steinerne Gräber und lebendige Kulturen am Nil
Von Bernhard Streck. 405 Seiten mit 41 farbigen und 95 einfarbigen Abbildungen, 157 Karten und Zeichnungen, 61 Seiten praktischen Reisehinweisen (DuMont Kunst-Reiseführer)

# DuMont Kunst-Reiseführer

*Alle Titel in dieser Reihe:*

- Ägypten und Sinai
- Albanien
- Algerien
- Belgien
- Die Ardennen
- Bhutan
- Brasilien
- Bulgarien
- Bundesrepublik Deutschland
- Das Allgäu
- Das Altmühltal
- Bayerisch Schwaben
- Das Bergische Land
- Das Berchtesgadener Land
- Bodensee und Oberschwaben
- Bonn
- Bremen, Bremerhaven und das nördliche Niedersachsen
- Düsseldorf
- Die Eifel
- Franken
- Hamburg
- Hannover und das südliche Niedersachsen
- Hessen
- Nördliches Hessen
- Hunsrück und Naheland
- Köln
- Kölns romanische Kirchen
- Mecklenburg-Vorpommern
- Die Mosel
- München
- Münster und das Münsterland
- Zwischen Neckar und Donau
- Der Niederrhein
- Oberbayern
- Oberpfalz, Bayerischer Wald, Niederbayern
- Osnabrück, Oldenburg und das westliche Niedersachsen
- Ostfriesland
- Die Pfalz
- Der Rhein von Mainz bis Köln
- Rheinhessen
- Das Ruhrgebiet
- Saarland
- Sachsen
- Sachsen-Anhalt
- Sauerland
- Schleswig-Holstein
- Der Schwarzwald und das Oberrheinland
- Sylt, Helgoland, Amrum, Föhr
- Thüringen
- Der Westerwald
- Östliches Westfalen
- Württemberg-Hohenzollern
- Volksrepublik China
- Dänemark
- Die Färöer
- Frankreich
- Auvergne und Zentralmassiv
- Die Bretagne
- Burgund
- Côte d'Azur
- Dauphiné und Haute Provence
- Das Elsaß
- Frankreich für Pferdefreunde
- Frankreichs gotische Kathedralen
- Romanische Kunst in Frankreich
- Korsika
- Languedoc – Roussillon
- Das Limousin
- Das Tal der Loire
- Lothringen
- Die Normandie
- Paris und die Ile de France
- Périgord und Atlantikküste
- Das Poitou
- Die Provence
- Drei Jahrtausende Provence
- Savoyen
- Griechenland
- Athen
- Die griechischen Inseln
- Tempel und Stätten der Götter Griechenlands
- Korfu
- Kreta
- Rhodos
- Grönland
- Großbritannien
- Englische Kathedralen
- Die Kanalinseln und die Insel Wight
- London
- Die Orkney- und Shetland-Inseln
- Ostengland
- Schottland
- Süd-England
- Wales
- Guatemala
- Holland
- Indien
- Ladakh und Zanskar
- Indonesien
- Bali
- Irland
- Island
- Israel
- Das Heilige Land
- Italien
- Die Abruzzen
- Apulien
- Elba
- Emilia-Romagna
- Das etruskische Italien
- Florenz
- Gardasee, Verona, Trentino
- Latium
- Lombardei und Oberitalienische Seen
- Die Marken
- Der Golf von Neapel
- Piemont und Aosta-Tal
- Die italienische Riviera
- Rom – Ein Reisebegleiter
- Rom in 1000 Bildern
- Das antike Rom
- Sardinien
- Sizilien
- Südtirol
- Toscana
- Die ländliche Toscana
- Die Villen der Toscana und ihre Gärten
- Umbrien
- Venedig
- Das Veneto
- Die Villen im Veneto
- Japan
- Der Jemen
- Jordanien
- Jugoslawien
- Karibische Inseln
- Kenya
- Luxemburg
- Malaysia und Singapur
- Malta und Gozo
- Marokko
- Mexiko
- Mexico auf neuen Wegen
- Namibia und Botswana
- Nepal
- Norwegen
- Österreich
- Burgenland
- Kärnten und Steiermark
- Salzburg, Salzkammergut, Oberösterreich
- Tirol
- Vorarlberg und Liechtenstein
- Wien und Umgebung
- Pakistan
- Papua-Neuguinea
- Polen
- Schlesien
- Portugal
- Madeira
- Rumänien
- Die Sahara
- Sahel: Senegal, Mauretanien, Mali, Niger
- Schweden
- Gotland
- Die Schweiz
- Graubünden
- Tessin
- Das Wallis
- Sowjetunion (ehemals)
- Moskau und Leningrad
- Sowjetischer Orient
- Spanien
- Die Kanarischen Inseln
- Katalonien
- Der Prado in Madrid
- Mallorca – Menorca
- Nordwestspanien
- Spaniens Südosten – Die Levante
- Sudan
- Südamerika
- Südkorea
- Die Südsee (Jan. '93)
- Syrien
- Thailand und Burma
- Tschechoslowakei
- Prag
- Türkei
- Istanbul
- Ost-Türkei
- Ungarn
- USA – Der Südwesten
- Vietnam
- Zimbabwe
- Zypern

Alle Bände mit vielen, zum Teil farbigen Abbildungen; dazu Zeichnungen, Karten, Grundrisse, praktische Reisehinweise.

# »Richtig reisen« / »Richtig wandern«

- Ägypten
  - Kairo
  - Sinai und Rotes Meer
- Algerische Sahara
- Arabische Halbinsel
- Australien
- Bahamas
- Belgien
  - Belgien mit dem Rad
- Bundesrepublik Deutschland
  - Berlin
  - »Richtig wandern«: Franken
  - München
  - »Richtig wandern«: Ostfriesland
- China
- Cuba
- Dänemark
  - Bornholm
- Ferner Osten
- Finnland
- Frankreich
  - »Richtig wandern«: Bretagne
  - »Richtig wandern«: Burgund
  - »Richtig wandern«: Cevennen und Languedoc
  - Elsaß
  - Korsika
  - Languedoc und Roussillon
  - Paris
  - »Richtig wandern«: Provence
  - »Richtig wandern«: Pyrenäen
- Griechenland
  - Die griechischen Inseln
  - Kreta
  - »Richtig wandern«: Kykladen
  - »Richtig wandern«: Nordgriechenland
  - »Richtig wandern«: Peloponnes
  - »Richtig wandern«: Rhodos
- Großbritannien
  - London
  - Nord- und Mittelengland
  - »Richtig wandern«: Nord-England
  - »Richtig wandern«: Schottland
  - »Richtig wandern«: Englands Süden
  - »Richtig wandern«: Süd-England
- Guadeloupe – Martinique
- Holland
  - Amsterdam
- Hongkong mit Macau und Kanton
- Indien
  - Nord-Indien
  - Süd-Indien
- Indonesien
- Irland
- »Richtig wandern«: Island
- Italien
  - Friaul – Triest – Venetien
  - Ischia, Capri, Procida
  - Neapel
  - Oberitalien
  - Rom
  - Sizilien
  - Süditalien
  - »Richtig wandern«: Südtirol
  - Toscana
  - »Richtig wandern«: Toscana und Latium
  - Venedig
- Jamaica
- Kanada und Alaska
  - Ost-Kanada
  - West-Kanada und Alaska
  - »Richtig wandern«: Lappland
- Luxemburg
  - Belgien und Luxemburg
- Madagaskar – Komoren
- Malediven
- Marokko
- Mauritius
- Mexiko
- »Richtig reisen«: Nepal
- Neuseeland
  - »Richtig wandern«: Neuseeland
- Norwegen
- Österreich
  - Graz und die Steiermark
  - »Richtig wandern«: Tirol
  - Wien
- Ostafrika
- Philippinen
- Portugal
  - Azoren
- Réunion
- Rußland
  - Moskau
- Schweden
- Die Schweiz und ihre Städte
- Seychellen
- Spanien
  - Andalusien
  - Barcelona
  - Extremadura
  - Gran Canaria
  - Ibiza/Formentera
  - »Richtig wandern«: Der spanische Jakobsweg
  - Katalonien
  - Lanzarote
  - »Richtig wandern«: La Palma, La Gomera, El Hierro
  - Madrid und Kastilien
  - »Richtig wandern«: Mallorca
  - »Richtig wandern«: Pyrenäen
  - Teneriffa
- Südamerika
  - Argentinien – Chile – Paraguay – Uruguay
  - Peru und Bolivien
  - Venezuela, Kolumbien und Ecuador
- Thailand
- Türkei
  - Istanbul
- Tunesien
- Ungarn
  - Budapest
- USA
  - Florida
  - Hawaii und Südsee
  - Kalifornien
  - Los Angeles
  - Neu-England
  - New Orleans und die Südstaaten
  - New York
  - Südwesten – USA
  - Texas
  - Washington D.C.
- Zentralamerika
- Zypern

# Chronologie des vorislamischen Jemen

**Im 8. Jh. v. Chr.:** Entstehen eines sabäischen Staates; Bau des Bewässerungssystems von Maryab (später Marib)

**Etwa 740 v. Chr.:** Sabäer entrichten dem König der Assyrer Tribut

**Im 5. Jh. v. Chr.:** Kriegszüge der Sabäer von der Residenz- und Tempelstadt Sirwah aus

**Etwa 500 v. Chr.:** Bau der Stadtmauer von Maryab (Marib)

**Etwa um 400 v. Chr.:** Der Norden fällt vom Sabäischen Reich ab; Entstehen des Königreichs Ma'in

**Etwa um 400 v. Chr.:** Zerstörung des Königreichs Ausan durch die Sabäer; Erstarken des sabäischen Vasallen-Staates Qataban; Abfall Hadramauts vom Sabäischen Reich

**Etwa 390 v. Chr.:** Bündnis zwischen Qataban, Hadramaut und Ma'in gegen Saba; Beginn eines langen Krieges zwischen Sabäern und Qatabanern

**Etwa 343 v. Chr.:** Sieg des Sabäischen Reiches über Qataban; die Qatabaner werden für kurze Zeit wieder Vasallen der Sabäer

**Etwa 320 v. Chr.:** Wiedererstarken von Qataban; Unterwerfung des Königreichs Ma'in durch Qataban

**Etwa 120 v. Chr.:** Rückeroberung Ma'ins durch die Sabäer; Abfall von zwei Provinzen Qatabans – Himyar und Radman – im Bündnis mit den Sabäern; Bündnis des qatabanischen Rest-Reiches mit Hadramaut

**25/24 v. Chr.:** Südarabien-Feldzug des römischen Statthalters in Ägypten, Aelius Gallus, bis unter die Mauern von Maryab (Marib); erfolglose Belagerung der sabäischen Hauptstadt

**Etwa 20 v. Chr.:** Erstarken Himyars; Eroberung des sabäischen Südens mit der Meerenge Bab al-Mandeb durch die Himyariten; Gründung der himyaritischen Hauptstadt Safar

**Ab 50 n. Chr.:** Erschütterung des Sabäischen Reiches durch Kriege mit den Himyariten und innere Wirren

**Etwa 100 n. Chr.:** Zerstörung der Hauptstadt von Qataban, Timna, durch Hadramaut; Zerfall des Qatabanischen Reiches

**Im 2. Jh. n. Chr.:** Ende der traditionellen Dynastie des Sabäischen Reiches; Übernahme der Macht durch Herrscher aus dem jemenitischen Hochland; erstes Eindringen der Äthiopier nach Südarabien

**Etwa 190 n. Chr.:** Unterwerfung von Himyar und Hadramaut durch einen sabäischen Herrscher der neuen Dynastie; Vertreibung der Äthiopier

**Ende des 3. Jh. v. Chr.:** Eroberung von ganz Südarabien durch die Himyariten

**Etwa 319 n. Chr.:** Erster uns bekannter Bruch des Staudamms von Marib (früher Maryab); Abfall Hadramauts

**Etwa 360 n. Chr.:** Missionstätigkeit der Christen im Himyaritischen Reich; Bau von Kirchen in Safar und Aden

**Etwa 400 n. Chr.:** Übertritt eines himyaritischen Königs zum Judentum; größte Ausdehnung des Himyaritischen Reiches

**517 n. Chr.:** Christenverfolgung im Himyaritischen Reich aufgrund der Weisung eines dem Judentum anhängenden Königs